Europäische Rechts- und Regionalgeschichte Band 30

Band 30
Europäische Rechts- und Regionalgeschichte
Herausgegeben von
Prof. Dr. Lukas Gschwend und Prof. Dr. René Pahud de Mortanges

Christian Grossenbacher

«Weil wir in dem Toten eine Persönlichkeit, in den Toten überhaupt Personen achten»

Überlegungen von Karl Gareis (1844–1923), Josef Kohler (1849–1919) und Otto von Gierke (1841–1921) zum postmortalen Persönlichkeitsschutz in zeitgenössischen Kontexten

DIKE

Nomos

Umschlagbild: Ausschnitt des Frontispizes aus dem bekannten Werk von Andreas Vesalius *de Humani corporis fabrica*, ETH-Bibliothek Zürich, Graphische Sammlung / D 982 / Public Domain Mark 1.0

BERNER DISSERTATION

Inauguraldissertation zur Erlangung der Würde eines Doctor iuris
der Rechtswissenschaftlichen Fakultät der Universität Bern.

Die Fakultät hat diese Arbeit am 20. Februar 2025 auf Antrag der beiden Gutachter, Prof. Dr. Sibylle Hofer [Erstgutachterin, Universität Bern] und Prof. Dr. Stephan Wolf [Zweitgutachter, Universität Bern], als Dissertation angenommen.

Bibliografische Information der Deutschen Nationalbibliothek
Die Deutsche Nationalbibliothek verzeichnet diese Publikation in der Deutschen Nationalbibliografie; detaillierte bibliografische Daten sind im Internet über http://dnb.dnb.de abrufbar.

ISBN 978-3-03891-822-6 (Dike Verlag AG, Zürich/St. Gallen)
ISBN 978-3-7560-1979-3 (Nomos Verlag, Baden-Baden)

Dike Verlag AG · Weinbergstrasse 41 · 8006 Zürich
www.dike.ch · info@dike.ch

myclimate neutral

Vorwort

Die vorliegende Studie wurde im Frühjahrssemester 2025 von der Rechtswissenschaftlichen Fakultät der Universität Bern als Dissertation angenommen. Die Beschäftigung mit den Diskussionen um den rechtlichen Schutz des Menschen nach seinem Tod war auch ein Versuch, den Verlust meiner geliebten Schwester für mich erträglicher zu machen. Dir, Michaela, ist diese Arbeit gewidmet.

Ein besonderer Dank gilt Frau Prof. Dr. Sibylle Hofer für die Betreuung der Arbeit und die Einführung in die rechtshistorische Forschung sowie der Curt Rommel-Stiftung für die Gewährung eines Druckkostenzuschusses.

Ferner danke ich Herrn Prof. Dr. Stephan Wolf von der Universität Bern für die Erstellung des Zweitgutachtens und ebenso den Herausgebern für die Aufnahme der Arbeit in die Schriftenreihe Europäische Rechts- und Regionalgeschichte.

Olten, im Februar 2025 — Christian Grossenbacher

Inhaltsverzeichnis

Abkürzungsverzeichnis

§ / §§	Paragraph / Paragraphen
Abs.	Absatz
Art.	Artikel
Aufl.	Auflage
BBl	Bundesblatt der Schweizerischen Eidgenossenschaft
Bd.	Band
BGB	Bürgerliches Gesetzbuch für das Deutsche Reich vom 18. August 1896 (RGBl. 1896, S. 195)
BGB 1900	Bürgerliches Gesetzbuch in derjenigen Fassung, die am 1. Januar 1900 in Kraft trat
BGBl.	Bundesgesetzblatt
BGE	Entscheidungen des Schweizerischen Bundesgerichts, amtliche Ausgabe
BGH	Bundesgerichtshof
BGHZ	Entscheidungen des Bundesgerichtshofs in Zivilsachen
BV	Bundesverfassung der Schweizerischen Eidgenossenschaft vom 18. April 1999 (Stand am 3. März 2024) (SR 101)
BV 1848/ 1874/1898	Bundesverfassung der Schweizerischen Eidgenossenschaft in derjenigen Fassung, die am 12. September 1848/27. Mai 1874/21. Dezember 1898 in Kraft trat
BVerfGE	Entscheidungen des Bundesverfassungsgerichts
bzw.	beziehungsweise
can.	Canon(es) (Rechtssatz im Codex Iuris Canonici)
CIC/1917	Codex Iuris Canonici vom 27. Mai 1917
CIC/1983	Codex Iuris Canonici vom 25. Januar 1983
Diss.	Dissertation
Dr.	Doktor
dStGB	Strafgesetzbuch vom 13. November 1998 (BGBl. I, S. 3322)
DVE	Vorentwurf zu einem Deutschen Strafgesetzbuch von 1909
E	Erwägung
et al.	et alii (und andere)
f. / ff.	folgende / fortfolgende
Fn.	Fussnote(n)
GG	Grundgesetz für die Bundesrepublik Deutschland vom 23. Mai 1949 (BGBl. I, S. 1)

HKK	Historisch-kritischer Kommentar zum BGB
Hrsg.	Herausgeber/-in/-schaft
i.V.m.	in Verbindung mit
Jg.	Jahrgang
KUG	Gesetz, betreffend das Urheberrecht an Werken der bildenden Künste und der Photographie. Vom 9. Januar 1907 (RGBl. 1907, S. 7)
lit.	litera / Buchstabe
LUG	Gesetz betreffend das Urheberrecht an Werken der Literatur und der Tonkunst. Vom 19. Juni 1901 (RGBl. 1901, S. 227)
m.w.N.	mit weiteren Nachweisen
N	Note
n. / Nr.	Nummer
NCC	Novum Corpus Constitutionum (dazu mehr im Materialienverzeichnis)
NZZ	Neue Zürcher Zeitung
OR 1883	Bundesgesetz über das Obligationenrecht vom 14. Juni 1881 in derjenigen Fassung, die am 1. Januar 1883 in Kraft getreten ist
OS	Offizielle Sammlung der Gesetze, Beschlüsse und Verordnungen des Eidgenössischen Standes Zürich (Zürcher Gesetzessammlung)
pr.	principium
PrALR	Allgemeines Landrecht für die Preußischen Staaten vom 1. Juni 1794
PStGB	Strafgesetzbuch für die Preußischen Staaten vom 14. April 1851
RGBl.	Reichsgesetzblatt
RGSt	Entscheidungen des Reichsgerichts in Strafsachen
RGZ	Entscheidungen des Reichsgerichts in Zivilsachen
RStGB	Strafgesetzbuch für das Deutsche Reich vom 15. Mai 1871 (RGBl. 1871, S. 127)
Rz.	Randziffer
s.	siehe
S.	Seite
sc.	scilicet (Kennzeichen für Einführungen in Zitaten)
sic.	sic erat scriptum (so wurde es geschrieben)
SPR	System und Geschichte des Schweizerischen Privatrechtes
SR	Sammlung der eidgenössischen Gesetze und systematische Sammlung des Bundesrechts (Systematische Rechtssammlung)
Sten. Bull.	Amtliches stenografisches Bulletin der Schweizerischen Bundesversammlung

StGB	Schweizerisches Strafgesetzbuch vom 21. Dezember 1937 (Stand am 1. Juli 2024) (SR 311.0)
v.	von / vom
VE	Vorentwurf
VE StGB	Vorentwurf für ein Schweizerisches Strafgesetzbuch
VG	Verwaltungsgericht
vgl.	vergleiche
ZGB	Schweizerisches Zivilgesetzbuch vom 10. Dezember 1907 (Stand am 1. Januar 2024) (SR 210)
ZGB 1912	Schweizerisches Zivilgesetzbuch in derjenigen Fassung, die am 1. Januar 1912 in Kraft trat
Ziff.	Ziffer
zit.	zitiert

Literaturverzeichnis

ABEGG, JULIUS FRIEDRICH HEINRICH, Lehrbuch der Strafrechts-Wissenschaft, Neustadt an der Orla 1836.

AEBLI, FRITZ, Die Religionsdelikte in ihrer geschichtlichen Entwicklung; ihre Behandlung im geltenden Recht mit Berücksichtigung der Deutschen und Schweizerischen Strafgesetzentwürfe, Diss. Universität Zürich 1914, Zürich 1914.

AHRENS, CLAUS, Öffentliche Leichnamssektionen und Körperwelten im Lichte des zivilrechtlichen Persönlichkeitsschutzes. Neue Formen der Dispositionen über den Leichnam?, in: Gewerblicher Rechtsschutz und Urheberrecht, Jg. 105 (2003), Heft 10, 850–856.

ALBERTZ, RAINER, Hintergrund und Bedeutung des Elterngebots im Dekalog, in: Zeitschrift für die Alttestamentliche Wissenschaft, Bd. 90 (1978), Heft 3, 348–381.

ALTERMATT, URS, Der Kulturkampf als Integrations- und Desintegrationsfaktor. Interpretationsmodelle zur katholischen Gegengesellschaft in der Schweiz, in: L. C. Morsak/M. Escher (Hrsg.), Festschrift für Louis Carlen zum 60. Geburtstag, Zürich 1989, 547–556.

ALVENSLEBEN, GERO VON, Die res extra commercium im römischen Recht, Diss. Universität Kiel 2018, Berlin 2019.

AMSLER, JOHANN JACOB, Die Möglichkeit einer Injurie an Verstorbenen, Diss. Universität Zürich 1871, Zürich 1871.

ARNDTS, LUDWIG, Lehrbuch der Pandekten, 4. Aufl., München 1861.

AUER, ANIKA M., Leichenbestrafung, in: A. Cordes et al. (Hrsg.), Handwörterbuch zur deutschen Rechtsgeschichte, Bd. 3, Konfliktbewältigung – Nowgorod, 2. Aufl., Berlin 2016, 804–805.

BACHEM, JULIUS, Preußen und die katholische Kirche, Köln 1884.

BADER, HANS, Leichnam und Leichenasche – ihre Rechtsstellung, in: Schweizerische Juristen-Zeitung, Jg. 20 (1923/1924), Heft 24, 365–371.

BALDUS, CHRISTIAN, Verfahren, Wahnsinn und Methode. Modestin D. 27,8,27pr. und die politische Methodengeschichte der Jurisprudenz, in: A. Kiehnle et al. (Hrsg.), Festschrift für Jan Schröder zum 70. Geburtstag am 28. Mai 2013, Tübingen 2013, 3–19.

BAR, LUDWIG VON, Die Grundlagen des Strafrechts. Eine Einleitung in die Theorie des Strafrechts, Leipzig 1869.

BECCARIA, CAESAR, Ueber Verbrechen und Strafen. Uebersetzt von Dr. Julius Glaser, Wien 1851.

BEHRENDS, OKKO/KNÜTEL, ROLF/KUPISCH, BERTOLD/SEILER, HANS HERMANN (Hrsg.), Corpus Iuris Civilis. Text und Übersetzung. III. Digesten 11–20, Heidelberg 1999.

BEKKER, ERNST IMMANUEL, System des heutigen Pandektenrechts, Bd. 1, Weimar 1886.

BERNER, ALBERT FRIEDRICH, Lehrbuch des Deutschen Strafrechts, Leipzig 1857 (zit.: BERNER, Lehrbuch).

BERNER, ALBERT FRIEDRICH, Abschaffung der Todesstrafe, Dresden 1861 (zit.: BERNER, Todesstrafe).

Berner, Albert Friedrich, Die Strafgesetzgebung in Deutschland vom Jahre 1751 bis zur Gegenwart, Leipzig 1867 (zit.: Berner, Strafgesetzgebung).

Beseler, Georg, Kommentar über das Strafgesetzbuch für die Preußischen Staaten und das Einführungsgesetz vom 14. April 1851. Nach amtlichen Quellen, Leipzig 1851.

Bieri, Richard, Der strafrechtliche Schutz des Totenfriedens (Art. 262. StGB), Diss. Universität Freiburg 1954, Siegburg 1954.

Binding, Karl, Lehrbuch des Gemeinen Deutschen Strafrechts besonderer Teil, Erste Hälfte, Leipzig 1896 (zit.: Binding, Lehrbuch 1896).

Binding, Karl, Lehrbuch des Gemeinen Deutschen Strafrechts Besonderer Teil, Bd. 1, 2. Aufl., Leipzig 1902 (zit.: Binding, Lehrbuch 1902).

Bischof, Franz Xaver, Kulturkampf, in: Historisches Lexikon der Schweiz (online: ‹https://hls-dhs-dss.ch/de/articles/017244/2008-11-06/›, besucht am 28. Juli 2024).

Blume, Wilhelm von, Gesetzesauslegung und -Anwendung. Ist ein Recht am eigenen Bilde anzuerkennen?, in: Das Recht. Rundschau für den deutschen Juristenstand, Jg. 7 (1903), Nr. 5, 113–118 (zit.: Blume, Bilde).

Blume, Wilhelm von, Fragen des Totenrechts, in: Archiv für die civilistische Praxis, Bd. 112 (1914), Heft 1, 367–427 (zit.: Blume, Totenrecht).

Blumer, Johann Jacob/Morel, Joseph Karl Pankraz, Handbuch des Schweizerischen Bundesstaatsrechtes, Bd. 1, 2. Aufl., Schaffhausen 1877.

Breitschmid, Peter/Kamp, Annasofia, Persönlichkeitsschutz Verstorbener – Urheberpersönlichkeitsschutz im Besonderen, in: successio. Zeitschrift für Erbrecht/Revue de droit des successions 2011, 19–29.

Brinz, Alois, Lehrbuch der Pandekten, Bd. 1, 2. Aufl., Erlangen 1873.

Büchler, Andrea, Die Kommerzialisierung Verstorbener. Ein Plädoyer für die Vererblichkeit vermögenswerter Persönlichkeitsrechtsaspekte, in: Aktuelle Juristische Praxis/Pratique Juridique Actuelle, Jg. 12 (2003), 3–12.

Burckhardt, Walther, Kommentar der Schweiz[erischen] Bundesverfassung vom 29. Mai 1874, Bern 1905.

Buschmann, Arno, Zur Fortwirkung des Persönlichkeitsrechts nach dem Tode, in: Neue Juristische Wochenschrift, Jg. 23 (1970), Heft 47, 2081–2088.

Coing, Helmut, Zur Entwicklung des zivilrechtlichen Persönlichkeitsschutzes, in: JuristenZeitung, Jg. 13 (1958), Nr. 18, 558–560.

Cosack, Konrad, Lehrbuch des Deutschen bürgerlichen Rechts auf Grundlage des bürgerlichen Gesetzbuchs, Bd. 1, 4. Aufl., Jena 1903 (zit.: Cosack, Lehrbuch 1903).

Cosack, Konrad, Lehrbuch des Deutschen bürgerlichen Rechts auf Grundlage des bürgerlichen Gesetzbuchs, Bd. 1, 5. Aufl., Jena 1910 (zit.: Cosack, Lehrbuch 1910).

Cramer, Carl Erwin, Die Behandlung des menschlichen Leichnams im Civil- und Strafrecht, Diss. Universität Zürich 1885, Zürich 1885.

Crome, Carl, System des Deutschen Bürgerlichen Rechts, Bd. 1, Tübingen/Leipzig 1900.

Crusen, Georg, Der strafrechtliche Schutz des Rechtsguts der Pietät, in: F. v. Liszt (Hrsg.), Abhandlungen des kriminalistischen Seminars, Bd. 2, Heft 1, Berlin 1890 (zit.: Crusen, Pietät).

Crusen, Georg, Strafbare Handlungen an Gräbern und Leichen, Diss. Universität Halle-Wittenberg 1890, Naumburg an der Saale 1890 (zit.: Crusen, Leichen).

Curti-Forrer, Eugen, Schweizerisches Zivilgesetzbuch mit Erläuterungen, Zürich 1911.

Dernburg, Heinrich, Lehrbuch des Preußischen Privatrechts, Bd. 1, Halle 1875 (zit.: Dernburg, Lehrbuch 1875).

Dernburg, Heinrich, Lehrbuch des Preußischen Privatrechts und der Privatrechtsnormen des Reichs, Bd. 1, Die Allgemeinen Lehren und das Sachenrecht des Privatrechts Preußens und des Reichs, 4. Aufl., Halle an der Saale 1884 (zit.: Dernburg, Lehrbuch 1884).

Dernburg, Heinrich, Pandekten, Bd. 1, Berlin 1884 (zit.: Dernburg, Pandekten).

Dernburg, Heinrich, Lehrbuch des Preußischen Privatrechts und der Privatrechtsnormen des Reichs, Bd. 1, Die Allgemeinen Lehren und das Sachenrecht des Privatrechts Preußens und des Reichs, 5. Aufl., Halle an der Saale 1894 (zit.: Dernburg, Lehrbuch 1894).

Dernburg, Heinrich, Das bürgerliche Recht des Deutschen Reichs und Preußens, Bd. 3, Das Sachenrecht des Deutschen Reichs und Preußens, Halle an der Saale 1901 (zit.: Dernburg, Sachenrecht).

Deselaers, Paul/Vorholt, Robert, Tod und Auferstehung. Perspektiven des Alten und Neuen Testaments, Würzburg 2020.

Dobschütz, Ernst von, Die Bibel im Leben der Völker. In neuer Bearbeitung herausgegeben von Alfred Adam, 3. Aufl., Witten 1952.

Dölemeyer, Barbara, 1. Kapitel. Gesetzgebungsbibliographie, 2. Kapitel. Die Kodifikationsbewegung, 3. Kapitel. Kodifikationen und Projekte, in: H. Coing (Hrsg.), Handbuch der Quellen und Literatur der neueren europäischen Privatrechtsgeschichte, Bd. 3, 2. Teilband, Zweiter Teil. Kodifikation und Gesetzgebung des allgemeinen Privatrechts, 8. Abschnitt. Deutschland, München 1982, 1440–1625 (zit.: Dölemeyer, Kodifikation).

Dölemeyer, Barbara, «Das Urheberrecht ist ein Weltrecht» – Rechtsvergleichung und Immaterialgüterrecht bei Josef Kohler, in: E. Wadle (Hrsg.), Historische Studien zum Urheberrecht in Europa. Entwicklungslinien und Grundfragen, Schriften zur europäischen Rechts- und Verfassungsgeschichte, Bd. 10, Berlin 1993, 139–150 (zit.: Dölemeyer, Kohler).

Dölemeyer, Barbara/Klippel, Diethelm, Der Beitrag der deutschen Rechtswissenschaft zur Theorie des gewerblichen Rechtsschutzes und Urheberrechts, in: F.-K. Beier/A. Kraft/cG. Schricker/E. Wadle (Hrsg.), Gewerblicher Rechtsschutz und Urheberrecht in Deutschland. Festschrift zum hundertjährigen Bestehen der Deutschen Vereinigung für gewerblichen Rechtsschutz und Urheberrecht und ihrer Zeitschrift, Bd. 1, Weinheim 1991, 185–237.

Düsing, Bernhard, Die Geschichte der Abschaffung der Todesstrafe in der Bundesrepublik Deutschland unter besonderer Berücksichtigung ihres parlamentarischen Zustandekommens, Diss. Universität Freiburg im Breisgau 1952, Schwenningen/Neckar 1952.

Eckart, Wolfgang Uwe, Geschichte, Theorie und Ethik der Medizin, 8. Aufl., Heidelberg 2017.

EGGER, AUGUST, Das Personenrecht, in: A. Egger et al. (Hrsg.), Kommentar zum Schweizerischen Zivilgesetzbuch, Zürich 1911 (zit.: EGGER, Personenrecht).

EGGER, AUGUST, Eugen Huber als Gesetzgeber. Ansprache gehalten am 9. Sept[ember] 1940 vor dem schweiz[erischen] Juristentag bei Anlaß der Enthüllung einer Gedenktafel am Geburtshause Eugen Hubers in Oberstammheim, in: Schweizerische Juristen-Zeitung, Jg. 37 (1940/41), Heft 7, 93–97 (zit.: EGGER, Huber).

EICHHOLZ, JÜRGEN, Die Transplantation von Leichenteilen aus zivilrechtlicher Sicht, in: Neue Juristische Wochenschrift, Jg. 21 (1968), Heft 49, 2272–2276.

EICHMANN, EDUARD, Lehrbuch des Kirchenrechts auf Grund des Codex Iuris Canonici für Studierende, Paderborn 1923.

ELIAS, NORBERT, Über die Einsamkeit der Sterbenden in unseren Tagen, in: N. Elias, Gesammelte Schriften, Bd. 6, Frankfurt am Main 2002, 9–90.

EMMENEGGER, SUSAN, Marlene und die «Ich-AG». Geburt einer neuen Rechtsfigur?, in: P. Gauch/P. Pichonnaz (Hrsg.), Figures juridiques, Rechsfiguren. Mélanges dissociés pour Pierre Tercier, K(l)eine Festschrift für Pierre Tercier, Zürich/Basel/Genf 2003, 209–217.

ENDEMANN, FRIEDRICH, Einführung in das Studium des Bürgerlichen Gesetzbuchs, Lehrbuch des Bürgerlichen Rechts, Bd. 1, Einleitung; Allgemeiner Theil; Recht der Schuldverhältnisse, 5. Aufl., Berlin 1899.

ENGLERT, NIKOLAUS, Todesbegriff und Leichnam als Element des Totenrechts, Diss. Universität München 1978, München 1979.

ENNECCERUS, LUDWIG/LEHMANN, HEINRICH, Das Bürgerliche Recht. Eine Einführung in das Recht des Bürgerlichen Gesetzbuchs, Bd. 1, Einleitung, Allgemeiner Theil, Schuldverhältnisse, Marburg 1900.

ESMARCH, KARL, Grundsätze des Pandekten-Rechtes zum akademischen Gebrauche, Wien 1860.

EUGSTER, RICHARD, Die Entstehung des schweizerischen Obligationenrechtes vom Jahre 1883, Diss. Universität Zürich 1925, Weida in Thüringen 1926.

FEINE, HANS ERICH, Kirchliche Rechtsgeschichte. Die Katholische Kirche, 5. Aufl., Köln 1972 (reprografischer Nachdruck 2019).

FIEDLER, ADELHEID, «Ich war tot und ihr habt meinen Leichnam geehrt». Unser Umgang mit Verstorbenen, Diss. Universität Tübingen 2000, Mainz 2001.

FISCHER, ANNETTE, Die Entwicklung des postmortalen Persönlichkeitsschutzes. Von Bismarck bis Marlene Dietrich, Frankfurt am Main 2004 (zit.: FISCHER A.).

FISCHER, NORBERT, Vom Gottesacker zum Krematorium. Eine Sozialgeschichte der Friedhöfe in Deutschland seit dem 18. Jahrhundert, Köln/Weimar/Wien 1996 (zit.: FISCHER N.).

FISCHER, OTTO, § 90, in: O. Fischer/W. v. Henle (Hrsg.), Bürgerliches Gesetzbuch vom 18. August 1896 nebst dem Einführungsgesetze vom 18. August 1896. Handausgabe mit Einleitung, erläuternden Anmerkungen und Sachregister, 6. Aufl., München 1904 (zit.: FISCHER O.).

FLAIG, EGON, Die Pompa Funebris. Adlige Konkurrenz und annalistische Erinnerung in der Römischen Republik, in: O. G. Oexle (Hrsg.), Memoria als Kultur, Göttingen 1995, 115–148 (zit.: FLAIG, pompa funebris).

FLAIG, EGON, Ritualisierte Politik. Zeichen, Gesten und Herrschaft im Alten Rom, in: G. Algazi et al. (Hrsg.), Historische Semantik, Bd. 1, 2. Aufl., Göttingen 2004 (zit.: FLAIG, Politik).

FLEINER, FRITZ, Verfassungsmässiger Schutz der Feuerbestattung, in: Schweizerische Juristen-Zeitung, Jg. 16 (1919/20), Heft 1, 1–4.

FLOWER, HARRIET I., Der Leichenzug – die Ahnen kommen wieder, in: E. Stein-Hölkeskamp/K.-J. Hölkeskamp (Hrsg.), Erinnerungsorte der Antike. Die römische Welt, München 2006, 321–337.

FORKEL, HANS, Verfügungen über Teile des menschlichen Körpers, in: JuristenZeitung, Jg. 29 (1974), Nr. 19, 593–599.

FRANK, REINHARD, Das Strafgesetzbuch für das Deutsche Reich nebst dem Einführungsgesetze, Leipzig 1897.

FRICKER, CARL VICTOR, Die Leichenversorgung der Universitätsanatomien, in: Zeitschrift für die gesammte Staatswissenschaft, Bd. 30 (1874), 211–246.

FRIEDBERG, EMIL, Die Grundlagen der Preußischen Kirchenpolitik unter König Friedrich Wilhelm IV., Leipzig 1882.

GAREIS, KARL, Irrlehren über den Cultur-Kampf, in: F. v. Holtzendorff/W. Oncken (Hrsg.), Deutsche Zeit- und Streit-Fragen. Flugschriften zur Kenntniß der Gegenwart, Jg. V (1876), Heft 65–80, Berlin 1876, 1–86 (zit.: GAREIS, Irrlehren).

GAREIS, KARL, Das Deutsche Patentgesetz vom 25. Mai 1877, sammt den hierzu erschienenen Verordnungen und Bekanntmachungen, Berlin 1877 (zit.: GAREIS, Patentgesetz).

GAREIS, KARL, Das juristische Wesen der Autorrechte, sowie des Firmen- und Markenschutzes, in: Archiv für Theorie und Praxis des Allgemeinen Deutschen Handels- und Wechselrechts, Bd. 35 (1877), 185–210 (zit.: GAREIS, Autorrechte).

GAREIS, KARL, Grundriß zu Vorlesungen über das Deutsche bürgerliche Recht mit Einschluß des Handels-, Wechsel- und Seerechts nebst beigefügten Quellennachweisungen zum Gebrauche in den akademischen Vorlesungen über deutsches Privatrecht, sowie überhaupt zur Orientirung über die neuen, das Privatrecht betreffenden Gesetze des deutschen Reichs, Giessen 1877 (zit.: GAREIS, Grundriss).

GAREIS, KARL, Encyclopädie und Methodologie der Rechtswissenschaft, Giessen 1887 (zit.: GAREIS, Encyclopädie 1887).

GAREIS, KARL, Zweiter Theil. Sachenrecht – Familienrecht– Erbrecht, in: F. Endemann/K. Gareis (Hrsg.), Einführung in das Studium des Bürgerlichen Gesetzbuchs für das Deutsche Reich. Ein kurz gefaßtes Lehrbuch, 2. Aufl., Berlin 1896, 191–404 (zit.: GAREIS, Einführung).

GAREIS, KARL, Bürgerliches Gesetzbuch nebst Einführungsgesetz. Mit einführender Einleitung, kurzen erläuternden Anmerkungen und ausführlichem Sachregister, 2. Aufl., Giessen 1897 (zit.: GAREIS, BGB).

GAREIS, KARL, Das Recht am menschlichen Körper. Eine privatrechtliche Studie, in: Festgabe der Juristischen Fakultät zu Königsberg für ihren Senior Johann Theodor Schirmer zum 1. August 1900, Königsberg in Preussen 1900, 59–100 (zit.: GAREIS, Körper).

GAREIS, KARL, Der Allgemeine Theil des Bürgerlichen Gesetzbuchs, in: J. Biermann et al. (Hrsg.), Kommentar zum Bürgerlichen Gesetzbuche und seinen Nebengesetzen, Berlin 1900 (zit.: GAREIS, Allgemeiner Teil).

GAREIS, KARL, Gutachten des Herrn Professor Dr. Karl Gareis in Königsberg i[n] Pr[eussen] über die Frage: Wie weit ist ein Recht am eigenen Bild anzuerkennen und zu schützen?, in: Schriftführer-Amt der ständigen Deputation (Hrsg.), Verhandlungen des Sechsundzwanzigsten Deutschen Juristentages, Berlin 1902, 1–17 (zit.: GAREIS, Gutachten).

GAREIS, KARL, Enzyklopädie und Methodologie der Rechtswissenschaft. (Einleitung in die Rechtswissenschaft), 3. Aufl., Giessen 1905 (zit.: GAREIS, Enzyklopädie 1905).

GAREIS, KARL, Über Rechtsverhältnisse an Begräbnisstätten, in: Dr. J. A. Seuffert's Blätter für die Rechtsanwendung, Nr. 23 (1905), 308–324 (zit.: GAREIS, Begräbnisstätte).

GAREIS, KARL, Moderne Bewegungen in der Wissenschaft des deutschen Privatrechts. Rede beim Antritt des Rektorats der Ludwig-Maximilians-Universität, gehalten am 30. November 1912, München 1912 (zit.: GAREIS, Bewegungen).

GAREIS, KARL/ZORN, PHILIPP, Staat und Kirche in der Schweiz. Eine Darstellung des eidgenössischen und kantonalen Kirchenstaatsrechtes mit besonderer Rücksicht auf die neuere Rechtsentwickelung und die heutigen Conflicte zwischen Staat und Kirche, Bd. 1, Zürich 1877.

GENGLER, HEINRICH GOTTFRIED, Das Deutsche Privatrecht in seinen Grundzügen für Studierende erörtert, 3. Aufl., Erlangen 1876.

GIERKE, OTTO VON, Der Entwurf eines bürgerlichen Gesetzbuchs und das deutsche Recht, Leipzig 1889 (zit.: GIERKE, Entwurf).

GIERKE, OTTO VON, Deutsches Privatrecht. Erster Band. Allgemeiner Teil und Personenrecht, Leipzig 1895 (zit.: GIERKE, Band I).

GIERKE, OTTO VON, Grundzüge des deutschen Privatrechts, in: J. Kohler (Hrsg.), Encyklopädie der Rechtswissenschaft in systematischer Bearbeitung. Begründet von Dr. Franz von Holtzendorff, Bd. 1, 6. Aufl., Leipzig/Berlin 1904, 431–559 (zit.: GIERKE, Grundzüge).

GIERKE, OTTO VON, Deutsches Privatrecht. Zweiter Band. Sachenrecht, Leipzig 1905 (zit.: GIERKE, Band II).

GIESEKE, LUDWIG, Vom Privileg zum Urheberrecht. Die Entwicklung des Urheberrechts in Deutschland bis 1845, Baden-Baden 1995.

GLEICHAUF, JÜRGEN, Das postmortale Persönlichkeitsrecht im internationalen Privatrecht. Unter besonderer Berücksichtigung des französischen Rechts, Frankfurt am Main 1999.

GOLDSCHMIDT, LEVIN, Handbuch des Handelsrechts, Bd. 2, 2. Aufl., Stuttgart 1883.

GOLTDAMMER, THEODOR HERMANN, Die Materialien zum Straf-Gesetzbuche für die Preußischen Staaten, aus den amtlichen Quellen nach den Paragraphen des Gesetzbuches zusammengestellt und in einem Kommentar erläutert, Theil I. Das Einführungs-Gesetz und den allgemeinen Theil enthaltend, Berlin 1851 (zit.: GOLTDAMMER, Materialien I).

GOLTDAMMER, THEODOR HERMANN, Die Materialien zum Straf-Gesetzbuche für die Preußischen Staaten, aus den amtlichen Quellen nach den Paragraphen des Gesetzbuches zusammengestellt und in einem Kommentar erläutert, Theil II. Den besonderen Theil enthaltend, Berlin 1852 (zit.: GOLTDAMMER, Materialien II).

Gottwald, Stefan, Das allgemeine Persönlichkeitsrecht. Ein zeitgeschichtliches Erklärungsmodell, Berlin 1996.

Gramm, Otto-Friedrich Freiherr von, Zur praktischen Anwendung des allgemeinen Persönlichkeitsrechts, in: Neue Juristische Wochenschrift, Jg. 8 (1955), Heft 49, 1826–1827.

Griot, Gubert, Das Recht am eigenen Körper aufgrund des Art. 28 des Schweizerischen Zivilgesetzbuches, Diss. Universität Zürich 1921, Sarnen 1921.

Gross, Dominik, Entstehung und Entwicklung der Leichenschau in Württemberg im Spiegel zeitgenössischer Quellen, in: Sudhoffs Archiv. Zeitschrift für Wissenschaftsgeschichte, Bd. 81 (1997), Heft 1, Stuttgart 1997, 39–61 (zit.: Gross, Württemberg).

Gross, Dominik, Die Entwicklung der inneren und äußeren Leichenschau in historischer und ethischer Sicht. Mit einem Geleitwort von Dieter Patzelt, Würzburg 2002 (zit.: Gross, Entwicklung).

Gross, Dominik/Glahn, Julia/Tag, Brigitte (Hrsg.), Die Leiche als Memento mori. Interdisziplinäre Perspektiven auf das Verhältnis von Tod und totem Körper, Frankfurt am Main 2010.

Gross, Dominik/Schäfer, Gereon, Die klinische Sektion und ihre gesellschaftliche Wahrnehmung. Die medizinhistorische Perspektive, in: D. Groß et al. (Hrsg.), Tod und toter Körper. Der Umgang mit dem Tod und der menschlichen Leiche am Beispiel der klinischen Obduktion, Kassel 2007, 59–82.

Haab, Robert, Kommentar zum Schweizerischen Zivilgesetzbuch, Bd. IV, Das Sachenrecht, 2. Aufl., Zürich 1929.

Hafter, Ernst, Bibliographie und kritische Materialien zum Vorentwurf eines schweizerischen Strafgesetzbuches. 1898–1907. Im Auftrage des hohen eidgenössischen Justiz- und Polizeidepartementes ausgearbeitet, Bern 1908 (zit.: Hafter, Bibliographie).

Hafter, Ernst, Schweizerisches Zivilgesetzbuch. Personenrecht, in: M. Gmür (Hrsg.), Kommentar zum Schweizerischen Zivilgesetzbuch, Bd. 1, Bern 1910 (zit.: Hafter, Personenrecht).

Hafter, Ernst, Die Arbeiten am schweizerischen Strafgesetzbuch, in: Schweizerische Zeitschrift für Strafrecht. Revue pénale suisse, Jg. 26 (1913), 253–286 (zit.: Hafter, Arbeiten).

Hafter, Ernst, Schweizerisches Strafrecht. Besonderer Teil. Zweite Hälfte: Delikte gegen Ehe und Familie, gegen den öffentlichen Frieden, gemeingefährliche Delikte, Fälschungen, Delikte gegen den Staat, staatliche Organisationen und Ordnung, gegen den Volkswillen, Störung der Beziehung zum Ausland, Delikte gegen die Rechtspflege, Amts- und Berufsdelikte mit dem Sachverzeichnis für beide Hälften, Berlin 1943 (zit.: Hafter, Kommentar).

Hagens, Gunther von, Anatomie und Plastination, in: Institut der Plastination (Hrsg.), Gunther von Hagens' Körperwelten. Faszination des Echten. Katalog zur Ausstellung, 14. Aufl., Heidelberg 2004, 9–36.

Hausberg, Karl, Heilige/Heiligenverehrung V. Die römisch-katholische Kirche, in: G. Müller (Hrsg.), Theologische Realenzyklopädie, Bd. 14, Gottesdienst – Heimat, Berlin/New York 1985, 654–660.

Heck, Philipp Nicolai, «Ist die Württembergische Ministerialverfügung vom 4. Juni 1862, insoweit sie die Ablieferung von Armenleichen an die anatomische Anstalt in Tübingen verfügt, durch Art. 1 Abs. 1 des Württembergischen Gesetzes vom 17. April 1893 zur Ausführung des

Reichsgesetzes betreffend den Unterstützungswohnsitz aufgehoben?», Gutachten, in: Archiv für die civilistische Praxis, Bd. 112 (1914), Heft 1, 319–366.

HEDEMANN, JUSTUS WILHELM, Literatur zum schweizerischen Zivilgesetzbuch, in: Juristisches Literaturblatt, Jg. 25 (1913), 26–30.

HEFTI, ERNST, Die geschichtliche Entwicklung des Urheberrechts und die Entstehung des Urheberrechtsgesetzes von 1883, in: Schweizerische Vereinigung für Urheberrecht (Hrsg.), 100 Jahre URG. Festschrift zum einhundertjährigen Bestehen eines eidgenössischen Urheberrechtsgesetzes, Bern 1983, 1–13.

HEGLER, ALFRED, Das Württembergische Privatrecht. Allgemeine Lehren und Sachenrecht, Stuttgart 1881.

HEINRICH, JÖRN, Materialismus, in: F. Jaeger (Hrsg.), Enzyklopädie der Neuzeit, Bd. 8, Manufaktur – Naturgeschichte, Stuttgart 2008, 115–119.

HENNE, HANS, Rechtsverhältnisse hinsichtlich des Leichnams und seiner Aschenreste, Diss. Universität Erlangen 1928, Bochum 1928 (zit.: HENNE H.).

HENNE, THOMAS, Die Mephisto-Entscheidungen der deutschen Gerichte. Eine exemplarische, justitiell geführte Auseinandersetzung über den Umgang mit der deutschen NS-Vergangenheit in den späten sechziger und frühen siebziger Jahren, in: B. Feldner et al. (Hrsg.), Ad Fontes. Europäisches Forum Junger Rechtshistorikerinnen und Rechtshistoriker Wien 2001, Frankfurt am Main 2002, 193–222 (zit.: HENNE T.).

HERBST, RICHARD, Die Beschimpfung Verstorbener, Diss. Universität Göttingen 1894, Braunschweig 1894.

HESS, ANTON, Die Ehre und die Beleidigung des § 185 St. G. B. Ein psychologisch-juristischer Versuch, Hamburg 1891.

HILTY, CARL, De mortuis, in: C. Hilty (Hrsg.), Politisches Jahrbuch der Schweizerischen Eidgenossenschaft, Jg. 19 (1905), 1–25.

HINSCHIUS, PAUL, Das Kirchenrecht der Katholiken und Protestanten in Deutschland, Bd. 4, System des katholischen Kirchenrechts mit besonderer Rücksicht auf Deutschland (Fortsetzung), Berlin 1888.

HOFER, SIBYLLE, «Freier Mann im freien Staat». Persönlichkeitsschutz in der Schweiz, in: Zeitschrift der Savigny-Stiftung für Rechtsgeschichte. Germanistische Abteilung, Bd. 136 (2019), Heft 1, 261–303 (zit.: HOFER, Persönlichkeitsschutz).

HOFER, SIBYLLE, Leitfaden der Rechtsgeschichte. Quellen und Grundzüge der Rechtsordnung, Wien/Köln/Weimar 2019 (zit.: HOFER, Leitfaden).

HOFER, SIBYLLE, Eugen Huber. Vordenker des Schweizer Zivilrechts, Zürich 2023 (zit.: HOFER, Vordenker).

HOFER, SIBYLLE, Personenrecht, 2. Aufl., Basel 2023 (zit.: HOFER, Personenrecht).

HOFER, SIBYLLE, Das ZGB – ein volkstümliches Gesetz? Eugen Hubers Werk im Kontext der deutschen Rechtswissenschaft, Zürich/St. Gallen 2024 (zit.: HOFER, ZGB).

HOFFMANN, PAUL, Auferstehung II. Auferstehung Jesu Christi, 1. Neues Testament, in: G. Kruse/G. Müller (Hrsg.), Theologische Realenzyklopädie, Bd. 4, Arkandisziplin – Autobiographie, Berlin/New York 1979, 478–513.

HÖLDER, EDUARD, Kommentar zum Allgemeinen Theil des Bürgerlichen Gesetzbuchs. Nebst Einleitung, in: Kommentar zum Bürgerlichen Gesetzbuch vom 18. August 1896 nebst dem Einführungsgesetze, Bd. 1, Allgemeiner Theil und Einleitung, München 1900.

HUBER, EUGEN, System und Geschichte des Schweizerischen Privatrechtes, Bd. 4, Basel 1893 (zit.: HUBER, SPR IV).

HUBER, EUGEN, Das Recht der Erben im Urheberrecht, in: Arbeitsausschuss (Hrsg.), Beiträge zum Urheberrecht. Festgabe für den XVII. internationalen litterarischen und künstlerischen Kongress. Dresden 1895, Berlin 1896, 44–60 (zit.: HUBER, Urheberrecht).

HUBER, EUGEN, Schweizerisches Zivilgesetzbuch. Erläuterungen zum Vorentwurf des Eidgenössischen Justiz- und Polizeidepartements, Erstes Heft. Einleitung. Personen- und Familienrecht, Bern 1901 (zit.: HUBER, Erläuterungen).

HUBMANN, HEINRICH, Das Persönlichkeitsrecht, Münster/Köln 1953 (zit.: HUBMANN, Persönlichkeitsrecht).

HUBMANN, HEINRICH, Der zivilrechtliche Schutz der Persönlichkeit gegen Indiskretion, in: JuristenZeitung, Jg. 12 (1957), Nr. 17, 521–528 (zit.: HUBMANN, Schutz).

JEROUSCHEK, GÜNTER, Ecclesia non sitit sanguinem, in: A. Cordes et al. (Hrsg.), Handwörterbuch zur deutschen Rechtsgeschichte, Bd. 1, Aachen – Geistliche Bank, 2. Aufl., Berlin 2008, 1174–1176.

JHERING, RUDOLF VON, Der Zweck im Recht, Bd. 1, Leipzig 1877.

JOHNSEN, KARL, Die Leiche im Privatrecht. Zugleich ein kritischer Beitrag zur Lehre vom Recht am eigenen Körper, Diss. Universität Heidelberg 1912, Glückstadt 1912.

JONE, HERIBERT, Gesetzbuch des kanonischen Rechts. Erklärung der Kanones, Bd. 2, Schöningh-Paderborn 1940 (zit.: JONE, Kanon II).

JONE, HERIBERT, Gesetzbuch des kanonischen Rechts. Erklärung der Kanones, Bd. 3, Schöningh-Paderborn 1940 (zit.: JONE, Kanon III).

JOSEF, EUGEN, Praktische Fragen des Totenrechts, in: C. Predari/F. Schlegelberger (Hrsg.), Beiträge zur Erläuterung des Deutschen Rechts, Jg. 65 (1921), Berlin 1921, 304–317.

KÄLIN, OLIVER, Der Sachbegriff im schweizerischen ZGB, Diss. Universität Zürich 2002, Zürich 2002.

KASER, MAX, Das römische Privatrecht, Zweiter Abschnitt. Die nachklassischen Entwicklungen, in: H. Bengtson (Hrsg.), Rechtsgeschichte des Altertums im Rahmen des Handbuchs der Altertumswissenschaft, 3. Teil, Bd. 3, 2. Aufl., München 1975 (zit.: KASER, Privatrecht).

KASER, MAX, Zum römischen Grabrecht, in: Zeitschrift der Savigny-Stiftung für Rechtsgeschichte. Romanistische Abteilung, Bd. 95 (1978), Heft 1, 15–92 (zit.: KASER, Grabrecht).

KEHL, ROBERT, Die Rechte der Toten, Zürich 1991.

KEIL, CARL FRIEDRICH, Biblischer Commentar über die prophetischen Geschichtsbücher des Alten Testaments, Bd. 2, Die Bücher Samuels, in: C. F. Keil/F. Delitzsch (Hrsg.), Biblischer Commentar über das Alte Testament, Leipzig 1864 (zit.: KEIL, Samuel).

KEIL, CARL FRIEDRICH, Commentar über das Evangelium des Matthäus, Leipzig 1877 (zit.: KEIL, Matthäus).

KEYSSNER, HUGO, Das Recht am eigenen Bilde, Berlin 1896 (zit.: KEYSSNER, Bilde 1896).

KEYSSNER, HUGO, Das Recht am eigenen Bilde, in: Deutsche Juristen-Zeitung, Jg. 3 (1898), 486 (zit.: Keyssner, Bilde 1898).

KEYSSNER, HUGO, Gutachten des Herrn Geh. Justiz- und Kammergerichtsrath Dr. Keyßner über die Frage: Zum Schutz des Rechts am eigenen Bilde, in: Schriftführer-Amt der ständigen Deputation (Hrsg.), Verhandlungen des Sechsundzwanzigsten Deutschen Juristentages, Berlin 1902, 72–85 (zit.: KEYSSNER, Gutachten).

KLEINHEYER, GERD/SCHRÖDER, JAN (Hrsg.), Deutsche und Europäische Juristen aus neun Jahrhunderten, 6. Aufl., Tübingen 2017.

KLINGE, INES, Todesbegriff, Totenschutz und Verfassung. Der Tod in der Rechtsordnung unter besonderer Berücksichtigung der verfassungsrechtlichen Dimension, Baden-Baden 1996.

KLIPPEL, DIETHELM, Historische Wurzeln und Funktionen von Immaterialgüter- und Persönlichkeitsrechten im 19. Jahrhundert, in: Zeitschrift für Neuere Rechtsgeschichte, Jg. 4 (1982), 132–155 (zit.: KLIPPEL, Wurzeln).

KLIPPEL, DIETHELM, Familie versus Eigentum. Die naturrechtlich-rechtsphilosophische Begründung von Testierfreiheit und Familienerbrecht im 18. und 19. Jahrhundert, in: Zeitschrift der Savigny-Stiftung für Rechtsgeschichte. Germanistische Abteilung, Bd. 101 (1984), Heft 1, 117–168 (zit.: KLIPPEL, Familie versus Eigentum).

KLIPPEL, DIETHELM, Der zivilrechtliche Schutz des Namens. Eine historische und dogmatische Untersuchung, Paderborn et al. 1985 (zit.: KLIPPEL, Namensschutz).

KLIPPEL, DIETHELM, Die Idee des geistigen Eigentums in Naturrecht und Rechtsphilosophie des 19. Jahrhunderts, in: E. Wadle (Hrsg.), Historische Studien zum Urheberrecht in Europa. Entwicklungslinien und Grundfragen, Schriften zur europäischen Rechts- und Verfassungsgeschichte, Bd. 10, Berlin 1993, 121–138 (zit.: KLIPPEL, Eigentum).

KLIPPEL, DIETHELM, Die Theorie der Persönlichkeitsrechte bei Karl Gareis (1844–1923), in: U. Loewenheim et al. (Hrsg.), Festschrift für Fritz Traub zum 65. Geburtstag, Frankfurt am Main 1994, 211–227 (zit.: KLIPPEL, Gareis).

KLIPPEL, DIETHELM, Persönlichkeitsrecht und Persönlichkeitsrechte bei Josef Kohler, in: Zeitschrift für Geistiges Eigentum. Intellectual Property Journal, Jg. 6 (2014), 443–469 (zit.: KLIPPEL, Kohler).

KLIPPEL, DIETHELM/LIES-BENACHIB, GUDRUN, Der Schutz von Persönlichkeitsrechten um 1900, in: U. Falk/H. Mohnhaupt (Hrsg.), Das Bürgerliche Gesetzbuch und seine Richter. Zur Reaktion der Rechtsprechung auf die Kodifikation des deutschen Privatrechts (1896–1914), Frankfurt am Main 2000, 343–382.

KNELLWOLF, ESTHER, Postmortaler Persönlichkeitsschutz – Andenkensschutz der Hinterbliebenen, Diss. Universität Zürich 1990, Zürich 1991.

KNÜTEL, ROLF/KUPISCH, BERTOLD/RÜFNER, THOMAS/SEILER, HANS HERMANN (Hrsg.), Corpus Iuris Civilis. Text und Übersetzung. V. Digesten 28–34, Heidelberg 2012.

KOEBEL, ULRICH, Das Fortwirken des Persönlichkeitsrechts nach dem Tode, in: Neue Juristische Wochenschrift, Jg. 11 (1958), Heft 25, 936–938.

KOENIGER, ALBERT MICHAEL, Grundriß einer Geschichte des katholischen Kirchenrechts, Köln 1919.

KOHLER, ARTHUR, Josef Kohler-Bibliographie. Verzeichnis aller Veröffentlichungen und hauptsächlichen Würdigungen, Berlin-Grunewald 1931 (zit.: KOHLER A.).

KOHLER, JOSEF, Deutsches Patentrecht, systematisch bearbeitet unter vergleichender Berücksichtigung des französischen Patentrechts, Mannheim/Strassburg 1878 (zit.: KOHLER, Patentrecht).

KOHLER, JOSEF, Das Autorrecht, eine zivilistische Abhandlung. Zugleich ein Beitrag zur Lehre vom Eigenthum, vom Miteigenthum, vom Rechtsgeschäft und vom Individualrecht, in: R. v. Jhering (Hrsg.), Jahrbücher für die Dogmatik des heutigen römischen und deutschen Privatrechts, Bd. 18 (1880), Jena 1880, 129–478 (zit.: KOHLER, Autorrecht).

KOHLER, JOSEF, Shakespeare vor dem Forum der Jurisprudenz, Würzburg 1883 (zit.: KOHLER, Shakespeare).

KOHLER, JOSEF, Studien aus dem Strafrecht. I., Mannheim 1890 (zit.: KOHLER, Studien).

KOHLER, JOSEF, Das Individualrecht als Namensrecht, in: Archiv für Bürgerliches Recht, Bd. 5 (1891), Berlin 1891, 77–110 (zit.: KOHLER, Namensrecht).

KOHLER, JOSEF, Zur Konstruktion des Urheberrechts, in: Archiv für Bürgerliches Recht, Bd. 10 (1895), Berlin 1895, 241–286 (zit.: KOHLER, Konstruktion).

KOHLER, JOSEF, Der Fall der Bismarckphotographie, in: Gewerblicher Rechtsschutz und Urheberrecht, Jg. 5 (1900), Berlin 1900, 196–210 (zit.: KOHLER, Bismarckphotographie).

KOHLER, JOSEF, Ehre und Beleidigung; in: Archiv für Strafrecht und Strafprozess, Jg. 47 (1900), 1–48, 98–154 (zit.: KOHLER, Ehre).

KOHLER, JOSEF, Handbuch des Deutschen Patentrechts in vergleichender Darstellung, Mannheim 1900 (zit.: KOHLER, Handbuch Patentrecht).

KOHLER, JOSEF, Das Eigenbild im Recht, Berlin 1903 (zit.: KOHLER, Eigenbild).

KOHLER, JOSEF, Bürgerliches Recht, in: J. Kohler (Hrsg.), Encyklopädie der Rechtswissenschaft in systematischer Bearbeitung. Begründet von Dr. Franz von Holtzendorff, Bd. 1, 6. Aufl., Leipzig/Berlin 1904, 561–757 (zit.: KOHLER, Bürgerliches Recht 1904).

KOHLER, JOSEF, Recht an Briefen, in: Deutsche Juristen-Zeitung, Jg. 11 (1906), 51–56 (zit.: KOHLER, Briefe).

KOHLER, JOSEF, Lehrbuch des Bürgerlichen Rechts, Bd. 1, Berlin 1906 (zit.: KOHLER, Lehrbuch I).

KOHLER, JOSEF, Kunstwerkrecht. (Gesetz vom 9. Januar 1907), Stuttgart 1908 (zit.: KOHLER, Kunstwerkrecht).

KOHLER, JOSEF, Lehrbuch des Patentrechts, Mannheim/Leipzig 1908 (zit.: KOHLER, Lehrbuch Patentrecht).

KOHLER, JOSEF, Eugen Huber und das Schweizer Zivilgesetzbuch, in: Rheinische Zeitschrift für Zivil- und Prozessrecht, Jg. 5 (1912), Heft 1, 1–43 (zit.: KOHLER, Huber).

KOHLER, JOSEF, Bürgerliches Recht, in: J. Kohler (Hrsg.), Enzyklopädie der Rechtswissenschaft in systematischer Bearbeitung. Begründet von Dr. Franz von Holtzendorff, Bd. 2, 7. Aufl., München/Leipzig/Berlin 1914, 1–191 (zit.: KOHLER, Bürgerliches Recht 1914).

KOHLER, JOSEF, Recht und Persönlichkeit in der Kultur der Gegenwart, Stuttgart/Berlin 1914 (zit.: KOHLER, Kultur).

KOHLER, JOSEF, Lehrbuch des Bürgerlichen Rechts, Bd. 3, Berlin 1915 (zit.: KOHLER, Lehrbuch III).

KOHLER, JOSEF, Lehrbuch der Rechtsphilosophie, 2. Aufl., Berlin/Leipzig 1917 (zit.: KOHLER, Rechtsphilosophie).

KÖLZ, ALFRED, Neuere Schweizerische Verfassungsgeschichte. Ihre Grundlinien in Bund und Kantonen seit 1848, Bern 2004.

KORVES, ROBERT, Eigentumsunfähige Sachen?, Diss. Universität Bochum 2014, Tübingen 2014.

KRAMER, ALEXANDER, Ueber das Recht in Bezug auf den menschlichen Körper, Diss. Universität Berlin 1887, Berlin 1887.

KÜCHENMEISTER, FRIEDRICH, Die Feuerbestattung. Unter allen zur Zeit ausführbaren Bestattungsarten die beste Sanitätspolizei des Bodes und der sicherste Cordon gegen Epidemien, Stuttgart 1875 (zit.: KÜCHENMEISTER, Feuerbestattung).

KÜCHENMEISTER, FRIEDRICH, Die Totenbestattungen der Bibel und die Feuerbestattung. Nach dem Tode des Verfassers herausgegeben von Freunden der Feuerbestattung, Stuttgart 1893 (zit.: KÜCHENMEISTER, Bibel).

KÜHSCHELM, ROMAN, Bewertung des Leichnams im Neuen Testament, in: S. Norbert (Hrsg.), Körper ohne Leben. Begegnung und Umgang mit Toten, Wien/Köln/Weimar 1998, 402–413.

LABAND, PAUL, Dr. Carl Gareis. Das Deutsche Patentgesetz vom 25. Mai 1877 erläutert. 287 S. Berlin 1877, in: Zeitschrift für das Gesammte Handelsrecht, Bd. 23 (1878), Stuttgart 1878, 621–624 (zit.: LABAND, Gareis).

LABAND, PAUL, Dr. Joseph Kohler, Kreisgerichtsratz. Deutsches Patentrecht systematisch bearbeitet unter vergleichender Berücksichtigung des französischen Patentrechts. 739 und CXXIV S. Mannheim und Straßburg 1878, in: Zeitschrift für das Gesammte Handelsrecht, Bd. 23 (1878), Stuttgart 1878, 624–629 (zit.: LABAND, Kohler).

LANDSBERG, ERNST, Das Recht des Bürgerlichen Gesetzbuches vom 18. August 1896. Ein dogmatisches Lehrbuch, Erste Hälfte, Berlin 1904.

LEEMANN, HANS, Schweizerisches Zivilgesetzbuch. Sachenrecht. I. Abteilung. Art. 641–729, in: M. Gmür (Hrsg.), Kommentar zum Schweizerischen Zivilgesetzbuch, Bd. IV, Sachenrecht, I. Abteilung, Bern 1911.

LEHMANN, BRITA, Postmortaler Persönlichkeitsschutz. Zur Frage des Fortbestehens des allgemeinen Persönlichkeitsrechts über den Tod des Rechtsträgers hinaus, Diss. Universität Bonn 1973, Bonn 1973.

LENHART, BERNHARD, Leiche / Leichenschändung, in: Das wissenschaftliche Bibellexikon im Internet (WiBiLex), 2009 (online: ‹https://www.die-bibel.de/ressourcen/wibilex/altes-testament/leiche-leichenschaendung›, besucht am 19. September 2024).

LEONHARDT, ROCHUS, Grundinformation Dogmatik. Ein Lehr- und Arbeitsbuch für das Studium der Theologie, 4. Aufl., Göttingen 2009.

LEUZE, DIETER, Die Entwicklung des Persönlichkeitsrechts im 19. Jahrhundert. Zugleich ein Beitrag zum Verhältnis allgem. Persönlichkeitsrecht – Rechtsfähigkeit, Bielefeld 1962.

LIEBER, FRANZ, Ueber Hinrichtungen auf offenem Felde, oder über Extramuran- und Intramuran-Hinrichtungen, in: Kritische Zeitschrift für Rechtswissenschaft und Gesetzgebung des Auslandes, Bd. 17 (1845), 1–30.

LINGELBACH, GERHARD, Bibel, in: A. Cordes et al. (Hrsg.), Handwörterbuch zur deutschen Rechtsgeschichte, Bd. 1, Aachen – Geistliche Bank, 2. Aufl., Berlin 2008, 568–574.

LISZT, FRANZ VON, Gutachten des Herrn Prof[essor] v. Liszt – Berlin über die Frage: Nach welchen Grundsätzen ist die Revision des Strafgesetzbuchs in Aussicht zu nehmen?, in: Schriftführer-Amt der ständigen Deputation (Hrsg.), Verhandlungen des Sechsundzwanzigsten Deutschen Juristentages, Berlin 1902, 259–302.

LOEWENFELD, THEODOR, Einleitung und Allgemeiner Theil. Erster Abschnitt. Personen, in: J. von Staudinger (Hrsg.), Kommentar zum Bürgerlichen Gesetzbuche für das deutsche Reich nebst Einführungsgesetz, Bd. 1, Einleitung und Allgemeiner Theil, München 1903, VII–XXVII, 1–211.

LUTHER, CHRISTOPH, Postmortaler Schutz nichtvermögenswerter Persönlichkeitsrechte, Diss. Universität Göttingen 2008, Göttingen 2009.

MÄCHLER, ALBERT, Das Begräbniswesen nach Schweizerischem Bundesrecht, Diss. Universität Bern 1892, Herisau 1892.

MAIHOLD, HARALD, «Ein Schauspiel für den Pöbel», Zur Leichnamsstrafe und ihrer Überwindung in der Aufklärungsphilosophie, in: B. Mezey, Rechtsgeschichtliche Vorträge, Bd. 29, Budapest 2005, 5–39 (zit.: MAIHOLD, Leichnamsstrafen).

MAIHOLD, HARALD, Die Bildnis- und Leichnamsstrafen im Kontext der Lehre von der crimina excepta, in: Zeitschrift der Savigny-Stiftung für Rechtsgeschichte. Germanistische Abteilung, Bd. 130 (2013), Heft 1, 78–102 (zit.: MAIHOLD, crimina excepta).

MANTHE, ULRICH (Hrsg.), Gaius Institutiones. Die Institutionen des Gaius, 2. Aufl., Darmstadt 2010.

MARTIN, KLAUS, Das allgemeine Persönlichkeitsrecht in seiner historischen Entwicklung, Diss. Universität Göttingen 2007, Hamburg 2007.

MATTHIASS, BERNHARD, Lehrbuch des Bürgerlichen Rechtes, Bd. 1, Die allgemeinen Lehren und das Recht der Schuldverhältnisse, 4. Aufl., Berlin 1900 (MATTHIASS, Band I).

MATTHIASS, BERNHARD, Lehrbuch des Bürgerlichen Rechtes, Bd. 2, Das Sachenrecht, das Persönlichkeits- und Immaterialgüterrecht, das Familienrecht und das Erbrecht, 4. Aufl., Berlin 1900 (MATTHIASS, Band II).

MAURER, SUSAN/KERSTING, DANIEL, Ist der Leichnam eine Sache?, in: Jusletter 29. August 2011.

MAY, ERICH, Zum Schutz der Persönlichkeit nach dem Tode, in: Neue Juristische Wochenschrift, Jg. 11 (1958), Heft 51, 2101–2104.

MAYER-MALY, THEO, Gedanken über das Recht, Wien/Köln/Graz 1985.

MEISSEL, FRANZ-STEFAN, Totenfürsorge als Geschäftsführung ohne Auftrag? Actio funeraria und postmortaler Persönlichkeitsschutz, in: Zeitschrift der Savigny-Stiftung für Rechtsgeschichte. Romanistische Abteilung, Bd. 138 (2021), Heft 1, 219–244.

MELLIGER, ALPHONS, Das Verhältnis des Urheberrechts zu den Persönlichkeitsrechten, Diss. Universität Bern 1929, Bern 1929.

MERKEL, ADOLF, Die Eigenthumsverletzungen. Diebstahl und Unterschlagung, in: F. v. Holtzendorff (Hrsg.), Handbuch des deutschen Strafrechts, Bd. 3, Die Lehre von den Verbrechensarten, Berlin 1874, 619–714 (zit.: MERKEL A.).

MERKEL, ERICH, Der Leichenraub. Eine historische und dogmatische Studie, Diss. Universität Leipzig 1904, Leipzig 1904 (zit.: MERKEL E., Leichenraub).

MERKEL, ERICH, Die rechtliche Natur des menschlichen Leichnams, in: Sächsisches Archiv für deutsches bürgerliches Recht, Bd. 14 (1904), Leipzig 1904, 677–684 (zit.: MERKEL E., Leichnam).

MEVES, KARL OSKAR, Das Reichsstrafgesetzbuch in seinem Verhältniß zur Religion, in: Der Gerichtssaal. Zeitschrift für Strafrecht, Strafprozeß, Gerichtliche Medizin, Gefängnißkunde und ausländische Literatur, Bd. 27 (1875), 321–372.

MEYER, CHRISTOPH H. F., Kanonistik, in: A. Cordes et al. (Hrsg.), Handwörterbuch zur deutschen Rechtsgeschichte, Bd. 2, Geistliche Gerichtsbarkeit – Konfiskation, 2. Aufl., Berlin 2012, 1576–1580.

MITTELSTEIN, MAX, Mensch und Leichnam als Rechtsobjekt, in: Archiv für Strafrecht, Bd. 34 (1886), 172–180.

MITTERMAIER, CARL JOSEPH ANTON, Die Todesstrafe nach dem neuesten Stande der Ansichten in England, Nordamerika, Frankreich, Belgien, Dänemark, Schweden, Rußland, Italien und Deutschland über die Aufhebung dieser Strafart, in: Archiv des Criminalrechts, Jg. 1840/1841, 442–463, 583–610 (1840); 1–23, 311–348 (1841) (zit.: MITTERMAIER, Aufhebung).

MITTERMAIER, CARL JOSEPH ANTON, Die Todesstrafe in ihrem Verhältniß zur Begnadigung und zur Vollziehung der Strafe, in: Archiv des Criminalrechts, Jg. 1848, 408–419 (zit.: MITTERMAIER, Verhältnis).

MUGDAN, BENNO, Die gesamten Materialien zum Bürgerlichen Gesetzbuch für das Deutsche Reich, herausgegeben und bearbeitet, Bd. 1, Einführungsgesetz und Allgemeiner Teil, Berlin 1899, Neudruck Aalen 1979 (zit.: MUGDAN, Band I).

MUGDAN, BENNO, Die gesamten Materialien zum Bürgerlichen Gesetzbuch für das Deutsche Reich, herausgegeben und bearbeitet, Bd. 3, Sachenrecht, Berlin 1899, Neudruck Aalen 1979 (zit.: MUGDAN, Band III).

MÜHLENBRUCH, CHRISTIAN FRIEDRICH, Lehrbuch des Pandekten-Rechts. Nach der doctrina pandectarum, Zweiter Theil, 2. Aufl., Halle 1838.

MÜLLER, KNUT, Postmortaler Rechtsschutz – Überlegungen zur Rechtssubjektivität Verstorbener, Frankfurt am Main 1996.

NEUMANN-DUESBERG, HORST, Zivil- und Zivilprozeßrecht. Verfassungsrecht. GG Art. 2, 5 («Mephisto»), in: JuristenZeitung, Jg. 23 (1968), Nr. 21, 697–706.

NIKOLETOPOULOS, PANAJITOS, Die zeitliche Begrenzung des Persönlichkeitsschutzes nach dem Tode, Diss. Universität Berlin 1984, Frankfurt am Main 1984.

OERTMANN, PAUL, Aneignung von Bestandteilen einer Leiche, in: Leipziger Zeitschrift für Deutsches Recht, Jg. 19. (1925), 511–517.

OHST, MARTIN, Wunder V. Kirchengeschichtlich, in: G. Müller (Hrsg.), Theologische Realenzyklopädie, Bd. 36, Wiedergeburt – Zypern, Berlin/New York 2004, 397–409.

OLSHAUSEN, JUSTUS, Kommentar zum Strafgesetzbuch für das Deutsche Reich, Bd. 1, 4. Aufl., Berlin 1892 (zit.: OLSHAUSEN J.).

OLSHAUSEN, THEODOR, Das Recht am eigenen Bilde, in: Beiträge zur Erläuterung des Deutschen Rechts, Jg. 46 (1902), Berlin 1902, 492–509 (zit.: OLSHAUSEN TH.).

OPET, OTTO, Deutsches Theaterrecht. Unter Berücksichtigung der fremden Rechte, systematisch dargestellt, Berlin 1897.

ORELLI, ALOYS VON, Das schweizerische Bundesgesetz betreffend das Urheberrecht an Werken der Litteratur und Kunst unter Berücksichtigung der bezüglichen Staatsverträge, Zürich 1884.

OSTERRIETH, ALBERT, Altes und Neues zur Lehre vom Urheberrecht, Leipzig 1892.

OTT, WALTER/GRIEDER, THOMAS, Plädoyer für den postmortalen Persönlichkeitsschutz, in: Aktuelle Juristische Praxis/Pratique Juridique Actuelle, Jg. 10 (2001), 627–631.

PAHUD DE MORTANGES, RENÉ, Die historische Entwicklung des staatlichen Bestattungsrechts in der Schweiz, in: C. R. Famos/R. Pahud de Mortanges/B. Ramaj (Hrsg.), Konfessionelle Grabfelder auf öffentlichen Friedhöfen. Historische Entwicklung und aktuelle Rechtslage, Zürich/Basel/Genf 2016, 1–33.

PETRAKAKOS, DEMETRIOS A., Die Toten im Recht nach der Lehre und den Normen des orthodoxen morgenländischen Kirchenrechts und der Gesetzgebung Griechenlands, Leipzig 1905.

PFAFFEL, WILHELM, Marcus Terentius Varro. De Lingua Latina. Lateinisch und deutsch, Bd. 1, in: T. Baier/K. Brodersen/M. Hose (Hrsg.), Edition Antike, Darmstadt 2023.

PIERER, JOACHIM, Postmortaler Schutz von Persönlichkeitsrechten, Wien 2018.

PLANCK, GOTTLIEB, Bürgerliches Gesetzbuch nebst Einführungsgesetz, Bd. 1, Einleitung und Allgemeiner Theil, Berlin 1897 (zit.: PLANCK, BGB 1897).

PLANCK, GOTTLIEB, Bürgerliches Gesetzbuch nebst Einführungsgesetz, Bd. 1, Einleitung und Allgemeiner Teil, 3. Aufl., Berlin 1903 (zit.: PLANCK, BGB 1903).

PUFENDORF, SAMUEL VON, Über die Pflicht des Menschen und des Bürgers nach dem Gesetz der Natur. Herausgegeben und übersetzt von Klaus Luig, Frankfurt/Leipzig 1994.

RAUSNITZ, JULIUS, Das Recht am menschlichen Leichnam und das Recht der Anatomie, in: Das Recht. Rundschau für den deutschen Juristenstand, Jg. 7 (1903), Nr. 24, 593–595.

REGELSBERGER, FERDINAND, Pandekten, in: K. Binding (Hrsg.), Systematische Handbuch der Deutschen Rechtswissenschaft, 1. Abteilung, 7. Teil, Bd. 1, Leipzig 1893.

REHBEIN, HUGO, Das Bürgerliche Gesetzbuch mit Erläuterungen für das Studium und die Praxis, Bd. 1, Allgemeiner Theil, Berlin 1899.

REHBINDER, MANFRED, Die geschichtliche Entwicklung des schweizerischen Urheberrechts bis zum ersten Bundesgesetz vom Jahre 1883, in: E. Wadle (Hrsg.), Historische Studien zum Urheberrecht in Europa. Entwicklungslinien und Grundfragen, Schriften zur europäischen Rechts- und Verfassungsgeschichte, Bd. 10, Berlin 1993, 67–80.

ROSE, PAULA J., A Commentary on Augustine's De cura pro mortuis gerenda. Rhetoric in Practice, Leiden/Boston 2013.

RÖTHLISBERGER, ERNST, Zeit- und Streitfragen betreffend das Urheberrecht an Photographien, in: Börsenblatt für den Deutschen Buchhandel und die verwandten Geschäftszweige, Nr. 251,

253, 254 (26./29./30.10.1901), Leipzig 1901, 8652–8655, 8745–8748, 8793–8796 (zit.: RÖTHLISBERGER, Streitfragen).

RÖTHLISBERGER, ERNST, Urheberrecht und Zeitungsinhalt, in: M. Gmür (Hrsg.), Abhandlungen zum schweizerischen Recht, Heft 27, Bern 1908 (zit.: RÖTHLISBERGER, Zeitungsinhalt).

RÜFENACHT, HERMANN, Das litterarische und künstlerische Urheberrecht in der Schweiz mit besonderer Rücksicht auf die bestehenden Staatsverträge, Diss. Universität Bern 1892, Bern 1892.

RÜVE, GERLIND, Scheintod. Zur kulturellen Bedeutung der Schwelle zwischen Leben und Tod um 1800, Bielefeld 2008.

SACHAU, RÜDIGER, Der Leichnam und die Religion. Theologische und religionsgeschichtliche Aspekte zum Umgang mit dem toten Körper, in: L. Hermes da Fonseca/T. Kilche (Hrsg.), Verführerische Leichen – verbotener Verfall: «Körperwelten» als gesellschaftliches Schlüsselereignis, Lengerich et al. 2006.

SALTER, COLIN, Die Geschichte der Anatomie in 150 Büchern – von der Antike bis heute. Aus dem Englischen übersetzt von Wiebke Krabbe, Bern 2024.

SAUER, GEORG, Der Leichnam im Kontext des alttestamentlichen Israels, in: S. Norbert (Hrsg.), Körper ohne Leben. Begegnung und Umgang mit Toten, Wien/Köln/Weimar 1998, 393–401.

SAVIGNY, FRIEDRICH KARL VON, System des heutigen Römischen Rechts, Bd. 1, Berlin 1840.

SCHACK, HAIMO, Weiterleben nach dem Tode – juristisch betrachtet, in: JuristenZeitung, Jg. 44 (1989), Nr. 13, 609–615 (zit.: SCHACK, Weiterleben).

SCHACK, HAIMO, BGH, 1.12.1999 – I ZR 49/97. Postmortale Verletzung des allgemeinen Persönlichkeitsrechts – «Marlene Dietrich», in: JuristenZeitung, Jg. 55 (2000), Nr. 21, 1056–1062 (zit.: SCHACK, Marlene Dietrich).

SCHEWARDNADSE, MICHAEL, Die Todesstrafe in Europa. Eine rechtsvergleichende Darstellung mit einer rechtsgeschichtlichen Einleitung, Diss. Universität Zürich 1913, München 1914.

SCHEYHING, ROBERT, Zur Geschichte des Persönlichkeitsrechts im 19. Jahrhundert, in: Archiv für die civilistische Praxis, Bd. 158 (1959/1960), Heft 5/6, 503–525.

SCHILLER, FRIEDRICH, Musen-Almanach für das Jahr 1797, 2. Ausgabe, Tübingen/Jena 1797.

SCHINDLER, BENJAMIN, Alte und neue Fragen zum Bestattungs- und Friedhofsrecht, in: Schweizerisches Zentralblatt für Staats- und Verwaltungsrecht, Jg. 124 (2023), 571–593.

SCHMIDT, BIRGIT AM BUSCH, Postmortaler Würdeschutz und gesetzgeberische Gestaltungsfreiheit, in: Der Staat. Zeitschrift für Staatslehre und Verfassungsgeschichte, deutsches und europäisches Recht, Bd. 49 (2010), 211–249.

SCHMOECKEL, MATHIAS/RÜCKERT, JOACHIM/ZIMMERMANN, REINHARD (Hrsg.), Historisch-kritischer Kommentar zum BGB, Bd. 1, Allgemeiner Teil, §§ 1–240, Tübingen 2003 (zit.: HKK-BEARBEITER, § N)

SCHNALKE, THOMAS, Demokratisierte Körperwelten. Zur Geschichte der veröffentlichten Anatomie, in: G. Bogusch et al. (Hrsg.), Auf Leben und Tod. Beiträge zur Diskussion um die Ausstellung «Körperwelten», Darmstadt 2003, 3–28.

SCHNEIDER, ALBERT/FICK, HEINRICH (Hrsg.), Das Schweizerische Obligationenrecht samt den Bestimmungen des Bundesgesetzes betreffend die persönliche Handlungsfähigkeit mit allgemeinfaßlichen Erläuterungen, 2. Aufl., Zürich 1896.

SCHÖNBERGER, SIMONE, Postmortaler Persönlichkeitsschutz, Bielefeld 2011.

SCHOTT, HEINZ, Die Chronik der Medizin, Dortmund 1993 (zit.: SCHOTT, Chronik).

SCHOTT, HEINZ, Der Leichnam in medizinhistorischer Sicht, in: D. Groß et al (Hrsg.), Tod und toter Körper. Der Umgang mit dem Tod und der menschlichen Leiche am Beispiel der klinischen Obduktion, Kassel 2007, 45–58 (zit.: SCHOTT, Leichnam).

SCHREUER, HANS, Der menschliche Körper und die Persönlichkeitsrechte, in: Juristische Fakultät der rheinischen Friedrich Wilhelms-Universität zu Bonn (Hrsg.), Festgabe der Bonner juristischen Fakultät für Karl Bergbohm zum 70. Geburtstag, Bonn 1919, 242–277 (zit.: SCHREUER, Körper).

SCHREUER, HANS, Deutsches Privatrecht. Einführung in das geltende bürgerliche Recht mit rechtsvergleichenden Ausblicken, Stuttgart 1921 (zit.: SCHREUER, Privatrecht).

SCHRUMPF, STEFAN, Bestattung und Bestattungswesen im Römischen Reich. Ablauf, soziale Dimension und ökonomische Bedeutung der Totenfürsorge im lateinischen Westen, Diss. Universität Bonn 2006, Bonn 2006.

SCHUBERT, WERNER, Materialien zur Entstehungsgeschichte des BGB. Einführung, Biographien, Materialien, in: H. H. Jakobs/W. Schubert (Hrsg.), Die Beratung des Bürgerlichen Gesetzbuchs, In systematischer Zusammenstellung der unveröffentlichten Quellen, Berlin/New York 1978.

SCHULTE-NÖLKE, HANS, Die schwere Geburt des Bürgerlichen Gesetzbuchs, in: Neue Juristische Wochenschrift, Jg. 49 (1996), Heft 25, 1705–1710.

SCHULTHEIS, RUDOLF, Über die Möglichkeit von Privatrechtsverhältnissen am menschlichen Leichnam und Teilen desselben, Diss. Universität Halle-Wittenberg 1888, Halle 1888.

SCHULZ, FRIEDER, Heilige/Heiligenverehrung VII. Die protestantischen Kirchen, in: G. Müller (Hrsg.), Theologische Realenzyklopädie, Bd. 14, Gottesdienst – Heimat, Berlin/New York 1985, 664–672.

SCHÜNEMANN, HERMANN, Die Rechte am menschlichen Körper, Frankfurt am Main 1985.

SCHWAB, DIETER, Geschichtliches Recht und moderne Zeiten. Einige Gedanken zu Leben und Werk von Karl Gareis, in: G. Baumgärtel et al. (Hrsg.), Festschrift für Heinz Hübner zum 70. Geburtstag am 7. November 1984, Berlin/New York 1984, 215–237.

SCHWERDTNER, PETER, Das Persönlichkeitsrecht in der deutschen Zivilrechtsordnung. Offene Probleme einer juristischen Entdeckung, Berlin 1977.

SCHWERIN, CLAUDIUS VON, Das Recht am Leichnam, in: Dr. J. A. Seuffert's Blätter für die Rechtsanwendung, Nr. 23 (1905), 653–669.

SELL, WILHELM, Die Lehre von den unmöglichen Bedingungen, aus den Quellen des römischen Rechts systematisch entwickelt, Giessen 1834.

SHAKESPEARE, WILLIAM, A Pleasant Conceited Comedie called, Loues labors lost. As it was presented before her Highnes this last Christmas, London 1598.

SIEBENHAAR, EDUARD, Commentar zu dem bürgerlichen Gesetzbuche für das Königreich Sachsen und zu der damit in Verbindung stehenden Publicationsverordnung vom 2. Januar 1863, Bd. 1, Die Publicationsverordnung, der allgemeine Theil und das Sachenrecht, Leipzig 1864 (zit.: SIEBENHAAR, Commentar).

SIEBENHAAR, EDUARD, Lehrbuch des Sächsischen Privatrechts, Leipzig 1872 (zit.: SIEBENHAAR, Lehrbuch).

SIEMENS, PETER, Carl Friedrich Keil (1807–1888). Leben und Werk, Giessen 1994.

SIMON, JÜRGEN, Das allgemeine Persönlichkeitsrecht und seine gewerblichen Erscheinungsformen. Ein Entwicklungsprozeß, Berlin 1981.

SMOSCHEWER, FRITZ, Das Persönlichkeitsrecht im allgemeinen und im Urheberrecht, in: Archiv für Urheber- Film- und Theaterrecht, Bd. 3 (1930), Heft 1, Berlin 1930, 119–192, 231–280, 349–370.

SOHM, RUDOLPH, Kirchenrecht, in: O. Fischer (Hrsg.), Rechtsforschung und Rechtsunterricht auf den Deutschen Universitäten, Berlin 1893, 113–121.

SPECKER, KARL, Die Persönlichkeitsrechte mit besonderer Berücksichtigung des Rechts auf die Ehre im schweizerischen Privatrecht, Aarau 1911.

SPENDEL, GÜNTER, Josef Kohler. Bild eines Universaljuristen, Heidelberg 1983.

STALDER, PETER, Kulturkampf in der Schweiz – ein Sonderfall?, in: L. Gall (Hrsg.), Historische Zeitschrift, Bd. 254 (1992), Heft 1, München 1992, 33–49 (zit.: STALDER, Sonderfall).

STALDER, PETER, Der Kulturkampf in der Schweiz. Eidgenossenschaft und katholische Kirche im europäischen Umkreis. 1848–1888, 2. Aufl., Zürich 1996 (zit.: STALDER, Kulturkampf).

STAMMLER, RUDOLF, Die Lehre vom richtigen Rechte, Berlin 1902.

STEINER, ANNALISA, Kriterien und Rechtsfolgen des postmortalen Persönlichkeitsschutzes. Ein deutsch-italienischer Rechtsvergleich, Diss. Universität München 2023, Baden-Baden 2024.

STENGLEIN, MELCHIOR, Commentar über das Strafgesetzbuch für das Königreich Bayern und das Gesetz über die Einführung des Strafgesetzbuches und des Polizeistrafgesetzbuches. Zweiter Theil. Des Strafgesetzbuches besondere Bestimmungen über die einzelnen strafbaren Handlungen, München 1862 (zit.: STENGLEIN, Bayern).

STENGLEIN, MELCHIOR, Strafgesetzbuch für das deutsche Reich. Mit Kommentar von Dr. Hans Rüdorff, 4. Aufl., Berlin 1892 (zit.: STENGLEIN, RStGB).

STOBBE, OTTO, Handbuch des Deutschen Privatrechts, Bd. 1, Berlin 1871 (zit.: STOBBE, Handbuch 1871).

STOBBE, OTTO, Handbuch des Deutschen Privatrechts, Bd. 1, 2. Aufl., Berlin 1882 (zit.: STOBBE, Handbuch 1882).

STOBBE, OTTO, Handbuch des Deutschen Privatrechts, Bd. 1, 3. Aufl., Berlin 1893 (zit.: STOBBE, Handbuch 1893).

STOOSS, CARL, Die Schweizerischen Strafgesetzbücher zur Vergleichung zusammengestellt und im Auftrage des Bundesrathes herausgegeben, Basel/Genf 1890 (zit.: STOOSS, Vergleichung).

STOOSS, CARL, Die Grundzüge des schweizerischen Stafrechts im Auftrage des Bundesrathes vergleichend dargestellt, Bd. 2, Basel/Genf 1893 (zit.: STOOSS, Grundzüge).

STOOSS, CARL, Schweizerisches Strafgesetzbuch. Vorentwurf mit Motiven im Auftrag des schweizerischen Bundesrates ausgearbeitet von Carl Stooss und französische Übersetzung des Vorentwurfs von Alfred Gautier, Basel/Genf 1894 (zit.: STOOSS, Motive).

STOOSS, CARL, Bericht über den Vorentwurf zu einem Schweizerischen Strafgesetzbuch nach den Beschlüssen der Expertenkommission. Zweiter Teil. Dem hohen eidgenössischen Justizdepartement erstattet, Bern 1901 (zit.: STOOSS, Bericht).

STROHKENDL, DOMINIK, Das Strafgesetzbuch für die Preußischen Staaten vom 14. April 1851. Entstehungsgeschichte und Inhalt im Lichte weiterer deutscher Strafgesetzbücher des 19. Jahrhunderts, Diss. Universität Mainz 2018, Berlin 2019.

STUTZ, ULRICH, Kirchenrecht, in: J. Kohler (Hrsg.), Encyklopädie der Rechtswissenschaft in systematischer Bearbeitung. Begründet von Dr. Franz von Holtzendorff, Bd. 2, 6. Aufl., Leipzig/Berlin 1904, 809–972 (zit.: STUTZ, Kirchenrecht).

STUTZ, ULRICH, Zur Erinnerung an Otto von Gierke. Gedächtnisrede gehalten vor der Juristischen Gesellschaft zu Berlin im Vereinshaus Deutscher Ingenieure und Architekten am 28. November 1921, in: Zeitschrift der Savigny-Stiftung für Rechtsgeschichte. Germanistische Abteilung, Bd. 43 (1922), Heft 1, VII–LXIII (zit.: STUTZ, Gierke).

TEICHMANN, ALBERT, Bibliographie über den Vorentwurf zu einem Schweizerischen Strafgesetzbuch in chronologischer Anordnung, in: Schweizerische Zeitschrift für Strafrecht. Revue pénale suisse, Jg. 11 (1898), 189–252.

TEMME, JODOCUS DONATUS HUBERTUS, Lehrbuch des Preußischen Strafrechts, Berlin 1853.

THIER, ANDREAS, Codex Iuris Canonici, in: A. Cordes et al. (Hrsg.), Handwörterbuch zur deutschen Rechtsgeschichte, Bd. 1, Aachen – Geistliche Bank, 2. Aufl., Berlin 2008, 866–867 (zit.: THIER, Codex).

THIER, ANDREAS, Corpus Iuris Canonici, in: A. Cordes et al. (Hrsg.), Handwörterbuch zur deutschen Rechtsgeschichte, Bd. 1, Aachen – Geistliche Bank, 2. Aufl., Berlin 2008, 894–901 (zit.: THIER, Corpus).

THORMANN, PHILIPP/OVERBECK, ALFRED VON, Das Schweizerische Strafgesetzbuch, Bd. 2, Besondere Bestimmungen. Art. 111–332. Einführung und Anwendung des Gesetzes. Art. 333–401, Zürich 1941.

TSCHUMY, NICOLAS, Le corps humain après la mort. Le statut du cadavre en droit suisse, Diss. Universität Lausanne 2021, Bern 2022.

ULMER, EUGEN, Urheber- und Verlagsrecht, Berlin/Göttingen/Heidelberg 1951 (zit.: ULMER, Urheberrecht).

ULMER, EUGEN, Urheberrecht. LUG §§ 8 III, 11 I S. 2; GG Art. 1 und 2 [Tagebücher Cosima Wagners], in: JuristenZeitung, Jg. 10 (1955), Nr. 7, 211–216 (zit.: ULMER, Tagebücher).

VANGEROW, KARL ADOLPH VON, Lehrbuch der Pandekten, Bd. 1, 7. Aufl., Marburg/Leipzig 1863.

VIERHAUS, FELIX, Die Entstehungsgeschichte des Entwurfs eines Bürgerlichen Gesetzbuches für das Deutsche Reich. In Verbindung mit einer Uebersicht der privatrechtlichen Kodifikationsbestrebungen in Deutschland, in: E. I. Bekker/O. Fischer (Hrsg.), Beiträge zur Erläuterung und Beurtheilung des Entwurfes eines Bürgerlichen Gesetzbuches für das Deutsche Reich, Berlin/Leipzig 1888.

VILLIGER, LEO, Die Religions-Delicte in historisch-dogmatischer Darstellung mit Berücksichtigung des schweizer[ischen] Rechtes, Diss. Universität Bern 1894, Zug 1894.

VOGEL, MARTIN, Urheberpersönlichkeitsrecht und Verlagsrecht im letzten Drittel des 19. Jahrhunderts, in: E. Wadle (Hrsg.), Historische Studien zum Urheberrecht in Europa. Entwicklungslinien und Grundfragen, Schriften zur europäischen Rechts- und Verfassungsgeschichte, Bd. 10, Berlin 1993, 191–206 (zit.: VOGEL M.).

VOGEL, SAMUEL, Ueber den Transport von Menschen und Leichen, unter besonderer Berücksichtigung der gesetzlichen Bestimmungen, Diss. Universität Zürich 1912, Zürich 1912 (zit.: VOGEL S.)

WÄCHTER, CARL GEORG, Lehrbuch des Römisch-Teutschen Strafrechts, Bd. 2, Stuttgart 1826 (zit.: WÄCHTER, Lehrbuch).

WÄCHTER, CARL GEORG, Handbuch des im Königreiche Württemberg geltenden Privatrechts, Bd. 1, 1. Abteilung, Geschichte, Quellen und Literatur des Württembergischen Privatrechts, Stuttgart 1839 (zit.: WÄCHTER, Handbuch I).

WÄCHTER, CARL GEORG, Handbuch des im Königreiche Württemberg geltenden Privatrechts, Bd. 2, Allgemeine Lehren, Stuttgart 1842 (zit.: WÄCHTER, Handbuch II).

WÄCHTER, CARL GEORG, Pandekten, Bd. 1, Allgemeiner Theil, Leipzig 1880 (zit.: WÄCHTER, Pandekten).

WÄCHTERSHÄUSER, WILHELM, Das Verbrechen des Kindsmordes im Zeitalter der Aufklärung. Eine rechtsgeschichtliche Untersuchung der dogmatischen, prozessualen und rechtssoziologischen Aspekte, Berlin 1973.

WAHLBERG, WILHELM EMIL, Vergehen, welche sich auf die Religion beziehen, in: F. v. Holtzendorff (Hrsg.), Handbuch des deutschen Strafrechts, Bd. 2, Die Lehre von den Verbrechensarten, Berlin 1874, 263–274.

WAPPÄUS, HEINRICH, Zur Lehre von den dem Rechtsverkehr entzogenen Sachen nach römischem und heutigem Recht, Göttingen 1867.

WELTI, AUGUST, Eugen Huber als politischer Journalist, Frauenfeld/Leipzig 1932.

WESSELY, ALEXANDER, Bestattungsrecht für Gefallene. Zur Frage der kirchlichen Bestattung, Diss. Universität Wien 2017, Wien 2017.

WETZ, FRANZ JOSEF/TAG, BRIGITTE, «Körperwelten» – die erfolgreichste Wanderausstellung unserer Zeit, in: F. J. Wetz/B. Tag (Hrsg.), Schöne Neue Körperwelten. Der Streit um die Ausstellung, Stuttgart 2001, 7–19.

WEYL, RICHARD, Vorträge über das Bürgerliche Gesetzbuch für Praktiker, Bd. 1, (Einleitung, Allgemeiner Teil. Recht der Schuldverhältnisse), München 1898.

WIEGAND, WOLFGANG, Die Entwicklung des Sachenrechts im Verhältnis zum Schuldrecht, in: Archiv für die civilistische Praxis, Bd. 190 (1990), Heft 1/2, 112–138.

WIELAND, CARL, Das Sachenrecht des Schweizerischen Zivilgesetzbuchs, Zürich 1909.

WINDSCHEID, BERNHARD, Lehrbuch des Pandektenrechts, Bd. 1, 5. Aufl., Stuttgart 1879.

WITTKAU-HORGBY, ANNETTE, Materialismus. Entstehung und Wirkung in den Wissenschaften des 19. Jahrhunderts, Göttingen 1998.

WOLFF, HANS WALTER, Anthropologie des Alten Testaments. Mit zwei Anhängen neu herausgegeben von Bernd Janowski, Gütersloh 2010.

ZORN, PHILIPP, Ueber einige Grundfragen des Kirchenrechts und der Kirchenpolitik. Mit besonderer Berücksichtigung der eidg[enössischen] Bundesverfassung vom 29. Mai 1874, Bern 1876.

ZRODLOWSKI, FERDINAND, Das römische Privatrecht, Bd. 2, Die Sachen und ein Theil der Lehre von den Rechten überhaupt, Prag 1880.

ZÜRCHER, EMIL, Schweizerisches Strafgesetzbuch. Erläuterungen zum Vorentwurf vom April 1908. Im Auftrag des eidg[enössischen] Justiz- und Polizeidepartements von Prof[essor] Zürcher in Zürich verfasst, Bern 1914.

Materialienverzeichnis

Amtliches stenographisches Bülletin der schweizerischen Bundesversammlung (Nationalrat), Jg. XV (1905), Nr. 23, 431–459 (zit.: Sten. Bull. 1905).

Amtliches stenographisches Bulletin der Bundesversammlung (Nationalrat), Jg. XXVIII (1929), 615–628 (zit.: Sten. Bull. 1929).

Botschaft über eine neue Bundesverfassung vom 20. November 1996, 1–642 (zit.: BBl 1997 I).

Erörterung strafrechtlicher Fragen aus dem Gebiete der gerichtlichen Medizin, Anlage 3 zu den Motiven des Strafgesetz-Entwurfes für den Norddeutschen Bund (zit.: Erörterung strafrechtlicher Fragen).

Instruktion Ad resurgendum cum Christo über die Beerdigung der Verstorbenen und die Aufbewahrung der Asche im Fall der Feuerbestattung vom 15. August 2016 (online: ‹https://www.vatican.va/roman_curia/congregations/cfaith/documents/rc_con_cfaith_doc_20160815_ad-resurgendum-cum-christo_ge.html›, besucht am 10. Oktober 2024).

Instruktion «Die Reliquien in der Kirche: Echtheit und Aufbewahrung», Rom 2017 (online: ‹https://www.vatican.va/roman_curia/congregations/csaints/documents/rc_con_csaints_doc_20171208_istruzione-reliquie_ge.html›, besucht am 10. Oktober 2024).

Katechismus der Katholischen Kirche, Neuübersetzung aufgrund der Editio typica Latina, München et al. 2007.

Motive zum Entwurf des Strafgesetzbuchs für die Preußischen Staaten und den damit verbundenen Gesetzen vom Jahre 1847, Berlin 1847 (zit.: Motive PStGB 1847).

Motive zum Entwurf des Strafgesetzbuchs für die Preußischen Staaten, Berlin 1851 (zit.: Motive PStGB 1851).

Motive zum Entwurfe eines Strafgesetzbuches für den Norddeutschen Bund, Berlin 1896 (zit.: Motive StGB Norddeutschen Bund).

Novum Corpus Constitutionum Prussico-Brandenburgensium Praecipue Marchicarum, Oder Neue Sammlung Königl[ich] Preuß[en] und Churfürstl[ich] Brandenburgischer, sonderlich in der Chur- und Mark-Brandenburg, publicirten und ergangenen Verordnungen, Edicten, Mandaten, Rescripten, Von 1796, 1797, 1798, 1799 und 1800 als der Zehnte Band. Nebst einem Zusatz einiger Verordnungen, welche in den jährlichen Sammlungen der Edikten von 1796 bis 1800 noch nicht befindlich sind. Mit Königl. allergnädigster Bewilligung, und Dero Academie der Wissenschaften darüber ertheilten Privilegio, Berlin 1801, Spalte 3073–3075 (online: ‹https://web-archiv.staatsbibliothek-berlin.de/altedrucke.staatsbibliothek-berlin.de/Rechtsquellen/quellen.html›, besucht am 11. Oktober 2024) (zit.: NCC Band 10).

Nr. 86. Bericht der Kommission zur Prüfung des Entwurfes des Strafgesetzbuches für die Preußischen Staaten, in: Stenographische Berichte über die Verhandlungen der durch die Allerhöchste Verordnung vom 2. November 1850 einberufenen Kammern. Zweite Kammer. Vierter Band. Anlagen zu den Verhandlungen der Zweiten Kammer. Zweite Abtheilung. Nr. 86–181. Von Seite 599–1285, Berlin 1851, 599–694 (zit.: Kommissionsbericht PStGB).

Offizielle Sammlung der Gesetze, Beschlüsse und Verordnungen des Eidgenössischen Standes Zürich (Zürcher Gesetzessammlung) (online: ‹https://archives-quickaccess.ch/stazh/os›, besucht am 10. Oktober 2024).

Protokoll über die Verhandlungen der Expertenkommission für die Revision des Stooss'schen Vorentwurfes zu einem Schweizerischen Strafgesetzbuch. Session vom 12.–25. April 1908 im Kollegiengebäude der Universität Zürich (Schweizerisches Bundesarchiv, Signatur: E4110A#1000/1840#117*) (zit.: Protokoll Zürich).

Schweizerisches Bundesblatt, Jg. XXVI, Bd. III, Nr. 46, Bericht des Bundesrathes an den Nationalrath auf dessen Postulat vom 25. Juni d[ieses] J[ahres] betreffend das Programm über die Reihenfolge der nach Annahme der Bundesverfassung vom 29. Mai d[ieses] J[ahres] zu erlassenden Geseze. (Vom 9. Oktober 1874.), 176–183 (zit.: BBl 1874 III).

Schweizerisches Bundesblatt, Jg. XXVII, Bd. III, Nr. 24, Bericht des Bundesrathes an die hohe Bundesversammlung auf deren Postulat vom 24. Dezember 1874, betreffend das Begräbniswesen in den Kantonen. (Vom 24. Mai 1875.), 4–22 (zit.: BBl 1875 III).

Schweizerisches Bundesblatt, Jg. 31, Bd. III, Nr. 52, Botschaft des Bundesrathes an die hohe Bundesversammlung, betreffend den Entwurf zu einem Geseze über den Schutz der Fabrik- und Handelsmarken. (Vom 31. Oktober 1879), 717–738 (zit.: BBl 1879 III).

Schweizerisches Bundesblatt, Jg. 32, Bd. I, Nr. 4, Botschaft des Bundesrathes an die hohe Bundesversammlung zu einem Gesezentwurfe, enthaltend Schweizerisches Obligationen- und Handelsrecht. (Vom 27. November 1879), 149–232 (zit.: BBl 1880 I).

Schweizerisches Bundesblatt, Jg. 32, Bd. II, Nr. 23, Bericht der Commissioin des Nationalraths über die Geschäftsführung des Bundesrathes und des Bundesgerichts im Jahr 1879. (Vom 20. Mai 1880.), 817–876 (zit.: BBl 1880 II).

Schweizerisches Bundesblatt, Jg. 33, Bd. II, Nr. 18, Bericht des Bundesrathes an die hohe Bundesversammlung, betreffend seine Geschäftsführung im Jahre 1880, 647–723 (zit.: BBl 1881 II).

Schweizerisches Bundesblatt, Jg. 33, Bd. IV, Nr. 53, Botschaft des Bundesrathes an die Bundesversammlung, betreffend den Entwurf zu einem Geseze über das Urheberrecht an Werken der Literatur und Kunst. (Vom 9. Dezember 1881.), 645–667 (zit.: BBl 1881 IV).

Schweizerisches Bundesblatt, Jg. 34, Bd. III, Nr. 33, Bericht der Commission des Nationalrathes zu dem Gesetzesentwurf betreffend das Urheberrecht an Werken der Literatur und Kunst. (Vom 12. Juni 1882.), 201–221 (zit.: BBl 1882 III).

Schweizerisches Bundesblatt, Jg. 35, Bd. III, Nr. 35, Bundesgesetz betreffend das Urheberrecht an Werken der Literatur und Kunst. (Vom 23. April 1883.), 241–249 (zit.: BBl 1883 III).

Schweizerisches Bundesblatt, Jg. 36, Bd. IV, Nr. 59, Bericht des Bundesrathes an die Bundesversammlung über eine Petition des Hrn. Dr. A. A. Girard, Advokat, in La Chaux-de-Fonds, betreffend Statthafterklärung der Leichenverbrennung. (Vom 20. November 1884.), 543–547 (zit.: BBl 1884 IV).

Schweizerisches Bundesblatt, Jg. 37, Bd. I, Nr. 2, Bericht des französischen Berichterstatters der ständeräthlichen Kommission zur Begutachtung einer Petition betreffend die Leichenverbrennung. (Vom 17. Dezember 1884.), 51–65 (zit.: BBl 1885 I).

Schweizerisches Bundesblatt, Jg. 45, Bd. I, Nr. 13, Bundesgesetz über die Organisation der Bundesrechtspflege. (Vom 22. März 1893.), 1107–1170 (zit.: BBl 1893 I).

Schweizerisches Bundesblatt, Jg. 48, Bd. IV, Nr. 49, Botschaft des Bundesrates an die Bundesversammlung, betreffend die Revision der Bundesverfassung zur Einführung der Rechtseinheit. (Vom 28. November 1896.), 733–790 (zit.: BBl 1896 IV).

Schweizerisches Bundesblatt, Jg. 56, Bd. IV, Nr. 24, Botschaft des Bundesrates an die Bundesversammlung, zu einem Gesetzesentwurf enthaltend das Schweizerische Zivilgesetzbuch. (Vom. 28. Mai 1904.), 1–378 (zit.: BBl 1904 IV).

Schweizerisches Bundesblatt, Jg. 70, Bd. IV, Nr. 32, Botschaft des Bundesrates an die Bundesversammlung zu einem Gesetzesentwurf enthaltend das schweizerische Strafgesetzbuch. (Vom 23. Juli 1918.), 1–231 (zit.: BBl 1918 IV).

Schweizerisches Strafgesetzbuch. Protokoll der zweiten Expertenkommission, Bd. I, April 1912, Luzern 1912 (Schweizerisches Bundesarchiv, Signatur: E4110A#1000/1840#684*) (zit.: Protokoll Experten I).

Schweizerisches Strafgesetzbuch. Protokoll der zweiten Expertenkommission, Bd. IV, Oktober–November 1913, Luzern 1915 (Schweizerisches Bundesarchiv, Signatur: E4110A#1000/1840#687*) (zit.: Protokoll Experten IV).

Schweizerisches Strafgesetzbuch. Protokoll der zweiten Expertenkommission, Bd. VII, März 1915, Luzern 1917 (Schweizerisches Bundesarchiv, Signatur: E4110A#1000/1840#690*) (zit.: Protokoll Experten VII).

Schweizerisches Strafrecht. Verhandlungen der von dem Eidgenössischen Justiz- und Polizeidepartement einberufenen Expertenkommission über den Vorentwurf zu einem Schweizerischen Strafgesetzbuch, Bd. II, Besonderer Teil, mit Ausschluss der Verbrechen gegen Leib und Leben und gegen das Vermögen (Erste Lesung). Allgemeiner und besonderer Teil (Zweite Lesung), Bern 1896 (Schweizerisches Bundesarchiv, Signatur: E4110A#1000/1840#654*) (zit.: Verhandlungen Experten).

Stenographische Berichte über die Verhandlungen des Reichstages des Norddeutschen Bundes. I. Legislatur-Periode. – Session 1870. Zweiter Band. Von der Dreiunddreißigsten bis Vierundfünfzigsten und Schluß-Sitzung am 26. Mai 1870 (zit.: Verhandlungen 1870).

Ueber die Todesstrafe, Anlage 2. zu den Motiven des Strafgesetz-Entwurfes für den Norddeutschen Bund (zit.: Über die Todesstrafe).

Verhandlungen der constituirenden Versammlung für Preußen. 1848, Band 2, 20.–30. Sitzung, Berlin 1848 (zit.: Verhandlungen Preussen).

Verhandlungen des im Jahre 1848 zusammenberufenen Vereinigten ständischen Ausschusses, Bd. 2 (zit.: Verhandlungen Ausschuss).

Vorentwurf zu einem Schweizerischen Strafgesetzbuch im Auftrage des hohen schweizerischen Justizdepartements neu gefasst von Prof[essor] C. Stooss (Februar 1908) (Schweizerisches Bundesarchiv, Signatur: E4110A#1000/1840#113*) (zit.: VE StGB Februar 1908).

Vorentwurf zu einem Schweizerischen Strafgesetzbuch nach den Beschlüssen der Expertenkommission für die Revision des Stooss'schen Vorentwurfes (April 1908) (Schweizerisches Bundesarchiv, Signatur: E4110A#1000/1840#113*) (zit.: VE StGB April 1908).

Einleitung

A. Rechtsschutz des Menschen nach dessen Tod

I. Streitbare Ausstellung «Körperwelten»

Am 14. September 1999 wurde in Basel Gunther von Hagens' Ausstellung «Körperwelten – die Faszination des Echten» eröffnet. Die Ausstellung zeigte plastinierte Körper(-teile) des Menschen in unterschiedlichsten Posen. Es wurden unter anderem «ein *Schachspieler* mit freigelegtem Hirn und Rücken, ein *Läufer* und *Degenfechter*, ein *Muskelmann*, der neben seinem Skelett steht, aber auch ein *Schubladenmensch*, dessen kompaktes Inneres hervorsteht»[1] ausgestellt. Hagens führte als Hauptmotiv seines Schaffens das Argument der Wissensvermittlung an:

> «Plastinate sind die modernsten, dauerhaftesten und anschaulichsten Lehrpräparate des menschlichen Körpers. Dem Wunsch des Körperspenders, der *Bildung* der Nachwelt postum dienlich zu sein, werden sie deshalb in besonderer Weise gerecht.»[2]

Die «Bildung der Nachwelt» beschränkte Hagens dabei bewusst nicht auf die medizinische Fachwelt. Eine Präsentation der plastinierten Leichname solle nicht nur der Ausbildung von Medizinstudenten dienen, sondern auch «für die medizinische Aufklärung interessierter Laien»[3] sorgen. Das von Hagens erfundene Plastinationsverfahren stellte eine Weltneuheit dar, da es eine bis dahin nicht bekannte Konservierung und Stabilisierung des gesamten menschlichen Körpers möglich machte.[4] Den ersten Schritt des Verfahrens umschrieb der Erfinder so, dass eine Anonymisierung des Leichnams, die «das Gefühl der individuellen emotionalen Verbundenheit mit dem Verstorbenen»[5] beende, vorgenommen werde. Danach komme es zur qualitativen Änderung des toten Körpers im Sinne der Fixierung «mit Formalin oder durch Einfrieren»[6]. Der durch die Anwendung des Plastinationsverfahrens provozierte postmortale Identitätswechsel bringe eine entscheidende Änderung mit sich:

> «Durch die Plastination kommt es jedoch zusätzlich zu einem Wertewandel von der *nutzlosen Leiche* zum nützlichen, ästhetisch instruktiven, natürlich gewachsenen Plastinat.»[7]

Hagens stellte klar, dass der Leichnam an sich nutzlos und insbesondere nicht zur Vermittlung von Wissen geeignet sei. Erst durch das Plastinationsverfahren werde dem

---

1 Wetz/Tag, 7 [Hervorhebungen im Original].
2 Hagens, 36 [Hervorhebung nicht im Original].
3 Hagens, 20.
4 Eine vereinfachte Darstellung des Verfahrens bei Hagens, 23.
5 Hagens, 31.
6 Hagens, 31.
7 Hagens, 34 [Hervorhebung nicht im Original].

toten Körper eines Menschen ein Wert zugeführt, der im ausschliesslichen Nutzen für die Wissensvermittlung bestehe. Inwiefern das Motiv «Bildung der Nachwelt» zum Erfolg der Ausstellung beigetragen hat, lässt sich an dieser Stelle nicht überprüfen. Klar ist, dass die Neuartigkeit der Präsentation von Leichnamen – Basel war nach Tokio, Mannheim und Wien der vierte Ausstellungsort – die Bevölkerung zu faszinieren vermochte. Nach nur knapp zwei Monaten und 300 000 Besuchern beschlossen die Organisatoren, die «umstrittene Präsentation der rund 200 Plastinate menschlicher Körper, Körperteile, Organe und Querschnitte»[8] in Basel zu verlängern. Das Interesse der Allgemeinheit ist auch heute noch nach knapp einem Vierteljahrhundert ungebrochen gross. Die dauerhaften Ausstellungen in verschiedenen Städten auf der ganzen Welt sprechen für sich. Jedoch löste (und löst) diese greifbare Darstellung toter Körper von Menschen heftige Kontroversen aus.

II. Spannungsverhältnis zwischen Rechtsklarheit und Schutzanspruch

Dass die Ausstellung «Körperwelten» Kontroversen auslöst, belegen zahlreiche gerichtliche Urteile, die die Ausstellung zu ihrem Gegenstand haben.[9] Die Meinungen gehen weit auseinander, insbesondere bei der Frage der Zulässigkeit der Präsentation von toten Körpern des Menschen gegen Entgelt. Auch in wissenschaftlichen Kommentaren zu «Körperwelten» entbrannte ein Meinungsstreit. Hier herrschen so grosse Dissonanzen, wie sie selten bei einer interdisziplinären Thematik anzutreffen sind.[10] Die Rechtswissenschaft beschäftigt sich ebenfalls intensiv mit der fraglichen Präsentation von Leichnamen. Kurt Seelmann, der in der Anfangsphase von «Körperwelten» als Professor für Strafrecht und Rechtsphilosophie an der Universität Basel tätig war, griff den rechtlichen Streit um die Ausstellung in einem Zeitungsartikel auf und simplifizierte:

> «Er [sc. der Streit um «Körperwelten»] rührt an ein grundlegendes Problem in Recht und Ethik. Recht und Ethik tun sich mit menschlichen Leichen ziemlich schwer.»[11]

---

[8] Artikel «Die Faszination von Leichenplastinaten. Grossandrang zur Ausstellung ‹Körperwelten› auch in Basel» in NZZ vom 13./14.11.1999.

[9] Stellvertretend für viele sei auf ein Urteil des Verwaltungsgerichts Köln aus dem Jahre 2010 hingewiesen. Das Gericht befasste sich im Zusammenhang mit der Ausstellung «Gunther von Hagens‘ KÖRPERWELTEN – Eine Herzenssache» unter anderem mit der Achtung der Totenwürde. Dabei wurde festgehalten, dass die Leiche nicht Träger eines Würdeschutzes sei, vielmehr werde der «sittlich, personale und soziale Geltungswert» im Sinne eines postmortalen Persönlichkeitsschutzes über den Tod eines Menschen hinaus geschützt, s. VG Köln v. 19.3.2010 – 27 K 6759/09 (Körperwelten). Dazu eingehend Ahrens.

[10] Vgl. nur die Beiträge in L. Hermes da Fonseca/T. Kilche (Hrsg.), Verführerische Leichen – verbotener Verfall: «Körperwelten» als gesellschaftliches Schlüsselereignis, Lengerich et al. 2006; F. J. Wetz/B. Tag (Hrsg.), Schöne Neue Körperwelten. Der Streit um die Ausstellung, Stuttgart 2001.

[11] Artikel «‹Körperwelten› und Pietät. Der Umgang mit den Toten und die Würde der Lebenden» von *Seelmann* in NZZ vom 4.10.1999.

Seelmann skizzierte in seinem knappen Beitrag, wieso das Recht mit dem toten Körper seine Mühe zu haben scheint. Einerseits lasse sich der tote Körper nicht eindeutig einer rechtlichen Kategorie – Sache oder Person – zuordnen. Andererseits gebe es Normen im Strafrecht, die den Leichnam bzw. Verstorbenen schützen. Seelmann umschrieb mit diesem Gegensatz das Vorhandensein eines Spannungsverhältnisses zwischen mangelnder Rechtsklarheit und normativem Schutzanspruch. Die Konsequenz aus diesem Spannungsverhältnis sei, dass der verstorbene Mensch insgesamt «eine seltsame Zwischenstellung [...] zwischen Subjekt und blossem Objekt des Rechts»[12] einnehme. Dieser Zustand könne etwa dann zu Problemen führen, «wenn sich die Angehörigen nicht an bestimmte Wünsche des Verstorbenen zu Lebzeiten bezüglich der Bestattung halten, wenn eine Obduktion ohne Einwilligung durchgeführt wird, wenn der Verstorbene immer gegen eine Organspende war, die Angehörigen einer solchen aber zustimmen (oder umgekehrt), wenn der Leichnam aus der Anatomie ‹gestohlen› wird (ist es überhaupt Diebstahl?) oder wenn man Crash-Tests mit Leichen veranstaltet, um Autos sicherer zu machen.»[13] Seelmann tönte hier implizit an, was im Kern der juristischen Streitigkeiten um die Ausstellung «Körperwelten» steht, nämlich die Frage, wie ein postmortaler Rechtsschutz für Menschen erfolgen soll. Die vorliegende Studie knüpft an dieser Grundsatzfrage an.

B. Thema der Untersuchung

I. Gegenstand: postmortaler Persönlichkeitsschutz

Das Recht tut sich «ziemlich schwer»[14] mit Fragen, die den Schutz des Menschen nach dessen Tod betreffen. Dies zeigt sich insbesondere am Theorienstreit rund um den sogenannten postmortalen Persönlichkeitsschutz. In der zweiten Hälfte des 20. Jahrhunderts erfolgte in Deutschland die höchstrichterliche Anerkennung der Fortexistenz von Persönlichkeitsrechten nach dem Tod eines Menschen.[15] Damit einher ging die

[12] Artikel «‹Körperwelten› und Pietät. Der Umgang mit den Toten und die Würde der Lebenden» von *Seelmann* in NZZ vom 4.10.1999.

[13] Artikel «‹Körperwelten› und Pietät. Der Umgang mit den Toten und die Würde der Lebenden» von *Seelmann* in NZZ vom 4.10.1999.

[14] Artikel «‹Körperwelten› und Pietät. Der Umgang mit den Toten und die Würde der Lebenden» von *Seelmann* in NZZ vom 4.10.1999.

[15] Vgl. BGHZ 15, 249 [«Cosima Wagner»]; BGHZ 50, 133 und BVerfGE 30, 173 [«Mephisto»]. Beim «Cosima Wagner»-Urteil stand im Zentrum ein Streit über die Tagebücher von Cosima Wagner, der Ehefrau des deutschen Komponisten Richard Wagner. Der BGH hatte zu entscheiden, ob die Ausübung der Urheberpersönlichkeitsrechte nach dem Tod der Urheberin möglich sei. Das Urteil bestätigte zwar die Unübertragbarkeit höchstpersönlicher Rechte. Jedoch erfolgte eine inkonsequente Annahme des Untergangs von Persönlichkeitsrechten nach dem Tod eines Menschen aufgrund des Fehlens eines Rechtssubjekts: «[D]ie schutzwürdigen Werte der Persönlichkeit überdauern die Rechtsfähigkeit ihres Subjekts, die mit dessen Tode erlischt»,

Anwendbarkeit eines postmortalen zivilrechtlichen Schutzes der Persönlichkeit.[16] Die Rechtsprechung (und Lehre) stützte sich dabei auf Art. 1 Abs. 1 GG, der einen allgemeinen verfassungsrechtlichen Achtungsanspruch des Menschen gewährt. Diesen Achtungsanspruch gelte es auch nach dem Tod eines Menschen aufrecht zu erhalten. Ein zivilrechtlicher postmortaler Persönlichkeitsschutz diene in erster Linie dazu, den verstorbenen Menschen vor möglichen Beeinträchtigungen seines Ansehens zu schützen.[17] Im Zentrum der Schutzkonzeption steht der Gedanke, dass jeder Mensch zu Lebzeiten gewisse Werte schaffe, die nach dessen Tod weiter bestehen und entsprechend auch als dessen Persönlichkeitsrechte geschützt werden müssten.[18] Dazu tritt die Annahme, dass die freie Entfaltung der Persönlichkeit zu Lebzeiten nur dann gewährleistet sei, «wenn der Mensch auf einen Schutz seines Lebensbildes wenigstens gegen grobe ehrverletzende Entstellungen nach dem Tode vertrauen und in dieser Erwartung leben kann.»[19] Die höchstrichterliche Anerkennung postmortaler Persönlichkeitsrechte in der zweiten Hälfte des 20. Jahrhunderts manövriert die deutsche Rechtssystematik noch heute in eine Instabilität hinein und wirft viele Fragen auf. Wird dem toten Menschen im geltenden Persönlichkeitsrecht eine eigene Berechtigung zugestanden? Wie lässt sich eine solche Berechtigung überhaupt begründen, wenn Persönlichkeitsrechte grundsätzlich als unübertragbar gelten? Wie können die Persönlichkeitsrechte eines Menschen postmortal vor möglichen Beeinträchtigungen geschützt werden? Trotz jahrzehntelangen Diskurses kann weder in der Rechtswissenschaft noch in der Rechtsprechung ein umfassendes, gesamtheitlich akzeptiertes Begründungsmodell für den postmortalen Persönlichkeitsschutz ausgemacht werden. Die zivilrechtliche Grundlage des postmortalen Schutzes (nichtvermögenswerter) Persönlichkeitsrechte überhaupt ist in Deutschland immer noch umstritten.[20] Vertreten werden unter anderem Theorien zu einem direkten

---

s. BGHZ 15, 249 (259). Dazu s. etwa GRAMM, 1826 (Fn. 23); ULMER, Tagebücher, 211 ff.; KOEBEL, 936 ff.; MAY, 2101 ff. Im «Mephisto»-Urteil von 1968 bekräftigte der Bundesgerichtshof in Zivilsachen seine Annahme der Fortwirkung von Persönlichkeitsrechten über den Tod eines Menschen hinaus. Im Entscheid wurde die «Frage des postmortalen Persönlichkeitsschutzes Verstorbener gegen eine Verfälschung ihres Lebensbildes in einem zeitkritischen Roman» behandelt. Für das Gericht sei nicht einzusehen, «warum der Schutz des sog[enannten] allgemeinen Persönlichkeitsrechts [...] zwangsläufig mit dem Tod sein Ende finden sollte», s. BGHZ 50, 133 (133, 138). Dazu s. nur NEUMANN-DUESBERG, 703–706.

16 Vgl. GLEICHAUF, 93 f.

17 Davon zu trennen ist die Frage, ob der «nachwirkende Schutz des Art. 1 Abs. 1 Satz 1 GG [...] auch den Schutz der sterblichen Überreste (postmortaler Würdeschutz)» umfasse, s. SCHMIDT, 212 f. Die Autorin untersucht in ihrem Beitrag den «Schutzgehalt der Menschenwürdegarantie in Bezug auf die sterblichen Überreste eines Verstorbenen» und dessen Auswirkungen auf das Bestattungswesen in Deutschland, s. SCHMIDT, 213.

18 S. KNELLWOLF, 6.

19 BGHZ 50, 133 (139).

20 Für die vermögensrechtlichen Bestandteile des allgemeinen Persönlichkeitsrechts schuf das «Marlene Dietrich»-Urteil aus dem Jahre 1999 insofern Klarheit, als deren Vererblichkeit anerkannt wurde. Dem Urteil lag ein Rechtsstreit zugrunde, in dem die Klägerin den Beklagen

Schutz gestützt auf das sonstige Recht gemäss § 823 Abs. 1 BGB, Theorien zu einem indirekten Schutz in Form des Angehörigenschutzes sowie Theorien zu einer allgemeinen Rechtspflicht zur Achtung der Persönlichkeit Verstorbener als Schutzgesetz gemäss § 823 Abs. 2 BGB.[21] Die inhaltlichen Ausgestaltungen der verschiedenen Theorien weisen dabei nicht unerhebliche Differenzen auf.[22] Klare Antworten auf offene Fragen werden in den dogmatischen Begründungsansätzen schmerzlich vermisst, sodass die Erkenntnisse einschlägiger Darstellungen insgesamt unbefriedigend ausfallen.[23] In der benachbarten Rechtsordnung der Schweiz hingegen wird der Theorienstreit um den postmortalen Persönlichkeitsschutz weniger heftig geführt.[24] Gestützt auf die herrschende Rechtsprechung kommt es hier beinahe ausnahmslos zur alleinigen Befürwortung des sogenannten Andenkenschutzes.[25] Das schweizerische Bundesgericht geht davon aus, dass einige Rechte des Menschen, wie zum Beispiel die persönliche Freiheit gemäss Art. 10 BV, «ne se limite pas à la durée de la vie de l'individu»[26]. Auch eine «Wirkung des Persönlichkeitsrechts über den Tod hinaus»[27] wird bejaht. Solche Rechte werden jedoch konsequent im Sinne der Theorie des Andenkenschutzes den lebenden Angehörigen zugeschrieben und nicht den verstorbenen Menschen. Dadurch

---

wegen «der Verwendung des Bildnisses, des Namens und des Namenszuges von Marlene Dietrich» in Anspruch nahm. Die Klägerin, die das einzige Kind und die Alleinerbin der 1992 verstorbenen Schauspielerin Marlene Dietrich war, stützte sich dabei auf die Verletzung postmortaler Persönlichkeitsrechte ihrer Mutter. Im Entscheid wurde sodann festgehalten, dass das «allgemeine Persönlichkeitsrecht und seine besonderen Erscheinungsformen wie das Recht am eigenen Bild und das Namensrecht» dem Schutz ideeller und kommerzieller Interessen der Persönlichkeit dienen. Solange «die ideellen Interessen noch geschützt sind», bestehen die vermögenswerten Bestandteile des Persönlichkeitsrechts «nach dem Tode des Trägers des Persönlichkeitsrechts» fort. Die entsprechenden Befugnisse aus diesem Recht gehen dabei auf die Erben über, s. BGHZ 143, 214 (214, 216). Eine kritische Betrachtung des Urteils bei SCHACK, Marlene Dietrich. Literaturhinweise bei STEINER, 83 (Fn. 248).

21 Eine ausführliche Theorienübersicht etwa bei KNELLWOLF, 4 ff.; LEHMANN, 17 ff.; LUTHER, 63 ff.; STEINER, 57 ff.

22 Die Differenzen treten insbesondere beim Aspekt der Rechtsträgerschaft postmortaler Persönlichkeitsrechte auf, s. FISCHER A., 48 f.

23 Ähnlich verhält es sich bei der mit dem postmortalen Persönlichkeitsschutz eng verbundenen Frage nach dem rechtlichen Status des Leichnams. Die Leserschaft wird in den wenigen einschlägigen Zeilen, die sich mit der Thematik Leichnam aus juristischer Sicht befassen, kaum mit Hintergrundinformationen konfrontiert. Oftmals erschöpfen sich die Beiträge in Hinweisen auf den umstrittenen Rechtsstatus innerhalb der Lehre. Von einem homogenen Meinungsstand kann auch hier bei Weitem nicht die Rede sein, s. ENGLERT, 130 ff.

24 Vgl. BREITSCHMID/KAMP; BÜCHLER; KEHL; OTT/GRIEDER.

25 Vgl. nur BGE 101 II 191; BGE 109 II 359; BGE 129 I 302. Die Urteile des Bundesgerichtshofes in Zivilsachen (BGHZ 50, 133 [«Mephisto»]; BGHZ 143, 214 [«Marlene Dietrich»]) werden in der bundesgerichtlichen Rechtsprechung und schweizerischen Lehre teilweise aufgegriffen, s. BGE 129 I 302, E 1.2.3; EMMENEGGER, 213 f.

26 BGE 127 I 115, E 4a.

27 BGE 129 I 302, E 1.2.3.

erfährt die Persönlichkeit des Menschen nach dessen Tod einen indirekten Schutz über das Pietätsgefühl der lebenden Angehörigen.

II. Kontextualisierung der Überlegungen von Karl Gareis, Josef Kohler und Otto von Gierke

Bei der Betrachtung juristischer Abhandlungen zum postmortalen Persönlichkeitsschutz fällt auf, dass überwiegend die höchstrichterliche deutsche Rechtsprechung der Mitte des 20. Jahrhunderts als Ursprung der geschichtlichen Entwicklung herangezogen wird.[28] Vereinzelt wird für die Entwicklungsgeschichte beim sogenannten «Bismarck auf dem Totenbett»-Fall aus dem Jahr 1899 angesetzt.[29] Nur selten kommt es in Fussnoten zu Hinweisen auf einschlägige rechtswissenschaftliche Diskurse, die vor der erwähnten Rechtsprechung datieren. Als frühe Vertreter eines postmortalen Persönlichkeitsschutzes, die sich bereits zum Ende des 19. Jahrhunderts dazu geäussert haben, zählen jedoch die folgenden namhaften deutschen Rechtswissenschaftler: Karl Gareis (1844–1923), Josef Kohler (1849–1919) sowie Otto von Gierke (1841–1921).

Die vorliegende Untersuchung nähert sich der Thematik des postmortalen Persönlichkeitsschutzes aus einer rechtshistorischen Perspektive. Ausgangspunkt bilden die Juristen Gareis, Kohler und Gierke und deren Überlegungen zu einem postmortalen Persönlichkeitsschutz, wie sie sie zum Ende des 19. Jahrhunderts präsentierten. Dabei stellt sich insbesondere die Frage, welche Motive hinter diesen Überlegungen standen. Die Rechtswissenschaftler selbst sprachen in ihren Ausführungen nur oberflächlich an, worauf sie sich stützten. Exemplarisch dafür steht das Zitat im Titel dieser Arbeit. Gareis antwortete in kryptischer Form auf die Frage, wieso die überlebenden Angehörigen eines Verstorbenen sich in ihren Gefühlen verletzt fühlen: «[...] weil wir in dem Toten eine P e r s ö n l i c h k e i t, in den Toten überhaupt eine P e r s o n achten»[30]. Was brachte Gareis dazu, diese Annahme zu treffen? Woher kam dieser Gedanke, der in seiner denklogischen Konsequenz die Annahme eines postmortalen Persönlichkeitsschutzes bedeutete? Die vorliegende Arbeit zielt auf eine Klärung dieser Fragen. Dazu werden die Überlegungen von Gareis, Kohler und Gierke in zeitgenössischen Kontexten verortet. Die Kontextualisierung leuchtet die Motive hinter den Überlegungen aus und zeigt auf, inwiefern damals vorhandene Ansätze eines postmortalen Rechtsschutzes des

---

[28] S. nur Schönberger, 5–8; Müller, 66; Steiner, 42 ff., 78 ff.

[29] So etwa Fischer A., 27 ff.; Knellwolf, 8 (Fn. 24); Luther, 37 ff. Das Reichsgericht hatte im Jahre 1899 im «Bismarck auf den Totenbett»-Urteil (RGZ 45, 170) unter anderem die Frage des postmortalen Persönlichkeitsschutzes aufgegriffen. Der Rechtsstreit drehte sich um Fotografien, die den Leichnam von Otto von Bismarck (1815–1898) zeigten. Die Fotografien waren ohne Einverständnis der Angehörigen aufgenommen und zur Veröffentlichung vorgesehen worden, s. dazu unten, Teil 2/B/I/4.

[30] Gareis, Begräbnisstätte, 319 [Hervorhebungen im Original]. S. dazu unten, Teil 1/A/III/2.

Menschen ihre Spuren bei den drei Juristen und ihren Überlegungen zum postmortalen Persönlichkeitsschutz hinterlassen haben.

Die Wahl der Kontextualisierungsgrundlagen erfolgt dabei aufgrund der einfach gehaltenen Hinweise in den Ausführungen von Gareis, Kohler und Gierke selbst.[31] Unter Anwendung dieser Orientierungshilfe findet eine Einordnung der Überlegungen in zeitgenössische Diskurse über den rechtlichen Status des toten Körpers eines Menschen und in das positive Recht statt. Zusätzlich wird eine Verortung der Überlegungen in Nachbarsdisziplinen wie in der Kirchenrechtswissenschaft, Medizin und Philosophie vorgenommen. Die Frage des postmortalen Persönlichkeitsschutzes berührt mit dem Tod des Menschen ein Phänomen, das regelmässig nicht nur rein juristischen, sondern auch religiösen, medizinischen und philosophischen Betrachtungen unterzogen wird.[32] Monodisziplinär geführte Diskussionen im Zusammenhang mit dem Tod eines Menschen sind kaum möglich, gerade dann, wenn Rechtsordnungen eine unzureichende Normdichte bieten und offene Fragen vorweisen.[33] Die interdisziplinäre Dimension war auch bei den Überlegungen von Gareis, Kohler und Gierke zu einem postmortalen Persönlichkeitsschutz vorhanden.

C. Forschungsstand

Zum geltenden deutschen und schweizerischen Recht liegen einige Untersuchungen vor, die sich überwiegend mit der dogmatischen Begründung eines postmortalen Persönlichkeitsschutzes befassen. So beschäftigen sich in Deutschland unter anderem *Lehmann* (1973), *Nikoletopoulos* (1984, Griechenland), *Luther* (2008) und *Schönberger* (2011) mit dem postmortalen Persönlichkeitsschutz. In der Schweiz nimmt sich dieser Thematik *Knellwolf* (1990) im Rahmen ihrer Dissertation an. Die Abhandlungen zeigen verschiedene dogmatische Begründungsmodelle für den direkten oder indirekten (Andenkens-/Angehörigenschutz) postmortalen Persönlichkeitsschutz auf.

---

31 Die Thematik des postmortalen Persönlichkeitsschutzes kann mit vielen Teilaspekten diverser Disziplinen in Verbindung gebracht werden, vgl. SCHACK, Weiterleben. Innerhalb des Zivilrechts stellt beispielsweise das Erbrecht bzw. der Gedanke der Testiermöglichkeit eine weitere Dimension dar. Die Diskussion um die Testiermöglichkeit, das heisst die Verfügung über den Tod hinaus, greift jedoch bis in die Naturrechtswissenschaft und damit weit vor den hier untersuchten Zeitraum zurück. Eingehend dazu KLIPPEL, Familie versus Eigentum.

32 Vgl. MAYER-MALY, 22.

33 Ein aktuelles Beispiel, das die Interdisziplinarität der Thematik aufzeigt, sind die im Zusammenhang mit der Organspende geführten Debatten um die sogenannte Widerspruchslösung. In der politischen Diskussionssendung «Arena», die am 6. Mai 2022 im Schweizer Radio und Fernsehen ausgestrahlt wurde, stand die Änderung des schweizerischen Transplantationsgesetzes bzw. die Einführung der Widerspruchslösung im Gesprächsmittelpunkt. Unter den Diskussionsgästen befanden sich – neben den üblichen Vertretern der Politik – ein Professor für Staatsrecht [Thomas Gächter] und ein Professor für Theologische Ethik [Peter Kirchschläger].

Vereinzelt wird dabei eine rechtsvergleichende Perspektive eingenommen, die sich – mehr oder weniger – in kursorisch gehaltenen Verweisen auf eine andere Rechtsordnung erschöpft. Im internationalen Vergleich und unter besonderer Berücksichtigung des französischen Rechts geht *Gleichauf* (1999) der Frage nach dem postmortalen Persönlichkeitsschutz nach. In seiner Darstellung der Rechtslage in Österreich blickt *Pierer* (2018) sowohl nach Deutschland als auch in die Schweiz. *Steiner* (2024) nimmt einen deutsch-italienischen Rechtsvergleich vor. Sie stellt unter anderem die dogmatischen Begründungsmodelle und die Rechtsfolgen des postmortalen Persönlichkeitsschutzes – gesondert nach den von ihr untersuchten Rechtsordnungen – dar. Andere Untersuchungen nähern sich der Thematik des postmortalen Persönlichkeitsschutzes über die Behandlung der Frage der rechtlichen Einordnung des Leichnams.[34] Hierzu zählen etwa *Englert* (1979), der hauptsächlich den Todeszeitpunkt und den Leichnam juristisch zu qualifizieren versucht, und *Schünemann* (1985), der eingehend die Rechte am (toten) Körper des Menschen untersucht. Letzterer widmet der Thematik rund 90 Seiten, was in diesem grossen Umfang eine Seltenheit darstellt. Bei *Kälin* (2002) wird der Leichnam aus der Perspektive des Sachbegriffs behandelt und eine knappe Übersicht zum aktuellen Meinungsstand gegeben. *Tschumy* (2021) behandelt den rechtlichen Status des Leichnams in verschiedenen Bundesgesetzen der Schweiz und kommt in diesem Zusammenhang auf den postmortalen Persönlichkeitsschutz zu sprechen.[35] Erwähnung findet der postmortale Persönlichkeitsschutz auch in Darstellungen zum Persönlichkeitsrecht im Allgemeinen. *Hubmann* (1953) erkennt unter Heranziehung positivrechtlicher Bestimmungen das Fortwirken des Persönlichkeitsrechts Verstorbener an. Eine tiefergehende Auseinandersetzung steht jedoch nicht im Fokus seiner bahnbrechenden Habilitationsschrift zum Persönlichkeitsrecht.[36] In seiner Darstellung der Entwicklung der Persönlichkeitsrechte im 19. Jahrhundert streift *Leuze* (1962) kurz den postmortalen Persönlichkeitsschutz.

Müller (1995) und *Klinge* (1996) gelingt es, in ihren Abhandlungen jeweils die komplexen Auswirkungen des Todes eines Menschen auf verschiedene Rechtsgebiete übersichtlich aufzuzeigen. Während Müller allgemein zum postmortalen Rechtsschutz im geltenden deutschen Recht forscht und dabei Straf-, Zivil- und Verfassungsrecht sowie dogmatische Begründungsmodelle behandelt, legt Klinge ihren Fokus auf die verfassungsrechtliche Perspektive und den Totenschutz innerhalb der geltenden Rechtsordnung Deutschlands. *Schönberger* (2011) nimmt eine Darstellung diverser

[34] In den Jahren um den Wechsel vom 19. in das 20. Jahrhundert wurde im deutschen Rechtskreis mehrfach die Frage nach der (zivil-)rechtlichen Stellung des Leichnams und die der Verfügungsrechte über den Leichnam zum Anlass wissenschaftlicher Abhandlungen genommen, s. dazu unten, Teil 2/A.

[35] Vgl. für diese Perspektive auch den Aufsatz von Maurer/Kersting.

[36] An anderer Stelle reagierte Hubmann auf das «Cosima Wagner»-Urteil (BGHZ 15, 249), wo die postmortale Fortdauer der Persönlichkeitsrechte Thema war, s. Hubmann, Schutz, 521 ff.

Anwendungsbereiche des postmortalen Schutzes im geltenden Recht Deutschlands vor. Eine rechtsgebietsübergreifende Perspektive nimmt auch *Knellwolf* (1990) ein, indem sie im geltenden Recht der Schweiz nach Anhaltspunkten für postmortale Rechte sucht.[37] Der Tod und dessen Erscheinungsformen im Recht werden zudem regelmässig in interdisziplinären Kurz- und Tagungsbeiträgen behandelt. Anknüpfungspunkt stellt dabei überwiegend der tote Menschenkörper dar, was sich auch in den Tagungstiteln zeigt.[38]

Die meisten juristischen Studien betrachten die Fragen um den postmortalen Persönlichkeitsschutz isoliert für ein Rechtsgebiet (Zivilrecht) und eine Rechtsordnung. Zusammenhänge zu anderen Rechtsgebieten werden nur selten angesprochen; rechtshistorische Annäherungen sind marginal. Eine rechtshistorische Perspektive wählt *Fischer A.* (2004), die in ihrer Dissertation die Entwicklung des postmortalen Persönlichkeitsschutzes anhand der Rechtsprechung und der Reaktion der Lehre aufzeigt. Sie nimmt den Fall «Bismarck auf dem Totenbett»[39] als historischen Ausgangspunkt und behandelt dann die dogmatische Erfassung des postmortalen Persönlichkeitsschutzes im 20. Jahrhundert unter anderem über das sogenannte «Mephisto»-Urteil.[40] Eine oberflächliche Darstellung der Geschichte findet sich bei *Nikoletopoulos* (1984) und *Luther* (2008), wobei letzterer ebenfalls das «Bismarck auf dem Totenbett»-Urteil erwähnt. Die frühen Vertreter eines postmortalen Persönlichkeitsschutzes – Karl Gareis, Josef Kohler sowie Otto von Gierke – fristen selbst in geschichtlichen Darstellungen ein Fussnotendasein.[41]

In der rechtswissenschaftlichen Forschung ist bisher eine Untersuchung, die ausschliesslich aus rechtshistorischer Perspektive den Überlegungen zu einem postmortalen Persönlichkeitsschutz nachgeht, unterblieben. Zwar gibt es in der Literatur Verweise auf die frühen Überlegungen von Gareis, Kohler und Gierke. Eine eingehendere Kontextualisierung ihrer Überlegungen in zeitgenössischen Kontexten jedoch fehlt auf der rechtswissenschaftlichen Landkarte.

---

37 Knellwolf geht im zweiten Teil ihrer Dissertation auf ausgewählte Bestimmungen des Verfassungs-, Persönlichkeits-, Immaterialgüter-, Obligationen-, Stiftungs-, Kindes-, Erb-, Straf-, Friedhofs- und Bestattungsrechts ein, s. KNELLWOLF, 24–81.

38 S. nur GROSS/GLAHN/TAG [«Die Leiche als Memento mori»]. In den interdisziplinären Beiträgen von Philosophen, Ethikern, Rechtswissenschaftlern, Medizinern sowie Soziologen wird unter anderem Kritik an bestehenden Rechtslagen zum medizinischen Umgang mit Leichnamen geübt.

39 S. dazu unten, Teil 2/B/I/4.

40 Das «Mephisto»-Urteil (BGHZ 50, 133; BVerfGE 30, 173) wird auch behandelt bei BUSCHMANN, 2081; MÜLLER, 66 ff.; HENNE T., 193 ff. m.w.N.

41 Verweis auf die Juristen etwa bei EICHHOLZ, 2273 (Fn. 10) [Gierke]; FISCHER A., 32 ff. [Gareis, Kohler]; HUBMANN, Persönlichkeitsrecht, 245–249 [Kohler, Gierke]; eingehender KLIPPEL, Kohler, 461–463 [Kohler]; KOEBEL, 937 [Gierke]; LEHMANN, 64 ff. [Gareis, Kohler]; LEUZE, 110 f. [Kohler]; NIKOLETOPOULOS, 27 f. [Gareis, Kohler]; SMOSCHEWER, 247 ff. [Kohler].

D. Gliederung der Untersuchung

Im Anschluss an die Einleitung zur vorliegenden Studie folgt der erste Teil, welcher dazu dient, die Überlegungen von Karl Gareis, Josef Kohler und Otto von Gierke zu einem postmortalen Persönlichkeitsschutz darzulegen. Diese Überlegungen standen in engem Zusammenhang mit der Etablierung der Lehre von Persönlichkeitsrechten, die im endenden 19. Jahrhundert von eben diesen Rechtswissenschaftlern geprägt worden war. Ein wichtiges Argument hierbei waren die Überlegungen zum Persönlichkeitsrecht am (lebenden) Körper des Menschen. Mit Blick auf die Situation, in der ein Verstorbener vorlag, stellte sich für Gareis, Kohler und Gierke die Frage, inwiefern ein schützenswertes Recht am toten Körper des Menschen bestehe. Zwischen der rechtlichen Einordnung des Leichnams und dem postmortalen Schutz der Persönlichkeit bestand insofern ein Nexus.[42] Dieser Aspekt wird bei der Darstellung der Überlegungen der drei Rechtsgelehrten mitberücksichtigt.

In einem zweiten Teil werden die Überlegungen von Gareis, Kohler und Gierke zu einem postmortalen Persönlichkeitsschutz in zeitgenössische Kontexte gestellt. Im Hintergrund steht hier die Frage, inwiefern die Juristen für ihre Überlegungen auf vorhandene Ansätze eines postmortalen Rechtsschutzes des Menschen zurückgegriffen haben. In Anlehnung an die Hinweise der drei Rechtswissenschaftler gliedert sich der zweite Teil der vorliegenden Studie in drei Abschnitte, innerhalb welcher Verbindungslinien zu den im ersten Teil dargestellten Überlegungen zu einem postmortalen Persönlichkeitsschutz gezogen werden: (A) Zunächst steht im Fokus der Betrachtung die zivilrechtswissenschaftliche Diskussion über den Leichnam in Deutschland der zweiten Hälfte des 19. Jahrhunderts. Dabei werden auch die (rechtshistorischen) Hintergründe der Diskurse mit in die Darstellung aufgenommen. (B) Danach kommt das positive Recht zur Untersuchung, wobei neben der Rechtsordnung Deutschlands auch diejenige der Schweiz erforscht wird. Innerhalb dieses Abschnittes interessieren die grossen rechtsordnungsspezifischen Gesetzgebungen für die Teildisziplinen Zivil-, Straf-, Urheber- und – mit Blick auf die Schweiz – Verfassungsrecht. (C) Die dritte Kontextualisierungsgrundlage bilden Teilaspekte der Nachbarsdisziplinen Kirchenrechtswissenschaft, Medizin sowie Philosophie.

Im dritten Teil der Untersuchung werden anhand ausgewählter Aspekte Fortwirkungen der Überlegungen von Gareis, Kohler und Gierke zu einem postmortalen Persönlichkeitsschutz in den Rechtsordnungen Deutschlands und der Schweiz des frühen 20. Jahrhunderts nachgezeichnet. Am Ende dieser Arbeit erfolgt eine zusammenfas-

[42] Die Grundsatzdebatten über die Persönlichkeitsrechte im Allgemeinen fanden im beginnenden 20. Jahrhundert statt. Teilweise wurde auch dort der Nexus zwischen rechtlicher Einordnung des Leichnams und postmortalem Persönlichkeitsschutz erkannt, vgl. Schreuer, Körper, 242 ff.

sende Schlussbetrachtung. Die Basis der grundsätzlich chronologisch gegliederten Untersuchung bilden Gesetzestexte und wissenschaftliche Beiträge, gesondert nach den zu untersuchenden Rechtsordnungen. Daneben werden fachfremde wissenschaftliche Abhandlungen, die sich der Thematik des postmortalen Persönlichkeitsschutzes implizit annähern, verwendet.

Teil 1: Überlegungen von Karl Gareis, Josef Kohler und Otto von Gierke zu einem postmortalen Persönlichkeitsschutz

Die Vorstellung, dass (Persönlichkeits-)Rechte eines Menschen nach dessen Tod fortbestehen und diese zu schützen sind, trat bereits im Zusammenhang mit der Etablierung der Lehre von Persönlichkeitsrechten zum Ende des 19. Jahrhunderts auf. Frühe Vertreter der Persönlichkeitsrechtslehre setzten sich intensiv mit den rechtlichen Konsequenzen des Todes auseinander und untersuchten dabei die Frage, wie sich der Tod eines Menschen auf dessen Persönlichkeitsrechte auswirke. Zu den frühen Vertretern, die sich mit dieser Frage beschäftigten, zählen die deutschen Rechtswissenschaftler Karl Gareis, Josef Kohler und Otto von Gierke.[43]

Im ersten Teil der vorliegenden Untersuchung stehen die Überlegungen von Gareis, Kohler und Gierke zu einem postmortalen Persönlichkeitsschutz im Mittelpunkt. Dabei werden sowohl deren Begründungen der Persönlichkeitsrechte im Allgemeinen als auch deren rechtliche Betrachtung des lebenden und toten Körpers des Menschen thematisiert. Ersteres erfolgt unter der Prämisse, dass die Anerkennung der Persönlichkeitsrechte überhaupt Voraussetzung für einen postmortalen Persönlichkeitsschutz ist. Die Darstellung der Anerkennung von Persönlichkeitsrechten beschränkt sich allerdings nur auf die zentralsten Aspekte im Hinblick auf die Überlegungen zu einem postmortalen Persönlichkeitsschutz und beansprucht daher keine Vollständigkeit.[44] Die Thematisierung der rechtlichen Stellung des Körpers eines Menschen findet seine Begründung darin, dass ein wichtiger Ansatzpunkt für die Behandlung der Frage nach der Wirkung des Todes auf die Persönlichkeitsrechte die rechtliche Betrachtung des lebenden und toten Körpers eines Menschen ist. Die nachfolgende Darstellung folgt einem chronologischen Aufbau. Dadurch werden auch die Entwicklungen der Überlegungen von Gareis, Kohler und Gierke zu einem postmortalen Persönlichkeitsschutz sowie Änderungen ihrer Gedanken im Laufe ihres akademischen Schaffens aufgezeigt.

---

[43] Der Aspekt des postmortalen Persönlichkeitsschutzes kam auch bei anderen Juristen zur Sprache, s. nur Keyssner, Bilde 1898; Rausnitz. Diese Beiträge treten hier aber in den Hintergrund, da sie meistens nur im Zusammenhang mit einer (knappen) Urteilsbesprechung erfolgten oder aber – ohne klare Quellenangaben – auffällig nahe an Überlegungen von Gareis, Kohler und Gierke zu liegen kamen.

[44] Zur historischen Entwicklung des (allgemeinen) Persönlichkeitsrechts Coing; Klippel, Wurzeln; Leuze; Martin, 19–146; Scheyhing.

A. Karl Gareis

Die ersten Theorien zum Persönlichkeitsrecht wurden gegen Ende des 19. Jahrhunderts durch den Rechtsprofessor Karl Gareis[45] entwickelt. In seiner frühen Abhandlung zum «juristischen Wesen der Autorrechte» aus dem Jahre 1877 etablierte er die Kategorie der sogenannten Individualrechte, die er im weiteren Verlauf seines akademischen Schaffens mit den Begriffen ‹Individualitätsrechte› und ‹Persönlichkeitsrechte› sowie mit dem Ausdruck ‹Recht an der eigenen Person› gleichsetzte.[46] Die Frage, wie sich der Tod eines Menschen auf das Persönlichkeitsrecht auswirke, behandelte Gareis an unterschiedlichen Stellen.

I. Persönlichkeitsrecht

Gareis war in seiner Abhandlung über das Autorrecht aus dem Jahre 1877 zur Überzeugung gelangt, dass es sich beim Urheberrecht um ein Individual- bzw. Persönlichkeitsrecht handele.[47] Im Zentrum seiner Überlegung stand der Gedanke, dass Rechtssubjekte «die Anerkennung ihrer Individualität, Anerkennung ihrer Thätigkeit als Individuen, Anerkennung der Beherrschung ihres Individuellen»[48] verlangten. Eine solche Anerkennung gehe spiegelbildlich mit dem Rechtszwang einher, «jedem Andern die Benutzung seiner persönlichen Eigenschaften bis an die Grenze fremder Rechtssphären zu gestatten»[49]. Bei seinen Überlegungen stützte sich Gareis auf positivrechtliche Bestimmungen.[50] Er erkannte im positiven Recht Rechtsverhältnisse, «in denen der Wille eines Rechtssubjekts nicht über Sachen und nicht über Personen [...], sondern über eigene Kräfte der Rechtssubjekte selbst disponirt»[51]. Aus der positivrechtlichen Pflicht, einem anderen «die Benutzung seiner Kräfte zu ‹gestatten›»[52], leitete Gareis Rechte zur Benutzung eigener «Kräfte» ab. Diese Rechte betitelte er als «Individualrechte»[53].

---

45 *Karl Gareis* (1844–1923) war Professor in Bern, Giessen, Königsberg und München. Er hielt Vorlesungen etwa über Handels-, Wechsel- und Kirchenrecht. Gareis leistete grundlegende Beiträge zur Entwicklung der Persönlichkeitsrechte. In einzelnen Werken wählte er für seinen Vornamen die Schreibweise ‹Carl›. Ab 1917 trug Gareis zudem einen Adelstitel. Zu Leben und Werk KLEINHEYER/SCHRÖDER, 514 f. m.w.N.

46 S. nur GAREIS, Enzyklopädie 1905, 77.

47 Zur Gareis'schen Theorie der Persönlichkeitsrechte siehe KLIPPEL, Gareis, 219 ff.; KLIPPEL, Kohler, 455 ff.; KLIPPEL, Namensschutz, 213–216; LEUZE, 93 ff. Eine Auflistung der zentralen Werke von Gareis zum Persönlichkeitsrecht bei SCHEYHING, 521 (Fn. 78).

48 GAREIS, Autorrechte, 199.

49 GAREIS, Autorrechte, 195.

50 Vgl. GAREIS, Autorrechte, 198 f.

51 GAREIS, Autorrechte, 195.

52 GAREIS, Autorrechte, 195.

53 GAREIS, Autorrechte, 199.

Knapp drei Jahrzehnte nach seiner Abhandlung über das Autorrecht lieferte er eine wortähnliche Umschreibung der Individual- bzw. Persönlichkeitsrechte:

> «Das Interesse, welches ein Rechtssubjekt daran hat, dass es besteht, sich betätigt und als bestehend und tätig anerkannt wird – das Interesse an der eigenen Person und Betätigung – ist der Gegenstand derjenigen Rechte, welche man Persönlichkeits- oder Individualitätsrechte nennt; das Rechtsgut, um dessen Schutz es sich hierbei handelt, ist der ungestörte Bestand und die ungehemmte Betätigung und Äusserung des Individuums als solchem.»[54]

Gareis unterteilte die Persönlichkeitsrechte in zwei Gruppen. Eine erste Gruppe erfasse Rechte, die «einen gewissen Bestand und Zustand der Person schützen»[55]. Dazu zählte er etwa das Recht am Namen. Das «Recht der Schöpfer literarischer, künstlerischer oder technischer origineller Werke»[56] ordnete Gareis in eine zweite Gruppe ein. Darunter verstand er die sogenannten Urheberrechte.

II. Persönlichkeitsrecht am lebenden Körper des Menschen

Gareis entwickelte detailliertere Überlegungen zum Persönlichkeitsrecht und dessen postmortaler Wirkung insbesondere in seinem Festgabebeitrag für Theodor Schirmer aus dem Jahre 1900. Die knapp 40 Seiten umfassende «privatrechtliche Studie» hatte zum Ziel, ein «Recht am menschlichen Körper» als Persönlichkeitsrecht zu begründen.[57] Im Zentrum der Untersuchung stand folgende Frage:

> «Wie stehen wir juristisch zu unserm Körper und seinen einzelnen Teilen?»[58]

In der einleitenden Erklärung betonte Gareis, dass eine Behandlung dieser Frage durch «die Auslegung einiger Vorschriften des Bürgerlichen Gesetzbuchs für das deutsche Reich, und [...] die Betrachtung einiger oberstrichterlicher Entscheidungen neuerer Zeit»[59] nahegelegt werde. Wenige Monate vor Erscheinen des Beitrages war in Deutschland das BGB in Kraft getreten. Die Einführung dieser Privatrechtskodifikation brachte umfassende Änderungen und klärungsbedürftige Fragen mit sich. Diesen Umstand betonte auch die Herausgeberschaft der «Festgabe» für Theodor Schirmer, zu der die Vertreter der Juristischen Fakultät der «Königlichen Albertus-Universität» zu Königsberg zählten. Im Vorwort der Festgabe verwiesen sie auf die Tatsache, dass ein neuer Studienplan «das Bürgerliche Gesetzbuch in den Mittelpunkt der privatrechtli-

---

54 Gareis, Enzyklopädie 1905, 77.
55 Gareis, Enzyklopädie 1905, 78.
56 Gareis, Enzyklopädie 1905, 78.
57 Gareis, Körper, 59.
58 Gareis, Körper, 61.
59 Gareis, Körper, 61.

chen Studien»[60] rücke. Ein zentraler Streitpunkt, der die Einführung des BGB begleitete, war die grundsätzliche Anerkennung von sogenannten Persönlichkeitsrechten. In den Rechtswissenschaften waren die Persönlichkeitsrechte und deren Eingliederung in die Rechtssystematik zu diesem Zeitpunkt schon für längere Zeit umstritten gewesen.[61] Daher betonte Gareis in seinem Beitrag, dass das BGB selbst «die Kategorie derselben [sc. Persönlichkeitsrechte]»[62] – abgesehen vom Namensrecht – nicht kenne. Für ihn jedoch lasse sich die im Hintergrund stehende Frage, wie das Recht «am menschlichen Körper und an dessen Gliedern, der Körper sei tot oder lebendig»[63], aussehe, durchaus «ernsthaft aufwerfen»[64]. Gareis ergriff in dieser Situation die Gelegenheit, seine Lehre der Persönlichkeitsrechte mit Blick auf den Körper des Menschen zu formulieren.

Zu Beginn seiner «Studie» stellte Gareis klar, dass in der Rechtswissenschaft zwar Einigkeit darüber herrsche, dass der lebende Mensch «nicht als ‹Sache› im Sinne des BGB. betrachtet werden kann»[65]. Auch sei die Anerkennung des Leichnams als Sache unstreitig.[66] Hingegen bleibe «die Frage des Übergangs von der Nichtsache – dem lebenden Körper des freien Menschen – zur Sache, dem Leichnam desselben, und die Frage nach der diesen Übergang beherrschenden Rechtslage»[67] weitestgehend unbeantwortet. Die angedeutete Rechtsunsicherheit suchte Gareis mit einem Ansatz, der seinerzeit «singulär und neu»[68] war, zu beseitigen, und zwar mithilfe der Begründung eines Persönlichkeitsrechts am lebenden Körper des Menschen. Obschon das Persönlichkeitsrecht zu diesem Zeitpunkt weder in der Rechtswissenschaft noch in der Rechtsprechung umfassend anerkannt war, mass Gareis der Konstruktion eines Persönlichkeitsrechts am lebenden Körper des Menschen eine prinzipielle Bedeutung zu. Sie schliesse die Lücke «im System der Privatrechte», denn ohne das Persönlichkeitsrecht

[60] Festgabe der Juristischen Fakultät zu Königsberg für ihren Senior Johann Theodor Schirmer zum 1. August 1900. Das Vorwort («Hochverehrter Jubilar!») ist nicht paginiert. Die zitierte Stelle ist im letzten Absatz zu finden.

[61] Erst rund ein Jahrzehnt nach Erscheinen des Festgabebeitrages konnte Gareis in seiner «Rede beim Antritt des Rektorats der Ludwig-Maximilians-Universität» in München festhalten, dass die «Bewegung zu Gunsten der Annahme der sogen[annten] Persönlichkeits- oder Individualitätsrechte» eine erfreuliche Entwicklung innerhalb der deutschen Privatrechtswissenschaft darstelle, s. Gareis, Bewegungen, 19.

[62] Gareis, Körper, 84.

[63] Gareis, Körper, 87.

[64] Gareis, Körper, 61.

[65] Gareis, Körper, 61. In einer seitenfüllenden Fussnote begründete Gareis, dass diese Einigkeit «das Resultat einer von vorschreitenden sittlichen Anschauungen geleiteten Rechtsentwicklung» sei. Er verwies dabei auf frühere Zeiten, in denen eine Art Kompositionensystem zur Anwendung kam, bei dem der Körper und einzelne Glieder davon, insbesondere die eines Schuldners, mit Geldwerten geschätzt und damit als Sache behandelt wurden, s. Gareis, Körper, 62 (Fn. 2).

[66] S. Gareis, Körper, 66.

[67] Gareis, Körper, 66.

[68] Merkel E., Leichnam, 680.

lasse «sich weder ein Obligationenrecht noch ein anderes System von Verpflichtungen, seien sie familienrechtlicher oder erbrechtlicher Art, denken»[69]. Das Recht am eigenen Körper bzw. an der eigenen Person ermögliche es, sich gegenüber anderen «zu Handlungen irgend welcher Art»[70] verpflichten zu können. Damit das Persönlichkeitsrecht selbst überhaupt bestehen könne, müsse die Rechtsfähigkeit als die Eigenschaft, «Subjekt von privatrechtlichen Befugnissen nach Massgabe des Rechts [...] sein zu können»[71], vorliegen. Die Rechtsfähigkeit sei gewissermassen Voraussetzung für das Recht «am eignen Körper, der Freiheit, der Gesundheit, kurz der einzelnen Rechte an der eigenen Person.»[72]

Das Fehlen einer prinzipiellen Anerkennung des Rechts am lebenden Körper als Persönlichkeitsrecht habe schliesslich zu den «oberstrichterlichen Entscheidungen» geführt, die Gareis als Anlass seiner «Studie» erwähnte. So seien unbefriedigende Entscheidungen «in Fällen von Körperverletzungen und Freiheitsberaubungen ergangen», die mangels Persönlichkeitsrechts eine Entschädigung gestützt «auf eine Schmälerung des Erwerbs oder Fortkommens» zuerkannten.[73] Das Recht am Körper als Persönlichkeitsrecht hätte in diesen Fällen Entscheidungen mit «weit befriedigenderen Begründungen»[74] ermöglichen können.

Gareis sah das «Recht über den eigenen Körper und dessen freie Bethätigung» als das «primitivste Persönlichkeitsrecht» an.[75] Er bemerkte, dass er die Nennung und Erörterung dieses Rechts «schon vor dreiundzwanzig Jahren»[76] vorgenommen habe. Damit verwies er auf seine Abhandlung über das «juristische Wesen der Autorrechte»[77] und seinen «Grundriß zur Vorlesung über das Deutsche bürgerliche Recht»[78] aus dem Jahre 1877. Was im Festgabebeitrag aus dem Jahre 1900 eine Novität darstellte, war die Einordnung des Rechts am lebenden «menschlichen Körper und an dessen Gliedern»[79]

69 Gareis, Körper, 95.

70 Gareis, Körper, 95.

71 Gareis, Körper, 95 f. (Fn. 85). Das Persönlichkeitsrecht sei «weder mit der Rechtsfähigkeit [...] noch mit der Geschäfts- oder mit der Handlungsfähigkeit zu verwechseln».

72 Gareis, Körper, 95 f. (Fn. 85).

73 Gareis, Körper, 97. Er verwies hier auf RGZ 8, 117; RGZ 13, 372; RGZ 29, 42; RGZ 35, 141 sowie RGZ 39, 32.

74 Gareis, Körper, 97.

75 Gareis, Körper, 88. An anderer Stelle umschrieb er den Inhalt des «ersten Persönlichkeitsrechts» als «das Recht auf körperliche Unverletztheit, Freiheit und Betätigung», s. Gareis, Enzyklopädie 1905, 78. Ähnlich Gareis, Encyclopädie 1887, 79.

76 Gareis, Körper, 86 (Fn. 63).

77 S. Gareis, Autorrechte, 185 ff.

78 S. Gareis, Grundriss, 60 f.

79 Gareis, Körper, 86. Die Grundlagen des Rechts am Körper machte er etwa im römischen (Statuslehre) und germanischen (Munt) Recht aus, s. Gareis, Körper, 68–80.

als ein Aspekt des Persönlichkeitsrechts. Für die dogmatische Begründung dieses Persönlichkeitsrechts war auch sein Menschenbild entscheidend:

> «Zu dieser Anerkennung [sc. der Persönlichkeitsrechte] gelangt man in jedem Rechtssysteme durch die logische Spaltung des rechtsfähigen Menschen in das berechtigte Subjekt, das abstrakte und zugleich konkrete Ich (metaphysisch: der Wille) einer-, und das von diesem beherrschte Objektive im freien Menschen, die dem Ich dienenden körperlichen und geistigen Kräfte des Menschen andererseits»[80].

Gareis verstand den Menschen als ein duales Wesen, das aus dem Willen und dem materiellen Körper zusammengesetzt sei. Das «Ich» bestimme dabei über den Körper, dem die Rolle eines blossen Objekts zukomme. Die Möglichkeit des Bestimmens über den eigenen Körper legte Gareis als ein Recht am eigenen Körper bzw. als ein Persönlichkeitsrecht aus.[81] Solange das «Ich» mit dem Körper als Einheit verbunden sei, komme das Persönlichkeitsrecht zur Anwendung. Der lebende Körper eines Menschen könne dann nicht als Sache im rechtlichen Sinn verstanden werden. Auch müsse keine Einordnung in die rechtlich inexistente Kategorie der ‹Nichtsache› vorgenommen werden, sondern er könne – positiv formuliert – als dem Persönlichkeitsrecht zugehörend umschrieben werden.[82] Gareis beantwortete die seiner «Studie» von 1900 zugrundeliegende Frage am Ende dadurch, dass er die Kategorie der Persönlichkeitsrechte auf den lebenden Körper eines Menschen anwendete, womit er zugleich eine Rechtslücke schloss.

III. Postmortaler Persönlichkeitsschutz

In seinem Begründungsmodell für das Recht am menschlichen Körper setzte Gareis das Vorhandensein einer Einheit aus Geist und Körper voraus, also einen lebenden Menschen. Hier stellt sich die Frage, welche Wirkungen der Tod eines Menschen, bei dem diese Körper-Geist-Einheit aufgelöst wird, auf das konstruierte Persönlichkeitsrecht und den toten Körper bzw. auf den Leichnam hat.

In der ersten Auflage seiner «Encyclopädie» der Rechtswissenschaft aus dem Jahre 1887 äusserte Gareis die Vorstellung, dass gewisse Rechte über den Tod eines Menschen hinaus fortwirken. Die Aussage, «der Todte hat keine Interessen des Lebens mehr, daher auch keinen Rechtsschutz mehr nöthig in Bezug auf seine äußeren Be-

---

80 GAREIS, Körper, 74.

81 In einer späteren Schrift merkte Gareis an, dass mit diesem Recht der Schutz der «höchsten Güter der Menschheit: Ehre und Freiheit und jede geistige Leistung» ermöglicht werde, s. GAREIS, Bewegungen, 21.

82 Gareis sah auch Einschränkungen des Persönlichkeitsrechts durch öffentliche und private Interessen vor, wie zum Beispiel durch die Vorschrift «einer ärztlichen Behandlung oder Operation» für bestimmte Personengruppen, s. GAREIS, Körper, 98.

ziehungen zu den Menschen und dem Gemeinwesen»[83], lehnte er in Bezug auf das Erbrecht bzw. Familieneigentum entschieden ab:

> «Gewiß sind diese Rechtsverneinungen Folgen des Ablebens, aber sie sind doch nicht so weitgehend, daß sie Geschehenes ungeschehen machen könnten; und so *bleiben denn vor Allem die familienrechtlichen Thatsachen*: daß der Vater das Kind gezeugt, die Mutter es geboren, bleibt wahr, auch wenn der Tod eingegriffen hat; es bleibt die Familie, und das Familienband wird auch durch den Tod nicht gelöst; diese Vorstellung reicht so weit, daß sogar die Wiederverheirathung des verwittweten Gatten als rechtswidrig angesehen wurde».[84]

Laut Gareis gehen zu Lebzeiten geschaffene Tatsachen, die rechtliche Wirkungen entfalten, nicht direkt mit dem Tod des Menschen unter. Der verstorbene Mensch sei gewissermassen weiterhin in bestimmten Rechtsverhältnissen innerhalb der Familie (gesetzlich) präsent. Das Fortwirken der Rechtstatsachen stellte er dabei implizit als einen Aspekt der Rechtssicherheit dar. In ähnlicher Weise äusserte sich Gareis mit Blick auf das Persönlichkeitsrecht am lebenden (und toten) Körper des Menschen.

1. Verfügungsbefugnis über den Leichnam

Zunächst nahm Gareis – übereinstimmend mit den damals vorzufindenden, romanistisch geprägten Lehrmeinungen[85] – die Qualifikation des Leichnams als rechtliche Sache an:

> «Wenn das innerste, das wirkliche Subjekt, das wollende Ich, vom Körper schwindet, so wird dieser allerdings wie jedes von ihm vor oder nach dem Tode getrennte einzelne Stück zur Sache, zur herrenlosen ‹Sache›»[86].

Der Leichnam als herrenlose Sache gehöre aber nicht zum Nachlass und überhaupt greife kein Vermögens- und Sachenrecht.[87] Vielmehr werde der tote Körper von dem «über den Tod hinauswirkenden Persönlichkeitsrecht an der eigenen Person»[88] erfasst. Die Anwendung des Persönlichkeitsrechts über den Tod eines Menschen hinaus erfolgte hier (noch) nicht im Hinblick auf den rechtlichen Status des Leichnams, sondern im Zusammenhang mit den Verfügungsbefugnissen über denselben. Gareis erblickte in

---

83 Gareis, Encyclopädie 1887, 110.

84 Gareis, Encyclopädie 1887, 110 f. [Hervorhebungen nicht im Original].

85 Zur zivilrechtswissenschaftlichen Diskussion über den Leichnam in Deutschland der zweiten Hälfte des 19. Jahrhunderts s. unten, Teil 2/A.

86 Gareis, Körper, 92.

87 S. Gareis, Körper, 92.

88 Gareis, Körper, 92. Ähnlich und wiederholend in der dritten Auflage seiner Enzyklopädie aus dem Jahre 1905: «Das Recht am menschlichen Körper [...] wirkt auch über das Leben des Menschen hinaus (Rechtsverhältnisse an menschlichen Leichen)», s. Gareis, Enzyklopädie 1905, 79 f.

der Anerkennung des Persönlichkeitsrechts am eigenen Körper «die Zulässigkeit einer Verfügung über den Körper im Ganzen für den Fall des Todes»[89]. Jede Verfügung über den Leichnam sei demnach als ein Ausdruck des Persönlichkeitsrechts zu verstehen. In anderen Worten: Das «Ich» bestimme über den lebenden und toten Körper gleichermassen. Die Verfügungen über den eigenen Leichnam dürften jedoch nur im Rahmen der Sittlichkeit erfolgen, wobei die «Art und Weise», wie mit dem Willen verfahren werden solle und die mit der Verfügung verfolgten «Ziele oder Zwecke» entscheidend seien.[90] Nach Gareis' Ansicht wären unsittlich und daher unzulässig unter anderem Verfügungen, die «die Würde des freien, zu idealen Zwecken bestimmten Menschen»[91] missachten oder aus «blosser Gewinnsucht über seinen Körper»[92] erfolgen. Letzteres sei beim Vermachen an ein pathologisches Institut ausnahmsweise zulässig, sofern das sittliche Empfinden der berechtigten Person nicht verletzt werde.[93]

Gareis propagierte in seinem Festgabebeitrag von 1900 eine Nachwirkung des von ihm begründeten Persönlichkeitsrechts am lebenden Körper des Menschen über den Tod hinaus. Das Persönlichkeitsrecht lasse zu Lebzeiten unter gewissen Voraussetzungen Verfügungen über den eigenen Körper zu, die über den Tod hinaus wirksam seien. Eine konsequente Umsetzung des Gedankens blieb jedoch noch aus, was sich insbesondere an seiner rechtlichen Einordnung des Leichnams zeigt. Getreu dem tradierten, romanistisch geprägten System nahm er zu diesem Zeitpunkt die Qualifikation als «herrenlose ‹Sache›»[94] vor.

2. *Umfassende Prolongation*

Fünf Jahre nach dem Festgabebeitrag und der Begründung des Persönlichkeitsrechts am lebenden Körper des Menschen behandelte Gareis 1905 in einem Aufsatz die «Rechtsverhältnisse an Begräbnisstätten»[95]. Im Fokus der rund siebzehnseitigen Abhandlung stand die Klärung der Eigentumsverhältnisse an dem «nach Maßgabe der be-

[89] Gareis, Körper, 92. Ähnlich, aber ohne konkreten Bezug zum Persönlichkeitsrecht äusserte sich Gareis in seinem 1900 erschienen Kommentar zu § 90 BGB 1900. Dort hielt er fest, der Leichnam könne «Gegenstand einer rechtlichen Verfügung der Person sein, deren Körper er ist, aber selbstverständlich [...] nur innerhalb der durch die guten Sitten gezogenen Grenzen; innerhalb dieser Grenzen kann auch über den menschlichen Leichnam rechtsgeschäftlich verfügt werden», s. Gareis, Allgemeiner Teil, 96 (Anmerkung 6 zu § 90).

[90] S. Gareis, Körper, 93.

[91] Gareis, Körper, 93.

[92] Gareis, Körper, 93.

[93] Gareis, Körper, 94. Als zulässige Einschränkung des nachwirkenden Persönlichkeitsrechts verstand er die zwingende anatomische Untersuchung der Leichen «in öffentlichen Krankenhäusern oder anderen Anstalten», s. Gareis, Körper, 98 (Fn. 93).

[94] Gareis, Körper, 92.

[95] Sein Interesse an der Thematik tönte er bereits in seinem Festgabebeitrag aus dem Jahre 1900 an, s. Gareis, Körper, 66 (Fn. 13). Dazu s. auch unten, Teil 2/B/II/1/d.

stehenden Friedhofordnung ‹erworbenen› Grabe innerhalb des ‹öffentlichen› Friedhofs einer Religions-, einer politischen oder einer besonderen Sepulturgemeinde»[96] sowie an den der Grabstätte beigefügten Gegenständen. Gareis orientierte sich beim Verfassen des Beitrags an der praktischen Relevanz solcher Rechtsverhältnisse. Nebst deren Komplexität, die dem Spannungsverhältnis zwischen dem öffentlichen Recht und dem Privatrecht zuzuschreiben sei, zögen – erneut – diverse Rechtsfälle «die Aufmerksamkeit der Juristen»[97] auf sich.

Im ersten von Gareis erwähnten Fall versuchte ein Erbe, über «die Exhumierung und nachträgliche Sektion»[98] die postmortale Feststellung einer Geschäftsunfähigkeit seiner Mutter zu erlangen. Damit verbunden wollte der Kläger ein aus seiner Sicht für ihn benachteiligendes Testament für unwirksam erklären lassen. Der zweite Fall betraf zwei Leichname, die aus einer «mit einem künstlerisch wertvollen Denkmal geschmückten Familiengruft» exhumiert werden sollten, um in einem «billigen Grabe» beigesetzt zu werden.[99] Die Angeklagte wollte mit der Exhumierung einen Verkauf des teuren Denkmals ermöglichen. In einem dritten Fall grub ein Friedhofmitarbeiter mehrere Metallsärge aus, entfernte die darin liegenden Leichname und vergrub diese ohne Sarg wieder. Die Metallsärge liess er anschliessend als Altmetall zu Geld verwerten. Anknüpfend an die Darstellung der drei Fälle tönte Gareis in allgemeiner Weise weitere praxisrelevante Rechtsfälle wie Blumendiebstähle und Grabbeschädigungen an.[100] Im Zusammenhang mit der Untersuchung der Eigentumsverhältnisse an den dem Grab beigefügten Gegenständen fragte er konkret nach dem Leichnam: «Welches Rechtsverhältnis besteht überhaupt an letzterer [sc. die Leiche]?»[101] Bei der Beantwortung der Frage verwies Gareis zunächst auf seinen Festgabebeitrag aus dem Jahre 1900 und erklärte gestützt auf sein duales Menschenbild, dass der lebende Körper des Menschen vom Persönlichkeitsrecht erfasst werde.[102] Er bestätigte auch die Wirkung des Persönlichkeitsrechts über den Tod eines Menschen hinaus, ging aber nun noch einen Schritt weiter und revidierte dabei insbesondere seine Ansichten zur rechtlichen Natur des Leichnams. Der Leichnam werde durch die «Prolongation […] nicht schon etwa

---

96 Gareis, Begräbnisstätte, 311.

97 Gareis, Begräbnisstätte, 308. Allerdings verzichtete Gareis bei seiner Darstellung der Rechtsfälle auf Angaben konkreter Fundstellen.

98 Gareis, Begräbnisstätte, 308.

99 Gareis, Begräbnisstätte, 308.

100 S. Gareis, Begräbnisstätte, 308.

101 Gareis, Begräbnisstätte, 316.

102 Einem Vorwurf der unmöglichen Willensteilung entgegnete Gareis mit der Erklärung, er setze den Willen «in dialektischen Gegensatz zu dem von Willen beherrschten oder bewegten Menschenteil, und diese Entgegensetzung muß auch gegenüber einer pantheistischen wie gegenüber einer materialistischen Einheitstheorie logisch zulässig sein», s. Gareis, Begräbnisstätte, 317 (Fn. **).

im Moment des Todes Sache», sondern nehme «als Hülle der Persönlichkeit»[103] eine rechtliche Sonderstellung ein. Während der Dauer dieser Sonderstellung, die so lange bestehe, wie der Zusammenhang zwischen den Körperteilen nicht aufgehoben werde, komme dem toten Menschen eine subjektähnliche Rolle zu:

> «Das Persönlichkeitsrecht des Toten wird solange auch noch *im* Toten anerkannt.»[104]

Mit der umfassenden Anwendung des Persönlichkeitsrechts auf den Leichnam festigte Gareis nicht nur seine Idee postmortaler Persönlichkeitsrechte, vielmehr legte er die Basis für die später in der Lehre und Rechtsprechung entwickelten Begründungsmodelle eines direkten postmortalen Persönlichkeitsschutzes. Die Anerkennung eines Persönlichkeitsrechts des Toten entsprach einer faktischen Behandlung des Toten als (rechtliche) Person. In der Achtung des Toten als Person erkannte Gareis auch den Grund, weshalb die Verletzung des Totenfriedens eine Verletzung der Pietät naher Angehöriger nach sich ziehe. Letztere erfolge nur, «weil wir in dem Toten eine Persönlichkeit, in den Toten überhaupt Personen achten.»[105] Der Schutz des postmortalen Persönlichkeitsrechts sei für ihn daher «heilig zu halten» und zwar auch «von der Menschheit überhaupt, vertreten durch die Gemeinde, die öffentliche Gewalt, den Staat.»[106] Eine Qualifikation des Leichnams als Sache könne diesen umfassenden Schutz nicht bieten, da das daraus resultierende Eigentumsrecht am Leichnam der Willkür naher Angehöriger unterliege und ohne «Mitwirkung der Friedhofgemeinde und [...] Kontrolle des Staates»[107] ausgeübt werde. Nur das Persönlichkeitsrecht entspreche «der Würde des Objekts»[108]. Bezugnehmend auf den zweiten Fall hielt Gareis fest, dass neben der berechtigten Person auch die politische Gemeinde als Friedhofseigentümerin einer Exhumierung oder einer Wegnahme des Grabdenkmals zustimmen müsse. Die Gemeinde könne eine Exhumierung verweigern, wenn eine solche «dem Persönlichkeitsrechte des Verstorbenen widersprochen hätte»[109]. Gareis sah seine Ansicht denn auch durch das positive Recht bestätigt.[110]

Im Rahmen seiner Behandlung der «Rechtsverhältnisse an Begräbnisstätten» änderte Gareis seine Ansichten zur rechtlichen Qualifikation des Leichnams umfassend. Er

---

[103] Gareis, Begräbnisstätte, 318. Bereits in seinem Festgabebeitrag aus dem Jahre 1900 deutete Gareis implizit seine Ablehnung der Qualifikation des Leichnams als Sache im rechtlichen Sinn an, indem er das Wort ‹Sache› in Anführungszeichen setzte, s. Gareis, Körper, 92.

[104] Gareis, Begräbnisstätte, 318 [Hervorhebung nicht im Original].

[105] Gareis, Begräbnisstätte, 319.

[106] Gareis, Begräbnisstätte, 320, 321.

[107] Gareis, Begräbnisstätte, 321.

[108] Gareis, Begräbnisstätte, 321.

[109] Gareis, Begräbnisstätte, 323.

[110] Zum positiven Recht als Kontextualisierungsgrundlage s. unten, Teil 2/B.

sah im toten Körper die «Hülle der Persönlichkeit»[111] und stellte dabei pionierhaft die Grundgedanken eines direkten postmortalen Persönlichkeitsschutzes auf.[112]

B. Josef Kohler

Zur gleichen Zeit wie Gareis beschäftigte sich der Rechtswissenschaftler Josef Kohler[113] mit der Thematik rund um die Theorien der Persönlichkeitsrechte. Die beiden Zeitgenossen scheinen sich über die Chronologie der Theorienentwicklung jedoch nicht immer einig gewesen zu sein.[114] Gareis verwies beispielsweise auf die durch ihn erfolgte Etablierung der Kategorie der Individualrechte im Jahre 1877, von der er sich «freue konstatieren zu können, dass sie bald darauf von J. Kohler acceptiert und weitergeführt wurde»[115]. Er sprach die grundlegende Schrift Kohlers zum deutschen Patentrecht aus dem Jahre 1878 an, in der der Begriff ‹Individualrecht› mit dem Verweis auf Gareis verwendet wurde.[116] Im Jahr 1880 überwog bei Kohler die Erkenntnis, dass «Gareis, dem gerade die Lehre des Individualrechts viele Anregung verdankt»[117], vor ihm die Persönlichkeitsrechtstheorie zu entwickeln begonnen hatte. Später änderte Kohler seine Darstellung der «dogmengeschichtlichen Entwicklung» dahingehend, dass er seine Leistungen in Bezug auf die Persönlichkeitsrechte an chronologisch erster Stelle sah: «Dass die Entscheidungen [sc. im «Bismarck auf dem Totenbett»-Fall] dabei unter anderer Litteratur nicht auch den Namen dessen erwähnen, der in der deutschen Litteratur das Persönlichkeitsrecht in dieser Richtung vor Jahren juristisch ausbildete, muss ich mit in Kauf nehmen [...]. In der Geschichte der Wissenschaft aber steht fest,

---

111 GAREIS, Begräbnisstätte, 318.

112 Mit diesem Meinungsumschwung in Bezug auf den Leichnam war Gareis nicht allein. Beispielweise sprach Konrad Cosack in der fünften Auflage seines Lehrbuches zum BGB aus dem Jahre 1910 dem Leichnam die Sachqualität grundsätzlich ab. Der Leichnam sei «an und für sich keine ‹Sache›», könne aber durch Auslieferung an die Anatomie oder einen «privaten Arzt zur Zerlegung» zur Sache werden, s. COSACK, Lehrbuch 1910, 115. Sieben Jahre zuvor, in der vierten Auflage seines Lehrbuches, hatte er den Leichnam – hier unter Verweis auf Gareis – als Sache qualifiziert, s. COSACK, Lehrbuch 1903, 143, 143 (Fn. 3).

113 *Josef Kohler* (1849–1919) war ein vielseitiger Rechtswissenschaftler, der sich insbesondere mit Zivilrecht, Urheberrecht und Rechtsphilosophie auseinandersetzte. Kohler lehrte als Professor in Würzburg und Berlin. Er verband die Rechtswissenschaft mit Bereichen wie Kunst und Kulturgeschichte und prägte mit seinen Theorien zu den Immaterialgüterrechten das Verständnis von Urheberrecht nachhaltig. Sein akademisches Werk umfasst über 2000 Titel, die sich auf beinahe alle Rechtsgebiete bezogen. Zu Leben und Werk KLEINHEYER/SCHRÖDER, 529 m.w.N.; SPENDEL m.w.N.

114 Der Rechtshistoriker Dieter Schwab ordnete Kohler in chronologischer Hinsicht nach Gareis ein, s. SCHWAB, 216.

115 GAREIS, Körper, 83. Den Hinweis auf die von ihm «im Jahre 1877» aufgestellte Theorie nimmt er auch an anderer Stelle vor, s. GAREIS, Begräbnisstätte, 317 (Fn. **).

116 S. KOHLER, Patentrecht, 7.

117 KOHLER, Autorrecht, 283.

was ich in diesem Punkte geleistet habe [...] und es wird in der Geschichte der Wissenschaft bleiben, auch wenn das Individualrecht uns so vertraut geworden ist, wie das Eigenthum, und man die Hamburger Urtheile längst vergessen hat.»[118] Kohler verwies an derselben Stelle namentlich auf seine Werke «Autorrecht» aus dem Jahre 1880 und «Studien aus dem Strafrecht» aus dem Jahre 1890. Die Uneinigkeiten von Gareis und Kohler über deren Begründungsleistungen dürfte auch in der unterschiedlichen inhaltlichen Auffassung der Persönlichkeitsrechte begründet gewesen sein.[119] Für die vorliegende Untersuchung fällt entscheidend ins Gewicht, dass beide Juristen die Frage der Wirkung des Todes eines Menschen auf dessen Persönlichkeitsrechte behandelten.

I. Persönlichkeitsrechte

Kohler schrieb den Persönlichkeitsrechten eine zentrale Bedeutung bei der Ausgestaltung einer Rechtsordnung zu.[120] Sie seien «eine Errungenschaft ersten Ranges»[121] und sollten Ausgangspunkt «einer jeden Rechtsordnung sein; denn jedes Recht bedarf eines Rechtssubjekts, und wer Rechtssubjekt ist, muß als Persönlichkeit den Schutz des Rechts finden.»[122] Im Zusammenhang mit der Diskussion über die grundsätzliche Anerkennung der Persönlichkeitsrechte wies er die «scholastische Skepsis», laut der der erforderliche Gegenstand des (Persönlichkeits-)Rechts nicht vorhanden sei, als unbegründet zurück: «[J]eder weiss, wie zwei Seelen in unserer Brust wohnen und wie man in jedem Augenblick seinem eigenen Ich als Subjekt gegenübertritt: hierin eben liegt ja die Eigenheit des Selbstbewusstseins»[123]. Kohler nahm den Menschen, ähnlich wie Gareis, als duales Wesen wahr. Dieses Wesen setze sich aus einem bestimmenden «Subjekt-Ich» und einem «Objekt-Ich» zusammen. Mit dem Subjekt-Objekt-Verhältnis ermöglichte Kohler eine Einordnung der Persönlichkeitsrechte in die vorherrschende Rechtssystematik: «Das Subjekt-Ich ist genügend als Rechtssubjekt, wie das Objekt-Ich als Rechtsobjekt.»[124] Unter Persönlichkeits- bzw. Individualrecht verstand er Rechte «der Persönlichkeit an ihren leiblichen und geistigen Gütern»[125].

---

[118] KOHLER, Bismarckphotographie, 197.

[119] Kohler grenzte sich bei seiner Theorie der Persönlichkeitsrechte entschieden von den Gareis'schen Überlegungen ab, s. sogleich.

[120] Zur Kohler'schen Theorie der Persönlichkeits- und Immaterialgüterrechte s. etwa KLIPPEL, Kohler, 453 ff.; LEUZE, 103 ff. Eine Auflistung der primär einschlägigen Werke Kohlers zum Persönlichkeitsrecht bei SCHEYHING, 521 (Fn. 79).

[121] KOHLER, Bismarckphotographie, 196.

[122] KOHLER, Rechtsphilosophie, 131. In der 1909 publizierten ersten Auflage des Werkes zur Rechtsphilosophie äusserte sich Kohler nicht zum Persönlichkeitsrecht.

[123] KOHLER, Eigenbild, 5.

[124] KOHLER, Eigenbild, 6. Ähnlich KOHLER, Rechtsphilosophie, 131: «Das Objekt des Persönlichkeitsrechtes ist [...] die eigene Person, welche also Subjekt und Objekt zugleich ist».

[125] KOHLER, Autorrecht, 74.

Eine konkretere Umschreibung lieferte er in seinem Beitrag zur «Encyklopädie der Rechtswissenschaft» aus dem Jahre 1904:

> «Das Persönlichkeitsrecht als das Recht zu verlangen, daß die Person als vollgültige sittliche und geistige Persönlichkeit anerkannt wird, hat verschiedene Ausladungen. Es schliesst das Recht auf Leben, Gesundheit, Ehre in sich ein»[126].

Kohler vertrat die Ansicht, dass das «geistige» Persönlichkeitsrecht in verschiedenen Rechten zum Ausdruck komme.[127] Als Beispiele für ein Persönlichkeitsrecht führte er vornehmlich das Namensrecht, das Recht am eigenen Bild oder das Gewerberecht an.[128]

II. Persönlichkeitsrecht am lebenden Körper des Menschen

Anders als Gareis klammerte Kohler in seinen juristischen Abhandlungen das Recht am lebenden Körper des Menschen mehrheitlich aus. Nur an einzelnen Stellen äusserte er sich explizit dazu, wobei sich die Ausführungen jedoch auf wenige Zeilen beschränkten. Eine Erklärung für die rare Behandlung dürfte in Kohlers inhaltlichem Verständnis der Persönlichkeitsrechte zu finden sein. Er dachte bei Persönlichkeitsrechten in erster Linie an «geistige» Rechte.[129] In den wenigen Situationen, in denen sich Kohler der Frage nach dem Recht am Körper des Menschen widmete, gelangte er allerdings ohne grosse Ausführungen zur Überzeugung, dass für den lebenden Menschen das Recht am eigenen Körper ohne Einschränkungen anzuerkennen sei. Solange der Mensch lebe, greife das Individual- bzw. Persönlichkeitsrecht, «kraft dessen sein Leib nicht zum Gegenstand höhnender Verunglimpfung werden soll. Denn der Lebende steht im Kampfe individuellen Daseins»[130]. Kohler sprach das «Recht auf Ungestörtheit des Körpers»[131] an, wobei es ihm um den lebenden Körper des Menschen ging.

III. Postmortaler Persönlichkeitsschutz

1. Verfügungsbefugnis über den Leichnam

Einen zivilrechtlichen Blick auf den toten Körper des Menschen nahm Kohler ebenfalls selten vor. In seinem Werk über das «Autorrecht» aus dem Jahre 1880 hielt er fest:

---

126 Kohler, Bürgerliches Recht 1904, 587.

127 Eine umfassende Bibliografie zu Kohlers Werken untergliedert den Abschnitt «Persönlichkeitsrecht» in (1) Recht am Namen und Titel, (2) Recht am eigenen Bild, (3) Recht an Briefen, (4) Recht des Urhebers, (5) Warenzeichenrecht, (6) Wettbewerbsrecht und (7) Sonstiges Persönlichkeitsrecht, s. Kohler A., 57 ff.

128 Vgl. Kohler, Bürgerliches Recht 1904, 587 ff.; Kohler, Bürgerliches Recht 1914, 33 ff.

129 S. Kohler, Bürgerliches Recht 1904, 587.

130 Kohler, Studien, 204.

131 Kohler, Lehrbuch III, 2.

> «Und doch ist die Stätte, wo die Leiche ruht, außerhalb des Vermögensrechts, also auch außerhalb der vermögensrechtlichen Disposition [...]. Allein es ist ein von der Rechtsordnung garantirtes und durch die entsprechenden Organe (Erben, Angehörige [...]) getragenes *Residuum* des Individualrechts, daß die Leiche nach Bestimmung des Erblassers ruhe, unverletzt von den Stürmen der Zukunft.»[132]

Kohler tönte hier bereits an, dass eine Verfügung über den Leichnam grundsätzlich ein «Individualrecht» sei, das es kraft seiner als «Residuum» über den Tod hinaus bestehender Wirkung zu respektieren gelte. Die postmortale Fortwirkung des Verfügungsrechts am eigenen Körper sah er durch den im geltenden Recht garantierten Schutz des Leichnams begründet. Im Gegensatz zu Gareis (und Gierke) ordnete Kohler den Leichnam allerdings nie dem Persönlichkeitsrecht zu.[133]

Rund ein Jahrzehnt nach dem «Autorrecht» ging Kohler 1890 im Rahmen seiner «Studien aus dem Strafrecht» der Frage nach dem strafrechtlichen Schutz der Religion, der «sich auch auf die Leichen»[134] beziehe, nach. Er wies darauf hin, dass in dem Moment, wenn der Mensch sterbe und ein toter Körper vorliege, neue Rechtsverhältnisse einträten: «[E]rst, wenn die Schlacken des Daseins gelöst, der Mensch aus dem Kampfe getreten ist [...] – erst dann tritt das individuelle zurück und der Körper als eine Emanation eines durchgeistigten Bildungstriebes tritt in seine neuen Rechte.»[135] Die «neuen Rechte» seien religiöse Interessen «an der Ruhe und dem Frieden der Leiche»[136], das heisst am Totenfrieden. Kohler zeichnete damit ein religiöses Verständnis des Menschen, das er als Hilfskonstruktion für einen postmortalen Rechtsschutz verwendete:

> «Der Schutz des Friedens des Leichnams beruht auf dem unsere Kulturwelt durchdringenden Gedanken, daß die Hülle, welche die menschliche Psyche getragen hat, durch diese Psyche eine Weihe erlangt hat, welche den Leichnam der Profanirung entzieht. Das Delikt gegen die Leiche ist ein Delikt gegen den Adel der menschlichen Seele, welchen eine idealistische Weltanschauung lehrt, und welcher insbesondere von der *Religion* in hoher Verklärung dargestellt wird.»[137]

Die Psyche, bei Kohler das «Subjekt-Ich», verleihe dem Körper eines Menschen eine Sonderstellung. Sie mache ihn zum Objekt, das vor entwürdigenden bzw. entweihenden Handlungen geschützt werden müsse. Kohler verstand den Menschen sodann als Abbild Gottes, das auch den Körper des Menschen umfasse: «[D]ie Empfindung [sc. das religiöse Interesse am Totenfrieden] ist ein Ausfluß unserer Ueberzeugung, daß der Mensch eine hohe Emanation göttlichen Wesens ist, daß diese Emanation auch den

132 Kohler, Autorrecht, 276 [Hervorhebung nicht im Original].
133 Vgl. Kohler, Studien, 206.
134 Kohler, Studien, 165.
135 Kohler, Studien, 204 f.
136 Kohler, Studien, 204.
137 Kohler, Studien, 165 [Hervorhebung nicht im Original].

Leib mitbestimmt»[138]. Eine Verletzung des lebenden Körpers bedeutete nach diesem Verständnis auch eine Verletzung des «Göttliche[n] im Menschen»[139]. Da der lebende Körper ein Rechtssubjekt darstelle, erfolge der Schutz vor solchen Verletzungen nur über die (weltlichen) «Individualrechte»[140], das heisst Persönlichkeitsrechte. Bei der Verletzung des toten Körpers trete dann das religiöse Interesse am Schutz des Friedens der Leiche in den Vordergrund, da eine solche Behandlung «den göttlichen Impuls mitverletzt» und «der Verstorbene auch aufgehört hat, Rechtssubjekt zu sein».[141] Der (straf-)rechtliche Schutz des Leichnams bestehe in der Totenruhe bzw. im Totenfrieden. Kohler machte hinter der rechtlichen Behandlung des Leichnams ein religiöses Motiv aus, das der christlichen Glaubenslehre entsprach, die die Bestimmung des Leichnams einzig darin sieht, beerdigt zu werden.[142] Er erklärte denn auch, dass das Interesse der Religion weder den Leichnam noch die Seele zu einem Rechtssubjekt mache, «denn sie steht nicht mehr im Kreise des Rechtsverkehrs.»[143] Auch stelle der Leichnam kein Objekt «im Sinne des Sachen- d[as] h[eisst] des Vermögenssachenrechts»[144] dar. Eine konkrete, positiv formulierte juristische Qualifikation des Leichnams nahm er nicht vor. Seine Ausführungen untermauerten jedoch seine Überzeugung, dass der tote Körper des Menschen eine Sonderstellung einnehme, deren juristischer Gehalt hauptsächlich im religiösen Interesse am Schutz des Leichnams bestehe.

2. *Residuum des Persönlichkeitsrechts*

Zur Frage der Wirkung des Todes auf die Persönlichkeitsrechte bemerkte Kohler im Jahre 1880:

> «So lebt nun aber auch ein *Residuum* des Individualrechts an dem geistigen Innenleben fort, welches der Erblasser in seinen Manuskripten fixirt, aber der Welt vorenthalten hat.»[145]

Laut Kohler bestand das Persönlichkeitsrecht eines Autors in Bezug auf dessen unveröffentlichte Schriften nach dem Tod in Form eines «Residuums», das heisst in Form eines Restes weiter. Seine Ansichten wiederholte er mehrfach. 1891, nun in Bezug auf das Recht am eigenen Bild und verknüpft mit dem Wunsch nach einer gesetzlichen Regelung, hielt Kohler fest: «[N]ach dem Tode erlischt das Individualrecht in dieser Beziehung, allerdings nicht sofort, sondern nach entsprechender Zeit, deren gesetzli-

[138] Kohler, Studien, 204.
[139] Kohler, Studien, 204.
[140] Kohler, Studien, 204.
[141] Kohler, Studien, 204.
[142] Zur christlichen Glaubenslehre s. unten, Teil 2/C/I/2/c/aa.
[143] Kohler, Studien, 205.
[144] Kohler, Studien, 206. Er umschrieb den Leichnam auch als «die körperliche Hülle des entseelten Menschen», s. Kohler, Studien, 205.
[145] Kohler, Autorrecht, 277 [Hervorhebung nicht im Original]. Ähnlich Kohler, Autorrecht, 275.

che Feststellung wünschenswerth wäre»[146]. In seinem im Jahre 1903 verschriftlichten Vortrag zum «Recht am Eigenbild»[147] vertrat er erneut die Ansicht, dass «das Persönlichkeitsrecht an sich mit dem Tode erlischt, dass aber ein Rest übrig bleibt, der von den Erben auszuüben ist, oder, wenn der Erblasser zu diesem Zwecke einen Testamentsvollstrecker aufgestellt hat, durch diesen»[148]. Im Rahmen seiner Besprechung des «Bismarck auf dem Totenbett»-Urteils aus dem Jahre 1899 wiederholte er seine «Residuum»-Theorie und ergänzte diese im Hinblick auf das Schutzsubjekt:

> «Allerdings erlischt das Persönlichkeitsrecht in seiner Hauptbedeutung mit dem Tode; allein es erlischt unter Hinterlassung eines Residuums, und dieses geht auf die Hinterbliebenen über; sie üben es aus als ihr Recht, aber sie üben es nicht aus als ihr ureigenes persönliches Recht, sondern als das *ihnen überkommene Persönlichkeitsrecht des Erblassers.*»[149]

Kohler war der Ansicht, dass das im «Residuum» fortwirkende Recht der verstorbenen Person zuzuschreiben sei. Ein solches Recht sei von berechtigten, lebenden Personen als übernommenes Recht wahrzunehmen und nicht als deren eigenes Recht.[150] Ähnlich äusserte er sich auch im Zusammenhang mit der strafrechtlichen Bedeutung der Ehre und Beleidigung:

> «Dem entspricht die juristische Behandlungsweise, die ein Residuum des Invidualrechts [sic.] des Verstorbenen noch eine Zeit lang nachleben lässt, welches Residuum allerdings der Verstorbene nicht mehr selbst vertheidigen kann, sondern seine Hinterbliebenen, auf welche das Residuum übergeht, sofern der Verstorbene nicht anderwärtig darüber verfügt hat. Es ist daher unrichtig, die Verletzung des Todten als eine *injuria mediata* gegen die Hinterbliebenen zu betrachten: nicht das Individualrecht der Hinterbliebenen wird verletzt, sondern das von den Hinterbliebenen übernommene Individualrecht des Todten»[151].

Mit der Einordnung des «Residuums» als Recht des Verstorbenen bewegte sich Kohler auf derselben Linie wie sein Zeitgenosse Gareis.[152] Kohler selbst wich an diesem Punkt

---

146 Kohler, Namensrecht, 91.

147 Kohler, Eigenbild, 3. Der Vortrag «Das Eigenbild im Recht» wurde «gegen Ende 1902» vor dem Berliner Anwaltsverein gehalten, s. Kohler, Eigenbild, 3.

148 Kohler, Eigenbild, 26. Bestätigend auch im Jahre 1906: «Daß dies eine Zeitlang stattfinde, ist sicher», s. Kohler, Briefe, 53.

149 Kohler, Bismarckphotographie, 196 [Hervorhebungen nicht im Original].

150 Der Ausdruck ‹Residuum› erscheint aus dieser Perspektive sehr passend, wenn damit ein Rest, der direkt an eine Hauptsache anknüpft, bezeichnet wird. Der Rest knüpft an den Verstorbenen an und er wird – semantisch betrachtet – als dem gewesenen Menschen zugehörig verstanden.

151 Kohler, Ehre, 148 [Hervorhebungen im Original]. In seinem «Lehrbuch des Bürgerlichen Rechts» aus dem Jahre 1906 kam er erneut zum Schluss, dass «ein Rest des Persönlichkeitsrechtes noch übrig bleibt und sich auf die Zeit nach dem Tode fortpflanzt, wobei dann der Erbe oder Testamentsvollstrecker der Träger dieses Rechtes ist», s. Kohler, Lehrbuch I, 163. Später wortähnlich Kohler, Kunstwerkrecht, 170: «[...] nicht ihr eigenes Persönlichkeitsrecht, sondern das des Verstorbenen».

152 Gareis vertrat die Ansicht, dass das Persönlichkeitsrecht des Toten «solange auch noch im Toten anerkannt» werde, s. Gareis, Begräbnisstätte, 318. Zu Gareis s. oben, Teil 1/A.

jedoch von seinem grundsätzlichen Verständnis des Rechts ab, was er durch eine Ergänzung eines Zitates Rudolf von Jherings zum Ausdruck brachte: «‹Die Güter gehören dem Menschen, nicht den Würmern›, hat Jhering gesagt [...]; ebenso möchte ich sagen: Das Recht ist für die Lebenden, nicht für die Todten: Le Roy est mort, vive le Roy»[153]. Für Kohler galt das Recht grundsätzlich nur für die Lebenden. Die Anerkennung eines Residuums der Persönlichkeitsrechte widersprach diesem Grundsatz, jedoch fand Kohler in der «Übertragung» des Rechts an die berechtigten lebenden Hinterbliebenen eine Rechtfertigung für diesen Widerspruch.

Die Anerkennung eines ‹Restes› der Persönlichkeitsrechte, der nach dem Tod des Menschen bestehen bleibe und den es zu schützen gelte, nahm Kohler hauptsächlich für bestimmte Urheberpersönlichkeitsrechte wie das Recht an Briefen oder am eigenen Bild an.[154] In diesem Bereich war ihm ein wichtiges Anliegen, die postmortale Fortwirkung der Persönlichkeitsrechte zeitlich zu begrenzen. Es sei «das Bedürfnis vorhanden, dieses in Angehörigen überlebende Persönlichkeitsrecht des Verstorbenen auf eine kleine Reihe von Jahren zu beschränken»[155]. Dieses Bedürfnis der zeitlichen Beschränkung erklärte er mit Blick auf deren praktische Bedeutung, wie sie beim Recht an Briefen anzutreffen sei. Eine Veröffentlichung aller Briefe müsse «der geschichtlichen Forschung»[156] offenstehen. In der Konsequenz sah Kohler auch das Recht am Eigenbild für fünf Jahre nach dem Tod eines Menschen fortbestehen bzw. geschützt.[157] Es sei eine Zeit, «die man der diskreten Trauer zu widmen hat»[158].

---

153 Kohler, Autorrecht, 279. Das ursprüngliche Zitat bei Jhreing, 510. Jhering lehnte an der Stelle ab, eine «absolute Verfügungsgewalt» über das Eigentum anzuerkennen.

154 Zum deutschen Urheberrecht s. unten, Teil 2/B/I/3.

155 Kohler, Eigenbild, 26 f. Ähnlich bereits rund 20 Jahre zuvor, s. Kohler, Autorrecht, 279.

156 Kohler, Eigenbild, 27. An anderer Stelle wurde die (sinngleiche) Begründung angebracht, dass es einen Zeitpunkt geben müsse, «wo die Geschichte ihre unveräußerlichen Rechte geltend macht und die Personen, welche auf diesem Welttheater gelebt haben, der schonungslosen Kritik preisgibt», s. Kohler, Autorrecht, 279 f.

157 S. Kohler, Eigenbild, 27.

158 Kohler, Eigenbild, 19.

C. Otto von Gierke

Ein dritter Jurist, der in einem engen Zusammenhang mit der Etablierung der Persönlichkeitsrechtstheorien zum Ende des 19. Jahrhunderts steht, ist Otto von Gierke.[159] Gierke befasste sich in seinem wissenschaftlichen Werk insbesondere mit dem Verhältnis zwischen dem allgemeinen Persönlichkeitsrecht und den einzelnen Persönlichkeitsrechten.[160] In seinen Ausführungen äusserte er auch Gedanken zum postmortalen Fortwirken von Persönlichkeitsrechten und deren Schutz. Die Überlegungen fielen allerdings in ihrem Umfang deutlich geringer aus als diejenigen von Gareis und Kohler.

I. Allgemeines und besonderes Persönlichkeitsrecht

Gierke setzte sich im Rahmen seiner dreibändigen Abhandlung «Deutsches Privatrecht» intensiv mit dem Persönlichkeitsrecht auseinander. Im ersten Band zum «Allgemeinen Teil und Personenrecht» von 1895 präsentierte er ein knapp zweihundert Seiten starkes Kapitel mit der Überschrift «Persönlichkeitsrechte». Zunächst stellte Gierke, ähnlich wie Gareis, einen engen Bezug zwischen der Rechtsfähigkeit und dem Persönlichkeitsrecht her. «Die Fähigkeit, Rechtssubjekt zu sein, heisst Persönlichkeit.»[161] Über deren positivrechtliche Anerkennung entstehe dann das «Recht der Persönlichkeit, das die Grundlage aller einzelnen Rechte und Pflichten»[162] sei. Das Wesen, dem ein solches Recht der Persönlichkeit zukomme, sei «im Rechtssinne Person.»[163] Laut Gierke musste das allgemeine Recht der Persönlichkeit zusammen mit der Rechtsfähigkeit vorliegen, damit der Mensch als Person im Rechtssinn galt. Das allgemeine Persönlichkeitsrecht sei ein Recht, «das in dem von der Rechtsordnung gewährleisteten allgemeinen Anspruche besteht, als Person zu gelten […]. Es ist das einheitliche sub-

---

159 *Otto von Gierke* (1841–1921) war einer der bedeutendsten deutschen Rechtswissenschaftler des 19. Jahrhunderts, der insbesondere durch seine Genossenschaftslehre und Arbeiten zum deutschen Privatrecht bekannt wurde. Gierke promovierte und habilitierte in Berlin und erhielt dort 1871 eine ausserordentliche Professur. Nach Stationen in Breslau und Heidelberg kehrte er 1887 als ordentlicher Professor nach Berlin zurück, wo er Vorlesungen über deutsche Rechtsgeschichte, deutsches Privatrecht sowie Staatsrecht hielt. Im ersten Band von «Deutsches Privatrecht» nahm er zudem eine umfassende Darstellung des Persönlichkeitsrechts vor. Gierke wurde 1911 in Anerkennung seiner wissenschaftlichen Verdienste in den Adelsstand erhoben. Ab diesem Zeitpunkt schrieb er seinen Namen offiziell als ‹Otto von Gierke›. Zu Leben und Werk KLEINHEYER/SCHRÖDER, 154–160 m.w.N.

160 Vgl. LEUZE, 111. Auch der Göttinger Romanist Ferdinand Regelsberger befasste sich mit dem Verhältnis zwischen dem allgemeinen Persönlichkeitsrecht und den einzelnen Persönlichkeitsrechten, s. REGELSBERGER, 197 ff. Soweit ersichtlich, strengte Regelsberger jedoch keine Überlegungen zu einem postmortalen Persönlichkeitsschutz an. Zu seiner (traditionellen) Ansicht der rechtlichen Einordnung des Leichnams s. unten Teil 2/A/II/2/c/cc.

161 GIERKE, Band I, 265.

162 GIERKE, Band I, 265.

163 GIERKE, Band I, 265.

jektive Grundrecht, das alle besonderen subjektiven Rechte fundamentirt und in sie alle hineinreicht»[164]. Gierke entnahm demnach dem allgemeinen Persönlichkeitsrecht die besonderen Persönlichkeitsrechte. Der grösste Teil seines Kapitels «Persönlichkeitsrechte» war denn auch der Darlegung und Benennung dieser besonderen, privatrechtlichen Persönlichkeitsrechte gewidmet.[165]

II. Persönlichkeitsrecht am lebenden Körper des Menschen

Als erstes besonderes Persönlichkeitsrecht betrachtete Gierke das einem jeden Menschen zustehende «Recht auf Achtung seiner Leiblichkeit»[166]. Der Körper des Menschen stelle einen Teil des besonderen Persönlichkeitsrechts «Leib und Leben»[167] dar, wobei ein widerrechtlicher Eingriff in den Körper eine Verletzung dieses Persönlichkeitsrechts bedeute. Gierke bemerkte dazu, dass die «leibliche Seite der Persönlichkeit» zwar durch das Straf- und Verwaltungsrecht umfassend geschützt sei, jedoch könne eine Verletzung dieses Rechtes zu «privatrechtlichen Ansprüchen auf Ersatzleistungen» führen[168]. Dass er bei dieser Einordnung zunächst ausschliesslich an den lebenden Körper eines Menschen dachte, zeigt folgende Tatsache: Im ersten Band des Werkes «Deutsches Privatrecht», wo er seine grundlegende Persönlichkeitsrechtslehre darlegte, erwähnte er den Leichnam an keiner Stelle. Für Gierke bestand im Jahre 1895 offensichtlich kein Anlass, den toten Körper eines Menschen unter dem Aspekt des Personen- bzw. Persönlichkeitsrechts zu behandeln. Erst zehn Jahre später, im zweiten Band und unter der Perspektive «Sachenrecht», ging er spezifisch auf die rechtliche Behandlung des Leichnams ein.[169] Im Vorwort zum zweiten Band von 1905 merkte Gierke an, dass die gegenüber dem ersten Band zeitlich verzögerte Publikation damit zu erklären sei, dass er die praktisch fertiggestellte Auflage nochmals überarbeitete, um der «inzwischen eingetretenen grossen Rechtsumwälzung»[170] gerecht zu werden. Mit «Rechtsumwälzung» meinte er das Inkrafttreten des BGB am 1. Januar 1900. Die Überarbeitung der ersten (nicht publizierten) Auflage des zweiten Bandes sei daher auch mit einer Tilgung der «Spuren eines anderen Rechtszeitalters»[171] einhergegangen. Aus diesem romanistisch geprägten «Rechtszeitalter» von vor dem BGB stammte auch

---

164 Gierke, Band I, 703.

165 S. Gierke, Band I, 708 ff.

166 Gierke, Band I, 709. Weitere «Klassen» von besonderen Persönlichkeitsrechten, die Gierke behandelte, waren die Freiheit, die Ehre, das Recht auf Betätigung, die Rechte am Namen sowie die Rechte an Geisteserzeugnissen, s. Gierke, Band I, 710 ff.

167 Gierke, Band I, 709.

168 Gierke, Band I, 709.

169 Dazu s. sogleich.

170 Gierke, Band II, V.

171 Gierke, Band II, V.

die Einordnung des Leichnams als Sache im rechtlichen Sinn.[172] Vor diesem Hintergrund ist die Annahme, dass Gierke, der im BGB viele «deutschrechtliche Bausteine»[173] zu erkennen wusste, erst im Rahmen der Überarbeitung der unveröffentlichten Auflage seines zweiten Bandes eine Abkehr vom Sachbegriff in Bezug auf den Leichnam vornahm, nicht gänzlich von der Hand zu weisen.[174]

III. Postmortaler Persönlichkeitsschutz und Rückstand der Persönlichkeit

Gierke vertrat die Ansicht, dass die Persönlichkeitsrechte «*an sich* mit dem Wegfalle der Person, in der sie entstanden sind»[175], enden. Den Tod eines Menschen sah er grundsätzlich als Grenze der Existenz von Persönlichkeitsrechten an. Jedoch erkannte er auch Ausnahmen von diesem Grundsatz, und zwar im Zusammenhang mit dem besonderen Persönlichkeitsrecht des Urheberrechts. Im ersten Band «Deutsches Privatrecht» von 1895 bezeichnete Gierke das Urheberrecht als ein «in seinem ganzen Umfange als ein aus geistiger Schöpfung fliessendes Persönlichkeitsrecht»[176]. Mit Blick auf die Frage der postmortalen Fortwirkung dieses Rechts hielt er fest:

> «Es [sc. das Urheberrecht] erlischt nicht sofort und kann nicht sofort erlöschen, weil ja einerseits in Folge der Zerbrechlichkeit des menschlichen Daseins sein Werth unerträglich unsicher wäre, andrerseits die Persönlichkeit des Verstorbenen *im Kreise seiner Angehörigen fortdauernd* mit besonderer Lebendigkeit nachwirkt und für sie in ihrem irdischen Rückstande ein geheiligtes, *schutzwürdiges Persönlichkeitsgut* bildet.»[177]

Gierke verfolgte bereits hier die Vorstellung, dass Persönlichkeitsrechte über den Tod eines Menschen fortbestehen, und zwar als Teil der Persönlichkeit lebender Angehöriger. Die «über den Tod hinaus fortwirkende geistige Individualität»[178] erfasste er dabei als schutzwürdiges Rechtsgut lebender Menschen. Im zweiten Band zum Sachenrecht von 1905 griff Gierke seine Vorstellung eines indirekten postmortalen Persönlichkeitsschutzes im Zusammenhang mit der rechtlichen Betrachtung des Leichnams erneut auf:

---

172 S. dazu unten, Teil 2/B/I/1/b/bb.

173 Gierke, Band II, VI. Als Germanist war Gierke bereits bei der Veröffentlichung des ersten Bandes mit dem Vorwurf «Morituri te salutant!» – «Die Todgeweihten grüssen dich!» – konfrontiert, s. Gierke, Band II, V. Viele Kritiker sahen mit der Einführung des BGB das deutsche Privatrecht schwinden, was eine Neuauflage seines Lehrbuches «Deutsches Privatrecht» unbedeutend gemacht hätte: «Umsonst, du weckest die Toten nicht!?», s. Gierke, Band II, VI.

174 Ähnlich nahm Gareis im Jahr 1900 eine Einordnung des Leichnams als «herrenlose ‹Sache›» vor und erst fünf Jahre später bezeichnete er den Leichnam als «Hülle der Persönlichkeit», dazu s. oben, Teil 1/A/III.

175 Gierke, Band I, 708 [Hervorhebungen nicht im Original].

176 Gierke, Band I, 764.

177 Gierke, Band I, 768 [Hervorhebungen nicht im Original].

178 Gierke, Band I, 768.

«Wie er [sc. der Körper] bei Lebzeiten des Menschen als Bestandteil der Persönlichkeit zwar einen Gegenstand des Rechtes an der eigenen Person, jedoch keinen Gegenstand des Sachenrechts bildet, so wird er auch durch den Tod nicht dem Sachenrechte unterworfen, sondern bleibt als *Rückstand* der Persönlichkeit das Objekt eines nunmehr den Hinterbliebenen zustehenden Persönlichkeitsrechtes.»[179]

Gierke wiederholte hier seine bereits im ersten Band von 1895 dargelegte Ansicht, dass der lebende Körper des Menschen als Teil des Persönlichkeitsrechts gelte. Neu und ergänzend nahm er jedoch auch den toten Körper des Menschen in seine Überlegungen mit auf. Der Leichnam stelle einen «Rückstand der Persönlichkeit» dar und gehöre als «Objekt» dem Persönlichkeitsrecht eines Hinterbliebenen an.[180] Mit der Einordnung als Teil des Persönlichkeitsrechts lebender Menschen sprach sich Gierke für einen indirekten postmortalen Persönlichkeitsschutz aus. Gleichzeitig lehnte er damit die sachenrechtliche Behandlung des Leichnams ab und entzog diesen dem Rechtsverkehr. Eine Veräusserung des Leichnams sei aufgrund der mit der Ablehnung der Sacheigenschaft einhergehenden fehlenden Verkehrsfähigkeit «rechtlich unwirksam»[181]. Verfügungsmöglichkeiten über den «eigenen künftigen Leichnam»[182] oder «den Leichnam des Verstorbenen» bemässen sich grundsätzlich nach dem Persönlichkeitsrecht. Mögliche Einschränkungen der persönlichkeitsrechtlichen Verfügungen erkannte Gierke in der Sitte und dem öffentlichen Recht.[183] Er bemerkte jedoch auch, dass die Qualifikation des Leichnams als «Rückstand der Persönlichkeit» nicht auf Ewigkeit hin aufrechterhalten werden könne. Wenn die «Verwischung des Individualitätsrestes»[184] vorangeschritten sei, werde der Leichnam bzw. dann die Mumie zur Sache.

179 GIERKE, Band II, 35 f. [Hervorhebung nicht im Original].
180 GIERKE, Band II, 36.
181 GIERKE, Band II, 36.
182 GIERKE, Band II, 36.
183 S. GIERKE, Band II, 36 (Fn. 68).
184 GIERKE, Band II, 37 (Fn. 72).

Teil 2: Einordnung der Überlegungen zu einem postmortalen Persönlichkeitsschutz in zeitgenössische Kontexte

Nach der Darstellung der Überlegungen von Karl Gareis, Josef Kohler und Otto von Gierke zu einem postmortalen Persönlichkeitsschutz werden diese Überlegungen in einem nächsten Schritt in zeitgenössischen Kontexten verortet. Die Kontextualisierung beleuchtet die Hintergründe und Motive, die zu den Ansichten der drei Rechtsgelehrten führten, und zeigt auf, inwiefern der postmortale Rechtsschutz eines Menschen in den damaligen juristischen und gesellschaftlichen Diskussionen verankert war. Dabei geben Hinweise auf Ansätze postmortaler Rechte in den Ausführungen von Gareis, Kohler und Gierke selbst die Auswahl der Kontextualisierungsgrundlagen vor.

A. Diskussionen über den Leichnam in der deutschen Zivilrechtswissenschaft der zweiten Hälfte des 19. Jahrhunderts

Ein zentraler Anknüpfungspunkt für die Überlegungen von Gareis, Kohler und Gierke zu einem postmortalen Persönlichkeitsschutz bildete die rechtliche Betrachtung des toten Körpers eines Menschen. Während das Wort ‹Leichnam›[185] zunächst als eine allgemeine Umschreibung der ‹Körperhülle› galt, setzte es sich erst ab dem 16. Jahrhundert unbestrittenermassen als Synonym zum toten Körper durch.[186] In der juristischen Literatur des endenden 19. Jahrhunderts wurde unter ‹Leichnam› grundsätzlich, ähnlich wie im alltäglichen Sprachgebrauch, der Körper des Menschen nach Eintritt des Todes verstanden. Allerdings blieben viele Autoren nicht immer konsequent in ihrem Verständnis des Leichnams. Gerade im historischen Kontext konnte es zu zusätzlichen Differenzierungen kommen, wie etwa in der Bestattungsform[187] oder dem Zeitfaktor[188]. Einzelne Juristen betrachteten die aus der Leichenverbrennung entstandene Asche oder das Skelett und die Mumie explizit nicht als Leichnam.[189] Für andere Autoren rechtswissenschaftlicher Beiträge galt der Leichnam als vormals lebender Körper des Menschen. Sie stellten ihn mit dem gewesenen Menschen gleich und beschränkten sich bei ihrem Verständnis nicht nur auf die Körperlichkeit des Leichnams.[190] Diese Unterschiede im Verständnis des Wortes ‹Leichnam› deuten bereits an, dass die Frage der rechtlichen Einordnung des Leichnams eng mit dem postmortalen

185 Eine sprachliche Differenzierung zwischen ‹Leichnam› und ‹Leiche› erscheint aus heutiger Sicht als obsolet, vgl. Kälin, 64 (Fn. 293). In der vorliegenden Studie werden die Begriffe deshalb gleichgesetzt.

186 S. Maihold, crimina excepta, 86.

187 S. nur Cramer, 20.

188 S. nur Schwerin, 658.

189 S. nur Bader, 366 f.; Henne H., 5.

190 S. nur Schreuer, Körper, 271. Dazu unten, Teil 3/A/I/1.

Schutz der Persönlichkeit eines Menschen verbunden war. Gareis, Kohler und Gierke behandelten entsprechend auch im Rahmen ihrer Überlegungen zu einem postmortalen Persönlichkeitsschutz den rechtlichen Status des toten Körpers eines Menschen. Die nachfolgende Kontextualisierung nimmt deshalb die Diskussionen über den Leichnam in der deutschen Zivilrechtswissenschaft in der zweiten Hälfte des 19. Jahrhunderts als Grundlage. Welche zivilrechtlichen Überlegungen zum toten Körper eines Menschen lagen vor? Gab es Ansätze eines postmortalen Rechtsschutzes, die Gareis, Kohler und Gierke in ihren eigenen Einordnungsversuchen aufgreifen konnten? An solchen Fragen orientiert sich die Kontextualisierung in diesem Abschnitt der Untersuchung.

I. Rechtslage

Bis weit in die zweite Hälfte des 19. Jahrhunderts wurden in Deutschland auf Länderebene für fast jedes Rechtsgebiet eigenständige Gesetze erlassen.[191] Während dieser Zeit hatten im Bereich des Zivilrechts unterschiedliche Kodifikationen gegolten. Im Westen des 1871 gegründeten Deutschen Kaiserreichs blieb beispielsweise lange der Code Civil in Kraft.[192] Andere Länder, wie etwa Preussen[193], hielten am Allgemeinen Preussischen Landrecht von 1794, oder, wie Württemberg[194], generell am gemeinen deutschen bzw. römischen Recht fest. Vereinzelt kam es auf Länderebene zu Kodifikationsprojekten, die dann als einzelstaatliche Gesetze erlassen wurden. Das Bürgerliche Gesetzbuch für das Königreich Sachsen beispielsweise trat im Jahre 1865[195] in Kraft. In diesen partikularen Zivilrechtskodifikationen blieb die Thematik der (postmortalen) Persönlichkeitsrechte und die der Leichname weitestgehend unberührt.[196] Hingegen in Lehrbüchern und rechtwissenschaftlichen Beiträgen zu den partikularen Kodifikationen war gelegentlich die Frage der rechtlichen Einordnung des toten Körpers eines Menschen behandelt worden.[197]

Die deutsche Zivilrechtswissenschaft der zweiten Hälfte des 19. Jahrhunderts orientierte sich bei der rechtlichen Behandlung des Leichnams überwiegend am Sachbegriff

---

191 Vgl. zum Ganzen Dölemeyer, Kodifikation.

192 Vgl. Dölemeyer, Kodifikation, 1440 ff.

193 Näheres zur Entwicklung der Kodifikation bei Dölemeyer, Kodifikation, 1491 ff.

194 Das württembergische Privatrecht fusste zum grössten Teil auf «gemeinrechtlichen deutschen Rechtsquellen», s. Hegler, 1. Ähnlich Wächter, Handbuch I, 15 f.

195 Das Gesetzbuch wurde am 2. Januar 1863 verkündet und trat am 1. März 1865 in Kraft, s. Dölemeyer, Kodifikation, 1546 f. Näheres zur Entwicklung der sächsischen Kodifikation bei Dölemeyer, Kodifikation, 1540 ff.

196 Vgl. Coing, 558; Martin, 119–128.

197 Das Interesse der deutschen Rechtswissenschaft der zweiten Hälfte des 19. Jahrhunderts an der Frage des rechtlichen Status des Leichnams fiel insgesamt gering aus, s. Petrakakos, 209; HKK-Rüfner, §§ 90–103 N 13.

und der Abgrenzung zum lebenden Körper des Menschen.[198] Dabei lassen sich zwei Meinungsgruppen ausmachen: Eine erste Gruppe erfasste den Leichnam grundsätzlich als Sache im rechtlichen Sinn, während eine zweite Gruppe die Anwendung des Sachbegriffs ablehnte. Die unterschiedlichen Einordnungsversuche standen in einem engen Zusammenhang mit der zu dieser Zeit entstandenen «Controverse»[199] um den Begriff der Sache im rechtlichen Sinn.

II. Einordnungsversuche durch die deutsche Zivilrechtswissenschaft

1. Kontroverse um den Sachbegriff

Die Kontroverse um den Sachbegriff in der deutschen Zivilrechtswissenschaft der zweiten Hälfte des 19. Jahrhunderts zeigte sich zum einen darin, dass sich ein weiter und ein enger Sachbegriff gegenübergestanden haben. Das weite Verständnis lehnte sich an den «res-Begriff des Ius Commune»[200] an und umfasste körperliche wie auch unkörperliche Sachen. Zur Jahrhundertmitte fand dann eine Verengung auf die «Bestandteile der physischen Welt»[201] statt. Die Lehre stützte sich bei diesem Verständnis auf den durch Carl von Savigny definierten Begriff der Sache als «begränztes Stück»[202] der unfreien Natur. Auf einer anderen Ebene machte sich die Kontroverse dahingehend bemerkbar, dass es einen Meinungsstreit über die Anerkennung eines umfassenden oder eines relativen Sachbegriffs gab. Der umfassende Begriff behandelte alle körperlichen Sachen als Sachen im juristischen Sinn. Der relative Begriff – vertreten durch eine Minderheit – umfasste demgegenüber nur die Anerkennung von Sachen, die «Objekt von Privatrechten sein konnten.»[203] Dieses letztere Verständnis liess eine Anerkennung von Objekten zu, die nicht als Sachen im rechtlichen Sinn galten.[204]

---

198 Im beginnenden 19. Jahrhundert lagen noch unterschiedliche Auffassungen vor, wie der lebende Körper rechtlich zu qualifizieren sei. Es gab eine grössere Anzahl an Autoren, die den lebenden Körper mit einer Sache im rechtlichen Sinn gleichsetzten. Gegen Ende des Jahrhunderts stiess diese Einordnung zunehmend auf Ablehnung, s. SCHREUER, Körper, 242.

199 CRAMER, 26. Zur Entwicklung des Sachbegriffs vor Inkrafttreten des BGB HKK-RÜFNER, §§ 90–103 N 3–9.

200 HKK-RÜFNER, §§ 90–103 N 5. Der weite Sachbegriff lag beispielsweise dem PrALR von 1794 zugrunde, s. DERNBURG, Lehrbuch 1875, 106: «Unter Rechtsobject oder Sache verstehen wir Alles, was der rechtlichen Einwirkung der Rechtssubjecte passiv unterliegt. Daher sind uns Sache nicht nur, wovon das römische Recht ausging, die realen Existenzen der äußeren Natur, also die körperlichen Sachen, sondern auch solche Dinge, welche ihre Existenz bloß der Schöpfungskraft des menschlichen Gedankens verdanken, welche aber Objecte juristischer Willensacte werden.»

201 HKK-RÜFNER, §§ 90–103 N 6.

202 SAVIGNY, 338.

203 HKK-RÜFNER, §§ 90–103 N 14.

204 Ein aktiver Vertreter dieser Mindermeinung war Carl Erwin Cramer, s. dazu unten Teil 2/A/II/3.

2. *Herrschende Ansicht: Leichnam als Sache im rechtlichen Sinn*

Die überwiegende Mehrheit der deutschen Zivilrechtswissenschaftler der zweiten Hälfte des 19. Jahrhunderts ordnete den toten Körper eines Menschen der Kategorie «Sache im rechtlichen Sinn» unter. Innerhalb dieser Meinungsgruppe traten zwei Untergruppen hervor, die insbesondere beim Aspekt der Verkehrsfähigkeit unterschiedliche Ansichten verfolgten. Unabhängig vom konkreten Verständnis des Sachbegriffs war anerkannt, dass Sachen im rechtlichen Sinn grundsätzlich dem Rechtsverkehr zugänglich seien, es aber Ausnahmen davon gebe. Beispielhaft sei auf die Erklärung des Tübinger Rechtsprofessors Carl Georg Wächter in seinem «Handbuch des im Königreiche Württemberg geltenden Privatrechts» aus dem Jahre 1842 hingewiesen: «Alle Sachen sind in der Regel mögliche Objecte des Vermögens und als Solche mögliche Gegenstände des privatrechtlichen Verkehrs. Indessen kann es hiervon Ausnahmen geben, welche theils durch die Natur der Sache schon geboten sind, theils auf rechtliche Bestimmungen sich gründen können»[205]. Für viele Zivilrechtswissenschaftler bot der Aspekt der Verkehrsfähigkeit denn auch regelmässig der eigentliche Anlass, die rechtliche Einordnung des Leichnams zu behandeln.[206]

a) *Annahme der eingeschränkten Verkehrsfähigkeit*

Ein Blick auf die Einordnungsversuche zeigt, dass einige Juristen den Leichnam unter die Kategorie der verkehrsfähigen Sachen einordneten und im gleichen Schritt die Verkehrsfähigkeit relativierten. Die Einschränkung der Verkehrsfähigkeit des toten Körpers eines Menschen erfolgte dabei regelmässig ohne Begründung. Eine solche Situation lag beispielsweise für das «Königreich Sachsen» vor. Eduard Siebenhaar, Justizrat und Richter am Oberappellationsgericht Dresden, bemerkte in seinem 1864 erschienen «Commentar» zum Sächsischen Bürgerlichen Gesetzbuch, dass der lebende Körper grundsätzlich nicht «als Sache oder als ein Object von Rechten an einer Sache gelten»[207] könne. Dasselbe gelte auch für Teile des Körpers, solange eine «Verbindung mit dem menschlichen Körper besteht»[208]. Er stützte sich bei dieser Annahme auf das Verbot der Sklaverei gemäss § 31 Bürgerliches Gesetzbuch für das Königreich Sachsen. Die Ablehnung jeglicher Rechte am Körper eines Menschen nahm Siebenhaar jedoch nur bis zum Tod des Menschen vor:

---

[205] Wächter, Handbuch II, 280. Ähnlich Dernburg, Lehrbuch 1875, 116; Stobbe, Handbuch 1871, 434.

[206] Die Verkehrsfähigkeit berührte unter anderem die Frage, ob eine (un-)entgeltliche Veräusserung des Leichnams an die Anatomie möglich sei. Die sogenannte Leichennot der Anatomie führte insbesondere im 19. Jahrhundert dazu, dass (neu) Kaufverträge über Leichname abgeschlossen wurden, s. dazu unten, Teil 2/C/II/3.

[207] Siebenhaar, Commentar, 93.

[208] Siebenhaar, Commentar, 93.

> «Mit dem Tode hört der menschliche Körper auf, Träger eines Rechtssubjects zu sein; der entseelte Körper fällt in die todte Natur zurück, aus welcher er hervorgegangen ist und es kann derselbe, soweit nicht öffentliche, insbesondere polizeiliche Verbote entgegenstehen, Object eines Privatrechts sein, wie dieß bei Skeletten sehr häufig vorkommt.»[209]

Für Siebenhaar stellte der Tod eine Grenze dar, die eine juristische Differenzierung im Hinblick auf den Körper des Menschen erwirke. Während er den lebenden Körper nicht als Objekt von Rechten verstand, ordnete er den Leichnam der Kategorie der Objekte eines Privatrechts unter. Mit dieser Kategorie waren die Sachen im rechtlichen Sinn gemeint. § 58 Bürgerliches Gesetzbuch für das Königreich Sachsen von 1865 nämlich regelte, dass alle Sachen, die nicht dem Verkehr entzogen sind, «Gegenstand eines Rechtes sein»[210] können. Das Sächsische Bürgerliche Gesetzbuch von 1865 erwähnte den Leichnam allerdings nicht bei der Aufzählung von Sachen. Dennoch nahm Siebenhaar eine Einordnung als grundsätzlich verkehrsfähige Sache vor und setzte den Leichnam mit den zu Lebzeiten abgetrennten Körperteilen gleich.[211] Die Einordnung des Leichnams als verkehrsfähige Sache erfuhr jedoch eine Relativierung, wobei Siebenhaar die möglichen Schranken nur antönte. Der tote Körper des Menschen könne nur soweit verkehrsfähige Sache sein, wie keine «öffentliche[n], insbesondere polizeiliche[n] Verbote»[212] entgegenständen. Der Hinweis auf öffentliche bzw. polizeiliche Verbote zeigt, dass der Leichnam in gewissen Situationen eine Sonderstellung einnahm und dabei die Regel der Teilnahme am Rechtsverkehr gebrochen werden musste.

Heinrich Dernburg, der als Professor für römisches Recht an den Universitäten in Zürich und Halle an der Saale tätig war, nahm in seinem Lehrbuch über das Preussische Privatrecht ebenfalls eine Einordnung des Leichnams unter den Sachbegriff vor. Dazu griff er auf I 8 § 5 PrALR zurück, wonach der Ausschluss vom Rechtsverkehr von Sachen, deren grundsätzliche Privateigentumsfähigkeit feststand, nicht vermutet wurde.[213] Wenn es zu einer solchen «Entziehung» vom Rechtsverkehr komme, sei diese «bald eine unbedingte, bald eine relative, sie beruht bald auf natürlichen Gründen, bald auf positiver Rechtssatzung.»[214] Dernburg sah gerade im Leichnam keine solche Ausnahme. Das zeigt einerseits seine Erwähnung des Leichnams direkt vor den eigentlichen

---

209 SIEBENHAAR, Commentar, 93 f.

210 § 58 Bürgerliches Gesetzbuch für das Königreich Sachsen von 1865.

211 Rund acht Jahre später wiederholte Siebenhaar seine Ansichten zum Leichnam. Die Ausführungen in seinem Lehrbuch zum Sächsischen Privatrecht von 1872 fielen im Vergleich zur Kommentarstelle jedoch bedeutend knapper aus: «[O]der ist der Mensch gestorben, so können auch Theile des menschlichen Körpers und selbst der Leichnam und das Skelett Objecte des Privatrechtes sein», s. SIEBENHAAR, Lehrbuch, 51.

212 SIEBENHAAR, Commentar, 93 f.

213 Der Normtext von I 8 § 5 PrALR lautete: «Daß eine Sache, die an sich ein Gegenstand des Eigenthums seyn kann, vom gemeinen Privatverkehr ausgenommen sey, wird nicht vermuthet.»

214 DERNBURG, Lehrbuch 1875, 116.

Beispielen zu den «dem Privateigenthum entzogenen Objecte[n]»[215]. Andererseits hielt er fest, dass der Leichnam «nicht mehr das leibliche Organ eines Rechtssubjectes bildet»[216] und daher eine verkehrsfähige Sache sei. Ähnlich wie Siebenhaar führte Dernburg in seinem Lehrbuch aus, dass der Leichnam als «verkehrsfähige Sache»[217] dem Recht im Sinne von § 137 PStGB[218] und der Sitte «gemäß der Regel nach der Bestattung»[219] unterstellt bleibe. Im Zentrum seiner Überlegungen stand der Gedanke, dass es Situationen gebe, in denen der Leichnam nicht einer umfassenden Verkehrsfähigkeit zugänglich sei. Eine solche Situation schaffe beispielsweise das Strafrecht mit der Normierung des Leichenraubs bzw. Gewahrsamsbruchs am Leichnam.[220]

b) Annahme der Verkehrsunfähigkeit

Einige deutsche Zivilrechtswissenschaftler der zweiten Hälfte des 19. Jahrhunderts verstanden die Einschränkung der Verkehrsfähigkeit eines Leichnams als umfassenden und dauerhaften Zustand. Sie lehnten die Verkehrsfähigkeit vollständig ab und ordneten den Leichnam unter die dem Rechtsverkehr entzogenen Sachen ein. Der an der Universität Leipzig lehrende Rechtsprofessor Otto Stobbe beispielsweise sprach die rechtliche Stellung des Leichnams in der zweiten Auflage seines Handbuches des Deutschen Privatrechts von 1882 direkt an:

> «Der Leichnam steht in Niemandes Eigenthum und ist im *allgemeinen verkehrsunfähig.*»[221]

---

215 Dernburg, Lehrbuch 1875, 116.

216 Dernburg, Lehrbuch 1875, 116 (Fn. 1). Auch als 1884 sein Pandektenlehrbuch in erster Auflage erschien, bezeichnete Dernburg alles, was aufhört «Theil des lebenden menschlichen Organismus zu sein», als eine eigentumsfähige Sache. Den Leichnam setzte er dabei explizit mit dem abgetrennten Haar gleich, das (erneut) als verkehrsfähige Sache verstanden wurde. Sein Verständnis der Sachqualität ging hier so weit, dass er selbst eine zu Lebzeiten getätigte Verfügung über den Leichnam – konkret die Veräusserung «zu wissenschaftlichen Zwecken» – als zulässig anerkannte, s. Dernburg, Pandekten, 158.

217 Dernburg, Lehrbuch 1875, 116 (Fn. 1).

218 In der ersten Auflage seines Lehrbuchs aus dem Jahre 1875 verwies Dernburg auf § 137 Strafgesetzbuch für die preußischen Staaten aus dem Jahre 1851. In den jüngeren Auflagen wurden mit § 168 und § 367 Ziff. 1 RStGB vom 15. Mai 1871 wortgleiche bzw. -ähnliche Normen angeführt. Zum deutschen Strafrecht s. unten Teil 2/B/I/2.

219 Dernburg, Lehrbuch 1875, 116 (Fn. 1).

220 Zur Einordnung des Leichnams als eingeschränkt verkehrsfähige Sache auch Bekker, 329; Hölder, 144. Nicht alle Romanisten bzw. Pandektisten befassten sich in ihren Lehrbüchern mit der rechtlichen Einordnung des Leichnams. An einzelnen Stellen wurde zwar darauf hingewiesen, dass der Körper des «freien Menschen» nicht Gegenstand von Rechtsgeschäften sein könne. Hier war aber klar der lebende Körper des Menschen gemeint gewesen, s. etwa Arndts, 52; Brinz, 460.

221 Stobbe, Handbuch 1882, 534 [Hervorhebungen nicht im Original]. In der ersten Auflage aus dem Jahre 1871 fand der Leichnam keine Erwähnung.

Die grundsätzliche Qualifikation als Sache im rechtlichen Sinn negierte Stobbe nicht, vielmehr stellte für ihn der tote Körper eines Menschen eine Ausnahme von der Regel der verkehrsfähigen Sachen dar. Die Annahme der Eigentumsunfähigkeit verhinderte die Teilnahme am Rechtsverkehr, weshalb aus dieser Perspektive auch keine gültigen Rechtsgeschäfte über den Leichnam abgeschlossen werden konnten.[222] In vielen Fällen wurde hierfür die dem römischen Recht entstammende Kategorie der «res extra commercium» angeführt.[223]

c) *Gemeinsame Begründungsansätze*

Für die Einschränkungen bzw. für den Ausschluss der Verkehrsfähigkeit des Leichnams führten die deutschen Zivilrechtswissenschaftler der zweiten Hälfte des 19. Jahrhunderts verschiedene Argumente an. Die Intensität der Begründungen fiel dabei unterschiedlich stark aus.

aa) *Gesetzliche Vorschriften*

Einige Juristen verwiesen bei der Begründung der Verkehrsunfähigkeit auf das Vorliegen von Rechtsbestimmungen, deren konsequente Anwendung den Ausschluss des Leichnams vom Rechtsverkehr zur Folge habe. Alfred Hegler, Landgerichtsrat in Stuttgart, erklärte 1881 in seinem Werk über das «Württembergische Privatrecht»:

> «Dem Verkehr durch Rechtsbestimmung entzogen sind vielmehr nur solche Sachen, deren Besitz etwa Jedermann unbedingt untersagt wäre wie z.B. verbotene Waffen oder Bücher und der *menschliche Leichnam*. Dieser letztere ist in Niemands Eigenthum, steht aber unter öffentlichem Schutz gegen Entweihung.»[224]

Hegler wies darauf hin, dass der Besitz bestimmter Sachen durch Rechtsnormen ausgeschlossen werde und dadurch deren Verkehrsunfähigkeit anzunehmen sei. Den Leichnam zählte er explizit zu den dem Rechtsverkehr nicht zugänglichen Sachen.[225] Mit dem isolierten Hinweis auf den öffentlichen «Schutz gegen Entweihung» deutete

222 Die Ablehnung der Eigentums- bzw. Verkehrsfähigkeit des Leichnams erfolgte auch bei Gengler, 101; Goldschmidt, 3 (Fn. 3d); Hegler, 52 (Fn. 12); Kramer, 47; Regelsberger, 413; Schultheis, 36; Wächter, Handbuch II, 285; Wappäus, 46; Windscheid, 477 (Fn. 6).

223 Vgl. HKK-Rüfner, §§ 90–103 N 8.

224 Hegler, 52 (Fn. 12) [Hervorhebungen nicht im Original].

225 Ähnlich erfolgte bei Bernhard Windscheid eine Gleichstellung des Leichnams mit den gesetzlich verbotenen Sachen: «Hierhin gehört auch der menschliche Leichnam», s. Windscheid, 477 (Fn. 6). Die Ergänzung um den Leichnam erfolgte im «Lehrbuch des Pandektenrechts» erst ab der 5. Auflage. Auch Dernburg erkannte in der positiven Rechtssatzung einen Grund für den Ausschluss vom Rechtsverkehr, s. Dernburg, Lehrbuch 1875, 116. Er lehnte die Verkehrsunfähigkeit des Leichnams jedoch ab, s. oben Teil 2/A/II/2/a.

Hegler an, dass hier das Strafrecht Geltungskraft bekommen solle.[226] Für ihn bedeuteten die strafrechtlichen Bestimmungen nicht nur den Schutz des Leichnams vor Entweihung. Vielmehr bildeten diese Gesetzesbestimmungen die normative Grundlage für den Ausschluss der zivilrechtlichen Verkehrsfähigkeit des Leichnams.[227]

bb) Bestattungspflicht

Die zivilrechtliche Verkehrsfähigkeit des Leichnams wurde regelmässig nur soweit angenommen, wie sie zu keiner Verletzung der Bestattungspflicht führte. Der Rechtswissenschaftler Ernst Immanuel Bekker hielt in seinem 1886 erschienenen «System des heutigen Pandektenrechts» fest:

> «Die Beerdigung hat die Bedeutung eines *zwecksetzenden Aktes* für den Leichnam und alles [...] was demselben seitens Berechtigter in das Grab mitgegeben wird; [...] aber ihr Eigentum [sc. der Erben] ist ein beschränktes, sie selber dürfen die Stücke nicht beliebig aus dem Grabe zurücknehmen und in anderer Weise darüber verfügen.»[228]

Laut Bekker galt der Leichnam als eine grundsätzlich verkehrsfähige Sache.[229] Die Teilnahme am Rechtsverkehr relativierte er jedoch mit dem Argument der Zweckbestimmung, die in der Bestattung des toten Körpers eines Menschen bestehe.[230] Nach erfolgter Bestattung sei das Eigentum der Erben am Leichnam «ein beschränktes». Andere Autoren gingen einen Schritt weiter und erblickten in der Bestattung des Leichnams die absolute Verkehrsunfähigkeit desselben:

> «Die Leichen, welche wirklich beerdigt werden, haben den religiösen Frieden und sind wirkliche res extra commercium»[231].

Alexander Kramer differenzierte in seiner 1887 erschienenen Dissertation über «das Recht in Bezug auf den menschlichen Körper» zwischen bestatteten und nicht bestatteten Leichnamen. Für ihn konnten Leichname grundsätzlich «in den Verkehr» kommen, sobald jedoch die Bestattung erfolgt sei, trete die Verkehrsunfähigkeit – «wirkliche res extra commercium» – ein.[232] Die Bedeutung der Bestattung und die Pflicht zur Vornahme einer solchen wurde in den einschlägigen Abhandlungen allerdings nicht weiter ausgeführt.

---

226 Konkret führte Hegler § 168, § 304 und § 367 Ziff. 1 RStGB an. Ähnlich Wächter, Handbuch II, 285. Näheres zum Inhalt der Strafrechtsnormen s. unten, Teil 2/B/I/2.

227 Mit Blick auf die Strafrechtsnormen nahm Dernburg für das preussische Privatrecht eine Relativierung der Verkehrsfähigkeit an, s. oben Teil 2/A/II/2/a.

228 Bekker, 331 [Hervorhebungen nicht im Original].

229 S. Bekker, 288.

230 Die «Beerdigungspflicht» erwähnte auch Schultheis, 39.

231 Kramer, 47.

232 Kramer, 47.

cc) Sittenwidrigkeit

Ein öfters auszumachendes Argument für die eingeschränkte bzw. abgesprochene Verkehrsfähigkeit des toten Körpers eines Menschen ist die Sittenwidrigkeit. Bekker beispielsweise schloss aus seiner Einordnung als verkehrsfähige Sache, dass Verfügungen über den Leichnam rechtsgültig seien, «falls sie nicht wider die gute Sitte laufen»[233]. Eine sittenwidrige Verfügung liege dann vor, wenn aufgrund einer fehlenden Disposition die (un-)entgeltliche Veräusserung eines Leichnams durch die Erben vorgenommen werde.[234] In ähnlicher Weise hielt der an der Universität Göttingen lehrende Rechtsprofessor Ferdinand Regelsberger fest, dass Erben im Falle, dass der Verstorbene keine Disposition getroffen habe, nur «hinsichtlich der Art und des Orts der Bestattung»[235] über den Leichnam verfügen dürften. Gegen die guten Sitten verstiessen insbesondere entgeltliche Veräusserungsgeschäfte über einen Leichnam, weshalb diese als nichtig anzusehen seien.[236] Die Betonung der Sittenwidrigkeit (un-)entgeltlicher Veräusserungsgeschäfte über den Leichnam zeigte, dass die Annahme der Verkehrsunfähigkeit in einem starken Kontrast zur gelebten Rechtspraxis stand. Diesen Umstand sprach der Rechtswissenschaftler Heinrich Wappäus in seinem Beitrag «zur Lehre von den dem Rechtsverkehr entzogenen Sachen» direkt an. Auch er lehnte darin zunächst die Gültigkeit von Leichenverkäufen ab, wobei er das Geschäft als einen «rein factische[n] Vorgang ohne rechtliche Kraft und Bedeutung»[237] umschrieb. Wappäus bemerkte dazu, dass es in «unbemittelten Kreisen» dennoch zu «Veräusserungen von Leichen [...] an Anatomieanstalten»[238] komme und der Abschluss von derartig «rechtlich ungültigen Verträgen täglich»[239] erfolge.

3. Sonderansicht: Leichnam als Nichtsache

In der deutschen Zivilrechtswissenschaft der zweiten Hälfte des 19. Jahrhunderts gab es vereinzelt Versuche, diejenigen Objekte, deren Verkehrsfähigkeit in absoluter Weise abgelehnt wurde, nicht unter den Sachbegriff zu zählen.[240] Ein Lösungsansatz bestand in der Etablierung der Kategorie der sogenannten Nichtsachen. Stellvertretend

233 BEKKER, 331.

234 S. BEKKER, 331.

235 REGELSBERGER, 413. Der Körper falle grundsätzlich «auch mit dem Tode des Menschen [...] nicht ins Eigentum» und vor allem stehe der «der Erde übergebene menschliche Leichnam [...] in niemandes Eigentum», s. REGELSBERGER, 413, 414.

236 S. REGELSBERGER, 413. In eine ähnliche Richtung argumentierte Dernburg, laut welchem die Erben «den Leichnam ihres Erblassers nicht verhandeln» dürfen, s. DERNBURG, Pandekten, 158. Die fehlende Rechtswirksamkeit von Kaufverträgen erwähnte auch SCHULTHEIS, 38.

237 WAPPÄUS, 48.

238 WAPPÄUS, 48. Zu Anatomieleichen s. auch unten, Teil 2/C/II/3.

239 WAPPÄUS, 49.

240 Vgl. HKK-RÜFNER, §§ 90–103 N 8. Auch in der Strafrechtswissenschaft kam es zur Ablehnung der Sachqualität, vgl. nur MITTELSTEIN, 179. Zum Kontext Strafrecht s. unten, Teil 2/B/I/2.

für die zaghaft geführten Einordnungsversuche des Leichnams in die Kategorie der Nichtsachen steht die vielzitierte Dissertation über «Die Behandlung des menschlichen Leichnams im Civil- und Strafrecht» von Carl Erwin Cramer aus dem Jahre 1885.[241] Cramer untersuchte darin die rechtliche Stellung des Leichnams und nahm dafür eine interdisziplinäre Perspektive ein.[242] Obschon die Dissertation an der Universität Zürich angenommen wurde, stand grösstenteils die Rechtsordnung Deutschlands im Fokus der Untersuchung. Cramer hielt einleitend fest, dass die überwiegende Ansicht den Leichnam als ‹res extra commercium› – eine ausserhalb des Rechtsverkehrs stehende Sache – behandele.[243] Diese Einordnung nahm er zum Anlass, um auf die «Controverse»[244] im Zusammenhang mit dem Sachbegriff hinzuweisen. Dabei konzentrierte er sich im Wesentlichen auf den Meinungsstreit über die Anerkennung eines umfassenden oder eines relativen Sachbegriffs.[245] Cramer selbst befürwortete die Anerkennung der Kategorie von «mit dem Privatrecht absolut in keiner Beziehung stehenden Sachen»[246], das heisst von Nichtsachen. Hierunter zählte er insbesondere die ‹res omnium communes› – die allen gemeinsam gehörenden Sachen –, wie etwa Luft

---

[241] Die Widmung der Arbeit galt den Rechtswissenschaftlern Albert Schneider und Karl von Lilienthal.

[242] Cramer verfolgte zunächst einen etymologischen Ansatz und verstand unter Leichnam «die entseelte Hülle eines Menschen, so lange sie noch nicht bestattet ist», s. Cramer, 20 f. Erfolge die Bestattung, werde der Leichnam ein integrierter Teil des Erdbodens und könne, solange noch eine Hülle in Form von fleischlichen Überresten vorhanden sei, durch Wiederausgrabung erneut zu einem Leichnam werden. Unter Bestattung verstand er «jede anerkannte Bestattungsart, also auch die Leichenverbrennung», s. Cramer, 20 (Fn. 2). Den Totgeburten sprach Cramer die Eigenschaft eines Leichnams ab, da diese «nie als selbständige Körper gelebt haben» und entsprechend keine Seele in sich getragen hätten, s. Cramer, 21.

[243] Die Lehrmeinungen fielen in ihrer Anzahl gering aus, weshalb aus heutiger Sicht schwer von einer herrschenden Meinung gesprochen werden kann. Laut dem deutschen Juristen Nikolaus Englert fehlte es für eine herrschende Meinung in der fraglichen Thematik insbesondere an der Quantität wissenschaftlicher Beiträge. Englert hielt 1979 in seiner Dissertation fest, dass der oft vorgenommene Verweis auf die ‹herrschende Meinung› daher nicht als ein «Mittel zur Bestärkung einer rechtlichen Würdigung» zu sehen sei, sondern als ein Ersatz für die «fehlende oder fehlerhafte Auseinandersetzung», s. Englert, 128 f.

[244] Cramer, 26.

[245] Dazu s. oben, Teil 2/A/II/1.

[246] Cramer, 28. Seine Ansichten sah er in den Ausführungen Friedrich Zrodlowskis über das römische Privatrecht bestätigt. Zrodlowski interpretierte die ‹res naturali iure omnium communes› als «rechtlich keine Sachen», s. Zrodlowski, 31. Den Leichnam selbst erwähnte er etwa im Zusammenhang mit dem «locus religiosus», wobei aber keine rechtliche Einordnung erfolgte, s. Zrodlowski, 63 ff.

oder fliessendes Wasser.[247] Zudem ordnete er den lebenden Körper des Menschen und «de[n] des todten, de[n] Leichnam»[248], dieser Kategorie zu.

a) Begründung der Einordnung als Nichtsache

aa) Argument der Verkehrsunfähigkeit

In seiner Abhandlung überprüfte Cramer die Richtigkeit der Einordnung des Leichnams als ‹res extra commercium›, wie sie in der «herrschenden Lehre»[249] vorgenommen werde. Dazu stellte er die These auf, dass eine Bejahung der Richtigkeit dieser Einordnung den «Ausschluss aus dem Rechtsverkehr» sowie das Vorliegen einer «Sache von Vermögenswerth»[250] bedinge. Die erste Voraussetzung sah er als gegeben an und erklärte, dass der Leichnam «gänzlich vom Verkehr der Privatpersonen ausgeschlossen ist»[251]. Am Leichnam könne kein Eigentum begründet werden, weder «originär noch derivativ»[252]. Einerseits liege im Moment der Entstehung der Leiche, das heisst im Tod, eine ‹nullius in bonis› – Herrenlosigkeit – vor, die einen derivativen Erwerb ausschliesse. Andererseits verhindere die «Stimme des Gewohnheitsrechtes»[253] einen originären Erwerb durch Okkupation:

> «[D]enn unsere Leichen sind keine Verkehrsobjecte, sondern todte Menschen, deren einzig würdige Bestimmung es ist, bestattet zu werden.»[254]

Die Verkehrsunfähigkeit sei demnach auch in der Bestimmung des Leichnams, die in dessen Bestattung bestehe, begründet.[255] Das Fehlen der Eigentums- bzw. Aneignungsfähigkeit veranlasste Cramer jedoch nicht dazu, den Leichnam als verkehrsun-

---

247 Cramer lehnte insbesondere ab, die ‹res omnium communes› der Kategorie der ‹res extra commericum› unterzuordnen. Im römischen Recht finde sich keine Stelle, bei der für die ‹res omnium communes› eine grundsätzliche Verkehrsfähigkeit angenommen werde. Vielmehr sei es so, dass «die Römer die Eigenthümlichkeit dieser Sachen als absolut im Privatrecht nicht in Betracht kommender erkannten», s. Cramer, 32.

248 Cramer, 34. Die Ansichten und terminologischen Neuerungen Cramers stiessen insgesamt auf viel Ablehnung, s. nur Stobbe, Handbuch 1893, 604 (Fn. 22); Schultheis, 28 ff.

249 Cramer, 35.

250 Cramer, 36.

251 Cramer, 38.

252 Cramer, 39.

253 Cramer, 37.

254 Cramer, 37.

255 Cramer äusserte sich im Anhang seiner Abhandlung eingehend zur Bestattung des Leichnams. Unter ‹Beerdigung› verstand er in erster Linie die Verbindung des Leichnams mit dem Erdboden. Die Leichenverbrennung lehnte er nicht ab. In seinen Ausführungen bezog er sich auf die Verhältnisse im schweizerischen Recht, s. Cramer, 69 ff. Zum schweizerischen Recht s. unten, Teil 2/B/II.

fähige Sache einzuordnen.[256] Vielmehr teilte er ihn in die Kategorie der «Sachen im unjur[istischen] Sinn»[257] ein.

bb) Argument des fehlenden Vermögenswertes

Seine Einordnung des Leichnams als Nichtsache sah Cramer auch darin bestätigt, dass eine Behandlung als Sache und der gleichzeitige Ausschluss aus dem Rechtsverkehr zu einem Widerspruch mit den «Grundsätzen über Eigenthumserwerb»[258] führen würde. Es könnten einzig die ‹res extra commercium› nicht angeeignet werden, wenn sie herrenlos seien, und der Leichnam zähle nicht zu dieser Kategorie von Sachen. Das Vorhandensein eines Vermögenswertes – die zweite Voraussetzung für die Richtigkeit der Einordnung als eine ‹res extra commercium› – lehnte er entschieden ab:

> «Woher kommt es nun, dass der menschliche Leichnam keinen Vermögenswerth hat? Die Antwort hierauf ist sehr leicht zu geben: Der menschliche Leichnam hat keinen Vermögenswerth, weil der lebende Mensch auch keinen solchen besass.»[259]

Cramer setzte den Leichnam – zumindest auf anatomischer Ebene – mit dem lebenden Körper eines Menschen gleich. Der lebende Körper des Menschen könne aufgrund der fehlenden Sacheigenschaft keinen Vermögenswert aufweisen und diese Sacheigenschaft lasse sich nicht durch den Tod generieren.[260] Die Voraussetzung des Vermögenswertes liege beim Leichnam nicht vor, weshalb eine Einordnung als eine ‹res extra commercium› nicht möglich sei.[261] Cramer untermauerte seine Überzeugung mit einer historischen Rückschau und erklärte, dass seine Generation «am Ende eines grossartigen, siegreich geführten Kampfes um Menschenwürde und Menschenrecht»[262] stehe. Dieser Kampf habe die Beseitigung der Sklaverei mit sich gebracht und gelte als «grösste Errungenschaft»[263] der Kulturgeschichte. Mit Blick auf die epochale Bedeutung dieser «Errungenschaft» hielt Cramer fest:

---

256 Bei der Annahme der Verkehrsunfähigkeit lag Cramer aber auf der Linie vieler seiner Zeitgenossen, s. oben, Teil 2/A/II/2/b.

257 Cramer, 34.

258 Cramer, 37 f.

259 Cramer, 39.

260 Die gegenteilige Wirkung des Todes nahm Siebenhaar beispielsweise für das sächsische Privatrecht an, s. oben, Teil 2/A/II/2/a. Die Annahme der fehlenden Sacheigenschaft beim lebenden Körper eines Menschen stütze sich auf Ulpian, Digesten 9,2,13 pr.: «Dominus membrorum suorum nemo videtur» – «Niemand wird als Eigentümer seiner eigenen Glieder angesehen».

261 Das Argument des fehlenden Geldwertes bei einem Leichnam wurde auch für die Begründung der Veräusserungsunmöglichkeit der ‹res divini iuris› angeführt, s. Mühlenbruch, 2.

262 Cramer, 41.

263 Cramer, 42.

> «Wie lächerlich wäre es aber, wenn wir im selben Moment, wo wir uns rühmen, dem Menschen seine Würde und Bestimmung wiedergegeben zu haben, derselben auf andere Weise in's Gesicht schlagen würden, nämlich dadurch, dass wir dem Todten dieselbe entzögen.»[264]

Cramer erkannte in der Qualifikation des Leichnams als Sache bzw. als ‹res extra commercium› einen Entzug der «Würde und Bestimmung», die der Menschheit durch die Beseitigung der Sklaverei erkämpft wurden. Dieser faktische Rückschritt lasse sich nur mit der Einordnung des Leichnams als «Sache im unjur[istischen] Sinn = Nichtsache»[265] verhindern. Laut Cramer nahm der Leichnam diese Sonderstellung im Recht auch deshalb ein, weil er zuvor ein lebender Mensch gewesen war und darum «geliebt, geehrt und geschützt»[266] werden müsse.

b) Konsequenzen aus der Einordnung als Nichtsache

Die Konsequenzen, die Cramer aus der Einordnung des Leichnams in die Kategorie der Nichtsachen zog, unterschieden sich kaum von denjenigen, die eine Qualifikation als verkehrsunfähige Sache mit sich brachte. Diesen Umstand machte insbesondere die praxisrelevante Frage, ob ein Leichenhandel rechtlich zulässig sei, deutlich:

> «Ueber Leichen geschlossene Kaufverträge sind, weil unmöglich, ungültig, und als den Frieden des Todten verletzend, sogar strafbar. – Letztwillige Verfügungen über den eigenen Leichnam sind soweit ungültig, als sie privatrechtlicher Natur sind»[267].

Eine Qualifikation als Nichtsache verlange, dass gültige letztwillige Verfügungen über den Leichnam nicht privatrechtlicher Natur seien. Cramer verzichtete an dieser Stelle darauf, eine positive Umschreibung der rechtlichen «Natur» solcher Verfügung vorzunehmen. Als Beispiel für eine gültige Verfügung führte er die simple Wortwahl «ich wünsche, dass mein Leichnam verbrannt, geöffnet, einer Anatomie überbracht»[268] an. Eine Erklärung, wieso es sich hierbei um eine letztwillige Verfügung «anderer, nicht privatrechtlicher Natur»[269] handele, unterliess er. Hingegen rechtfertigte Cramer die Verwendung von Anatomieleichen damit, dass «dadurch der leidenden Menschheit einen Dienst»[270] erwiesen werde. Aus dieser Perspektive erfolgen die unentgeltlichen, letztwilligen Verfügungen «aus edlen, uneigennützigen Motiven»[271], was – so sein implizites Verständnis – keinen privatrechtlichen Inhalt darstelle. Sollten dennoch «Kauf-

---

264 Cramer, 42.

265 Cramer, 40.

266 Cramer, 42.

267 Cramer, 64 f. [Hervorhebungen im Original]. Er bemerkte allerdings auch, dass erst «eine positive Norm erlassen werden» müsste, die solche Kaufverträge unter Strafe stelle, s. Cramer, 65 (Fn. 1).

268 Cramer, 65.

269 Cramer, 65.

270 Cramer, 66.

271 Cramer, 66.

verträge» über den Leichnam abgeschlossen werden, seien das ungültige Verfügungen privatrechtlicher Natur, die eine strafrechtlich relevante Verletzung des Totenfriedens bedeuteten.[272]

Die zivilrechtliche Qualifikation als Nichtsache hatte bei Cramer auch unmittelbare Konsequenzen für das Strafrecht.[273] Er stützte sich dabei auf die Rechtsgütertheorie und erklärte, dass dem Leichnam aufgrund der Sonderstellung als Sache im unjuristischen Sinn einerseits keine Eigenschaften von lebenden Rechtssubjekten zukomme, andererseits aber auch keine Eigenschaften von Sachen.[274] Damit fielen Rechtsgüter wie Leben, Freiheit, Ehre, Gesundheit und Eigentum weg und es können am Leichnam «keine nach der Verletzung dieser Rechtsgüter [...] benannte strafbare Handlungen begangen werden.»[275] Der strafrechtliche Schutz des Leichnams erfolge daher nur über dessen einzige Bestimmung und zwar die Totenruhe bzw. den Totenfrieden.[276] Laut Cramer hatten die Gesellschaften beinahe aller Länder kein anderes Interesse am Leichnam, weshalb der religiöse Frieden der Religionsgemeinschaften als Rechtsgut strafrechtlich geschützt werde. In seiner Schlussbetrachtung zum strafrechtlichen Teil der Arbeit hielt er entsprechend fest, dass es nur die Leichenentweihung als Delikt am Leichnam gebe.[277]

III. Hintergrund: antikes römisches Recht

Die Diskussionen über den Leichnam in der deutschen Zivilrechtswissenschaft der zweiten Hälfte des 19. Jahrhunderts weisen starke Bezugnahmen auf das antike römische Recht auf. Dieser Umstand zeigt sich schon darin, dass nahezu alle oben unter der ersten Meinungsgruppe (Leichnam als Sache im rechtlichen Sinn) erwähnten Juristen Vertreter der Pandektenwissenschaft bzw. Romanistik waren. Die Romanisten stan-

[272] Dieses Ergebnis war auch von zeitgenössischen Vertretern der Einordnung des Leichnams als verkehrsunfähige Sache festgehalten worden, s. oben, Teil 2/A/II/2/c/aa. Entsprechend sprach Schultheis beispielsweise auch von «der Neuerung in der Terminologie», wenn er die Darstellung Cramers behandelte, s. SCHULTHEIS, 29.

[273] Cramer tönte im Titel seiner Dissertation die Interdisziplinarität an, die im Hinblick auf die untersuchte Thematik – die rechtliche Behandlung des Leichnams – bestehe. Neben der zivilrechtlichen Perspektive erfasste er auch das Strafrecht. Der interdisziplinäre Ansatz wurde später auch bei den frühen Vertretern eines postmortalen Persönlichkeitsschutzes verfolgt, s. GAREIS, Körper, 66; KOHLER, Studien, 204 ff. Das Strafrecht stellte bei Gareis zudem eine normative Grundlage für den postmortalen Schutz des Menschen dar, s. GAREIS, Begräbnisstätte, 319.

[274] S. CRAMER, 47.

[275] CRAMER, 47.

[276] Zum deutschen Strafrecht s. unten, Teil 2/B/I/2.

[277] S. CRAMER, 68. Ähnlich HEGLER, 52 (Fn. 12).

den – neben den Germanisten[278] – für eine Disziplin, die sich innerhalb der sogenannten historischen Rechtsschule herausbildete. Sie kennzeichnete, dass sie ihren Forschungsschwerpunkt auf Digesten bzw. Pandekten richteten und so «ein System des heutigen römischen Rechts»[279] erschufen. Die Basis ihrer Überlegungen waren dabei nicht die Kodifikationen auf Länderebene, sondern das römische Recht in Gestalt des Corpus iuris civilis.[280] Als Orientierungspunkt für die Einordnungsversuche des Leichnams in die Rechtssystematik durch die Romanisten diente daher der römisch-rechtliche ‹res›-Begriff.[281] Einige der oben erwähnten Juristen sprachen die Verbindung zum antiken römischen Recht explizit an. In der vierten Auflage des Lehrbuchs zum Preussischen Privatrecht aus dem Jahr 1884 betonte Dernburg:

> «*Römischen Anschauungen* ist es freilich nicht entsprechend, den Körper des Todten als Waare zu behandeln.»[282]

Dernburg tätigte diese (einmalige) Aussage im Zusammenhang mit den Motiven für die von ihm vorgenommenen Einschränkungen der Verkehrsfähigkeit eines Leichnams.[283] Er zeigte dadurch indirekt auf, dass die Qualifikation des toten Körpers eines Menschen als verkehrsfähige Sache eine Gleichsetzung mit gewöhnlichen Waren bedeute, diese Einordnung jedoch im Konflikt mit dem antiken römischen Recht stehe. Allerdings fügte Dernburg der prominenten Hervorhebung des Hintergrundes seiner Überlegungen – «römischen Anschauungen» – keine weitere Erklärung bei. Es stellt sich hier die Frage, welche Argumente das antike römische Recht den deutschen Zivilrechtswissenschaftlern der zweiten Hälfte des 19. Jahrhunderts für deren rechtliche Betrachtung des Leichnams liefern konnte. Die nachfolgende Darstellung beansprucht keine Vollständigkeit. Vielmehr werden ausgewählte Aspekte des antiken römischen Rechts, die in einem Zusammenhang mit der Thematik des postmortalen Persönlichkeitsschutzes stehen, schlaglichtartig behandelt.

---

278 Die Germanisten nahmen die «alten deutschen Rechtsquellen» als Forschungsgrundlage an, s. Hofer, Leitfaden, 198.

279 Friedrich Carl von Savigny publizierte zwischen 1840 und 1849 ein «System des heutigen römischen Rechts». Der Titel dieses Werkes zeigte auch die von den Romanisten verfolgte «Zielsetzung», s. Hofer, Leitfaden, 197.

280 Erklärend zum Inhalt und der Bedeutung des Corpus iuris civilis Hofer, Leitfaden, 28 f.

281 Zur Verbindung des ‹res›- und Sachbegriffs HKK-Rüfner, §§ 90–103 N 3 ff.

282 Dernburg, Lehrbuch 1884, 145 (Fn. 1) [Hervorhebungen nicht im Original].

283 In der darauffolgenden fünften Auflage seines Werks über das «Preußische Privatrecht» aus dem Jahre 1894 war die Aussage zur römischen Anschauung nicht mehr vorhanden, s. Dernburg, Lehrbuch 1894, 136 (Fn. 1).

1. Grabstätte als res religiosa

Im römischen Recht fand der tote Körper eines Menschen hauptsächlich im Zusammenhang mit den Grabstätten und dem Begräbniswesen Erwähnung.[284] Das Begräbniswesen stand dabei in enger Verbindung zur römischen Religion, was sich etwa an den rituellen Zügen der Bestattungsvorschriften zeigte.[285] Als moralische und gesetzliche Pflicht eines jeden Einzelnen sah das römische Recht die ordnungsgemässe Erdbestattung, ‹inhumatio›, vor.[286] In der Literatur werden hierfür die ‹terra iniectio› – das Werfen von drei Hand Erde auf den Leichnam – oder der Akt des ‹os resectum› – mindestens ein vollständiger Teil des Leichnams (‹geschnittener Knochen›) muss vor der Verbrennung mit Erde bedeckt werden – als Beleg angeführt.[287] Ohne eine solche Beisetzung bzw. Bedeckung mit Erde galt die Familie des Verstorbenen als ‹funesta› – trauernd.[288] Die sakralrechtlich eingeforderte Überführung des Leichnams in eine (Erd-)Grabstätte führte dazu, dass die Grabstätte zur ‹res religiosa› wurde und diese dann, als Teil des ‹ius divinum›, als in niemandes Eigentum stehend galt.[289] Diese rechtliche Qualifikation der Grabstätten kann beispielsweise Gaius, Institutionen 2, 6 entnommen werden: «Religiosum vero nostra voluntate facimus mortuum inferentes in locum nostrum, si modo eius mortui funus ad nos pertineat» – «Einen religiösen Ort aber stellen wir durch

284 Anhaltspunkte, die eine konkrete rechtliche Einordnung des Leichnams zuliessen, gab es im römischen Recht nicht, s. Englert, 122; Petrakakos, 225; HKK-Rüfner, §§ 90–103 N 13.

285 Das römische Verständnis von ‹Religion› unterschied sich klar von den christlichen Überzeugungen, die im 19. Jahrhundert anzutreffen waren. Ein Einfluss des Christentums auf das römische Begräbniswesen dürfte schon deswegen abzulehnen sein, vgl. Schrumpf, 72 m.w.N.

286 S. Schrumpf, 68 m.w.N. Hinweise auf die Ursprünglichkeit der ‹inhumatio› etwa bei Cicero, De legibus II 22, 56: «At mihi quidem antiquissimum sepulturae genus illud fuisse videtur [...] redditur enim terrae corpus» – «Aber es scheint mir, dass es die älteste Art der Bestattung war [...] den Körper der Erde zurückzugeben». Allerdings wurde die Leichenverbrennung (‹crematio›) in der römischen Republik ebenfalls praktiziert, s. Schrumpf, 70 ff.

287 Aus heutiger Sicht bestehe aber eine gewisse Unklarheit bezüglich der Bedeutung des ‹os resectum›. Der Ritus kam etwa bei Cicero, De legibus II 22, 55 zur Sprache: «[...] quem ad modum os resectum terra obtegatur [...]». Archäologische Funde, die diesen Akt als obligatorische Praxis aller Nicht-Erdbestattungen belegen, stehen noch aus. Daher können nur Vermutungen über die tatsächliche Bedeutung aufgestellt werden, vgl. Schrumpf, 70.

288 S. Schrumpf, 68. Er führt als Beleg Varro, De lingua latina, 5, 23 an: «Ab eo, qui Romanus combustus est, in sepulcrum eius [si] abiecta gleba non est, aut si os exceptum est mortui ad familiam purgandam, donec in purgando humo est opertum [...], familia funesta manet» – «Wenn daher ein Römer verbrannt worden ist, aber auf sein Grab noch keine Erdscholle geworfen wurde, oder wenn zur Reinigung seiner Familie ein Knochen herausgenommen ist, bleibt seine Familie noch in Trauer, bis der Knochen bei der Reinigung mit Erde, *humus*, bedeckt ist». Übersetzung nach Pfaffel, 19 [Hervorhebung im Original].

289 Übergeordnet kam es hier zu der Zweiteilung des Rechts in ein göttliches (‹ius divinum›) und ein menschliches (‹ius humanum›), deren Bedeutung sich insbesondere bei den Sachen (‹res divini iuris› und ‹res humani iuris›) zeigte, vgl. Alvensleben, 52 f., 162 f.

unseren Willen her, indem wir einen Toten an einem uns gehörenden Ort bestatten, vorausgesetzt, dass uns das Begräbnis dieses Toten zusteht.»[290]

Der Pandektist Christian Friedrich Mühlenbruch erklärte 1838 in seinem «Lehrbuch des Pandekten-Rechts», dass sich die Kategorie der ‹res divini iuris› grundsätzlich aus den ‹res sacrae› und ‹res religiosae› zusammensetze und der Kategorie der ‹res extra commercium› zugeordnet sei.[291] Der Ausschluss der Verkehrsfähigkeit bei den ‹res religiosae› bzw. Grabstätten erfolge daher mit «Rücksicht [...] auf die Religion»[292]. Er umschrieb das Wort «Begräbnißplätze» entsprechend als «die von den Manen Verstorbener bewohnten Oerter».[293] Damit sprach Mühlenbruch implizit den zu römischen Zeiten als Grabinschrift verwendeten Ausdruck ‹D(is) M(anibus) S(acrum)› – «den Toten-/Ahnengottheiten vorbehalten» – an.[294] Die ‹dii Manes› erhielten nach der Beisetzung des Leichnams ein Vollrecht bzw. ein «sakrale[s] Eigentum»[295] auf das Grab. Das sakrale Eigentum sei vom Privateigentum klar zu unterscheiden, weshalb, so eine Schlussfolgerung, das ganze Grab ‹extra commercium› – ausserhalb des Rechtsverkehrs – stehe.[296] In diesem Zusammenhang erhielt der Leichnam selbst nie die spezifische Bezeichnung ‹res›, also Sache im rechtlichen Sinn. Mühlenbruch jedoch verfolgte die Ansicht, dass als ‹locus religiosus› – das heisst als Grabstätte – nur Orte in Betracht kämen, «wo die menschlichen Ueberreste wirklich liegen»[297]. Das Vorhandensein des Leichnams mache das Grab zur ‹res religiosa›. Wenn der Leichnam fehle oder nachträglich entfernt werde, liege keine ‹res religiosa› mehr vor.[298] Wie viele Romanisten entnahm Mühlenbruch dem römischen Recht, dass der tote Körper des Menschen dem ‹locus religiosus› und damit der ‹res religiosa› inhärent war.[299] Die im römischen Recht vorgesehene Einschränkung der Verkehrsfähigkeit der Grabstätten fand deshalb

290 Übersetzung nach Manthe, 115.

291 Mühlenbruch, 4.

292 Mühlenbruch, 3.

293 Mühlenbruch, 5.

294 Der Begriff ‹Manen› stammt aus der römischen Mythologie und stand für die «vergöttlichten Seelen der Verstorbenen [sc. insbesondere Ahnen] und damit Totengötter», s. Alvensleben, 45.

295 Kaser, Grabrecht, 32. In der Literatur galt (und gilt) der Zeitpunkt der Erlangung des Vollrechts als Streitfrage. Einige Autoren sehen nicht erst mit der Beisetzung, sondern bereits in der Bestimmung des ‹locus religiosus› ein Vollrecht der ‹dii Manes› begründet. Für die vorliegende Arbeit ist diese Streitfrage unbedeutend.

296 Ausführlich dazu Kaser, Grabrecht, 30 ff.

297 Mühlenbruch, 6.

298 S. Mühlenbruch, 6.

299 Die grundsätzliche Relevanz des Leichnams für das ‹ius divinum› werde auch in der Tatsache ersichtlich, dass die sonst üblichen ständischen Untergliederungen des römischen Rechts bei der Wirkung einer Bestattung unberücksichtigt blieben. Der tote Körper eines zu Lebenszeiten rechtlosen Sklaven habe das Grab ebenso zu einem ‹locus religiosus› gemacht wie der tote Körper eines einfachen Bürgers oder ‹nobilis›, vgl. Alvensleben, 52; Petrakakos, 74. Die Sacheigenschaft des lebenden Sklaven diente allerdings auch dazu, dem Leichnam Sachqualität zuzuschreiben, s. Englert, 122.

auch auf den Leichnam Anwendung, was in der deutschen Zivilrechtswissenschaft der zweiten Hälfte des 19. Jahrhunderts zur Einordnung des Leichnams als eine ‹res extra commercium› bzw. als eine eingeschränkt verkehrs(un)fähige Sache führte.[300]

2. *Bestattungspflicht*

Wenn der Römischrechtler Ernst Immanuel Bekker in der Bestattung des Leichnams einen «zwecksetzenden Akt»[301] erkannte, der zu einer Einschränkung der Verkehrsfähigkeit führe, stellte er einen indirekten Bezug zum antiken römischen Recht her. Im antiken römischen Recht bedeutete die (Erd-)Bestattung gleichermassen die sakralrechtliche Überführung des Leichnams in das ‹ius divinum› und dessen Entziehung aus dem weltlichen Rechtsverkehr, dem ‹ius humanum›.[302] Die Wichtigkeit und Bedeutung des Bestattet-Werdens gelangte insbesondere bei Modestinus, Digesten XXVIII 7, 27 zum Ausdruck.[303] Der dort präsentierte Fall handelte davon, dass ein eingesetzter Erbe die vom Erblasser aufgestellte Bedingung – die Asche seines Leichnams sollte im Meer verstreut werden – nicht zu erfüllen beabsichtigte. Vielmehr überführte der eingesetzte Erbe die Asche in ein (Erd-)Begräbnis. Auf die Frage hin, ob der eingesetzte Erbe die Erbschaft dadurch verliere, antwortete Modestinus mit den Worten:

> «[...] laudandus est magis quam accusandus heres, qui reliquias testatoris non in mare secundum ipsius voluntatem abiecit, sed memoria humanae condicionis sepulturae tradidit.»[304]
>
> «Lob und nicht Tadel verdient der Erbe, weil er die sterblichen Überreste des Erblassers entgegen dessen Willen nicht ins Meer geworfen, sondern sie eingedenk des menschlichen *Schicksals* hat bestatten lassen.»[305]

Die Aussage von Modestinus enthielt eine eindeutige Wertung: Die Bestimmung («condicio humana») des Leichnams – sei es in Form der Asche oder in Form des (ganzen) toten Körpers – bestehe in dessen Erdbestattung. Damals war die Bedingung der «Seebestattung» offensichtlich gesellschaftlich nicht akzeptiert, sei es aus rituellen oder religiösen Gründen.[306] Eine Bestattung, die keine Einbringung des Leichnams in

---

300 Eine solche Einordnung erfolgte etwa bei WINDSCHEID, 477 (Fn. 6): Die verbotenen Sachen seien «dem Verkehr in demselben Sinn entzogen, wie die römsichen res sacrae und religiosae».

301 BEKKER, 331.

302 S. oben, Teil 2/A/III/1.

303 Da die Körperbestattung (‹inhumatio›) und Feuerbestattung (‹crematio›) praktiziert wurden, erfolgte die Bestattung grundsätzlich durch ein «Einbringen des Leichnams in das Grabmal oder unter die Erde, in Form von Asche oder des unversehrten Körpers», s. SCHRUMPF, 88.

304 Modestinus, Digesten XXVIII 7, 27.

305 Übersetzung nach KNÜTEL/KUPISCH/RÜFNER/SEILER, 134 f. [Hervorhebung nicht im Original].

306 Die römisch-religiöse Annahme der Erdbestattungspflicht darf hier nicht mit der christlichen Jenseitsvorstellung in Verbindung gebracht werden, s. SCHRUMPF, 72. Allerdings stellt die Bestattung des Leichnams in der christlichen Glaubenslehre ebenfalls eine zentrale Pflicht dar. Dahinter steht die Überzeugung, dass es eine Pflicht sei, «dem Toten um der Auferstehung des

das Grab oder unter die Erde vorsah, galt als Stigma bzw. «Amoralität»[307]. Insofern stellte die Vornahme einer Nicht-Erdbestattung ein gesellschaftlich inakzeptables Verhalten im Hinblick auf die Behandlung des Leichnams dar.[308] Im antiken römischen Recht war die Erdbestattung eines Leichnams bzw. der Asche eines Leichnams eine (gesellschaftliche) Pflicht.

Diese Bestattungspflicht wurde mit der ‹actio funeraria›, der «Begräbniskosten-Erstattungsklage»[309], untermauert. Die Klagemöglichkeit bestand dann, wenn «[...] funeris causa sumptus factus erit [...]»[310] – «eines Begräbnisses wegen Aufwendungen gemacht worden sind»[311]. Der Fokus lag dabei auf (fremden) Leichnamen, deren Bestattung nicht durch lebende Angehörige erfolgte. In Ulpianus, Digesten XI, 7, 12, 2 wurde explizit der Zweck der Klagemöglichkeit angesprochen:

> «[...] sic enim fieri, ne insepulta corpora iacerent neve quis de alieno funeretur.»[312]
>
> «[...] so wird erreicht, daß *kein Leichnam unbeerdigt* bleibt oder auf fremder Leute Kosten beerdigt wird.»[313]

Die Möglichkeit der Rückerstattung aufgewendeter Kosten war ein Anreiz dafür, dass «kein Leichnam unbeerdigt» blieb. Der Klagezweck unterstrich damit die gesellschaftliche Pflicht der Bestattung eines jeden Leichnams. In der Ausgestaltung der Erstattungsklage kam zudem eine bestimmte Vorstellung vom Tod eines Menschen zum Ausdruck. Die Kosten für die Bestattung wurden, je nach Situation, grundsätzlich aus dem Vermögen des Verstorbenen beglichen. Eine Verweigerung der Entschädigung kam hingegen dann in Betracht, wenn es zu einer im Verhältnis zum Wohlstand des Verstorbenen «unangemessen kargen Bestattung»[314] gekommen sei. In der Verweigerungsmöglichkeit war somit implizit die Überzeugung vorhanden, dass der Verstorbene

---

Fleisches willen zu seinem Grabesfrieden zu verhelfen», s. Kaser, Privatrecht, 244. S. dazu unten, Teil 2/C/I/2/b.

307 Baldus, 15. Der deutsche Rechtswissenschaftler Christian Baldus hält in seinem Beitrag aus dem Jahr 2013 fest, dass das Verlangen nach einer Verstreuung der eigenen Asche im Meer für das römische Recht «unüblich» gewesen sei, s. Baldus, 8. Baldus ordnet die Antwort von Modestinus als «das reale Gegenteil eines ‹Rechtsnihilismus›, der alles als Recht akzeptiert, was die herrschenden Verhältnisse vorgeben», ein. Die Antwort zeige insbesondere auf, wie auf Missachtungen gegenüber dem Sakralrecht in der Rechtsordnung reagiert werden solle und gleichzeitig die Interessen beider Parteien (Erblasser und Erbe) gewahrt würden, s. Baldus, 16.

308 Vgl. Baldus, 15.

309 Meissel, 220. In seinem Beitrag aus dem Jahre 2021 ordnete der österreichische Rechtswissenschaftler Franz-Stefan Meissel die ‹actio funeraria› als frühe Form der Geschäftsführung ohne Auftrag ein.

310 Ulpianus, Digesten XI, 7, 12, 2.

311 Übersetzung nach Behrends/Knütel/Kupisch/Seiler, 33.

312 Ulpianus, Digesten XI, 7, 12, 3.

313 Übersetzung nach Behrends/Knütel/Kupisch/Seiler, 33 [Hervorhebungen nicht im Original].

314 Meissel, 236.

empfänglich blieb für Verletzungen des Anspruchs auf eine den eigenen Verhältnissen entsprechende Bestattung durch Privatpersonen.

Einige Romanisten des 19. Jahrhunderts führten Modestinus, Digesten XXVIII 7, 27 als Beispiel für eine unmögliche Bedingung an, die unter Umständen zur (Teil-)Ungültigkeit einer letztwilligen Verfügung führen konnte.[315] Solche «inepte, alberne, sinnlose Bestimmungen des Testators», um die Worte des Giessener Rechtsprofessors Willhelm Sell zu verwenden, können auch «in Beziehung auf das Begräbnis des Verstorbenen»[316] vorkommen. Sell betonte, dass eine letztwillige Verfügung, die die Verstreuung der Asche im Meer vorsah, eine Bedingung enthalte, die «der Vernunft widerstreite[t], und somit unmöglich ist»[317]. In Anlehnung an die Digestenstelle von Modestinus kam es in Zivilrechtslehrbüchern des 19. Jahrhunderts dann auch regelmässig zur Ungültigkeitserklärung von Verfügungen über den eigenen Leichnam, die keine Erdbestattung vorsahen. Hierunter fielen auch Rechtsgeschäfte wie ein Kaufvertrag über den Leichnam. Ein Verkauf mit monetären Absichten wurde dabei als sittenwidrig erachtet, wohingegen die Übergabe an die Anatomie, da diese im Dienst der Menschheit stand, meist als zulässige Verfügung galt.[318] Damit wurde die römisch-rechtliche Bestattungspflicht des Leichnams in der deutschen Zivilrechtswissenschaft der zweiten Hälfte des 19. Jahrhunderts als ein inhaltliches Element der Sitte ausgelegt.

3. Postmortale Ehrung durch Leichenzüge

Carl Erwin Cramer begründet die Sonderstellung des Leichnams – bei ihm eine ‹Nichtsache› – auch mit dem Verlust der «Würde und Bestimmung»[319], die mit der rechtlichen Einordnung als Sache einhergehen würde. Der Leichnam könne nicht als Sache gelten, da der gewesene Mensch «geliebt, geehrt und geschützt»[320] werde. Im römischen Bestattungswesen gab es ein gesellschaftliches Phänomen, das einen solchen postmortalen Schutz der «Würde» bzw. «Ehre» des Menschen ausdrückte: die ‹pompa funebris›, das heisst die Leichenzüge, die insbesondere bei der öffentlichen Bestattung bedeutender Persönlichkeiten einer römischen Stadt erfolgten.[321]

In der römischen Republik gehörten die Leichenzüge zum festen Bestandteil der Bestattungsfeiern von der städtischen Nobilität.[322] Ein Leichenzug, das heisst die

---

315 So etwa bei Esmarch, 15 (Fn. c); Vangerow, 136.

316 Sell, 271.

317 Sell, 271.

318 S. etwa Dernburg, Pandekten, 158; Regelsberger, 413; Schultheis, 38. Dazu s. auch unten, Teil 2/C/II/3/a.

319 Cramer, 40. S. dazu oben, Teil 2/A/II/3/a/bb.

320 Cramer, 42.

321 Eingehend dazu Flaig, Politik, 51 ff.; Flaig, pompa funebris; Flower, 321 ff.; Schrumpf, 35 ff.

322 Im römischen Reich war die Bestattung eines Verstorbenen grundsätzlich in mehrere Etappen unterteilt. Neben der Vorbereitung der Bestattung und der Durchführung der Trauerfeier

Begleitung des Leichnams eines Angehörigen der Führungsschicht (‹nobiles›) durch eine römische Stadt, erfolgte erst nach längerer Vorbereitungszeit.[323] Zwischenziel des «Zuges» war das Zentrum der Stadt (‹forum›), wo die Leichenrede (‹laudatio funebris›) abgehalten wurde.[324] Auf dem Weg dorthin zeigte ein spezifischer Teil des «Zuges» den Toten und dessen Ahnen der Öffentlichkeit. Dabei trugen schauspielende Menschen Masken (‹imagines›), die die früher verstorbenen Verwandten verkörperten.[325] Eine Absicht dahinter war, die Ahnen wie zu deren «besten Tagen» zu präsentieren und die Wichtigkeit der Familie (‹gens›) für die Stadt hervorzuheben.[326] Die Historikerin Harriet Flower schrieb dem ganzen Akt des Leichenzugs eine zutiefst erzieherische Wirkung zu. Junge Römer seien an die grossen Tage der Vergangenheit erinnert worden und zugleich habe sich jeder als Teil der Gemeinschaft fühlen bzw. mit ihr identifizieren können. Die Leichenzüge haben so ein Zusammentreffen von Vergangenheit und Zukunft ermöglicht, bei dem hauptsächlich «das römische Gemeinschaftsgefühl gestärkt»[327] wurde. Doch der Leichenzug vermittelte auch ein Bild der Unsterblichkeit der ‹nobiles›. Indirekt wurde die junge Generation dazu aufgefordert, sich ganz der ‹res publica› – der römischen Republik – und ihrem Wohlergehen zu widmen. Zugrunde lag das Verständnis, dass nur durch Taten das für die Ehre notwendige Ansehen erreicht werde. Diese Ehre wiederum machte erst möglich, in der römischen Republik in ein öffentliches Amt gewählt zu werden. War diese Position erreicht, blieb die Ehre unsterblich[328] – gerade auch durch die Leichenzüge, die immer wieder die Ahnen prä-

bildete die ‹pompa funebris› bei bekannten Persönlichkeiten einen zentralen Bestandteil des ganzen Bestattungsprozesses. Die meisten Belege für die Leichenzüge beziehen sich auf die Stadt Rom. Bei der Bestattung eines Durchschnittsrömers kam es anstelle eines öffentlichen Leichenzuges regelmässig zur Ehrung des Toten «im Hause», bei der die Öffentlichkeit nicht teilnahm. Zur «Ehrung im Hause» s. Schrumpf, 24 ff.

323 Die Vorbereitungszeit diente unter anderem dazu, den öffentlichen Leichenzug bekanntzumachen, s. Schrumpf, 36 ff.

324 Bei einfachen, nicht öffentlichkeitswirksamen Leichenzügen wurde kein Halt am ‹forum› vorgenommen, s. Schrumpf, 58. Die Leichenrede diente der Glorifizierung des toten Mitgliedes einer Familie (‹gens›), s. Flaig, Politik, 58 f.; Schrumpf, 59 ff. Das Hauptziel des Leichenzuges war, wie bei grundsätzlich jeder römischen Bestattung, der Bestattungsplatz ausserhalb der Stadtmauern, s. Schrumpf, 63 ff.

325 Die Berechtigung zur «Führung solcher Abbilder» bzw. der Besitz des ‹ius imaginis› wurde vom Innehaben eines bestimmten Amtes abhängig gemacht, s. Schrumpf, 44 m.w.N. Zur politischen Wirkung der Ahnenbilder Flaig, Politik, 59 ff.

326 Vereinzelt trat nicht die Familie, sondern die ‹res publica›, das heisst die römische Republik, als Ausrichterin des öffentlichen Leichenzuges auf. In diesen Fällen wurden zusätzlich die «‹Ahnen des Staates›» gezeigt, s. Schrumpf, 46 m.w.N.

327 Flower, 326.

328 Ein Verstoss gegen die Regeln der Politik hätte einen Verlust der Ehre bedeutet und damit einen Ausschluss vom Leichenzug nach sich gezogen. So wurde beispielsweise Gaius Iulius Caesar nach seinem Tod durch den Senat zu den Göttern gezählt. Gleichzeitig verbot der Senat aber, dass die Maske Caesars getragen werden durfte, s. Flower, 331.

sentierten und an sie erinnerten.[329] Der Erinnerungs- und Ehrungsakt des Leichenzugs bildete somit die Vorstellung einer ideellen postmortalen Fortexistenz ab, die zumindest für einen ausgewählten Teil der römischen Republik bestand und auf die ganze Gesellschaft wirkte.[330]

IV. Verbindung zu den Überlegungen von Gareis, Kohler und Gierke

Es stellt sich nun die Frage, inwiefern die Diskussionen über den Leichnam in der deutschen Zivilrechtswissenschaft der zweiten Hälfte des 19. Jahrhunderts bei den Überlegungen von Karl Gareis, Josef Kohler und Otto von Gierke zu einem postmortalen Persönlichkeitsschutz einen Ausdruck fanden. Zunächst gilt es festzuhalten, dass Gareis im Jahr 1900 auf der Linie der herrschenden Ansicht war und den Leichnam als herrenlose Sache einordnete.[331] Erst fünf Jahre später brach er mit der tradierten Ansicht und nahm eine umfassende Anwendung des Persönlichkeitsrechts auf den Leichnam an. Eine gewisse Nachwirkung des romanistisch geprägten Meinungsbildes über den Leichnam dürfte auch beim Germanisten Gierke vorhanden gewesen sein. Auch wenn er nie eine Anwendung des Sachbegriffs vorsah, behandelte Gierke die rechtliche Stellung des toten Körpers des Menschen erst im zweiten Band von «Deutsches Privatrecht» – notabene in dem Band, der sich dem Sachenrecht widmete.[332] Im umfassenden Abschnitt zum Persönlichkeitsrecht im Werk aus dem Jahr 1895 fand der Leichnam hingegen keine Erwähnung. Dennoch: Die rechtliche Einordnung des Leichnams als (eingeschränkt) verkehrs(un)fähige Sache, wie sie von der überwiegenden Mehrheit der deutschen Zivilrechtswissenschaftler der zweiten Hälfte des 19. Jahrhunderts vertreten wurde, stand diametral zu den Überlegungen von Gareis, Kohler und Gierke. Die insbesondere von Gareis und Gierke vertretenen Ansichten

---

329 Die Präsentationen der Ahnen bildeten zudem die politischen Hierarchien ab, die hinter den Rängen und dem Status der Ahnen standen. Durch die Leichenzüge galten diese Hierarchien «über den Tod hinaus und ordneten die erinnerungswürdigen Toten», s. FLAIG, Politik, 53. Der jüngst Verstorbene trat bei allen darauffolgenden Leichenzügen ebenfalls als «vorzeigbarer Ahn» auf, s. FLOWER, 331.

330 Eine starke Abwandlung der Leichenzüge kann auch im 19. Jahrhundert ausgemacht werden. In Preussen wurde 1844 durch eine königliche Order verboten, «verstorbene Mitglieder des preussischen Königshauses […] auf die Bühne zu bringen». Ausnahmen davon lagen vor, wenn die Aufführung auf einer königlich preussischen Bühne erfolgte. Der in Bern lehrende Rechtswissenschaftler Otto Opet erklärte das Verbot damit, dass in den untersagten Handlungen «Angriffe gegen die bestehende Staats- und Religionsordnung enthalten sein müssten», s. OPET, 143 f. (Fn. 56). Hinweise auch bei SPECKER, 147.

331 S. GAREIS, Körper, 92. Dazu oben, Teil 1/A/III/1.

332 Kohler lehnte den Sachbegriff explizit ab, nahm aber keine alternative zivilrechtliche Einordnung vor, s. KOHLER, Studien, 206.

als «Hülle der Persönlichkeit»[333] und «Rückstand der Persönlichkeit»[334] stellten in der Zivilrechtswissenschaft Deutschlands um 1900 eine Novität dar.

In den oben dargestellten zivilrechtlichen Diskussionen über den Leichnam können aber auch Ansätze eines postmortalen Schutzes ausgemacht werden. Mit der Qualifikation des Leichnams als Sache im rechtlichen Sinn erfolgte überhaupt eine dringend notwendige Eingliederung in die (entstehende) Rechtssystematik. Die Anerkennung der Persönlichkeitsrechte war zu diesem Zeitpunkt noch nicht erfolgt, was eine Lösung innerhalb des Sachenrechts zwingend machte, da der Leichnam sonst einem rechtsunsicheren Raum überlassen worden wäre. Die vereinzelt vorgenommenen Einordnungsversuche des Leichnams als (eingeschränkt verkehrsfähige) Sache stellten sodann eine Reaktion auf die gelebte Rechtspraxis dar. Die sogenannten Anatomieleichen und das Skelett fanden regelmässig als Gegenstände des (täglichen) Rechtsverkehrs Erwähnung.[335] Um die (eingeschränkte) Teilnahme am Rechtsverkehr zu ermöglichen, musste die Sacheigenschaft des toten Körpers eines Menschen vorliegen. Der tote Körper des Menschen erfuhr mit der Qualifikation als Sache also einen zivilrechtlichen Status. Das bedeutete indirekt auch einen zivilrechtlichen Schutz, der neben demjenigen des Strafrechts zum Tragen kam.[336]

Eine uneingeschränkte Anwendung des Sachbegriffs auf den Leichnam war von deutschen Zivilrechtswissenschaftlern der zweiten Hälfte des 19. Jahrhunderts mehrheitlich abgelehnt worden. Als Sache im rechtlichen Sinn wäre der Leichnam grundsätzlich eigentumsfähig gewesen und hätte als ein Gegenstand des Rechtsverkehrs gegolten. Der Leichnam aber wurde regelmässig von dieser «Regel» ausgeschlossen – sei es durch eine Einschränkung oder einen Ausschluss der Verkehrsfähigkeit. Eine uneingeschränkte Teilnahme am freien Verkehr stand dem sittlichen Empfinden der Gesellschaft, das eine Bestattung des Leichnams verlangte, entgegen. Die Behandlung als Ausnahme garantierte die Sittlichkeit, und zwar für die lebende Gesellschaft und das verstorbene Individuum. Für Letzteres kam die Sonderstellung als Ausnahme einem postmortalen Rechtsschutz gleich. Dieser postmortale Rechtsschutz gelangte etwa bei Carl Erwin Cramer explizit in den Vordergrund seiner Argumentation. Laut Cramer verlangte die «Menschenwürde», dass der Leichnam nicht als Sache im rechtlichen Sinn eingeordnet werde.[337] Die Anwendung des Sachbegriffes führe zu einer postmortalen Verletzung der «Würde und Bestimmung» eines Menschen. Cramer ordnete den Leichnam deshalb unter den Begriff der «Sache im unjur[istischen] Sinn = Nichtsache»[338] ein. Er tönte

333 Gareis, Begräbnisstätte, 318.

334 Gierke, Band II, 36.

335 S. Siebenhaar, Commentar, 93 f.; Wächter, Handbuch II, 285; Wächter, Pandekten, 276. Zu den Anatomieleichen s. unten, Teil 2/C/II/2.

336 Vgl. nur den Verweis auf den «öffentlichen Schutz vor Entweihung» bei Hegler, 52 (Fn. 12).

337 S. oben, Teil 2/A/II/3/a/bb.

338 Cramer, 40.

ein Motiv an, das später in ähnlicher Weise von Gareis verwendet wurde, um den Leichnam «als Hülle der Persönlichkeit»[339] zu bezeichnen. Gareis betonte, dass nur das Persönlichkeitsrecht «der Würde des Objekts»[340] eines Leichnams entspreche. In dieser Hinsicht verfolgte die Sonderstellung, die der Leichnam in der zivilrechtlichen Diskussion Deutschlands in der zweiten Hälfte des 19. Jahrhunderts einnahm, und die Einordnung als Teil des Persönlichkeitsrechts, wie sie von frühen Vertretern eines postmortalen Persönlichkeitsschutzes vorgenommen wurde, eine ähnliche Absicht: Eine (umfassende) Anwendung des Sachenrechts auf den Leichnam war abzulehnen, da nur so ein postmortaler Rechtsschutz des Menschen erreicht werden konnte.

B. Positives Recht in der zweiten Hälfte des 19. Jahrhunderts

Karl Gareis, Josef Kohler und Otto von Gierke verwiesen bei ihren Überlegungen zu einem postmortalen Persönlichkeitsschutz teilweise auf positive Rechtsnormen, um damit die Richtigkeit ihrer Ansichten zu untermauern. Die Normhinweise dienten auch als Beleg für das Vorhandensein positivrechtlicher Ansätze eines postmortalen Rechtsschutzes des Menschen.[341] Eingehende Ausführungen zu den Normen blieben bei den drei Juristen jedoch aus. Es stellt sich hier die Frage, inwiefern im positiven Recht der zweiten Hälfte des 19. Jahrhunderts Ansätze eines Rechtsschutzes des Menschen über dessen Tod hinaus vorhanden waren. Die nachfolgende Kontextualisierung nimmt daher die Rechtsordnungen Deutschlands und der Schweiz in ihren Fokus, wobei einzelne Rechtsgebiete eingehend betrachtet werden. Bei den Darstellungen der Rechtsgebiete wird allerdings keine Vollständigkeit beansprucht, sondern sie orientieren sich an den von Gareis, Kohler und Gierke vorgenommenen Normhinweisen. Die Untersuchungen erfolgen grundsätzlich nach einem einheitlichen Schema: Zunächst wird ein Überblick über die Rechtslage vorgenommen, danach folgt die Präsentation einschlägiger Normen und deren Interpretation durch die zeitgenössische Rechtswissenschaft. Abschliessend gilt es, die im untersuchten Rechtsgebiet vorhandenen Ansätze eines postmortalen Rechtsschutzes des Menschen hervorzuheben und, wo möglich, in Verbindung mit den Überlegungen von Gareis, Kohler und Gierke zu einem postmortalen Persönlichkeitsschutz zu stellen.

---

339 Gareis, Begräbnisstätte, 318.

340 Gareis, Begräbnisstätte, 321.

341 S. nur Gareis, Begräbnisstätte, 318 f.

I. Deutschland

Im nachfolgenden Abschnitt ist der Fokus auf das geltende Recht Deutschlands des endenden 19. Jahrhunderts gerichtet. Gareis, Kohler und Gierke waren deutsche Rechtswissenschaftler, die alle an deutschen Universitäten einer Lehrtätigkeit nachgingen. Sie beschäftigten sich in ihrer akademischen Karriere überwiegend mit dem deutschen Recht. Das deutsche Rechtssystem war zum Ende des 19. Jahrhunderts geprägt von der Einführung reichseinheitlicher Kodifikationen. Es ist zu klären, inwiefern in solchen Kodifikationen Ansatzpunkte eines postmortalen Rechtsschutzes des Menschen vorhanden waren. Die Darstellung greift dabei ausgewählte Aspekte innerhalb der Rechtsgebiete des Zivil-, Straf- und Urheberrechts auf.

1. Zivilrecht

a) Regelungsstand im BGB

Im Bereich des Zivilrechts hatten auf dem Gebiet Deutschlands in der zweiten Hälfte des 19. Jahrhunderts unterschiedliche partikulare Rechte Geltungskraft.[342] Erst nachdem das Deutsche Kaiserreich im Jahre 1871 gegründet worden war, lag die verfassungsrechtliche Voraussetzung für den Erlass von national einheitlichen Kodifikationen vor.[343] Der Umbruch zur Rechtsvereinheitlichung wurde dabei auch von grundlegenden Diskussionen – in der Rechtswissenschaft traten insbesondere die Methodendiskussionen um die Privatrechtskonzeptionen hervor[344] – begleitet.

Die Bestrebungen zur Schaffung einer national geltenden Rechtsgrundlage im Bereich des Zivilrechts setzte bereits kurz nach der Gründung des Deutschen Kaiserreichs 1871 ein. Die erste Sitzung der ersten Kommission für das Bürgerliche Gesetzbuch fand am 17. September 1874 in Berlin statt.[345] Als «Mitglieder der Kommission zur Ausarbeitung des Entwurfs»[346] waren unter anderem Albert Gebhard, Gottlieb Planck und Bernhard Windscheid erwählt worden. Rund vierzehn Jahre nach der Einsetzung der ersten Kommission, im Jahre 1888, kam es zur Publikation des ersten Gesetzent-

---

[342] Zur Situation der Partikular(zivil)rechte Dölemeyer, Kodifikation.

[343] Hier wird auf die Verfassung des Deutschen Reichs vom 16. April 1871 Bezug genommen. Sie löste die Verfassung des Deutschen Bundes vom 1. Januar 1871 ab, welche wiederum aus der Verfassung für den Norddeutschen Bund vom 1. Juli 1867 hervorgegangen war. Letztere hatte für alle deutschen Staaten unter preussischer Führung gegolten. Der Antrag «betreffend die Rechtseinheit im Wege der Verfassungsänderung» wurde am 12. Dezember 1873 angenommen, s. dazu Dölemeyer, Kodifikation, 1577 f. m.w.N.

[344] Vgl. Hofer, Leitfaden, 185.

[345] Zur Entstehung des BGB Schubert, 27–68 m.w.N.

[346] Vierhaus, 59.

wurfes.[347] Der erste Entwurf wurde in der Fachliteratur allerdings stark kritisiert – auch von Gierke und Kohler.[348] 1890 begann die «sprachliche und gesetzessystematische Überarbeitung»[349] durch das Reichsjustizamt und durch die zweite Kommission. Letztere beendete fünf Jahre später, mit der Vorlage des zweiten BGB-Entwurfs, ihre Arbeit. Die Verabschiedung des Gesetzes erfolgte am 16. August 1896, das Inkrafttreten war am 1. Januar 1900.

Die Erarbeitung des BGB reichte bis in das letzte Viertel des 19. Jahrhunderts zurück. Für die Rechtswissenschaftler Gareis, Kohler und Gierke galt das (entstehende) Bürgerliche Gesetzbuch als Rechtsgrundlage, an der sich ihre zivilrechtlichen Abhandlungen orientierten. Diesen Umstand betonte etwa Gareis in seiner Abhandlung von 1900 über das «Recht am menschlichen Körper». Er nahm «die Auslegung einiger Vorschriften des Bürgerlichen Gesetzbuchs für das deutsche Reich»[350] zum Anlass, um seine Theorie des Persönlichkeitsrechts am Körper des Menschen darzulegen und dabei auch der Frage der rechtlichen Behandlung des toten Körpers eines Menschen nachzugehen.

aa) Persönlichkeitsrecht

Der Blick auf den Normtext des BGB vom 16. August 1896 zeigt, dass der Persönlichkeitsschutz keine direkte Ausgestaltung fand.[351] Ein allgemeines Persönlichkeitsrecht wurde (und wird) im Gesetz nicht explizit anerkannt: § 12 BGB regelt das Namensrecht und in § 823 Abs. 1 BGB werden das Leben, der Körper, die Gesundheit, die Freiheit sowie das Eigentum als Aspekte der Persönlichkeit benannt. Ob der Gesetzgeber das allgemeine Persönlichkeitsrecht als «sonstiges Recht» gemäss § 823 Abs. 1 BGB ansah, ist unklar. In der Fachliteratur wird die Ansicht vertreten, dass die erste und zweite Kommission «der Auffassung waren, mit Leben, Körper, Gesundheit und Freiheit habe man ebenso wie mit der später aus der Aufzählung gestrichenen Ehre Persönlichkeits*rechte* bezeichnet, so daß ‹sonstige Rechte› selbstverständlich auch weitere Persönlichkeitsrechte sein konnten»[352]. Die indirekt aus den Materialien – hierunter sind insbesondere die Motive zum ersten Entwurf sowie die Protokolle zum zweiten Entwurf des BGB zu zählen – entnommene Begründung einer Anerkennung des allgemeinen Persönlichkeitsrechts durch den Gesetzgeber kann die fehlende positivrechtliche Normierung allerdings nicht ersetzen. Das zeigt sich unter anderem daran, dass heute Art. 1 Abs. 1 GG und Art. 2 Abs. 1 GG i.V.m. § 823 Abs. 1 BGB als normative

---

347 Zur Tätigkeit der ersten Kommission und zur Entstehungsgeschichte des ersten Entwurfes Vierhaus, 61 ff.

348 S. Gierke, Entwurf, 1 ff.; Kohler, Bürgerliches Recht 1904, 564 ff. Zur Kritik am ersten Entwurf vgl. auch Schulte-Nölke, 1706 f.

349 Schulte-Nölke, 1707.

350 Gareis, Körper, 61.

351 Vgl. Coing, 559; Gottwald, 7 ff.; Klippel/Lies-Benachib, 348 ff.; Simon, 155–165.

352 Klippel/Lies-Benachib, 358 [Hervorhebungen im Original].

Grundlage des von der Rechtsprechung und Lehre herausgearbeiteten allgemeinen Persönlichkeitsrechts gelten.[353]

Die unmittelbare Konsequenz aus der im BGB fehlenden konkreten Normierung des allgemeinen zivilrechtlichen Persönlichkeitsrechts war, dass der postmortale Persönlichkeitsschutz ebenfalls keinen positivrechtlichen Ausdruck im BGB fand.

bb) Leichnam

Der tote Körper eines Menschen fand im BGB vom 16. August 1896 keine direkte Behandlung.[354] Den Materialien, insbesondere jenen zum Allgemeinen Teil und zum Sachenrecht, kann mit Blick auf die Frage der Wirkung des Todes auf den rechtlichen Status des Körpers eines Menschen nichts Einschlägiges entnommen werden. In den Motiven wurde festgehalten, dass das Eigentum an den ‹res religiosae› (als ‹extra commercium›) nach allgemeiner Ansicht «der Kirchgemeinde oder der politischen Gemeinde»[355] zustände. Diese Aussage bezog sich jedoch auf die «geweihten Sachen und die Begräbnisplätze»[356] und nicht auf den Leichnam. Die rechtliche Behandlung des Leichnams erfolgte – soweit ersichtlich – zu keinem Zeitpunkt während des Gesetzgebungsprozesses.

cc) Zivilrechtliche Wirkungen des Todes

Die Endfassung des BGB vom 16. August 1896 griff in wenigen Bestimmungen die zivilrechtliche Wirkung des Todes eines Menschen auf. § 1 BGB spricht in seiner heute noch geltenden Fassung vom Beginn der Rechtsfähigkeit des Menschen, der mit «der Vollendung der Geburt» erfolgt. Das Ende der Rechtsfähigkeit wurde (und wird) nicht normiert. Die Materialien zum BGB liefern aber den Hinweis, dass es im Rahmen der zweiten Lesung zur Streichung der Worte ‹und endigt mit dem Tode› kam, weil sie als «selbstverständlich»[357] angesehen worden waren. Die Ansicht, dass die Rechtsfähigkeit «nothwendig mit dem Menschen»[358] ende, war allgemein akzeptiert. Im BGB vom 16. August 1896 wurden einzelne Konsequenzen dieses Gedankens geregelt, die teilweise heute noch gelten: Gemäss § 1922 BGB geht das Vermögen im Falle des Todes «als Ganzes auf eine oder mehrere andere Personen (Erben) über». Die erbrechtlichen Regelungen legen fest, dass der tote Mensch vermögensunfähig ist. § 38 Satz 1 BGB ist zu entnehmen, dass die Vereinsmitgliedschaft mit dem Tod eines Menschen endet.

---

[353] Vgl. nur SCHWERDTNER, 7 ff.

[354] Gemäss § 1968 und § 1615 Abs. 2 BGB 1900 wurden die Kosten der Beerdigung dem Erben bzw. den unterhaltspflichtigen Verwandten zugeteilt.

[355] Abgedruckt in: MUGDAN, Band III, 15.

[356] Abgedruckt in: MUGDAN, Band III, 15.

[357] Abgedruckt in: MUGDAN, Band I, 571.

[358] Abgedruckt in: MUGDAN, Band I, 571.

Gemäss § 727 BGB 1900 konnte eine Gesellschaft durch den Tod eines Gesellschafters aufgelöst werden, sofern keine andere Regelung im Gesellschaftsvertrag vorhanden war.[359]

Allerdings lassen andere Bestimmungen erkennen, dass der Gedanke, die Rechtsfähigkeit gehe mit dem Tod des Menschen unter, im BGB vom 16. August 1896 nicht konsequent umgesetzt wurde. Gemäss §§ 1937 bis 1941 BGB erfährt der Wille durch die letztwillige Verfügung bzw. das Testament eine Fortwirkung über den Tod eines Menschen hinaus. Laut § 1590 Abs. 2 BGB besteht die Schwägerschaft auch nach Auflösung der Ehe durch Tod fort. In § 130 Abs. 2 BGB steht, dass es auf die Wirksamkeit einer Willenserklärung «ohne Einfluß» ist, wenn «der Erklärende nach der Abgabe stirbt». Ein Vertrag kommt gemäss § 153 BGB auch dann zustande, wenn «der Antragende vor der Annahme stirbt». Aus diesen Normen wird ersichtlich, dass nicht alle zivilrechtlichen Handlungen eines Menschen mit dessen Tod ihre Wirkung verlieren.

b) Interpretation des BGB durch die Rechtswissenschaft

aa) Persönlichkeitsrecht

Im Schrifttum der ersten Generation, das während eines Zeitraumes von etwa zehn Jahren nach der Verabschiedung des BGB im Jahre 1896 entstand, wurden die Persönlichkeitsrechte selten behandelt.[360] Einschlägige Überlegungen traten überwiegend im Zusammenhang mit § 12 und § 823 BGB 1900 auf, wobei insbesondere die Theorie eines allgemeinen Persönlichkeitsrechts zur Ablehnung gelangte.[361] Es gab wenige Ausnahmen, die sich in verklausulierter Form für die Anerkennung des allgemeinen Persönlichkeitsrechts aussprachen. Beispielhaft sei auf die Ausführungen des in Rostock lehrenden Rechtsprofessors Bernhard Matthiaß hingewiesen, die er in seinem «Lehrbuch des Bürgerlichen Rechtes» aus dem Jahre 1900 vornahm:

> «Soweit das Recht einen Schutz der Interessen des Einzelnen an seiner Individualität [...] gewährt [...], besteht ein subjektives Recht der Persönlichkeit [...]. Aus diesem haben sich speziellere Persönlichkeitsrechte oder Individualrechte selbständig losgelöst, z[um] B[eispiel] das Namensrecht»[362].

Matthiaß erwähnte das Persönlichkeitsrecht in einem allgemeinen Sinn und zählte hierzu etwa das «Recht auf Leben, Freiheit, Ehre»[363]. Er sprach sich implizit für das

---

359 Die Regelung findet sich in § 730 Abs. 1 Satz 1 BGB der heute geltenden Fassung.

360 In diesem Zeitraum erschienen auch die ersten zwei Bände des Werkes «Deutsches Privatrecht» von Gierke. Bei der Darstellung des Schrifttums zum BGB der ersten Generation wird keine Vollständigkeit angestrebt.

361 Ablehnend etwa PLANCK, BGB 1903, 56 ff.; später COSACK, Lehrbuch 1910, 99 f. Zum Streit über die Anerkennung des allgemeinen Persönlichkeitsrechts vgl. SIMON, 191 ff.

362 MATTHIASS, Band I, 66.

363 MATTHIASS, Band II, 211.

allgemeine Persönlichkeitsrecht aus, wies jedoch darauf hin, dass im geltenden Recht «einzelne Persönlichkeitsrechte als spezielle subjektive Rechte gestaltet»[364] worden seien. Im Gesetz habe nur das besondere Persönlichkeitsrecht gemäss § 12 BGB 1900 Anerkennung gefunden, was «dem besonderen Interesse adäquaten Privatrechtsschutz»[365] bot. Seine weiteren Ausführungen widmete er dann dem Namensrecht, dem Recht an der Firma, an Warenzeichen und an Marken.[366]

Die isolierte Normierung eines Persönlichkeitsrechts in Form des Namensrechts und die fehlende positivrechtliche Anerkennung des allgemeinen Persönlichkeitsrechts trugen wesentlich dazu bei, dass in frühen Lehrbüchern und Kommentaren zum BGB vom 16. August 1896 keine Überlegungen zu einem postmortalen Persönlichkeitsschutz erfolgten. Die Frage der Fortwirkung des Persönlichkeitsrechts über den Tod des Menschen hinaus und dessen Schutz stellte sich bei den Gesetzesinterpretationen der ersten Generation nicht.

bb) Leichnam als Sache im Sinne von § 90 BGB

In einem wesentlichen Teil des frühen Schrifttums zum BGB vom 16. August 1896 wurde die Frage nach der rechtlichen Einordnung des Leichnams nicht angesprochen.[367] Diejenigen Autoren, die in ihren Beiträgen den rechtlichen Status des Leichnams behandelten, gingen der Frage unter dem Aspekt des Sachenrechts nach. Sie setzten damit eine Argumentationslinie fort, die bereits vor dem Erlass des BGB im Jahr 1896 durch Pandektisten vorgezeichnet worden war.[368]

Gemäss § 90 BGB 1900 galten als Sachen «nur körperliche Gegenstände.» Dem Gesetz lag ein Sachbegriff zugrunde, der sich an das Begriffsverständnis von Friedrich Carl

364 MATTHIASS, Band II, 212.

365 MATTHIASS, Band II, 212.

366 S. MATTHIASS, Band II, 212–218.

367 Keine Erwähnung fand der Leichnam etwa bei *Johannes Biermann*, Das Sachenrecht des Bürgerlichen Gesetzbuchs, in: J. Biermann et al. (Hrsg.), Kommentar zum Bürgerlichen Gesetzbuche und seinen Nebengesetzen, Berlin 1898; *Karl Heinsheimer*, Das deutsche Bürgerliche Gesetzbuch mit seinen Nebengesetzen und das Badische Recht, Bd. 1, Allgemeiner Teil. Recht der Schuldverhältnisse. Sachenrecht, 2. Aufl., Karlsruhe 1901; *Ludwig Kuhlenbeck*, Das Bürgerliche Gesetzbuch für das Deutsche Reich nebst dem Einführungsgesetze. Im Auftrag des Vorstandes des Deutschen Anwaltsvereins, Bd. 1, Berlin 1899; *Gustav Müller/Georg Meikel*, Das Bürgerliche Recht in seiner neuen Gestaltung. Systematisch dargestellt und durch Beispiele erläutert, Bd. 1, München 1899; *Heinrich Rosenthal*, Bürgerliches Gesetzbuch nebst Einführungsgesetz gemeinverständlich erläutert unter besonderer Berücksichtigung der Rechtsverhältnisse des täglichen Lebens mit einem auszugsweisen Abdrucke der Ausführungsgesetze für Preußen, Bayern, Sachsen, Württemberg, Baden und des Handelsgesetzbuchs, 7. Aufl., Graudenz 1906.

368 S. dazu oben, Teil 2/A/II/2.

von Savigny anlehnte. Savigny sah Sachen als ein «begränztes Stück»[369] der unfreien Natur an. Einige Juristen wendeten diesen Sachbegriff auf den toten Körper des Menschen an. Der Zivilrechtler Richard Weyl hielt 1898 in seinen Vorträgen «über das Bürgerliche Gesetzbuch für Praktiker» fest:

> «Der Mensch als solcher ist im modernen Recht, das Sklaven und ihre Gleichstellung mit dem Vieh oder den leblosen Dingen nicht mehr kennt, natürlich erst recht keine ‹Sache› im Sinne des § 90: doch können einzelne Körperteile, so die schönen Zöpfe eines Mädchens oder die für ärztliche Untersuchungszwecke interessanten Auswüchse der Nase oder die sechsfingrige Hand immer hin als Gegenstände des Rechtsverkehrs, ja sogar als ‹Sachen› in Betracht kommen *und nicht minder der künftige Leichnam*.»[370]

Weyl differenzierte zwischen dem lebenden und toten Körper des Menschen, wobei Letzterer klar als Sache im Sinne von § 90 BGB 1900 zu verstehen sei. In ähnlicher Weise äusserte sich Gottlieb Planck, der «Redaktor des Familienrechts in der ersten BGB-Kommission, in der zweiten Kommission 1890 Generalreferent und damit unter den vielen Vätern des BGB einer der einflußreichsten»[371] war. In seinem massgeblichen Kommentar zum BGB von 1903 sah er den Leichnam ebenfalls als «einen körperlichen Gegenstand», das heisst als Sache, an, allerdings «kommen in Beziehung auf diesen [sc. den Leichnam] Vorschriften des öffentlichen Rechtes in Betracht.»[372] Eine genauere Erklärung der «in Betracht» kommenden öffentlich-rechtlichen Vorschriften blieb jedoch aus. Planck dürfte aber in erster Linie strafrechtliche Bestimmungen, die im Zusammenhang mit dem Leichnam standen, gemeint haben. Mit dem Verweis auf das öffentliche Recht lehnte Planck zudem (indirekt) eine Bedeutung des Leichnams für das Zivilrecht ab. Eine pragmatische Begründung der Einordnung als Sache im Sinne von § 90 BGB 1900 lieferte der Rechtshistoriker Claudius von Schwerin in seinem Aufsatz über «das Recht am Leichnam» aus dem Jahre 1905.[373] Das BGB vom 16. August 1896 kenne ausschliesslich «Personen und Sachen»[374], weshalb der Leichnam – mangels Personeneigenschaft – einzig Sache sein könne.[375]

---

369 Savigny, 338.

370 Weyl, 181 [Hervorhebungen nicht im Original].

371 Kleinheyer/Schröder, 545.

372 Planck, BGB 1903, 160. Noch in der ersten Auflage aus dem Jahre 1897 hatte sich Planck nur zum lebenden Menschen und dessen Körper geäussert, s. Planck, BGB 1897, 127. Eine grundsätzliche Einordnung des Leichnams als Sache erfolgte auch bei Dernburg, Sachenrecht, 4; Matthiass, Band I, 148.

373 Die Abhandlung von Schwerin erschien gerade einmal fünf Monate nach dem Beitrag von Gareis über die «Rechtsverhältnisse an Begräbnisstätten», wo er den Leichnam dem Persönlichkeitsrecht zuteilte, s. oben, Teil 1/A/III/3.

374 Schwerin, 662.

375 Eine andere Erklärung der Einordnung des Leichnams als verkehrsfähige Sache ist im Charakter des Zivilrechts des 19. Jahrhunderts zu finden, das – im Hinblick auf das Vermögensrecht – Verkehrsrecht war. Die wichtigste Aufgabe in der Neuordnung der Rechtssystematik, das heisst mit Erlass des BGB, bestand in der Schaffung eines der freien Marktwirtschaft ad-

Die Konsequenzen aus dieser Einordnung – an Sachen könne grundsätzlich Eigentum ausgeübt werden und es bestehe Verkehrsfähigkeit[376] – gingen einzelnen Autoren entschieden zu weit. Unter dem Aspekt der guten Sitte kam es daher zu einer Relativierung der Sach- bzw. Verkehrseigenschaft des Leichnams.[377] Eine solche Sichtweise brachte der an der Universität Bonn lehrende Rechtsprofessor Carl Crome in seinem «System des Deutschen Bürgerlichen Rechts» von 1900 zum Ausdruck:

> «Gewisse Sachen sind dem menschlichen Gebrauch bald mehr bald weniger entzogen, ohne dass sich die Beschränkung allgemein genauer bezeichnen lässt. Hierhin gehören [...] der *menschliche Leichnam*, soweit der Verstorbene nicht gültige (insbesondere nicht der guten Sitte zuwiderlaufende) Verfügungen darüber getroffen hat»[378].

Crome negierte die Sachqualität des Leichnams nicht. Er schränkte jedoch den «Gebrauch» – das heisst die Verkehrsfähigkeit – ein. Sein Fakultätskollege Konrad Cosack vertrat (zunächst) ebenfalls diese Ansicht. In der vierten Auflage seines Lehrbuches von 1903 formulierte Cosack unter dem Kapitel zu den Sachen ausserhalb des Verkehrs:

> «Für abgetrennte Teile des Körpers und für den Leichnam gilt diese Regel nicht; sie sind Sachen [...]. Doch sind Rechtsgeschäfte [...] über einen Leichnam nur soweit gültig, als sie mit den Regeln der Sittlichkeit vereinbar sind»[379].

Ähnlich tönte es beim Rechtsprofessor Friedrich Endemann, der die «an sich zulässig[en]» Verfügungen über den eigenen Leichnam von den «Sittenanschauungen»[380] abhängig machte. Gemäss Endemann liess die gute Sitte «eine bindende Verfügung»[381] etwa in Gestalt eines Verkaufs an die Anatomie zu. Den Verkauf des Leichnams «zur Erhöhung der Aktivmasse durch die Erben»[382] hingegen erachtete er als unzulässig. Jedoch setzte Endemann mit der Möglichkeit eines Verkaufes die Sacheigenschaft des Leichnams voraus. Andere Juristen wiederum bezeichneten die Verkehrs- bzw.

äquaten Verkehrsrechts. Der Eigentums- bzw. Sachbegriff musste dazu passen, denn die Verkehrssicherheit war auch im Sachenrecht erforderlich. Verkehrsunfähige Sachen passten nicht in diese Gesetzessystematik, weshalb die Einordnung des Leichnams als verkehrsfähige Sache für einen grossen Teil der Juristen logisch konsequent war. Zum Charakter des Zivilrechts als Verkehrsrecht vgl. WIEGAND, 119 m.w.N.

376 Zwischen ‹Sache› und ‹Eigentum› besteht eine Korrelation. So werden gemäss dem Sachbegriff des BGB alle «Herrschaftsgegenstände, die nicht der unfreien Natur angehören», von der Eigentums- und Verkehrsfähigkeit ausgeschlossen, s. WIEGAND, 117.

377 Zu der Einschränkung bzw. dem Ausschluss der Verkehrsfähigkeit des Leichnams vor Erlass des BGB s. oben, Teil 2/A/II/2.

378 CROME, 303 [Hervorhebung nicht im Original].

379 COSACK, Lehrbuch 1903, 143. Anders bzw. gegenteilig in seiner fünften Auflage, wo er dem Leichnam die Sachqualität absprach, s. COSACK, Lehrbuch 1910, 115. Mit diesem Meinungsumschwung war er nicht allein, s. oben, Teil 1/A/III/2.

380 ENDEMANN, 229 (Fn. 14).

381 ENDEMANN, 439 (Fn. 9d).

382 ENDEMANN, 439 (Fn. 9d).

Eigentumsfähigkeit am Leichnam als «sonderbare Vorstellung»[383] und lehnten diese mit Blick auf die Beerdigungspflicht teilweise ab. Die Annahme der Sachqualität des Leichnams blieb aber auch hier unberührt. Der Marburger Rechtsprofessor Ludwig Enneccerus etwa sprach die Eigentumsunfähigkeit mit folgenden Worten an: «Auch der Leichnam des Menschen ist Sache, wenn er auch freilich weder dem Erben gehört, wie die Beerdigungspflicht zeigt, noch der Okkupation unterliegt.»[384] In ähnlicher Weise hielt Theodor Loewenfeld in «Staudinger's Kommentar zum Bürgerlichen Gesetzbuch» aus dem Jahre 1903 fest: «Die menschliche Leiche ist zweifellos Sache. Niemand erscheint aber berechtigt, über sie anders als zum Zweck der Beerdigung oder anderweitigen Bestattung zu verfügen. [...] Die Erben als solche werden aber nicht Eigenthümer des Leichnams, denn dieser gehört nicht zum Nachlasse.»[385] Zu einer umfassenden Ablehnung der Verkehrs- und Eigentumsfähigkeit am Leichnam gelangte der Breslauer Rechtswissenschaftler Otto Fischer in seinem Kommentar zu § 90 BGB. Er ordnete den toten Körper eines Menschen in die Kategorie der ‹res extra commercium› ein und nahm damit indirekt dessen Sachqualität an: «Die positiven Bestimmungen, welche die Privatrechts- und Verkehrsfähigkeit der Sachen, auch des menschlichen Leichnams (res extra commercium) ausschließen oder beschränken, [...] befinden sich im ganzen außerhalb des BGB.»[386] Fischer verwies insbesondere auf § 134 und § 137 BGB 1900, stellte jedoch nicht klar, welche zusätzlichen Normen «außerhalb des BGB» zur Verkehrsunfähigkeit des Leichnams führten.[387]

cc) Leichnam ohne rechtliche Natur

Einige Juristen lehnten die Einordnung des Leichnams als Sache im Sinne von § 90 BGB 1900 explizit ab. Allerdings erfolgte hierauf keine alternative Qualifikation, womit der tote Körper eines Menschen ohne (zivil-)rechtlichen Status blieb. Zu keinem klaren Ergebnis kam etwa der Reichsgerichtsrat Hugo Rehbein in seinen Erläuterungen zum Bürgerlichen Gesetzbuch von 1899: «Die Leiche ist physisch Sache, nach der Anschauung der Sitte aber nicht Rechtsobjekt.»[388] Der Rechtsphilosoph Rudolf Stammler verwies 1902 in seiner «Lehre vom richtigen Rechte» auf die Digestenstelle

---

383 LANDSBERG, 140.

384 ENNECCERUS/LEHMANN, 104. Im zweiten Band über das Sachenrecht wurde der Leichnam nicht erwähnt.

385 LOEWENFELD, 221. Auch Eduard Hölder nahm die Verfügungsmöglichkeit über den Leichnam zum «Zwecke seiner Bestattung» an, s. HÖLDER, 206.

386 FISCHER O., 41.

387 § 134 BGB 1900 lautete: «Ein Rechtsgeschäft, das gegen ein gesetzliches Verbot verstößt, ist nichtig, wenn sich nicht aus dem Gesetz ein Anderes ergiebt.» § 137 BGB 1900 lautete: «Die Befugniß zur Verfügung über ein veräußerliches Recht kann nicht durch Rechtsgeschäft ausgeschlossen oder beschränkt werden» [Abs. 1]. «Die Wirksamkeit einer Verpflichtung, über ein solches Recht nicht zu verfügen, wird durch diese Vorschrift nicht berührt» [Abs. 2].

388 REHBEIN, 74.

des Modestinus[389] und hielt fest, dass die richtige Behandlung der Verfügungen über den Leichnam noch «unausgetragen»[390] sei, aber im Grundsatz keine Sache vorliege. Was der Leichnam aus rechtlicher Sicht darstelle, liess aber auch Stammler offen.

c) Haltung von Gareis, Kohler und Gierke gegenüber dem BGB

Im Hinblick auf die Überlegungen von Gareis, Kohler und Gierke zu einem postmortalen Persönlichkeitsschutz stellt sich die Frage, welche Bedeutung das BGB vom 16. August 1896 für die drei Juristen einnahm. Das Fehlen der expliziten Anerkennung eines allgemeinen Persönlichkeitsrechts im BGB war insbesondere bei Gareis und Gierke ein grosser Kritikpunkt.[391] Gierke sah bereits den ersten Entwurf für das BGB aus dem Jahre 1888 insoweit als unvollständig an und erkannte im Fehlen eines besonderen Personenrechts «ein[en] entschiedene[n] Mangel»:

> «Ein vollständiges Privatrechtssystem müßte also zunächst einen besonderen Abschnitt zur Aufnahme der Persönlichkeitsrechte bilden.»[392]

Zum 1896 verabschiedeten BGB stellte Gareis fest, dass das Gesetz «weder den Namen der Invidualitäts- oder Persönlichkeitsrechte [sic.], noch die Kategorie derselben als solche»[393] kenne. Er verwies jedoch auf verschiedene Normen, die seiner Ansicht nach im Zusammenhang mit dem Persönlichkeitsrecht standen. So seien die Persönlichkeitsrechte, die «als Kategorie allerdings ein Produkt der Rechtswissenschaft»[394] darstellten, etwa von den Worten ‹ein sonstiges Recht› gemäss § 823 Abs. 1 BGB erfasst. Der deliktische Schutz des Menschen umfasse (implizit) auch die Persönlichkeitsrechte, indem «ihre Verletzung zum Schadensersatz verpflichtet»[395]. Daneben hob er das in § 12 BGB

---

389 S. dazu oben, Teil 2/A/III/2.

390 Stammler, 426. Eine Ausnahme sei dann anzunehmen, wenn «für objektive Zwecke der Förderung unseres Wissens und Könnens» Leichname gebraucht würden, s. Stammler, 426.

391 Kohler brachte seine Unzufriedenheit im Hinblick auf die fehlende Anerkennung des Persönlichkeitsrechts indirekt bei der Betrachtung des Art. 28 Schweizerisches Zivilgesetzbuch zum Ausdruck, s. Kohler, Huber, 7, 7 (Fn. 2).

392 Gierke, Entwurf, 83. Seine Kritik wiederholte er mehrfach: «Es wäre wahrlich die Aufgabe des deutschen Gesetzbuches, mit einer so engherzigen Doktrin offen zu brechen und die ausdrückliche Anerkennung dieser für jedermann unantastbaren Persönlichkeitsrechte an die Spitze der Privatrechtsordnung zu stellen!», s. Gierke, Entwurf, 84 f. Die Kritik in Bezug auf das fehlende Persönlichkeitsrecht erstreckte sich insgesamt über sieben Seiten, s. Gierke, Entwurf, 81–88.

393 Gareis, Körper, 84 f. Ähnlich bereits in seiner mit knappen Erläuterungen versehenen Ausgabe des BGB: «[D]ie Individualitäts- oder Persönlichkeitsrechte sind im Uebrigen vom BGB. nur insoweit erwähnt, als ihre Verletzung zum Schadensersatz verpflichtet, s. BGB. §§ 823–826, 847, zum Theil aber in anderen Reichsgesetzen anerkannt», s. Gareis, BGB, 4 (Fn. 1).

394 Gareis, Körper, 85.

395 Gareis, BGB, 4 (Fn. 1). Hier verwies er insbesondere auf § 847 Abs. 1 und 2, § 1300 und § 413 BGB 1900, s. Gareis, BGB, 4 (Fn. 1); Gareis, Körper, 84 f. Zur Beziehung «Personen- und Deliktsrecht» s. nur Scheyhing, 504 ff.

normierte Namensrecht hervor. Das Namensrecht wurde von Gierke (und Kohler) in eine «Reihe besonderer Persönlichkeitsrechte»[396] eingeordnet. Trotz der Nichtnormierung eines allgemeinen Persönlichkeitsrechts wendete ein «führende[r] Theoretiker»[397] wie Gareis in seinem Kommentar zum «Allgemeinen Theil des bürgerlichen Gesetzbuchs» knapp eine Seite für die Aufzählung verschiedener Persönlichkeitsrechte auf.[398] Kohler behandelte in seinem auf das BGB gestützten Enzyklopädiebeitrag aus dem Jahre 1904 über knapp zehn Seiten hinweg verschiedene Persönlichkeitsrechte wie zum Beispiel das Namensrecht oder das Gewerberecht.[399] In Bezug auf den Umfang stellte Gierke, der im ersten Band seiner Abhandlung «Deutsches Privatrecht» aus dem Jahre 1895 rund zweihundert Seiten den Persönlichkeitsrechten widmete, eine Ausnahme dar. Allerdings handelte es sich hierbei nicht um ein Lehrbuch oder einen Kommentar zum BGB vom 16. August 1896, sondern um eine Gesamtdarstellung des deutschen Privatrechts.[400]

Das Fehlen einer positivrechtlichen Ausgestaltung eines Persönlichkeitsschutzes im BGB vom 16. August 1896 schlug sich insbesondere in den Überlegungen von Kohler und Gierke zu einem postmortalen Persönlichkeitsschutz nieder. Beide Juristen zogen zur Begründung ihrer Annahmen eines postmortalen Persönlichkeitsschutzes keine konkreten Normen aus dem BGB heran. Kohler deutete einzig an einer Stelle an, dass ein Individualrecht «in einigen Beziehungen die Person überdauern»[401] könne. Dazu führte er aus: «Auch in dieser Beziehung gilt der Satz: Non omnis moriar; wie ja denn selbst die familienrechtliche Macht einer Person in gewissen Beziehungen über seinen Tod hinausragt, man denke an die testamentarische Creation des tutor»[402]. Kohler verwies damit indirekt auf die Bestimmungen über letztwillige Verfügungen und erkannte darin einen Ansatz eines postmortalen Rechtsschutzes.[403] Anders verhielt es sich bei Gareis, der einzelne Bestimmungen des BGB, die sich zur rechtlichen Wirkung des Todes eines Menschen äusserten, explizit als Nachwirkungen des Persönlichkeitsrechts interpretierte. Er gelangte etwa zur Ansicht, dass die §§ 1937 bis 1941 BGB 1900 den Willen «eines Menschen nach seinem Tode, und somit [...] die Anerkennung seines

[396] Gierke, Grundzüge, 475. Auch Kohler zählte das Namensrecht als einzelnes Persönlichkeitsrecht auf, s. Kohler, Bürgerliches Recht 1904, 587 f. Die Rechtsprechung ordnet(e) das Namensrecht des BGB als eine besondere Erscheinungsform des allgemeinen Persönlichkeitsrechts ein, s. nur BGHZ 143, 214 (218).

[397] Schwab, 216.

[398] S. Gareis, Allgemeiner Teil, 3 f.

[399] S. Kohler, Bürgerliches Recht 1904, 587–597.

[400] S. Gierke, Band I, 702–897, 768. Er behandelte die Persönlichkeitsrechte auch an anderer Stelle, dort aber in einem bedeutend geringeren Umfang, s. Gierke, Grundzüge, 475–477.

[401] Kohler, Autorrecht, 275.

[402] Kohler, Autorrecht, 275.

[403] Der Aspekt der Testiermöglichkeit bzw. der Verfügungen über den Tod hinaus findet in der vorliegenden Studie keine Berücksichtigung. Zur dogmatischen Entwicklung der Testiermöglichkeit vgl. Klippel, Familie versus Eigentum.

primitivsten Persönlichkeitsrechts des Ichs»[404] anerkennen. Auch lasse die in § 1590 Abs. 2 BGB 1900 festgehaltene «Fortdauer des Schwägerschaftsverhältnisses nach dem Tode eines Ehegatten»[405] eine Nachwirkung der Persönlichkeitsrechte erkennen. Allerdings liess Gareis seine Ausführungen ohne weitergehende Erläuterungen stehen. Dadurch bleiben die Begründungsmotive hinter seinen Ansichten teilweise unklar. Beispielhaft sei auf den Aspekt des fortbestehenden Schwägerschaftsverhältnisses gemäss § 1590 Abs. 2 BGB 1900 hingewiesen.[406] Die Norm bezog sich auf § 33 Ziff. 3 Gesetz über die Beurkundung des Personenstandes und die Eheschließung vom 6. Februar 1875: «Die Ehe ist verboten: [...] zwischen Stiefeltern und Stiefkindern, Schwiegereltern und Schwiegerkindern jeden Grades, ohne Unterschied, ob das Verwandtschafts- oder Schwägerschaftsverhältniß auf ehelicher oder außerehelicher Geburt beruht und ob die Ehe, durch welche die Stief- oder Schwiegerverbindung begründet wird, noch besteht oder nicht». Das primäre Motiv für § 1590 Abs. 2 BGB 1900 lag beim Eheverbot und nicht unmittelbar in der Regelung der Rechtswirkung des Todes auf das Schwägerschaftsverhältnis. Insgesamt zeigten aber alle drei Juristen, dass, wenn überhaupt, im BGB vom 16. August 1869 nur marginale Ansätze eines postmortalen Rechtsschutzes vorhanden waren.

Bei der rechtlichen Behandlung des Leichnams nahmen Gareis, Kohler und Gierke keinen direkten Bezug auf § 90 BGB 1900. Gareis verwies in seinem Festgabebeitrag von 1900 zwar auf den Sachbegriff der Norm und wendete diesen auf den Leichnam an.[407] Rund fünf Jahre später jedoch lehnte er die Richtigkeit der Einordnung des toten Körpers des Menschen als Sache ab, solange nicht «der Zusammenhang zwischen den Teilen des Körpers durch Verwesung oder ähnlich wirkende Eingriffe gänzlich aufgehoben wird»[408]. § 90 BGB 1900 erwähnte er dabei an keiner Stelle, rückte dafür aber «das Persönlichkeitsrecht des Toten»[409] in den Vordergrund. Die Ablehnung der Anwendung des Sachbegriffs auf den Leichnam nahmen auch Gierke und Kohler vor, ohne dabei auf § 90 BGB 1900 zurück zu greifen. Gierke befasste sich im zweiten Band seines Werkes «Deutsches Privatrecht» mit der Frage der rechtlichen Einordnung des Leichnams und hielt knapp fest, dass der Körper eines Menschen «auch durch den Tod nicht dem Sachenrechte unterworfen»[410] werde. Kohler erklärte in seinen «Studien aus

---

404 GAREIS, Begräbnisstätte, 318.

405 GAREIS, Begräbnisstätte, 319.

406 § 1590 Abs. 2 BGB 1900 lautete: «Die Schwägerschaft dauert fort, auch wenn die Ehe, durch die sie begründet wurde, aufgelöst ist.»

407 S. GAREIS, Körper, 61, 65 f. Die Einordnung als ‹res extra commercium› bezeichnete er als «unrichtig», s. GAREIS, Körper, 66 (Fn. 12). Im Teil zum Sachenrecht seiner «Einführung in das Studium des Bürgerlichen Gesetzbuchs» von 1896 erwähnte Gareis den Leichnam nicht, s. GAREIS, Einführung, 195 ff.

408 GAREIS, Begräbnisstätte, 318.

409 GAREIS, Begräbnisstätte, 318.

410 GIERKE, Band II, 35 f.

dem Strafrecht», dass der Leichnam kein Objekt «im Sinne des Sachen– d[as] h[eisst] des Vermögenssachenrechts»[411] darstelle.

2. *Strafrecht*

Bei den Überlegungen von Gareis, Kohler und Gierke zum postmortalen Persönlichkeitsschutz kam es auch zu einem Einbezug positivrechtlicher Normen des Strafrechts. Insbesondere die Einordnung des Leichnams als Teil des (fortwirkenden) Persönlichkeitsrechts wurde mit Verweisen auf Strafrechtsnormen, die sich auf den toten Körper eines Menschen bezogen, zu untermauern versucht.[412] Das Strafrecht bot offensichtlich Anknüpfungspunkte, die für die Anerkennung eines postmortalen Rechtsschutzes des Menschen sprachen. Im Folgenden gilt es, die Überlegungen von Gareis, Kohler und Gierke zu einem postmortalen Persönlichkeitsschutz in den Kontext des positiven Strafrechts Deutschlands in der zweiten Hälfte des 19. Jahrhunderts zu stellen. Der Fokus liegt dabei auf Normen aus dem Reichsstrafgesetzbuch vom 15. Mai 1871 und deren Behandlung durch die Strafrechtswissenschaft. Daneben werden auch vereinzelt partikularstrafrechtliche Bestimmungen als Kontextualisierungsgrundlage einbezogen. Die Mitberücksichtigung partikularstrafrechtlicher Bestimmungen erklärt sich durch die kodifikationsübergreifende Häufigkeit einzelner Norminhalte.[413] Vor diesem Hintergrund kam es deshalb auch in rechtswissenschaftlichen Beiträgen, die sich gegen Ende des 19. Jahrhunderts der Thematik des postmortalen Rechtsschutzes des Menschen annahmen, regelmässig zu Verweisen auf Partikularstrafrechte.[414]

a) *Rechtslage*

Nach der Gründung des Deutschen Kaiserreichs im Jahr 1871 erhielt das Reich die gesetzgeberische Kompetenz im Bereich des Strafrechts.[415] Aufgrund von vorangegangenen Gesetzesrevisionen auf Länder- und Bundesebene standen dem Gesetzgeber, anders als im Zivilrecht, etablierte Normtexte als Grundlage für ein nationales Strafgesetzbuch zur Verfügung. So trat das Strafgesetzbuch für das Deutsche Reich (RStGB) bereits am 1. Januar 1872 in Kraft.[416] Das RStGB löste damit früh im letzten

---

411 Kohler, Studien, 206.

412 So etwa Gareis, Körper, 66. Zum strafrechtlichen Schutz des Leichnams de lege lata s. nur Stellpflug, 10 ff.

413 S. sogleich.

414 Zudem waren die Juristen Gareis, Kohler und Gierke während ihrer frühen akademischen Karriere mit Partikularstrafrechten konfrontiert gewesen. Gareis beispielsweise promovierte 1868 an der Universität Würzburg, wo das Strafrecht für das Königreich Bayern von 1861 seine Geltung hatte.

415 S. Art. 4 Ziff. 13 Verfassung des Deutschen Reichs vom 16. April 1871.

416 Das «Gesetz, betreffend die Redaktion des Strafgesetzbuches für den Norddeutschen Bund vom 15. Mai 1871» hielt im einzigen Paragrafen fest, dass das «Strafgesetzbuch für den Nord-

Viertel des 19. Jahrhunderts die bisher geltenden partikularen Strafrechte ab. Inhaltlich stimmte das RStGB grösstenteils mit dem erst kurz davor erlassenen Strafgesetzbuch für den Norddeutschen Bund vom 31. Mai 1870 überein. Letzteres lehnte sich stark an das Strafrecht für die Preußischen Staaten vom 14. April 1851 (PStGB) an. Das PStGB wiederum setzte mehrere Strafrechtsordnungen ausser Kraft, «namentlich de[n] zwanzigste[n] Titel des zweiten Theils des Allgemeinen Landrechts, das Rheinische Strafgesetzbuch, die gemeinen Deutschen Kriminalgesetze und das in dem Fürstenthume Hohenzollern-Sigmaringen rezipirte Großherzoglich Badische Strafgesetzbuch»[417]. Bei der Übernahme von Normtexten in die jeweils ablösenden Kodifikationen kam es zu redaktionellen Anpassungen, wobei jedoch die Bestimmungen betreffend den postmortalen Rechtsschutz des Menschen weitestgehend unverändert blieben.

Einzelne deutsche Rechtswissenschaftler des endenden 19. Jahrhunderts bezeichneten Verweise auf strafrechtliche Bestimmungen innerhalb zivilrechtlicher Abhandlungen als grundsätzliches Problem. Ein zentraler Kritikpunkt war, dass, auch wenn das Strafrecht «eine große Anzahl civilistischer Begriffe»[418] verwende, deren rechtliche Deutungen aufgrund des heterogenen Zustandes in der deutschen Zivilrechtsordnung mit vielen Unklarheiten verbunden seien. Mit Blick auf den Begriff ‹Leichnam› und den Strafrechtsnormen, die einen Schutz des toten Körpers des Menschen vor bestimmten Behandlungsformen sicherstellten, bestanden nach überwiegender Auffassung jedoch keine Probleme.[419] Das Strafrecht sah keine besondere, vom Zivilrecht abweichende Verwendung für den Begriff des Leichnams vor, was die Gleichstellung der Rechtsgebiete in diesem Aspekt rechtfertigte.[420]

b) Grabverletzung durch Leichenentwendung

aa) Grundlagen

Der tote Körper eines Menschen trat im positiven Strafrecht explizit in § 168 RStGB in den Vordergrund. Die Norm erfasste als strafbare Handlung unter anderem die unbefugte Wegnahme des Leichnams aus dem Gewahrsam des Berechtigten:

> «Wer unbefugt eine Leiche aus dem Gewahrsam der dazu berechtigten Person wegnimmt, ingleichen wer unbefugt ein Grab zerstört oder beschädigt, oder wer an einem Grabe be-

---

deutschen Bund vom 31. Mai 1870» ab dem 1. Januar 1872 die Bezeichnung «Strafgesetzbuch für das Deutsche Reich» erhielt.

417 Art. II Gesetz über die Einführung des Strafgesetzbuchs für die Preußischen Staaten vom 18. April 1851.

418 Mittelstein, 172.

419 Ein grösseres Problem bot der Ausdruck ‹Gewahrsam›, s. nur Crusen, Pietät, 41 ff.

420 S. Mittelstein, 172. Zur strafrechtlichen Ablehnung der Sacheigenschaft des Leichnams s. unten, Teil 2/B/I/2/b/cc.

> schimpfenden Unfug verübt, wird mit Gefängniß bis zu zwei Jahren bestraft; auch kann auf Verlust der bürgerlichen Ehrenrechte erkannt werden.»[421]

Die Grabverletzung durch Wegnahme des Leichnams wurde seit jeher unter Strafe gestellt. Bereits im antiken römischen Recht war diese Handlung strafbar, wobei die Entwendung des Leichnams in erster Linie als Delikt gegen die Religion an sich angesehen wurde.[422] Auch im Mittelalter, als das Bestattungswesen in der Kompetenz der katholischen Kirche lag, erachteten die weltlichen Obrigkeiten es für wichtig, die Wegnahme des Leichnams aus einer Grabstätte mit Strafe zu belegen.[423] Das umfassende und stets vorhandene Bedürfnis einer Sanktionierung zeigte sich auch darin, dass beinahe alle Partikularstrafrechte Deutschlands des 19. Jahrhunderts die Grabverletzung im Sinne einer Wegnahme des Leichnams als strafbare Handlung anführten.[424] Der Wortlaut der einzelnen Partikularstrafrechtsnormen unterschied sich nur minimal, auch im Vergleich zu § 168 RStGB.[425] Die Einordnung der Norm in die Strafrechtssystematik erfolgte jedoch uneinheitlich. Während die Bestimmung in Preussen unter den «Vergehen, welche sich auf die Religion beziehen»[426], zu stehen kam, wurde die einschlägige Norm in Bayern unter der Überschrift «Strafbare Handlungen in Bezug auf Leib und Leben Anderer»[427] erfasst. Im RStGB stand § 168 – wie früher in Preussen – unter der Überschrift «Vergehen, welche sich auf die Religion beziehen».

---

421 § 168 RStGB.

422 S. Digesten 47, 12, die ‹de sepulchro violato› – ‹von der Verletzung eines Begräbnisses› – handelten.

423 Vgl. dazu Korves, 101 ff.

424 S. etwa II 20 §§ 1153–1155 PrALR; § 579 Strafgesetzbuch für das Großherzogthum Baden (1845); Art. 331 Strafgesetzbuch für das Königreich Sachsen vom 11. August 1855; Art. 250 Strafgesetzbuch für das Königreich Bayern vom 10. November 1861; § 137 PStGB; § 168 Strafgesetzbuch für den Norddeutschen Bund vom 30. Mai 1870.

425 Vereinzelt kam es in den partikularrechtlichen Bestimmungen zu zusätzlichen Differenzierungen im Hinblick auf die strafbare Handlung. Beispielsweise stellte Art. 250 Strafrecht für das Königreich Bayern von 1861 explizit die Misshandlung und den Missbrauch des Leichnams unter Strafe. Gemäss einem zeitgenössischen Kommentar reagierte die Norm auf die Problematik, dass die «eigenmächtige Sektion oder eigenmächtige Konservierung der Leiche» zunahm und diese Verwendung grundsätzlich nur den (offiziellen) Institutionen vorbehalten war. Jedoch sei es eine terminologisch unsaubere Gesetzesbestimmung gewesen, denn eine Misshandlung könne «strenge genommen nicht an einer Leiche begangen werden». Mangels anderer Ausdrücke und der geringen Gefahr eines Missverständnisses sei der Begriff beibehalten und der Leichnam – zumindest sprachlich – dem lebenden Menschen gleichgestellt worden, s. Stenglein, Bayern, 301.

426 § 137 PStGB.

427 Art. 250 Strafgesetzbuch für das Königreich Bayern vom 10. November 1861.

bb) Pietät und gewesene Persönlichkeit als Schutzobjekt

In der Strafrechtswissenschaft des 19. Jahrhunderts war umstritten, ob die Religion einen Einfluss auf die Tatbestandsauslegung des § 168 RStGB und damit auch auf die Behandlung des Leichnams habe. Der deutsche Richter Melchior Stenglein etwa negierte einen religiösen Bezug und schrieb die durch den Gesetzgeber vorgenommene Einordnung in die Rechtssystematik einzig der Tatsache zu, dass die Straftat an diesem Ort – also bei «religiösen» Grabstätten – regelmässig vorkomme.[428] Demgegenüber stellte der Hamburger Rechtsprofessor Max Mittelstein im Jahre 1886 klar, dass der Leichnam eine religiöse Dimension habe und durchaus als ein «Gegenstand der religio»[429] verstanden werden könne. Die ‹religio› sei dabei die «achtungsvolle Scheu, welche der Lebende der sterblichen Hülle des Mitmenschen angedeihen lässt»[430]. Bei seiner Ansicht lehnte sich Mittelstein an das antike römische Recht an, das eine religiös motivierte Pönalisierung des Gewahrsamsbruchs am Leichnam im Sinne der Wegnahme aus der Grabstätte vorgenommen hatte.[431]

Für andere Rechtswissenschaftler bildete der Aspekt der Persönlichkeit des gewesenen Menschen die Grundlage für die Begründung eines weiteren Schutzobjekts von § 168 RStGB: des Pietätsgefühls der Überlebenden. Im Jahre 1904 äusserte der deutsche Jurist Erich Merkel in seiner Dissertation über den Leichenraub folgende pathetisch-religiösen Worte:

> «So verletzt das gottlose Tun des Leichenräubers das den Überlebenden innewohnende tiefreligiöse, sittliche Gefühl von der Unnahbarkeit der Majestät des Todes […]. Die *Pietät ist Objekt des Deliktes* und zwar die aller Überlebenden, nicht nur der Angehörigen des Verstorbenen, denn das Gefühl der Unantastbarkeit des Toten lebt in jeder, auch der verrohtesten Menschenbrust.»[432]

Laut Merkel schützte § 168 RStGB die Pietät aller Überlebenden, die er in der Form des Gefühls der «Unnahbarkeit der Majestät des Todes», das heisst der (religiösen) Achtung des Totenfriedens, erkannte. Dieses Schutzobjekt gelte gewissermassen als ein Kollektivgut der Gesellschaft.[433] Merkel bemerkte zudem, dass dieses Pietätsgefühl «im Gedenken der Überlebenden die Persönlichkeit des Verstorbenen fortleben läßt»[434].

---

428 Vgl. Stenglein, RStGB, 391.

429 Mittelstein, 180.

430 Mittelstein, 179.

431 Dazu s. oben, Teil 2/A/III/2.

432 Merkel E., Leichenraub, 32 [Hervorhebungen nicht im Original]. Die Arbeit betreute (vermutlich) Karl Binding, der damals ordentlicher Professor der Strafrechte in Leipzig war.

433 Ähnlich Mittelstein, 180: «[N]icht auf die Pietät kommt es an, welche die Angehörigen für ihre Todten haben, sondern auf diejenige, welche die Menschen gegenüber allen Verstorbenen üben.»

434 Merkel E., Leichenraub, 32 f. Allerdings lehnte Merkel in seiner Untersuchung die Gareis'sche Lehre des Persönlichkeitsrechts am lebenden Körper von 1900 ab, was die Vermutung nahe-

Bei dieser Ansicht bezog er sich auf den deutschen Juristen Georg Crusen, der im Jahre 1890 festhielt:

> «Der Grund, weshalb das Recht Angriffe auf den menschlichen Leichnam mit Strafe bedroht, ist darin zu suchen, dass durch dieselben die *Pietät der Überlebenden* verletzt wird. Diese aber beruht darauf, dass wir im Leichnam nicht nur den toten Körper, ein gleichgültiges Stück der leblosen Natur sehen, sondern dass wir in ihm die *ehemalige Persönlichkeit* ehren.»[435]

Crusen verstand den Leichnam nicht als eine blosse Sache, sondern er sah in ihm eine Fixierung der Persönlichkeit des Verstorbenen, die es «zu respektieren»[436] galt. Die Pietät der Überlebenden umfasse das Andenken an die Persönlichkeit des Verstorbenen, die im Leichnam ihren materialisierten Ausdruck finde. Jegliche «Angriffe» auf den Leichnam, so auch der Gewahrsamsbruch gemäss § 168 RStGB, stelle gleichermassen eine Verletzung der fortwirkenden Persönlichkeit des gewesenen Menschen sowie eine Verletzung des Pietätsgefühls der Überlebenden dar. Deutsche Strafrechtswissenschaftler wie Georg Crusen und Erich Merkel anerkannten somit die postmortale Fortwirkung der Persönlichkeit eines Menschen, die über § 168 RStGB geschützt wurde. Dass es sich dabei um keine isolierten Einzelmeinungen handelte, belegen die expliziten Literaturverweise auf Crusen und Merkel in grossen Kommentarwerken zum RStGB.[437]

cc) *Ablehnung der Sacheigenschaft*

Die Frage, ob die Entwendung des Leichnams aus einer Grabstätte als Diebstahl einzustufen sei, wurde in der deutschen Strafrechtswissenschaft des 19. Jahrhunderts mehrfach behandelt. Eine Befürwortung des Diebstahls hätte die Qualifikation des Leichnams als Sache im rechtlichen Sinn zur Folge gehabt. Einzelne Kommentare zu Partikularstrafrechten verwiesen bei den Ausführungen zur Grabverletzungsnorm auf den Tatbestand des Diebstahls und legten dadurch dessen Anwendung nahe. Jedoch dürfte hier die Anwendung des Diebstahltatbestands auf die dem Leichnam ins Grab mitgegebenen Sachen im Vordergrund gestanden haben.[438] Bereits im Jahr 1826 zählte

---

legt, dass er unter «Persönlichkeit» nicht das zivilrechtliche «Persönlichkeitsrecht» verstand. Sein grösster Kritikpunkt richtete sich an die Spaltung des Subjekts vom Objekt. Merkel lehnte die Trennung von Körper und Geist ab, was er durch folgendes Bildnis zum Ausdruck brachte: Versterbe ein Mensch, «so lebt doch dieser selbe Wille in anderem Körper wieder auf, wie er in Milliarden von Erscheinungen auch lebt – er ist einer und unteilbar», s. MERKEL E., Leichenraub, 17. Eine Anwendung des Persönlichkeitsrechts auf den Körper des Menschen würde eine für ihn widersprüchliche Trennung von Körper und Geist bedeuten. Gareis selbst wendete über eine halbe Seite für einen Widerspruch auf, vgl. GAREIS, Begräbnisstätte, 317 (Fn. **).

435 CRUSEN, Pietät, 34 f. [Hervorhebungen nicht im Original]; wiederholend CRUSEN, Pietät, 48. Dieselbe Wortwahl auch in seiner Dissertation, s. CRUSEN, Leichen, 18 f.

436 CRUSEN, Pietät, 35.

437 S. nur STENGLEIN, RStGB, 390 (Fn. *).

438 Für Bayern etwa STENGLEIN, Bayern, 301, 351.

der Tübinger Rechtsprofessor Carl Georg Wächter die Wegnahme von Leichen aus einem Grab nicht zum «Teutschen Diebstahle», sondern «zu den Polizenverbrechen»[439]. Mit dieser Einordnung tönte er implizit die Ablehnung der Verkehrsfähigkeit des Leichnams an, die er in seinen später erschienenen privatrechtlichen Arbeiten wiederholte.[440] In den Materialien zum PStGB kam die Ablehnung des Diebstahls am Leichnam dann explizit zum Ausdruck:

> «Die Frage wurde in einzelnen Entwürfen verneint, weil an der Leiche selbst ein Eigenthumsrecht nicht mehr zu behaupten sei [...]. Andere Entwürfe bejahten sie jedoch auch in Absicht auf die Leiche. Die Revision von 1845 trat der ersteren Ansicht bei»[441].

Die vom preussischen Gesetzgeber etablierte Ansicht blieb auch für das RStGB bestehen. In Kommentarwerken zum RStGB war die Entwendung des Leichnams explizit nicht als Diebstahl angesehen worden, und zwar erneut mit der juristisch-pragmatischen Begründung, dass der Leichnam grundsätzlich nicht im Privateigentum stehen könne.[442] In der Konsequenz fehlte dem Leichnam die Sacheigenschaft, was eine Anwendung von § 242 RStGB, des Diebstahltatbestands, verunmöglichte. Ebenfalls zur Ablehnung der Qualifikation des toten Körpers eines Menschen als Sache gelangten deutsche Strafrechtswissenschaftler, die sich in der zweiten Hälfte des 19. Jahrhunderts mit § 168 RStGB befassten. Erich Merkel etwa konstatierte, dass «fast allgemein der Leichnam als Sache bezeichnet wird; weshalb er eine Sache sei, erklärt jedoch keiner.»[443] In einem nach seiner Promotion publizierten Aufsatz über «die rechtliche Natur des menschlichen Leichnams»[444] bemerkte er weiter: Zur Klärung der Streitfrage dürfe nicht nur das Recht betrachtet werden, sondern es müssten auch «ethische, philosophische oder religiöse und ästhetische Gesichtspunkte»[445] beigezogen werden. Im Ergebnis lieferte Merkel allerdings keine positivrechtliche Qualifikation des Leichnams, sondern eine Negativumschreibung: «der Leichnam ist keine Sache.»[446] Er schloss daraus, dass ein «Sachdelikt an Leichen»[447], das heisst ein Diebstahl, dogmatisch unmöglich sei. Von der Ablehnung der Sacheigenschaft gab es im RStGB jedoch eine

---

439 Wächter, Lehrbuch, 339.
440 S. dazu oben, Teil 2/A/II/2/b.
441 Goltdammer, Materialien II, 270 f.
442 S. Stenglein, RStGB, 391. Eine strafrechtliche Ablehnung der Sacheigenschaft bzw. Qualifikation als Sache, an der kein Eigentumsrecht bestehe, etwa bei Binding, Lehrbuch 1902, 185 (Fn. 1); Frank, 202; Merkel A., 633; Wahlberg, 271. Die strafrechtliche Einordnung als Sache ausserhalb des Verkehrs befürworteten etwa Crusen, Pietät, 37, 21; Meves, 366; Olshausen J., 874.
443 Merkel E., Leichenraub, 16.
444 S. Merkel E., Leichnam, 677 ff. Der ebenfalls im Jahre 1904 veröffentlichte Aufsatz lehnte sich inhaltlich stark an die Dissertation Merkels an.
445 Merkel E., Leichnam, 677.
446 Merkel E., Leichenraub, 31.
447 Merkel E., Leichenraub, 31.

prominente Ausnahme, und zwar bei der Übergabe des toten Körpers eines Menschen an die Anatomie. Der Leichnam sei hier im Eigentum der anatomischen Anstalt und diesfalls könne er konsequenterweise «Gegenstand eines Diebstahls sein»[448]. Wenn die Wegnahme des Leichnams aus dem Gewahrsam des wissenschaftlichen Interesses erfolgte, griff allerdings die Übertretungsnorm § 367 Ziff. 1 RStGB.[449] Die Handlung der Wegnahme von Teilen einer Leiche richtete sich an Studierende und Ärzte, die vor Gefängnisstrafe gemäss § 168 RStGB geschützt werden sollten.[450]

Die von Seiten des deutschen Gesetzgebers und deutschen Strafrechtswissenschaftlern des endenden 19. Jahrhunderts vertretene Ablehnung des Diebstahls am Leichnam stand in einem Widerspruch zu der überwiegenden Ansicht zeitgenössischer Zivilrechtswissenschaftler, die im Leichnam eine verkehrs(un)fähige Sache bejahten.[451] Dieser Widerspruch führte der Jurist Georg Crusen auf eine bewusste Wertentscheidung zurück: «Dass der Gesetzgeber gerade den Ausdruck Gewahrsam (nicht etwa Eigentum oder Besitz) gewählt hat, ist wohl daraus zu erklären, dass bei der Unfähigkeit des Leichnams, für gewöhnlich Gegenstand von Privatrechten zu sein, der schwächste Ausdruck der *angemessenste* zu sein schien.»[452] Crusen nahm mit Blick auf die Wortwahl ‹Gewahrsam› in § 168 RStGB an, dass die bewusste Ablehnung der Sacheigenschaft Ausdrücke wie etwa ‹Eigentum› oder ‹Besitz› verhindert habe. Ein solcher Ausdruck wäre nicht der «angemessenste» gewesen für das Verständnis des Leichnams als gewesener Mensch.[453] Die Annahme der Sachqualität hätte auch dem vordergründigen Normzweck von § 168 RStGB, der im Schutz des Pietätsgefühls der Überlebenden bestand, widersprochen. Denn wäre der Leichnam «zur Sache degradiert, so unterscheidet er sich auch in seinem strafrechtlichen Schutz nicht mehr von anderen Sachen [...]. Diese Art der Wegnahme [sc. Diebstahl] einer Leiche bildet aber keine Pietätsverletzung».[454] Mit § 168 RStGB lag somit eine Schutznorm vor, die den toten Körper eines Menschen und indirekt die darin manifestierte Persönlichkeit des gewesenen Menschen in die Strafrechtssystematik miteinbezog.

---

448 Stenglein, RStGB, 391.

449 S. Binding, Lehrbuch 1902, 185; Crusen, Pietät, 52; Merkel E., Leichenraub, 22; Merkel E., Leichnam, 683.

450 Vgl. Erörterung strafrechtlicher Fragen, 47. Zum Einfluss medizinischer Wissenschaften auf die Strafrechtsgesetzgebung s. unten, Teil 2/C/II/3/b.

451 Zum zivilrechtlichen Status des Leichnams in der zweiten Hälfte des 19. Jahrhunderts s. oben, Teil 2/A/II.

452 Crusen, Pietät, 44 f. [Hervorhebung nicht im Original].

453 Eine «Verletzung des Toten» wurde in § 168 RStGB jedoch nicht erkannt, da der Tote «nicht Subjekt, sondern Objekt» sei, s. Merkel E., Leichenraub, 32.

454 Crusen, Pietät, 51 f.

c) *Beschimpfung des Andenkens eines Verstorbenen*

aa) *Grundlagen*

Eine weitere Bestimmung aus dem Strafgesetzbuch für das Deutsche Reich vom 15. Mai 1871, die einen engen Bezug zum verstorbenen Menschen auswies, war § 189:

> «Wer das Andenken eines Verstorbenen dadurch beschimpft, daß er wider besseres Wissen eine unwahre Thatsache behauptet oder verbreitet, welche denselben bei seinen Lebzeiten verächtlich zu machen oder in der öffentlichen Meinung herabzuwürdigen geeignet gewesen wäre, wird mit Gefängniß bis zu sechs Monaten bestraft.»[455]

Die Beschimpfung des Andenkens eines Verstorbenen stand in Preussen nicht unter Strafe.[456] In den Verhandlungen des Reichstages des Norddeutschen Bundes wurde dieser Zustand als unzureichend empfunden. Eine «Beleidigung Verstorbener [...] konnte [...] nur dann bestraft werden, wenn in der Beleidigung des Verstorbenen zugleich eine Beleidigung des lebenden Sohnes, Erben [...] mit enthalten war. Nun lassen sich aber Fälle denken, wo so außerordentlich präcis zwischen dem Lebenden und dessen verstorbenen Ascendenten unterschieden ist, daß diese Praxis nicht ausreicht.»[457] Mit der Einführung der Norm, die von kontroversen Diskussionen begleitet wurde, schloss der Gesetzgeber diese potenzielle Lücke.[458] In der Strafrechtssystematik reihte sich § 189 RStGB unter den Abschnitt «Beleidigung» ein. Die Strafnorm zielte auf den Schutz des Andenkens eines Verstorbenen vor verleumderischen Handlungen durch Dritte.[459] Damit die Handlung des Beschimpfens erfüllt war, musste das Tatbestandsmerkmal der Verleumdung gemäss § 187 RStGB vorliegen. Als Verleumdung galt die «wissentlich falsche üble Nachrede in Bezug auf die Ehre»[460].

bb) *Postmortale Fortwirkung des Leumunds*

Die systematische Einordnung des § 189 RStGB erfolgte unter den Abschnitt «Beleidigung».[461] Dennoch vertrat eine überwiegende Mehrheit der Strafrechtswissenschaftler der zweiten Hälfte des 19. Jahrhunderts die Ansicht, dass tote Menschen nicht beleidigt werden könnten. Bei der inhaltlichen Ablehnung der Beleidigungsfähigkeit eines toten Menschen wurde auf die Tathandlung der Beleidigung gemäss § 185 RStGB

455 § 189 RStGB.

456 Vgl. §§ 152–163 PStGB.

457 *Meyer*, in: Verhandlungen 1870, 652 f.

458 Zu den Diskussionen s. Verhandlungen 1870, 609–1206, 652–655. Diese Diskussionen über die Einführung der Norm bleiben für die vorliegende Studie ohne weitere Bedeutung.

459 S. STENGLEIN, RStGB, 438.

460 STENGLEIN, RStGB, 434.

461 Ein Motiv hinter dieser Einordnung war, dass mit der Anwendung der allgemeinen Bestimmungen zur Beleidigung zugleich ein Schutz der «Geschichtsschreibung und Geschichtsforschung» erfolgte, s. *Meyer*, in: Verhandlungen 1870, 653.

verwiesen, die eine «Verletzung des Ehrgefühls»[462] beinhalte. Die Motive zum RStGB hielten fest, dass der Tote keine solchen Gefühle mehr habe, und überhaupt könne das Rechtsgut der Ehre «als ein rein persönliches sein Leben [sc. das Leben des Menschen] nicht überdauern»[463]. Der Anspruch «auf äußere Achtung»[464] – was einer gängigen Umschreibung der Ehre entsprach – sei von einem verstorbenen Menschen schlicht nicht mehr geltend zu machen. In den Verhandlungen des Reichstages des Norddeutschen Bundes im Jahre 1870 äusserte der Politiker Leopold von Hoverbeck eine ähnliche Ansicht, ohne dass in der Debatte ein direkter Widerspruch hierauf erfolgte:

> «Ich frage, wessen Ehre soll denn durch den Paragraphen geschützt werden, die des Verstorbenen oder die der noch Lebenden? Des Verstorbenen? nein [...] Diese ganze Idee von der Ehre eines Verstorbenen, wenn sie überhaupt Realität hätte, könnte unmöglich auf eine gewisse Zahl von Jahren beschränkt werden»[465].

Eine Beleidigung des Toten bzw. die Verletzung der Ehre eines Verstorbenen wurde auch deshalb als unmöglich angesehen, weil jede zeitliche Grenzziehung für mögliche Verletzungshandlungen etwas Willkürliches habe. Im Kern von § 189 RStGB stand daher der Schutz des Andenkens an den gewesenen Menschen.[466] Das Andenken wurde dabei der Rechtssphäre der Hinterbliebenen zugeschrieben, denn «der Tote lebt unter uns fort. Er rede zu uns durch seine Werke, die seine Gedanken und Gesinnungen der Nachwelt aufbewahren. Wie in einem Spiegel zeigt uns unsre Erinnerung ihn selbst und sein Schaffen. Die Denkmäler mahnen uns wie Boten der Vorzeit, seiner zu gedenken. So bewahrt der Freund, bewahrt die Familie dem Abgeschiedenen ein liebvolles Andenken.»[467] Die Motive zum RStGB stellten weiter klar, dass das Andenken im «religiöse[n] Gefühl der Angehörigen»[468] seinen Ausdruck finde. Es ging in erster Linie also um den Schutz des Pietätsgefühls der Hinterbliebenen, wobei eine (restriktive) Beschränkung auf die unmittelbaren Eltern und Kinder ersten Grades erfolgte.[469]

Kritische Stimmen hielten dieser Ansicht entgegen, dass das umschriebene Schutzobjekt nur die Perspektive der Lebenden darstelle und ein blosser Schutz der lebenden

---

462 Hess, 1. Andere Juristen lehnten eine «Ehrenkränkung» am Verstorbenen ab, s. Olshausen J., 710.

463 Motive zum II. Entwurf, abgedruckt in: Stenglein, RStGB, 438.

464 Herbst, 16.

465 *Hoverbeck*, in: Verhandlungen 1870, 609–1206, 654.

466 Der Schutz der sogenannten «Familienehre» wurde in den Motiven zum RStGB explizit abgelehnt, s. Motive zum II. Entwurf, abgedruckt in: Stenglein, RStGB, 438. Zum Aspekt der «Familienehre» s. Herbst, 20 ff.

467 Herbst, 23.

468 Motive zum II. Entwurf, abgedruckt in: Stenglein, RStGB, 438.

469 Adoptiv-, Schwieger- und Stiefverwandtschaft begründeten keine Berechtigung gemäss § 189 RStGB, s. Stenglein, RStGB, 438; Olshausen J., 710 f.; Olshausen Th., 494. Die Ansicht, dass Tote selbst keine Ehre haben und nur das Pietätsgefühl der Hinterbliebenen geschützt werde, bestand bis 1933, s. Luther, 42 f.

Angehörigen abzulehnen sei.[470] Aus der Sicht des Verstorbenen handele es sich beim Andenken um den eigenen «Leumund». Der deutsche Rechtswissenschaftler Justus Olshausen erklärte in seinem Kommentar zum Strafgesetzbuch für das Deutsche Reich die Handlung der «Beschimpfung» so:

> «Die Beschimpfung des Andenkens eines Verstorbenen liegt darnach bei einem Verhalten vor, welches einem Lebenden gegenüber als Verleumdung [...] zu qualifiziren sein würde»[471].

Das Andenken der Hinterbliebenen erfasse demnach den Leumund des Verstorbenen. Durch den Schutz des Andenkens eines Verstorbenen komme es indirekt zu einem Schutz des Leumunds des gewesenen Menschen. Aus dieser Sicht wies der Leumund postmortale Beständigkeit aus:

> «Der Tote kann verleumdet werden, weil verleumden heisst: den Leumund einer Person verletzen, der Leumund aber, jenes in den Köpfen Dritter lagernde Objekt, *nicht* mit dem Tode seines Subjekts sein Ende erreicht.»[472]

In § 189 RStGB kam somit implizit auch die postmortale Fortwirkung des Leumunds – ein Element der Persönlichkeit – eines Menschen zum Ausdruck. Der Tod war insofern kein absolutes Ereignis, sondern ein relatives.

d) Todesstrafe

aa) Grundlagen

Ein im Strafgesetzbuch für das Deutsche Reich vom 15. Mai 1871 normiertes Strafmittel mit einem direkten Bezug zum toten Körper eines Menschen war die Todesstrafe. Die Verurteilung zum Tode bedeutete, dass, sofern die Strafe vollzogen wurde, der Staat dem Leben eines Menschen ein Ende setzte und dadurch einen toten Körper erzwang. Hinter der konkreten Art und Weise der Vollstreckung der Todesstrafe stand somit zwingend ein bestimmtes Verhältnis des Staates zum Leichnam und insbesondere zum gewesenen Menschen bzw. dessen Persönlichkeit. In strafrechtlichen Abhandlungen des endenden 19. Jahrhunderts, die auch der Frage der rechtlichen Stellung des Leichnams nachgingen, erfolgten allerdings nur selten Verweise auf die Todesstrafe. Max Mittelstein etwa platzierte in seinem 1886 erschienenen Beitrag über «Mensch und Leichnam als Rechtsobjekt» den versteckten Hinweis, dass Angehörige als berechtigt erachtet werden müssten, die «Herausgabe der Leiche resp[ektive] der Reste

---

470 So etwa Keyssner, Bilde 1898.

471 Olshausen J., 711.

472 Hess, 36 [Hervorhebung nicht im Original].

derselben zum Zwecke der Beerdigung zu verlangen.»[473] Er sprach damit eine Norm an, die den Vollzug der Todesstrafe regelte.[474]

Das Strafgesetzbuch für das Deutsche Reich vom 15. Mai 1871 normierte in § 13:

> «Die Todesstrafe ist durch Enthauptung zu vollstrecken.»[475]

Die Todesstrafe war im RStGB als zulässiges Strafmittel festgehalten worden, wie bereits zuvor im Allgemeinen Landrecht für die Preußischen Staaten vom 1. Juni 1794 (PrALR)[476], im PStGB[477] und im Strafgesetzbuch für den Norddeutschen Bund[478]. Die Durchführung der Enthauptung eines zum Tode verurteilten Menschen regelte unter anderem § 486 Strafprozeßordnung (RStPO) vom 1. Februar 1877. Ein Blick auf die Normgeschichte von § 13 RStGB zeigt aber, dass die Zulässigkeit der Todesstrafe umstritten war. Erste Forderungen nach einer Abschaffung kamen bereits zum Ende des 18. Jahrhunderts auf, in einer Zeit, in der die Strafrechtspflege immer wieder in der Kritik stand.[479] In der Rechtswissenschaft kam es insbesondere zu Beginn des 19. Jahrhunderts zu unzähligen Abhandlungen für und gegen die Todesstrafe. Die Debatten intensivierten sich in der Schlussphase der Revision des preussischen Strafrechts.[480] Sowohl im Rahmen der im Revolutionsjahr 1848 abgehaltenen Plenarberatung vor dem «Vereinigten ständischen Ausschuss»[481] als auch in der wenige Monate später

---

473 MITTELSTEIN, 180.

474 S. MITTELSTEIN, 180 (Fn. 35): «Vergl[eiche] R. St. G. B. §. 486. al[inea] 5». Mittelstein verwies hier fälschlicherweise auf das RStGB, gemeint war allerdings § 486 Abs. 5 RStPO, wonach der Leichnam eines Hingerichteten «den Angehörigen desselben auf ihr Verlangen zur einfachen, ohne Feierlichkeiten vorzunehmenden Beerdigung zu verabfolgen» war, s. dazu sogleich.

475 § 13 RStGB.

476 Im zwanzigsten Titel des zweiten Teils des PrALR wurde für eine grosse Anzahl von Verbrechen die Todesstrafe als ordentliches Strafmittel vorgesehen. Die Todesstrafe galt beispielsweise für das Verbrechen des Hochverrates [II 20 § 93 PrALR], des Landesverrates [II 20 § 102 PrALR] oder der Majestätsbeleidigung [II 20 § 197 PrALR], vgl. SCHEWARDNADSE, 29 (Fn. *).

477 S. § 7 PStGB. Im PStGB waren etwa folgende Verbrechen mit der Todesstrafe bedroht: Hochverrat [§§ 61, 67 Abs. 2], Landesverrat [§§ 68 Abs. 1, 69 Abs. 2], Tätlichkeit gegen den König [§ 74 Abs. 1], Mord [§ 171 Abs. 1], Totschlag bei Begehung einer anderen Straftat [§ 178], Tötung eines Verwandten [§ 179], Brandstiftung mit Todesfolge [§ 285] und Überschwemmung mit Todesfolge [§ 290]. Zum Vollzug der Todesstrafe s. auch § 8 und § 9 PStGB.

478 S. § 13 Strafgesetzbuch für den Norddeutschen Bund vom 31. Mai 1870.

479 An dieser Stelle erfolgte in der Literatur regelmässig der Hinweis auf den sogenannten Justizmord an Jean Calas vom 10. März 1762 in Toulouse. Der hugenottische Kaufmann Calas wurde wegen eines angeblich religiös motivierten Mordes an seinem Sohn ohne wirkliche Beweisführung zum Tode verurteilt. Der aufwühlende Fall bewegte den französischen Philosophen Voltaire dazu, die Kassation des bereits vollstreckten Urteils zu erwirken. Im Kassationsverfahren wurde Jean Calas postum unschuldig erklärt, vgl. BERNER, Todesstrafe, 1; DÜSING, 15.

480 Umfassende Ausführungen zur Chronologie der Revision des preussischen Strafrechts bei BESELER, 1 ff.; STROHKENDL, 13 ff.

481 Die Plenarsitzungen fanden ab dem 17. Januar 1848 statt, wo die Zweite Abteilung des Ausschusses den «Entwurf des Strafrechtes einer letzten ständischen Begutachtung zu unterwer-

tagenden «Preußischen Verfassungsgebenden Nationalversammlung»[482] kam es zu längeren Auseinandersetzungen zwischen Befürwortern und Gegnern der Todesstrafe. Zwischenzeitlich resultierte der Beschluss eines Gesetzes über die Abschaffung der Todesstrafe, das die grundsätzliche Aufhebung – mit Ausnahmen bei der Androhung im Kriegs- und/oder Belagerungszustand – vorsah. Aufgrund von Vereitelungsaktionen durch König Friedrich Wilhelm IV. und durch den abschaffungsfeindlichen Justizminister Karl Anton Maercker kam es jedoch nie zu einer Umsetzung des Gesetzes.[483] Die Streitfrage über die Zulässigkeit der Todesstrafe erhielt auch im Rahmen der Ausarbeitung des Strafgesetzbuches für den Norddeutschen Bund einen grossen Stellenwert. Eine über hundert Seiten umfassende Darstellung an geschichtlichen und gesetzlichen Materialien sollte «den gesetzgeberischen Entschluß in dieser Frage bedingen können.»[484] Allerdings führte der Gesetzgeber – in Kenntnis der umfangreichen Darstellung – die Beständigkeit der Todesstrafe als zulässiges Strafmittel fort, und zwar in Form des § 13 RStGB.[485]

bb) Religiöse Achtung der (postmortal fortwirkenden) Persönlichkeit

In Preussen wurde die Todesstrafe bis zum Inkrafttreten des Strafgesetzbuchs im Jahre 1851 vielerorts auf dem sogenannten Richtplatz und damit bewusst in Anwesenheit der breiten Bevölkerung vollzogen. Ziel und Zweck des öffentlichen Vollzuges war die Abschreckung und Belehrung der an der Hinrichtung teilnehmenden Personen im Sinne der Generalprävention.[486] Solche Hinrichtungen nahmen jedoch zunehmend den Charakter beliebter Volksanlässe an, bei denen das Volk grösstenteils zur eigenen Belustigung zugegen war.[487] Diese Situation beanstandete etwa König Friedrich Wil-

fen» hatte, s. Verhandlungen Ausschuss, 1. Es handelte sich dabei um den PStGB-Entwurf aus dem Jahre 1847.

482 Die Aufgabe der in Berlin stattfindenden Nationalversammlung bestand grundsätzlich darin, eine Verfassung für Preussen auszuarbeiten. Die Debatte rund um die Abschaffung der Todesstrafe ging auf einen Antrag des Abgeordneten *Lisiecki* (und *Ullrich*) zurück, s. Verhandlungen Preussen, 982. Eine Übersicht zu den vorgebrachten Argumenten bei Düsing, 60–64.

483 Vgl. Düsing, 69 ff; Strohkendl, 90–93. Auch erfolgte keine Aufnahme der Abschaffungsbestimmung in den Grundrechtskatalog der Verfassung und die von König Friedrich Wilhelm IV. am 5. Dezember 1848 oktroyierte «Verfassung für den Preußischen Staat» erwähnte die Abschaffung der Todesstrafe ebenfalls mit keinem Wort. An der Frankfurter Nationalversammlung wurde die grundsätzliche Abschaffung der Todesstrafe auf (theoretischer) Verfassungsebene beschlossen, vgl. Düsing, 29–53.

484 Über die Todesstrafe, 2.

485 Die definitive Aufhebung der Todesstrafe erfolgte in Deutschland im 20. Jahrhundert, vgl. Düsing, 80–101. Als Grundlage der endgültigen Aufhebung diente Art. 102 Grundgesetz für die Bundesrepublik Deutschland vom 23. Mai 1949.

486 Vgl. Beseler, 95 [«Abschreckungstheorie»].

487 Diesen Umstand tönte bereits Cesare Beccaria in seinem 1764 erschienenen Werk «Dei delitti e delle pene» an. In § 16 forderte er die Abschaffung der Todesstrafe und vertrat die Ansicht, die Hinrichtung verfehle den Zweck der Abschreckung, da sie «der überwiegenden Menge

helm III., wie seiner am 16. September 1800 erlassenen «Verordnung, wie künftig den Vollziehungen von Todesurtheln in den hiesigen Residenzien verfahren werden soll»[488], entnommen werden kann. Darin erfolgte der Hinweis auf einen bei einer Hinrichtung entstandenen «Volksauflauf», der «den Zweck, warnende und abschrekkende Beispiele darzustellen, mehrentheils vereitelt» habe.[489] Zeitgenössischen Berichten kann entnommen werden, dass sich die Problematik der Anziehungskraft einer Hinrichtung auch Jahrzehnte später noch stellte.[490] Die Verfehlung des eigentlichen Strafzwecks wurde über beide Lager – Befürworter und Gegner der Todesstrafe – hinweg anerkannt und führte im Rahmen der Beratungen des Entwurfes für ein preussisches Strafgesetzbuch zu tiefgreifenden Änderungen und Anpassungen im Bereich des Vollzugs der Todesstrafe.[491] Nach Vorbild nordamerikanischer Staaten kam es insbesondere zum Wechsel von der öffentlichen Hinrichtung hin zur Hinrichtung im verschlossenen Raum – der ‹Intramuran›-Hinrichtung.[492] Ab 1877 war die geänderte Vollzugsform in § 486 Abs. 1 RStPO normiert: «Die Vollstreckung der Todesstrafe erfolgt in einem umschlossenen Raume.»[493] Mit dieser Änderung wurden in erster Linie die Interessen des Staates, die in der Abschreckung und der Kontrolle der Bevölkerung lagen, verfolgt.[494] Allerdings

ein Schauspiel» biete, s. BECCARIA, 46. Das Werk wurde kurz nach der Erstveröffentlichung in mehreren Übersetzungen herausgebracht. Eine spätere Übersetzung in deutscher Sprache publizierte etwa Julius Glaser 1851 in Wien.

488 Abgedruckt in: NCC Band 10, 3073–3075.

489 Abgedruckt in: NCC Band 10, 3073. Als Reaktion musste das «Infanterie-Commando» künftig einen Kreis um den Richtplatz bilden (§ 8) und diesen bis nach der Fortschaffung des Hingerichteten und Reinigung des Richtplatzes (§ 10) aufrecht erhalten. Die verordneten Massnahmen dienten somit einzig dem Aufrechterhalten der öffentlichen Ordnung.

490 Vgl. MITTERMAIER, Verhältnis, 418, der diesen Zustand mit den Worten «Tausende von Menschen waren selbst aus entfernten Orten zugeströmt» umschrieb. Vgl. LIEBER, 29 f., der auf eine Hinrichtung verwies, die durch Befehle des Königs Friedrich Wilhelm IV. von Berlin über Potsdam nach Spandau verlegt werden musste.

491 Vgl. STROHKENDL, 124 ff.

492 Vgl. LIEBER, 1 ff. Hinweise auf Nordamerika (und Belgien) auch bei BESELER, 96. Es gab auch Kritik an dieser Änderung. Die nicht-öffentliche Hinrichtung könne zum «furchtbaren Gespenste» werden, da durch sie Missbrauch entstehe, s. BERNER, Lehrbuch, 193.

493 § 486 Abs. 1 RStPO bzw. § 8 Abs. 1 PStGB. Um den Grundsatz der Öffentlichkeit nicht zu verletzen, mussten gemäss der neuen Regelung ausgewählte Personen der Exekution beiwohnen, s. § 486 Abs. 2 RStPO bzw. § 8 Abs. 2 PStGB.

494 Eine andere, verkappte (Sitten-)Kontrolle war in § 367 Ziff. 1 RStGB enthalten, wo die Beerdigung und das Beiseiteschaffen eines Leichnams «ohne Vorwissen der Behörde» unter Strafe gestellt wurde. Dieser Teil der Norm bezog sich insbesondere auf die Beseitigung von Leichnamen neugeborener Kinder durch unverheiratete Frauen bzw. Mütter, s. OLSHAUSEN J., 1335; STENGLEIN, RStGB, 782. Aussereheliche Kinder waren zu jener Zeit gesellschaftlich nicht akzeptiert worden und stellten ein Stigma dar. Viele dieser Kinder wurden nach der (heimlichen) Geburt von deren Mutter getötet, um die sogenannte Geschlechtsehre zu retten. Unter diesem Aspekt verkam der Leichnam (des Kindes) indirekt zu einem Steuerungsinstrument der Gesellschaft: Kinder sollten in einer Ehe geboren werden. Zum Phänomen der Kindstötung WÄCHTERSHÄUSER.

brachte die Hinrichtung im «umschlossenen Raume» implizit auch die Achtung der Persönlichkeit eines Hinzurichtenden zum Ausdruck. Die normative Ablehnung eines direkten Kontaktes mit der breiten Gesellschaft relativierte die Stellung als Objekt der Generalprävention und entzog den zum Tode Verurteilten der «Belustigung» des Volkes. Eine direkte Ausgestaltung des Gedankens der Achtung der Persönlichkeit zeigte sich in § 486 Abs. 3 RStPO:

> «Außerdem ist einem *Geistlichen von dem Religionsbekenntnisse des Verurtheilten* und dem Vertheidiger und nach dem Ermessen des die Vollstreckung leitenden Beamten auch anderen Personen der Zutritt zu gestatten.»[495]

Die Bestimmung der Strafprozessordnung sah vor, dass einem Geistlichen desjenigen Religionsbekenntnisses, das der Verbrecher hatte, der Zutritt zur ‹Intramuran›-Hinrichtung gestattet werden musste. Die Beiwohnung eines Geistlichen sei notwendig, damit die «Achtung vor dem Unsterblichen im Menschen»[496] erfolgen könne und Busse im Sinne von Besserung für den Übertritt in das Jenseits getan werde. Hinter diesem Verständnis standen die religiös untermalten Forderungen nach der Möglichkeit zur Besserung des Verbrechers. In den Grundsatzdebatten über die Zulässigkeit der Todesstrafe wurden von Seiten der Gegner immer wieder längere Ausführungen zur sogenannten Besserungstheorie gemacht. Diese Theorie sei «die vollendetste Reaction gegen das Unrecht […], wenn man dieselbe auch in dem Inneren des Verbrechers selbst sich vollziehen lasse» [497]. Für viele Stimmen sollte die Besserung eines Verbrechers das tragende Element einer neuen Strafrechtssystematik sein, die auch durch die Gesetzesrevisionen im 19. Jahrhundert angestrebt wurde. Da die Todesstrafe jedoch «irreparabel» sei und sich schlecht mit der Besserung des Verbrechers vereinbaren lasse, fordere der Besserungsgedanke zwingend eine Ablehnung der Todesstrafe. Die Wichtigkeit der Möglichkeit zur Besserung wurde zusätzlich durch religiöse Überzeugungen untermauert.[498] Es sei, so die Gegner der Todesstrafe in den Beratungen zum PStGB, «kein mit Vernunft begabtes Wesen» dazu berechtigt, «ein anderes gleichfalls

[495] § 486 Abs. 3 RStPO. Die Bestimmung war wortähnlich in § 8 Abs. 3 PStGB vorzufinden.

[496] Berner, Lehrbuch, 193.

[497] Bar, 82.

[498] In den Debatten wurden philosophische, ethische und religiöse Überlegungen gleichermassen von beiden Seiten der Argumentierenden eingebracht, vgl. Motive StGB Norddeutschen Bund, 28 f. Befürworter der Todesstrafe stützten sich etwa auf die Bibelstellen 1. Moses 6,9, 2. Moses 21,12, 14 und 23 oder Matthäus 26,52. Ablehnende Autoren sahen die biblische Grundlage gegen die Beibehaltung der Todesstrafe etwa in den Bibelversen 2. Moses 21,20 und 21 oder Matthäus 5,38 und 39. Von abschaffungsfreundlichen Stimmen wurde, neben zahlreichen Bibelversen, auch der kanonische Rechtsgrundsatz «ecclesia non sitit sanguinem» – «Die Kirche dürstet nicht nach Blut» – ins Feld geführt, vgl. Berner, Lehrbuch, 191. Laut diesem Grundsatz war (und ist) es Klerikern verboten, Strafurteile gegen den Leib und das Leben «zu fällen, an ihnen teilzunehmen oder auch nur auf solche hinzuwirken», s. Jerouschek.

mit Vernunft begabtes zu vernichten».[499] Das Argument der Befürworter der Todesstrafe, der Leib müsse «hingegeben werden, um die Seele zu retten»[500], wurde mit der Anerkennung der «Allmacht des göttlichen Wesens»[501] widerlegt. Zudem liege die Rettung der Seele nicht «in der Aufgabe des Staats»[502]. Durch den Vollzug der Todesstrafe werde der Weg zur Besserung und dadurch die «Vorbereitung für die andere Welt»[503] verunmöglicht. Hinter diesen Argumenten gegen die Todesstrafe stand der Glaube an das Jüngste Gericht und die Überzeugung davon, dass nach dem weltlichen Dasein eine Fortexistenz im Jenseits erfolge.[504] Die Umsetzung der vorgebrachten Argumente für die Besserungsmöglichkeit erfolgte offensichtlich nicht in der gänzlichen Aufhebung der Todesstrafe, sondern in der Anpassung der Vollzugsbestimmungen. Die Einbindung eines Geistlichen in den Vollzugsprozess der Todesstrafe diente der Achtung der Persönlichkeit eines Hinzurichtenden, die, nach Ansicht des Gesetzgebers, über den Tod hinweg im Jenseits fortbestand.

cc) Postmortale Strafverschärfung und stilles Begräbnis

Der christliche Gedanke, dass der Mensch nach dem Tod im Jenseits in einer Form weiterexistiere, kam auch im Zusammenhang mit der Behandlung bzw. Bestrafung des Leichnams eines Hingerichteten zum Tragen. In der Frühen Neuzeit wurden unter dem Sonderstrafrecht – ‹crimina excepta› – die sogenannten Leichnamsstrafen normiert, die sich in erster Linie gegen den Leichnam selbst richteten. Eine Strafe am Leichnam setzte dabei grundsätzlich nach der vollzogenen Todesstrafe an.[505] Als «jenseitige Strafe für Verbrechen» fand die Leichnamsstrafe insbesondere dort eine Legitimation, wo der unversehrte Leichnam als «Bedingung für ein Leben nach dem Tod» galt.[506] Diese Bedingung stand in einer direkten Verbindung mit dem christlichen Auferstehungsglauben.[507] Schliesslich diente der enge Konnex zur christlichen Glaubenslehre dazu, die Leichnamsstrafen auch «im 16. und 17. Jahrhundert als Waffe in

---

499 Goltdammer, Materialien I, 84.

500 Abegg, 190.

501 Berner, Todesstrafe, 9 f.

502 Mittermaier, Aufhebung, 338.

503 Goltdammer, Materialien I, 84. Die Befürworter wiederum sahen weder in den «Schriften des alten noch des neuen Testaments […] eine Mißbilligung» der Todesstrafe. Mit der Hinrichtung werde der «Verbrecher nur physisch, nicht moralisch» vernichtet.

504 Dazu s. unten, Teil 2/C/I/2/b/cc.

505 Auch fallen Strafmassnahmen gegen den Leichnam eines Selbstmörders in diese Kategorie, s. dazu Auer m.w.N.

506 Maihold, crimina excepta, 87.

507 Einige Bibelverse erwähnen die Leichnamsstrafen im Zusammenhang mit dem Zorn Gottes oder der Schändung, s. dazu unten, Teil 2/C/I/2/c/cc. Allerdings dürfte die Wurzel von Leichnamsstrafen auch in steinzeitlich magischen Vorstellungen liegen, s. Maihold, crimina excepta, 81.

den Konfessionskriegen»[508] einzusetzen. Der Vollzug von Strafen an einem Leichnam zeigt, dass die Obrigkeiten zu dieser Zeit der Vorstellung eines jenseitigen Weiterlebens anhingen. Sie waren davon überzeugt, durch Bestrafung des Leichnams postmortal auf das Jenseits einwirken zu können. Der Leichnam nahm hier eine Brückenfunktion und vermittelnde Objektstellung ein. Er verkörperte im Diesseits das Jenseits. Durch ihn war gewissermassen das Jenseits mit dem Diesseits verbunden. In der Literatur werden als Beispiele solcher Strafen das Verbrennen oder Enthaupten eines exhumierten Leichnams angeführt.[509] Im Zusammenhang mit der Todesstrafe im 19. Jahrhundert kam der Aspekt der Leichnamsstrafen durch verschärfende Massnahmen zum Ausdruck, die sich im konkreten Vollzug der Todesstrafe zeigten. Beispielsweise sah II 20 § 102 PrALR vor, dass ein «Landesverräther der Ersten Classe» zum Richtplatz geschleift und «mit den Rade von unten herauf getödtet, und der Körper auf das Rad geflochten» werden solle. Demgegenüber waren gemäss II 20 §§ 107 bis 111 PrALR Landesverräter der «Zweyten Classe», die «Unternehmungen von minderer Wichtigkeit» vorgenommen haben, nur durch «den Strang», das Rad «von oben herab», das Feuer, das Schwert oder den Galgen hinzurichten. Der verschärfende Unterschied bestand hier im «auf das Rad geflochten» werden, das nach der Tötung, also postum, erfolgte. Auch der Entwurf zum PStGB von 1827 enthielt einen solchen Strafverschärfungsgedanken. Als verschärfende Massnahmen wurden etwa das Verscharren des Leichnams auf dem Richtplatze und die Aufrichtung einer Tafel auf der Stätte mit Bezeichnung des Namens und des Verbrechens vorgesehen.[510] Den Motiven zum Entwurf von 1847 ist zu entnehmen, dass als Schärfung das öffentliche Ausstellen des Kopfes sowie das Abhauen der rechten Hand nach der Exekution diskutiert worden war.[511] Mit solchen Vollzugsformen der Todesstrafe sollte eine Verhinderung des Übertritts in das Jenseits erreicht werden, was zeigt, dass an die Möglichkeit einer postmortalen Einwirkung auf die (fortexistierende) Persönlichkeit des hingerichteten Menschen gedacht wurde. Der Hingerichtete bzw. der tote Körper des Hingerichteten blieb dadurch ohne jeglichen Rechtsschutz.

Im Gleichschritt mit den ersten praxisrelevanten Regelungen zu Leichnamsstrafen traten kritische Stimmen aus den Rechtswissenschaften auf. Insbesondere der im weltlichen wie auch im kanonischen Strafrecht als Grundlage für die Straffunktion propagierte Satz «crimen extinguitur mortalitate» – «der Tod tilgt das Verbrechen» –

508 Maihold, crimina excepta, 81.

509 Vgl. Maihold, crimina excepta, 78 f.

510 Vgl. Goltdammer, Materialien I, 87. Im Entwurf von 1851 soll eine nahezu wortgleiche Schärfung – der Leichnam sei neu ausserhalb des Kirchhofes zu verscharren – vorgesehen gewesen sein, s. Temme, 417.

511 S. Motive PStGB 1847, 7. Hier dürfte allerdings keine Schärfung, sondern eine postmortale Strafe vorgelegen haben. § 99 PRALR II 20 beinhaltete bereits den Ansatz einer postmortalen Strafe: Nach dem Tod des Hochverräters sei «die Execution der verwirkten Leibesstrafe an seinem Bildnisse» zu vollziehen. Vgl. zur postmortalen Strafe Wessely, 201 ff.

galt als mit dem Vollzug von Leichnamsstrafen unvereinbar.[512] Wenn mit dem Tod eines Menschen die von ihm begangenen Taten als getilgt angesehen wurden, waren Strafen am Leichnam nicht mehr zu rechtfertigen.[513] Die kritische Haltung gegenüber Leichnamsstrafen hielt auch Einzug in die Schlussphase der Gesetzesrevision zum PStGB, wo Abstand von strafverschärfenden Massnahmen genommen wurde.[514] Im Kommissionsbericht der Zweiten Kammer «zur Prüfung des Entwurfes des Strafgesetzbuchs für die Preußischen Staaten» kam diese Ablehnung folgendermassen zum Ausdruck:

> «Der Tod sühnt hier auf Erden alle Schuld; über ihn hinaus darf die Hand des menschlichen Richters sich nicht erstrecken wollen. Was der Todesstrafe als Schärfung hinzugefügt wird, trifft nicht den schuldigen Verbrecher; es kränkt und verletzt die unschuldigen Angehörigen; es ist gegen diese eine Strafe ohne Strafurtheil.»[515]

Die Kommission vertrat die Ansicht, dass mit dem Tod das Verbrechen gesühnt sei. Weltliche Strafen über den Tod hinaus gälten daher als unzulässig. Gegen eine Beibehaltung von strafverschärfenden Massnahmen sprach zudem, dass die Verschärfungen lebende Angehörige verletzen würden. Darüber hinaus liefere eine Strafverschärfung einen Beitrag zur Demoralisierung der Bevölkerung.[516] Der tote Mensch und der tote Körper des Menschen gehörten nach dieser Vorstellung nicht mehr in den Einflussbereich des weltlichen Rechts. Vielmehr werde der Hingerichtete zu einem Teil der göttlichen Ordnung, was wiederum die Anerkennung einer über den Tod hinaus fortwirkenden Persönlichkeit des Menschen voraussetzte.[517]

Die Ablehnung der Leichnamsstrafen und der Wandel im Hinblick auf die verschärfenden Massnahmen bei der Todesstrafe erfolgten jedoch nicht in umfassender Weise. Ausdruck des anhaltenden Verlangens nach Strafverschärfung und Einflussnahme auf die postmortal fortexistierende Persönlichkeit war der in § 32 RStGB normierte Verlust der bürgerlichen Ehre:

---

512 Davon zu trennen war die Akzeptanz der normalerweise vorangehenden Todesstrafe, die bis weit in das 18. Jahrhundert aufrecht erhalten blieb.

513 In der Praxis schien das Verlangen nach einer Strafe am Leichnam jedoch weiterhin zu existieren, da unterschiedliche Versuche zur Begründung von Ausnahmen vorgenommen wurden. Ausführlich dazu Maihold, Leichnamsstrafen, 13 ff.

514 Grundsätzlich sah das Strafsystem des beginnenden 19. Jahrhunderts strafverschärfende Massnahmen für als besonders schwer einzustufende Verbrechen vor. Damit sollte dem Grad der Schuldhaftigkeit Ausdruck verliehen bzw. das Vorliegen einer «besonders schweren inneren Verschuldung» kundgetan werden. Je verwerflicher ein Verbrechen war, desto «schärfer» fiel die Strafe aus, s. Motive PStGB 1847, 7.

515 Kommissionsbericht PStGB, 605.

516 S. Motive PStGB 1851, 6.

517 Gemäss den Motiven zum Entwurf von 1845 sei alles an Verschärfungen zu unterlassen, was «die Möglichkeit einer Rückkehr zu Gott verneint», abgedruckt in: Goltdammer, Materialien I, 88. Dazu passte auch die Bestimmung in § 486 Abs. 3 RStPO, wonach einem Geistlichen der Zutritt zur Hinrichtung gestattet werden musste, s. oben, Teil 2/B/I/2/d/bb.

> «Neben der Todesstrafe und der Zuchthausstrafe kann auf den Verlust der bürgerlichen Ehrenrechte erkannt werden […].»[518]

Die bürgerliche Ehre umfasste die Möglichkeit, Träger von «öffentlichen Aemter[n], Würden, Titel[n], Orden und Ehrenzeichen»[519] zu sein. Ob mit der Erkennung auf Verlust der bürgerlichen Ehrenrechte eine Strafverschärfung vorlag, bleibt jedoch unklar. Aus den Motiven zum Entwurf des PStGB von 1851 geht hervor, dass der Verlust der bürgerlichen Ehre als «Schärfung der Strafe»[520] verstanden wurde. Später, im Rahmen der Verhandlungen für ein Strafgesetzbuch für den Norddeutschen Bund, war der bürgerliche Ehrverlust nicht als «eigentliche Strafschärfung»[521] angesehen worden. Unabhängig von der Frage, ob eine Strafverschärfung vorliege oder nicht, bestand allerdings die Ansicht, dass der Verlust der bürgerlichen Ehrenrechte für den Hinzurichtenden «kaum eine Bedeutung»[522] einnehme. Insbesondere die zeitliche Begrenzung des Verlustes, die sich bei der Todesstrafe mit dem Vollzug ergab, machte § 32 RStGB in dieser Situation gewissermassen irrelevant.[523] Um der Bestimmung dennoch Bedeutung zu verschaffen, musste sie daher zusammen mit § 486 Abs. 5 RStPO gelesen werden:

> «Der Leichnam des Hingerichteten ist den Angehörigen desselben auf ihr Verlangen zur *einfachen, ohne Feierlichkeiten vorzunehmenden Beerdigung* zu verabfolgen.»[524]

Durch diese Norm der Strafprozessordnung wurde der Leichnam eines Hingerichteten überhaupt erst zur Bestattung durch die lebenden Angehörigen zugelassen, was, auch wenn das kirchliche Begräbnis für Hingerichtete lange Zeit verweigert wurde, einem christlichen Gebot entsprach.[525] Der Gesetzgeber stellte damit auf normativer Ebene klar, dass die Bestattung für den Staat und die Gesellschaft eine zentrale Bedeutung im Umgang mit dem Leichnam einnahm. In dieser Hinsicht galt es die Persönlichkeit eines jeden auch postmortal zu achten.[526] Der Normzweck von § 486 Abs. 5 RStPO bestand

---

518 § 32 RStGB. Der Verlust der bürgerlichen Ehre wurde auch in § 7 und § 12 PStGB und in § 13 Strafgesetzbuch für den Norddeutschen Bund vom 31. Mai 1870 normiert. In § 7 PStGB galt der Verlust der bürgerlichen Ehre als mögliche Nebenstrafe der Todesstrafe, vgl. Über die Todesstrafe, 33 ff.

519 § 33 RStGB. Zum inhaltlichen Umfang der bürgerlichen Ehre äusserte sich weiter § 34 RStGB.

520 Motive PStGB 1851, 6. Ablehnend in Bezug auf die Frage des Vorhandenseins einer Schärfung der Todesstrafe Berner, Strafgesetzgebung, 245. Vgl. Strohkendl, 124.

521 Über die Todesstrafe, 33 ff. Diese Wortwahl auch bei Temme, 413.

522 Beseler, 94. Das bürgerliche Ehrenrecht ist § 12 PStGB zu entnehmen.

523 Vgl. Stenglein, RStGB, 128. Er verwies auf die als Anlage 2 zu den Motiven des Strafgesetzentwurfs für den Norddeutschen Bund abgedruckte Denkschrift «Über die Todesstrafe».

524 § 486 Abs. 5 RStPO [Hervorhebungen nicht im Original]. Die Norm war wortähnlich in § 9 PStGB zu finden. Zum Vollzug s. § 8 und § 9 PStGB.

525 Vgl. dazu Wessely, 199 ff. Zum intensiven Verhältnis zwischen der preussischen Monarchie und der katholischen Kirche Bachem; Friedberg.

526 Aus den Normen wird nicht klar, was mit Leichnamen passierte, die nicht auf Antrag der Angehörigen zur Bestattung herausverlangt wurden. Es ist anzunehmen, dass diese Leichname an die Anatomie übergeben wurden. Dazu s. auch unten, Teil 2/C/II/2/b.

darin, den Verlust der bürgerlichen Ehre «äußerlich erkennbar»[527] zu machen. In der Verweigerung der normalen Bestattung des Leichnams sollte die besonders schwere Schuld des Verbrechers sinnlich zur Geltung gebracht werden. Mit dem sogenannten stillen Begräbnis erfolgte eine Differenzierung zwischen Ehrlosigkeit und Ehrbarkeit. Der Hingerichtete erfuhr so eine (postmortale) Degradierung gegenüber den zum Beispiel auf natürliche Art und Weise verstorbenen Menschen. Daneben brachte die Überführung des toten Körpers eines Hingerichteten an seine Angehörigen zum Ausdruck, dass dieser als Mensch Teil von deren Pietätsgefühlen blieb.[528] In den Verhandlungen zum PStGB waren strafverschärfende Handlungen am Leichnam entsprechend auch deshalb abgelehnt worden, weil sie das Pietätsgefühl der nahen Angehörigen und nicht den Toten selbst verletzen würden.[529] Die Überführung der Leichname hingerichteter Personen an nahe Angehörige schützte somit deren Pietätsgefühle.[530] Im Ergebnis lagen mit § 32 RStGB i.V.m. § 486 Abs. 5 RStPO bzw. § 7 PStGB i.V.m. § 9 PStGB ein Kompromiss vor, der dem Verlangen nach Strafverschärfung und der Forderung nach einem Schutz der Pietätsgefühle Angehöriger gleichermassen nachkam. Im Hintergrund stand dabei die Überzeugung, dass die Persönlichkeit des hinzurichtenden Menschen postmortal fortwirke.

e) *Bedeutung des Strafrechts für die Überlegungen von Gareis, Kohler und Gierke*

Der Blick auf das Strafgesetzbuch für das Deutsche Reich vom 15. Mai 1871 zeigt, dass im deutschen Strafrecht der zweiten Hälfte des 19. Jahrhunderts Normen vorhanden waren, die implizit die Anerkennung eines postmortalen Rechtsschutzes des Menschen beinhalteten. Es stellt sich die Frage, inwiefern diese Regelungen des Strafrechts bei den Überlegungen von Gareis, Kohler und Gierke zu einem postmortalen Persönlichkeitsschutz berücksichtigt wurden. Die drei Juristen nahmen in ihren Ausführungen unterschiedlich stark Bezug auf das Strafrecht. Gierke etwa traf keine spezifische Aussage darüber, ob im positiven Strafrecht Ansätze eines postmortalen

---

527 Motive PStGB 1851, 6.

528 Zu § 168 RStGB s. oben, Teil 2/B/I/2/b. Kritiker empfanden die Ablieferung der Leiche an die Angehörigen «furchtbar aufregend» und lehnten eine solche deshalb ab, s. Berner, Lehrbuch, 193 (Fn. 2). Das Angemessenste wäre nach Berners Ansicht die stille Beerdigung durch die Behörden.

529 Vor Erlass des PStGB war der Umgang mit dem Leichnam eines Hingerichteten in Preussen nicht geregelt gewesen, vgl. Beseler, 97. Für das PStGB diente Art. 14 Code Pénal als Vorlage, vgl. Strohkendl, 126. Das Sächsische Strafgesetzbuch vom 11. August 1855 sah in Art. 10 vor, dass der Leichnam eines Hingerichteten «an die nächste anatomische Anstalt abgeliefert, oder wenn dieses nicht thunlich ist, auf einem von dem gewöhnlichen Todtenacker abgesonderten Orte begraben» werde.

530 Vgl. Goltdammer, Materialien I, 87.

Rechtsschutzes vorzufinden seien. Er führte in seinen Ausführungen zu Persönlichkeitsrechten, die über den Tod eines Menschen hinaus bestehen, keine strafrechtlichen Bestimmungen an. In der Einleitung seines Werkes zum deutschen Privatrecht hob Gierke nur in allgemeiner Weise hervor, dass sich das Straf- und Zivilrecht allgemein «besonders nahe»[531] berühren und ein enger Zusammenhang bestehe. So gelte etwa das Strafrecht als «unerlässliche[s] Hülfsmittel»[532] für die Privatrechtswissenschaften. Bei der Behandlung der rechtlichen Stellung des Leichnams tönte er zudem an, dass das öffentliche Recht eine beschränkende Wirkung auf die Verfügungsmöglichkeit über den toten Körper des Menschen habe. Gierke dachte dabei an die Bestattung und die Sektion von Leichnamen, vermied aber die Erwähnung konkreter, beschränkend wirkender Strafrechtsnormen.[533]

Anders verhielt es sich bei Kohler. Er setzte sich intensiv mit dem Strafrecht auseinander und verfasste unter anderem eine über zweihundert Seiten umfassende Schrift zur Dogmatik des Strafrechts. In seinen strafrechtlichen Studien ging er unter dem Aspekt der «Störung der Ruhe des Leichnams» auch auf die Rechtsstellung des Leichnams ein.[534] Gemäss Kohler handelte es sich bei § 168 RStGB «immer nur um die Respektirung des Friedens und der Ruhe der Leiche»[535]. Ein eigentliches Rechtssubjekt liege nicht vor, denn «die Leiche ist nicht Subjekt, auch nicht die Seele des Verstorbenen»[536]. Kohler hob damit den Leichenfrieden als schützenswertes Interesse «der menschlichen Kulturwelt»[537] hervor. Eine Fixierung der Persönlichkeit des Menschen über dessen toten Körper erkannte er jedoch nicht in § 168 RStGB. Kohler lehnte in diesem Zusammenhang eine juristische Erörterung der Anschauung, dass «der Verstorbene noch seine Rechte habe»[538], ab. Die dominierende Kulturanschauung lasse eine solche Sichtweise nicht mehr zu. Für die Begründung des als «Residuum» über den Tod hinaus wirkende Persönlichkeitsrecht verwies Kohler auf § 189 RStGB. Das «Residuum» gehe auf die Hinterbliebenen über, und diese «üben es nicht als ihr ureigenes persönliches Recht»[539] aus. Es handele sich dabei um «dasselbe Recht, das ihnen die Befugniss verleiht, gegen die Verleumdung des Erblassers aufzutreten.»[540] Kohler erkannte damit in § 189 RStGB

531 Gierke, Band I, 105 f.

532 Gierke, Band I, 106.

533 S. Gierke, Band II, 36 (Fn. 68).

534 S. Kohler, Studien, 204–224.

535 Kohler, Studien, 206.

536 Kohler, Studien, 205.

537 Kohler, Studien, 229. Er wies im Nachtrag der Studien auf die Abhandlung von Georg Crusen über den strafrechtlichen Schutz des Rechtsguts der Pietät hin und bezeichnete die Konstruktion des Rechtsguts Pietät als «Irrthum der Schrift», weil dessen Träger das lebende Individuum sei, s. Kohler, Studien, 229.

538 Kohler, Studien, 205 f.

539 Kohler, Bismarckphotographie, 196.

540 Kohler, Bismarckphotographie, 196.

den Schutz der postmortal fortwirkenden Persönlichkeit eines Menschen. Besonders deutlich hob er diesen Umstand in seiner strafrechtlichen Abhandlung über «Ehre und Beleidigung» aus dem Jahre 1900 hervor. Er sah im strafrechtlichen Schutz der Ehre einen «ergänzenden Persönlichkeitsschutz» bzw. eine «civilrechtliche Erweiterung des Persönlichkeitsschutzes».[541] Mit § 189 RStGB sei «das Residuum der Persönlichkeit hiermit strafrechtlich genügend gedeckt»[542].

Gareis deutete in seinem Festgabebeitrag von 1900 explizit einen strafrechtlichen Einfluss auf die zivilrechtliche Behandlung des toten Körpers eines Menschen an. Er hob dabei einschlägige Bestimmungen aus dem Strafgesetzbuch für das Deutsche Reich vom 15. Mai 1871 hervor: «[D]er Leichnam kann auch nicht beliebiger Verfügung preisgegeben werden: das Strafrecht ahndet die Leichenschändung (vgl. RStrGB. § 168 [sc. § 168 RStGB]), das öffentliche Recht greift in die Behandlung des Leichenwesens und selbst des Leichentransportwesens ein (vgl. RStrGB. § 367 No. 1 und 2 [sc. § 367 Ziff. 1 und 2 RStGB]).»[543] Gareis entnahm einzelnen Strafrechtsnormen auch Ansätze eines postmortalen Persönlichkeitsschutzes. So biete § 168 RStGB einen «Schutz gegen die Verletzung der Totenehre»[544]. Die «Kränkung der Ehre» durch «beschimpfenden Unfug» richte sich gegen den toten Menschen selbst.[545] Zudem beinhalte § 189 RStGB einen Schutz des Andenkens «eines Verstorbenen»[546], worin die positivrechtliche Anerkennung des postmortalen (Persönlichkeits-)Schutzes eines Menschen zu sehen sei.

Obschon, wie oben dargelegt, in der Todesstrafe gemäss § 13 RStGB i.V.m. § 486 RStPO Ansätze eines postmortalen Rechtsschutzes eines Menschen vorhanden waren, nahm keiner der drei Juristen explizit Bezug auf die Thematik. Es ist aber davon auszugehen, dass sie diese Ansätze kannten. Gierke etwa behandelte im ersten Band «Deutsches Privatrecht» von 1895 das aus der Persönlichkeit entspringende «Recht der Ehre»[547]. Unter dem Aspekt der «Bürgerehre» bemerkte er, dass das geltende deutsche Strafrecht «einen Verlust der Ehre für immer» kenne.[548] In der anschliessenden Fussnote präzisierte Gierke die dauerhafte Aberkennung der Ehre mit dem Verweis auf die Todesstrafe.[549] Kohler verwies in seiner strafrechtlichen Abhandlung «Ehre und Beleidigung» bei der Frage der Verwertung von Leichnamen «zu wissenschaftlichen, anatomischen Zwecken»[550] auf den Beitrag von Max Mittelstein aus dem Jahre 1886.

541 Kohler, Ehre, 150.
542 Kohler, Ehre, 149.
543 Gareis, Körper, 66.
544 Gareis, Begräbnisstätte, 318.
545 Gareis, Begräbnisstätte, 318.
546 Gareis, Begräbnisstätte, 318.
547 Gierke, Band I, 427.
548 Gierke, Band I, 427.
549 S. Gierke, Band I, 427 (Fn. 3).
550 Kohler, Ehre, 258.

Mittelstein hatte bei seiner Betrachtung des rechtlichen Status des Leichnams die Vollzugsnorm § 486 Abs. 5 RStPO angeführt und so eine Verbindung zur Todesstrafe geschaffen.[551] Kohler war diese Verbindung also bekannt. Auch Gareis hatte Berührungspunkte mit der Todesstrafe. Er nahm 1902 an den Verhandlungen des Deutschen Juristentags teil und präsentierte dort ein Gutachten über die Frage der Anerkennung des Rechts am eigenen Bild.[552] An derselben Verhandlung behandelte der deutsche Strafrechtler Franz von Liszt die Revision des Strafgesetzbuchs, wo er mit Nachdruck die Abschaffung der Todesstrafe einforderte.[553]

3. Urheberrecht

Das Urheberrecht war ein Rechtsgebiet, das die Juristen Gareis, Kohler und Gierke in ihren Überlegungen zu einem postmortalen Persönlichkeitsschutz gleichermassen stark einbezogen. Alle drei Juristen erkannten in urheberrechtlichen Bestimmungen Ansätze eines postmortalen Rechtsschutzes des Menschen. Die einmütige Hervorhebung des Urheberrechts im Rahmen ihrer Ausführungen lag auch in der grundsätzlich engen Verbindung zum Persönlichkeitsrecht begründet. Gareis etwa betonte, dass die Anerkennung des Urheberrechts «in bemerkenswerter Weise zeitlich»[554] mit der des Persönlichkeitsrechts zusammentreffe. Überhaupt sei die Beschäftigung mit dem Urheberrecht zentral für die Herausbildung der Persönlichkeitsrechtstheorie gewesen und sie habe «zum schliesslichen Siege dieser Kategorie, die sich nun für die Dauer einen Platz in der Systematik der Privatrechte errungen hat»[555], verholfen. Auch wenn Gareis zwölf Jahre nach dieser Bemerkung konstatieren musste, dass eine umfassende Anerkennung der Persönlichkeitsrechte deshalb noch ausbleibe, weil einzelne Juristen «an der älteren Systematik des Privatrechtes»[556] festhalten würden, enthielt die Aussage eine wichtige Erkenntnis: Der zentrale Impuls für die Überlegungen zur Lehre des Persönlichkeitsrechts und den daraus entstandenen Annahmen eines postmortalen Persönlichkeitsschutzes ging von der Betrachtung des Urheberrechts aus.[557]

a) Rechtslage

Um die Zeit der Gründung des Deutschen Kaiserreichs im Jahre 1871 traten verschiedene Gesetze in Kraft, die das «literarische und künstlerische Urheberrecht» einerseits

---

551 S. Mitteilstein, 180 (Fn. 35).

552 S. dazu auch unten, Teil 2/B/I/4/c.

553 S. Liszt, 278, 290 ff.

554 Gareis, Körper, 87. Er lieferte dazu eine Übersicht zur chronologischen Herausbildung des Urheberrechts, s. Gareis, Körper, 82 ff. Zur zeitlichen Nähe Schwab, 216.

555 Gareis, Körper, 82.

556 Gareis, Bewegungen, 20.

557 Zur geschichtlichen Entwicklung des Urheberrechts in Deutschland bis zur Mitte des 19. Jahrhunderts Gieseke; Klippel, Eigentum. Vgl. ferner Osterrieth, 5–57.

und das «technische Urheberrecht» andererseits regelten.[558] Als zentrale urheberrechtliche Erlasse galten das Gesetz betreffend das Urheberrecht an Schriftwerken, Abbildungen, musikalischen Kompositionen und dramatischen Werken vom 11. Juni 1870[559], das Gesetz betreffend den Schutz der Photographieen gegen unbefugte Nachbildung vom 10. Januar 1876[560], das Musterschutzgesetz vom 11. Januar 1876 sowie das Deutsche Patentgesetz vom 25. Mai 1877[561]. Einzelne Normen dieser Urheberrechtsgesetze sahen explizit die postmortale Fortdauer der Urheberrechte vor. Sie standen überwiegend im Zusammenhang mit der Schutzdauer eines Urheberrechtes. Beispielhaft sei auf § 8 Gesetz betreffend das Urheberrecht an Schriftwerken, Abbildungen, musikalischen Kompositionen und dramatischen Werken vom 11. Juni 1870 hingewiesen:

> «Der Schutz des gegenwärtigen Gesetzes gegen Nachdruck wird, vorbehaltlich der folgenden besonderen Bestimmungen, für die Lebensdauer des Urhebers (§§. 1. und 2.) und *dreißig Jahre nach dem Tode* desselben gewährt.»[562]

Der Nachdruck eines Schriftwerkes wurde während 30 Jahren nach dem Tod des Urhebers weiterhin verboten. Dadurch erhielt das Urheberrecht am Werk eine positivrechtlich anerkannte Fortwirkung über den Tod des Urhebers hinaus.[563] Gemäss § 3 des Gesetzes ging das Recht des Urhebers auf dessen Erben über. Es umfasste die Ausübung bzw. Geltendmachung des Rechts, «ein Schriftwerk auf mechanischem Weg zu vervielfältigen»[564]. Bei einer postmortalen Verletzung des Schutzes waren zudem die «Rechtsnachfolger zu entschädigen»[565].

---

558 Gareis, Enzyklopädie 1905, 81, 85.

559 Das Gesetz war bis am 1. Januar 1902 in Kraft und wurde dann durch das Gesetz betreffend das Urheberrecht an Werken der Literatur und der Tonkunst vom 19. Juni 1901 (LUG) abgelöst, s. § 64 LUG.

560 Das Gesetz war bis am 1. Juli 1907 in Kraft und wurde dann durch das Gesetz betreffend das Urheberrecht an Werken der bildenden Künste und der Photographie vom 9. Januar 1907 (KUG) abgelöst, s. § 55 KUG.

561 Das Gesetz regelte «das technische Urheberrecht», wobei eine Untergliederung in Erfinderschutz und Gebrauchsmusterschutz bestand, s. Gareis, Enzyklopädie 1905, 85 f. Ähnlich bei Gierke, Band I, 754.

562 § 8 Gesetz betreffend das Urheberrecht an Schriftwerken, Abbildungen, musikalischen Kompositionen und dramatischen Werken vom 11. Juni 1870 [Hervorhebungen nicht im Original].

563 Ähnlich auch im später erlassenen LUG [§ 29: 30 Jahre bei literarischen Werken] und KUG [§ 22: 10 Jahre bei Bildnissen; § 25: 30 Jahre bei Werken der bildenden Kunst; § 26: 10 Jahre bei Werken der Fotografie]. Das Gesetz betreffend den Schutz der Photographieen gegen unbefugte Nachbildung vom 10. Januar 1876 enthielt noch keine diesbezügliche Bestimmung, vgl. hier § 6.

564 § 1 Gesetz betreffend das Urheberrecht an Schriftwerken, Abbildungen, musikalischen Kompositionen und dramatischen Werken vom 11. Juni 1870.

565 § 18 Gesetz betreffend das Urheberrecht an Schriftwerken, Abbildungen, musikalischen Kompositionen und dramatischen Werken vom 11. Juni 1870.

b) Gesetzesinterpretationen durch Gareis, Kohler und Gierke

aa) Grundsätzliche Einordnungsversuche

Die Zeitgenossen Gareis, Kohler und Gierke befassten sich alle – mehr oder weniger – intensiv und originär mit Urheberrechtstheorien.[566] Insbesondere Gareis und Kohler galten als die «führenden Theoretiker der Persönlichkeits- und Immaterialgüterrechte»[567]. Bei der eigentlichen Eingliederung des Urheberrechts in die Zivilrechtssystematik bestanden jedoch Differenzen.[568] Gareis nahm 1877 in seiner Abhandlung über das «juristische Wesen der Autorrechte» einen konkreten Einordnungsversuch vor:

> «In einigen Beziehungen kommt es dem Subjekte, welches sich individuell bethätigt, gerade darauf an, daß die Authenticität des Resultats seiner Bethätigung anerkannt und geschützt werde, das Individuum als Autor einer Leistung gelte und folgeweise alle aus dieser individuellen Leistung resultirenden Folgen (Erfolge) für den Urheber derselben wirklich auf jenes Individuum zurückgelenkt werden. Unter diesen Gesichtspunkt sind alle Arten von Autorrechten, literarisches und künstlerisches Urheberrecht, Erfinderrecht (Patentschutz) und Muster- und Modellenschutz zu stellen.»[569]

Gareis ordnete das Urheberrecht als Kategorie der Persönlichkeitsrechte ein.[570] In seinem ebenfalls 1877 veröffentlichten Werk über «das Deutsche Patentgesetz» äusserte er sich in ähnlicher Weise, indem er in den Erläuterungen des Patentrechts die Möglichkeit sah, seine Theorie der «sog[enannten] Individualrechte […] in der Darstellung und Auslegung eines Gesetzesganzen auszuführen und gewissermaßen auf ihre Richtigkeit und Brauchbarkeit daran zu prüfen.»[571] Das Urheberrecht, von dem das Patentrecht «eine Unterart»[572] sei, stelle für ihn eine Art der Individual- bzw. Persönlichkeitsrechte dar. In Bezug auf das Patentrecht nahm Gareis eine Abstufung vor, die sein personenrechtliches Verständnis untermauerte: «Der Erfindungsbesitz ist, weil vom Rechte in der Ausübung geschützt, als ein Recht zu bezeichnen, ein Individualrecht: […] es ist dies das allgemeine Individualrecht, welches man auch Recht an der eignen Person genannt hat; in der rechtlichen Garantie der freien Bethätigung ist dem Individuum aber auch das Recht eingeräumt, eine solche Combination oder Verwerthung von Naturerscheinungen vorzunehmen, welche man ‹Erfindung› nennt […] und diese Erfindung auch ganz beliebig auszunützen […]. In diesem Individualrechte liegt aber nicht der Schutz gegen Nachahmung, sondern nur der Schutz der eigenen

566 S. Dölemeyer, Kohler; Dölemeyer/Klippel; Vogel M., 197 ff.

567 Schwab, 216.

568 Zu den verschiedenen Theorien mit Bezugnahme auf Gareis, Kohler und Gierke Simon, 37–44; Smoschewer, 259–264; Ulmer, Urheberrecht, 59–66.

569 Gareis, Autorrechte, 197 f.

570 S. Gareis, Autorrechte, 188; Gareis, Einführung, 192 (Fn. 2). Vgl. dazu Simon, 37 f.; Vogel M., 197 f.

571 Gareis, Patentgesetz, IV f.

572 Gareis, Patentgesetz, IV.

Thätigkeit des Individuums gegen Verhinderung dieser Thätigkeit. Hievon verschieden ist der durch das Patent ertheilte Schutz, ‹das Patentrecht›, wie die Ueberschrift des ersten Abschnitts sagt.»[573]

Ein ähnliches «individualrechtliches» Verständnis des Urheberrechts lag bei Gierke vor, der rund zwanzig Jahre nach Gareis im Jahre 1895 seine «Theorie des reinen Persönlichkeitsrechts»[574] etablierte. Gierke verstand unter dem Urheberrecht – pragmatisch juristisch – «das ausschliessliche Recht des Schöpfers eines Geisteswerkes, über dessen Veröffentlichung und Wiedergabe zu verfügen.»[575] Das Geisteswerk umschreibe «ein[en] durch Formgebung individualisirte[n] Gedankeninhalt», der «Mittels der Sprache, der Töne oder der bildlichen Darstellung» ausgedrückt werden könne und inhaltlich «der Wissenschaft, der Kunst oder der Technik» entstamme.[576] Das Urheberrecht sei daher als ein «aus geistiger Schöpfung fliessendes Persönlichkeitsrecht»[577] konstruiert. Mit der Veröffentlichung könne sich das Recht «unbeschadet seines personenrechtlichen Kernes zugleich zum Vermögensrechte entfalten», denn es sei immer noch «eine Offenbarung seines persönlichen Geistes, ein ihm erworbenes Persönlichkeitsgut.»[578]

Mit Blick auf den vermögensrechtlichen Aspekt gelangte Kohler zu einer grundverschiedenen Einordnung des Urheberrechts in die Rechtssystematik.[579] In seinem 1878 erschienenen Kommentarwerk über das Deutsche Patentgesetz vom 25. Mai 1877 entwickelte er, angelehnt an die «Arbeitstheorie [...] von dem größten englischen Philosophen, [John] Locke»[580], die Theorie der Immaterialgüterrechte. Im Kern seiner Theorie stand die Überzeugung, dass «dem Schöpfer eines immateriellen ökonomischen Gutes ein Exclusivrecht»[581] zustehen müsse. Er propagierte «das Recht an etwas Unkörperlichem»[582] und folgte einer Sichtweise, die die Immaterialgüterrechte als eine eigenständige Kategorie an Rechten verstand.[583] Insbesondere der vermögensrechtliche Aspekt und die Möglichkeit der Veräusserung bzw. Übertragung von Immaterialgüterrechten stellte Kohler als Hauptunterscheidungskriterien zu Persönlichkeitsrechten in den Vordergrund:

---

573 Gareis, Patentgesetz, 19 f.

574 Smoschewer, 259. Dazu auch Simon, 38 f.; Ulmer, Urheberrecht, 62 ff.; Vogel M., 198 f.

575 Gierke, Band I, 748.

576 Gierke, Band I, 748, 749.

577 Gierke, Band I, 764.

578 Gierke, Band I, 766, 767.

579 Zur Kohler'schen Theorie der Immaterialgüterrechte vgl. Klippel, Kohler, 453 ff.; Klippel, Namensschutz, 218–222; Simon, 41 f.; Smoschewer, 259 f.; Ulmer, Urheberrecht, 64 ff.

580 Kohler, Autorrecht, 240. Dazu auch Klippel, Wurzeln, 149 f.; Klippel, Kohler, 453 f.

581 Kohler, Patentrecht, 8.

582 Kohler, Lehrbuch Patentrecht, 13.

583 S. Klippel, Kohler, 453.

«Das gleiche Arbeitsprincip muß aber auch da gelten, wo das Resultat der Arbeit ein ökonomisch verwerthbares immaterielles Gut ist. Solange ein solches Resultat noch nicht über die Persönlichkeit des Schöpfers hinausgeht, gehört dasselbe der Sphäre der Individualrechte an; so die persönliche Geschicklichkeit des Virtuosen, des Artisten, so auch noch das vom Meister entworfene Bild, die skizzirte Dichtung, ja das der Oeffentlichkeit vorbehaltene Manuscript. Sobald aber die Schöpfung aus der Sphäre der Persönlichkeit hinausrückt, eine so selbstständige Wesenheit annimmt, daß eine Ausbeutung derselben durch Andere factisch möglich wird, wird dieselbe möglicher Gegenstand eines Vermögensrechts, eines Rechts, Andere vom Genuß desselben auszuschließen.»[584]

Kohler anerkannte das Individual- bzw. Persönlichkeitsrecht an einer «Schöpfung», nahm jedoch ein daneben bestehendes Vermögensrecht an: das Immaterialgüterrecht. Das Urheberrecht sei wie das Patentrecht «eine besondere Erscheinungsform»[585] der Immaterialgüterrechte. In Bezug auf das Patentrecht hielt Kohler fest: «Das Recht des Erfinders an der Erfindung ist ein Immaterialgüterrecht d[as] h[eisst] ein Recht an einem nicht körperlichen Genussgute der Menschheit, und dieses Recht geht dahin, dass der Berechtigte allein die Befugniss hat, dieses Genussgut nach gewissen Richtungen hin zu benützen und zu verwerten.»[586] Die so von Kohler erfassten Immaterialgüterrechte waren Rechte zur (monetären) Verwertung eines immateriellen Gutes, die neben dem allgemeinen Persönlichkeitsrecht bestanden.[587]

bb) Postmortale Urheberrechte

Auch wenn sich wesentliche Unterschiede bei den Einordnungsversuchen in die (Zivil-)Rechtssystematik ergaben, bestand bei Gareis, Kohler und Gierke Einigkeit darüber, dass die Rechtsordnung Deutschlands ein postmortales Urheberrecht anerkenne.[588] Diese Überzeugung nahmen alle drei Rechtswissenschaftler zum Anlass, ihre Überlegungen zu einem postmortalen Persönlichkeitsschutz als durch das positive Urheberrecht begründet darzustellen.

Gareis hielt in seinem Aufsatz über die «Rechtsverhältnisse an Begräbnisstätten» von 1905 fest, dass sich die «[p]ositivrechtliche Anerkennung der Fortdauer des Persönlichkeitsrechts oder der Nachwirkung desselben […] auch in der posthumen Dauer der Urheberrechte (denn auch diese sind Persönlichkeitsrechte) dreißig Jahre nach dem Tode des Autors […] erkennen»[589] lasse. Er verwies dabei zwar nicht auf eine konkrete

584 Kohler, Patentrecht, 7 f. Er betonte die Trennung von Persönlichkeits- und Immaterialgüterrechten mehrfach, s. nur Kohler, Autorrecht, 265 f.; Kohler, Konstruktion, 258, 268.

585 Smoschewer, 260.

586 Kohler, Handbuch Patentrecht, 55.

587 S. Ulmer, Urheberrecht, 64.

588 Auch andere Autoren vertraten diese Meinung. So implizit bei Osterrieth, 99; später bei Smoschewer, 247–250.

589 Gareis, Begräbnisstätte, 319.

Norm, liess mit dem Wort ‹Autor› aber erkennen, dass er § 29 Gesetz betreffend das Urheberrecht an Werken der Literatur und der Tonkunst vom 19. Juni 1901 (LUG) vor Augen hatte.[590] In seiner Enzyklopädie aus dem Jahre 1905 merkte Gareis zu ebendiesem Gesetz unter dem Aspekt der Vererblichkeit an:

> «[G]emeint ist aber damit nur das im Urheberrecht liegende Vervielfältigungs- und Verbreitungsrecht, nicht das ganze Urheberrecht, nicht der höchstpersönliche Inhalt dieses Rechtes, es bleibt das geistige Band zwischen Urheber und Werk auch nach der vorgenommenen Veräusserung noch bestehen, *dies zeigt sich u[nter] a[nderem] in der fortdauernden Bedeutung des Lebens des Autors für die Dauer des Schutzes überhaupt*»[591].

Gareis war der Auffassung, dass der «höchstpersönliche» Teil des Urheberrechts über den Tod hinaus als Recht des originären Urhebers bestehe. Auch Gierke, der im Zusammenhang mit dem Urheberrecht eine Ausnahme vom Grundsatz, dass das Persönlichkeitsrecht mit dem Tod ende[592], anerkannte, äusserte sich zur Frage, wem das postmortale Urheberrecht zuzuschreiben sei:

> «Immer aber ist das Urheberrecht nur der Ausübung nach übertragbar. Der Substanz nach haftet es *untrennbar an der Person, in der es entstanden* ist. [...] Ja auch nach seinem Tode schöpft das Urheberrecht, obschon es in vollem Umfange auf die Erben übergeht, allein aus seiner Persönlichkeit Dasein und Lebenskraft. Noch immer ist das Geisteserzeugniss, das er hinterlassen hat, sein Geisteswerk, und nur als Geisteswerk des Verstorbenen wird es in der Hand der Erben geschützt.»[593]

Gierke sprach das über den Tod fortwirkende Urheberrecht, wie Gareis, ausdrücklich dem Verstorbenen selbst zu. Eine ähnliche Ansicht vertrat Kohler in seiner 1880 erschienenen Abhandlung über das Autorrecht. Für ihn sei klar, dass ein solches Recht, «soweit es nach dem Tode fortbesteht, nicht ewig dauern»[594] könne. Es sei Aufgabe des Gesetzgebers, festzulegen, wann etwa Briefe publiziert werden können, ohne «dadurch in das Alleinbestimmungsrecht eines Individualberechtigten einzugreifen.»[595] In späte-

---

590 § 29 LUG lautete: «Der Schutz des Urheberrechts endigt, wenn seit dem Tode des Urhebers dreißig Jahre und außerdem seit der ersten Veröffentlichung des Werkes zehn Jahre abgelaufen sind. Ist die Veröffentlichung bis zum Ablaufe von dreißig Jahren seit dem Tode des Urhebers nicht erfolgt, so wird vermutet, daß das Urheberrecht dem Eigenthümer des Werkes zustehe.»

591 GAREIS, Enzyklopädie 1905, 83 [Hervorhebungen nicht im Original]. Ähnlich bereits in der ersten Auflage seiner «Encyklopädie» aus dem Jahre 1887, wo er das Gesetz vom 11. Juni 1870 untersuchte, s. GAREIS, Encyklopädie 1887, 81 f.

592 S. GIERKE, Band I, 768. S. hierzu oben, Teil 1/C/III.

593 GIERKE, Band I, 767 f. [Hervorhebungen nicht im Original].

594 KOHLER, Autorrecht, 279 f. Er sah die «wissenschaftliche Existenz» des Autorrechts überhaupt als umkämpft an, s. KOHLER, Autorrecht, 129.

595 KOHLER, Autorrecht, 280.

ren Werken bemerkte Kohler, dass das Urheberrecht nach dem Tod des Urhebers dem Verstorbenen zuzuschreiben und «von den Erben auszuüben»[596] sei.

4. Ein häufig diskutierter Fall: Bismarck auf dem Totenbett

a) Überblick

In der deutschen Rechtsprechung wurde zum Ende des 19. Jahrhunderts ein prominenter Fall entschieden, der auch die Frage der Fortdauer der Persönlichkeitsrechte über den Tod eines Menschen und deren Schutz streifte. Im Zentrum des Rechtsstreits standen Fotografien, die den Leichnam des ersten Reichskanzlers des Deutschen Reiches, Otto von Bismarck (1815–1898), zeigten. Kurz nach dem Hinschied Bismarcks drangen zwei Fotografen in das Sterbezimmer ein und hatten «bei Magnesiumlicht eine photographische Aufnahme des verstorbenen Fürsten auf dem Sterbelager gemacht.»[597] Eine Einwilligung oder Berechtigung hierzu lag nicht vor. Die direkten Nachkommen Bismarcks gelangten, nachdem die Fotografien veröffentlicht werden sollten, an die Zivilkammer des Landesgerichts Hamburg und erwirkten eine einstweilige Verfügung, die die Verbreitung der Fotografien verbot. Den Fotografen wurde unter Androhung einer Geld- und/oder Freiheitsstrafe untersagt, «die Platten, Plattenabzüge und Negative der von ihnen aufgenommenen Photographie der Leiche des Fürsten OTTO VON BISMARCK und Alles was hierzu gehört, in irgend einer Weise zum Zwecke der Verbreitung der Photographie-Aufnahme zu benutzen und die bereits genommenen Abzüge in irgend einer Weise zu verbreiten oder zu verwerthen»[598]. Die Fotografen erhoben daraufhin Widerspruch gegen die Verfügung. Der Rechtsstreit durchlief in der Folge alle Instanzen und wurde drei Tage vor Inkrafttreten des BGB am 28. Dezember 1899 vom Reichsgerichtshof für Zivilsachen entschieden. Insbesondere die Begründung des höchstrichterlichen Urteils löste viel Kritik in der Fachliteratur aus – auch seitens der Juristen Gareis und Kohler.

b) Entscheidungen

Das Landesgericht Hamburg befasste sich im Urteil vom 8. September 1898 mit der Frage, ob «die Aufnahme selbst als eine widerrechtliche Handlung in dem Sinne sich darstellt, dass nach bestehendem Recht Schutz dagegen gegeben wird.»[599] Angelehnt an das zum Zeitpunkt des Entscheids noch nicht in Kraft getretene Namensrecht gemäss § 12 BGB befürwortete das Gericht die Ausdehnung des Schutzes des Rechtes der Persönlichkeit. «Wer ohne Erlaubnis einen Andern in der Absicht abbildet, das Bild in

---

[596] KOHLER, Eigenbild, 26. Beim Autorrecht erachtete er die Frist von «5 Jahren» als genügend, s. KOHLER, Eigenbild, 27.

[597] Zitiert nach KOHLER, Bismarckphotographie, 197.

[598] Zitiert nach KOHLER, Bismarckphotographie, 197 [Hervorhebungen im Original].

[599] Zitiert nach KOHLER, Bismarckphotographie, 198.

die Oeffentlichkeit zu bringen, verletzt die Rechte der Persönlichkeit dieses Andern»[600]. Im erstinstanzlichen Entscheid war das Recht am eigenen Bild als Persönlichkeitsrecht anerkannt worden. Ohne Einwilligung in die Abbildung sei ein Eingriff in die Persönlichkeit des Betroffenen und damit ein rechtswidriges Verhalten anzunehmen. Diese Ansicht war jedoch auf den lebenden Menschen gemünzt gewesen, weshalb im Anschluss die Frage nach der Wirkung des Todes auf das Abwehrrecht behandelt wurde:

> «Würde aber, nach vorstehenden Ausführungen, der Lebende, gegen derartige Rechtsverletzungen geschützt sein, so wird nach seinem Tode auch seinen nächsten Angehörigen das Recht zuzusprechen sein, gegen unbefugte Abbildungen und gegen unbefugtes Verbreiten von Bildern des Verstorbenen Einsprache zu erheben. Dieses Recht steht ihnen nicht etwa zu als Erben im rechtlichen Sinne, sondern als Familienangehörigen des Verstorbenen. Denn in dieser Eigenschaft werden sie selbst direkt durch derartige Handlungen getroffen. Es ist, der Regel nach, ein Eingriff in die Rechte der Persönlichkeit der Hinterbliebenen, weil eine Verletzung ihres Pietätsgefühls, wenn man es unternimmt, ohne Zustimmung ein Bildnis eines ihnen theuren Verstorbenen anzufertigen, um es der Oeffentlichkeit zu übergeben.»[601]

Das erstinstanzliche Gericht sprach den Angehörigen das Recht zu, nach dem Tod eines Menschen gegen unbefugte Abbildungen und Verbreitungen von Bildern desselben vorzugehen. Dazu seien die Angehörigen des Verstorbenen nicht als Erben des Rechtes, sondern als «Familienangehörige» berechtigt. Das Pietätsgefühl der einzelnen Mitglieder einer Familie erstrecke sich somit auch auf früher verstorbene Mitglieder. Nach Ansicht des Landesgerichts Hamburg gelte es, diesen Aspekt der Persönlichkeit der Angehörigen vor Verletzungen zu schützen, weshalb die fragliche einstweilige Verfügung als rechtmässig einzustufen sei. Im darauffolgenden Berufungsurteil vom 21. November 1898 lehnte das Oberlandesgericht Hamburg die Begründung des Landesgerichts ab. Es sei nicht anzunehmen, dass «Rechte nicht vermögensrechtlichen Inhalts, welche *dem Verstorbenen* bei seinen Lebzeiten nur persönlich und in Bezug auf seine eigene Persönlichkeit zugestanden haben»[602], durch Angehörige geltend gemacht werden könnten. Als Begründung führte das zweitinstanzliche Gericht an:

> «Mit dem Tode endigt die rechtliche Persönlichkeit eines Verstorbenen und es ist deshalb auch ein Eingriff in Rechte des Verstorbenen nach dem Hinscheiden desselben ausgeschlossen.»[603]

Das Oberlandesgericht verstand die Begründung der unteren Instanz dahingehend, dass die «Familienangehörigen» nicht eigene Rechte geltend machten, sondern Rechte des Verstorbenen. Eine solche Auffassung war mit der Ablehnung der postmortalen Rechtspersönlichkeit eines Menschen, wie sie von der zweiten Instanz vertreten wurde, nicht

[600] Zitiert nach KOHLER, Bismarckphotographie, 199.
[601] Zitiert nach KOHLER, Bismarckphotographie, 199 [Hervorhebungen im Original].
[602] Zitiert nach KOHLER, Bismarckphotographie, 201 [Hervorhebungen im Original].
[603] Zitiert nach KOHLER, Bismarckphotographie, 201.

vereinbar. Im Bereich der Persönlichkeitsrechte könne überhaupt keine Verletzung des Toten erfolgen, da es solche postmortalen Rechte nicht gebe. Die Verfolgung «rechtswidriger Handlungen Dritter» sei nur mit «der speziellen gesetzlichen Anerkennung eines Rechtes der Hinterbliebenen» möglich.[604] Laut dem Oberlandesgericht erfolgte eine solche gesetzliche Anerkennung etwa in § 189 RStGB.[605] Die Strafnorm verfolge die Interessen der Angehörigen und biete einen Schutz «gegen den rechtswidrigen Angriff Dritter auf die nicht mehr existente und deshalb eigener Rechte entbehrende[n] Persönlichkeit eines Verstorbenen»[606]. Es sei daher die «Pflicht» der Angehörigen, «für das Ansehen der Verstorbenen [...] einzutreten».[607] Eine ähnliche Pflicht wurde aus § 168 und § 367 Abs. 1 RStGB abgeleitet. Das darin enthaltene Recht auf Ausübung eines Schutzes des Leichnams bedeute zugleich die Pflicht zur «Obhut des Leichnams bis zu dessen Bestattung»[608]. Der Entscheid über die bildliche Darstellung des Leichnams eines Angehörigen sei daher ein «Ausfluss des durch die Sitte geheiligten Bestimmungsrechtes der nächsten Angehörigen über den Leichnam eines Verstorbenen»[609]. Diese Ansicht, wie auch die Rechtmässigkeit der einstweiligen Verfügung, wurde im Berufungsurteil des Hauptsachenverfahrens vom 5. Juni 1899 bestätigt. Das Oberlandesgericht liess die Frage, ob ein jeder ein (Persönlichkeits-)Recht am eigenen Bild habe, unbeantwortet, hielt aber erneut fest, dass die «*Verhinderung jeder unberechtigten Einwirkung auf den Leichnam* als im Rechte begründet anzunehmen»[610] sei. Eine Einwirkung erfolge insbesondere durch die fotografische Abbildung des toten Körpers eines Menschen. In der Konsequenz könne das Urheberrecht an der Fotografie aufgrund der «*widerrechtliche[n] Handlung*», durch die die Aufnahme erfolgte, keine «*materielle Wirkung*» entfalten.[611] Das Reichsgericht wiederum erkannte die Widerrechtlichkeit der fotografischen Aufnahmen im Verstoss gegen «das Hausrecht, das den Klägern seit dem Tode ihres Vaters in Ansehnung dieses Zimmers zustand»[612]. Im Urteil vom 28. Dezember 1899 wurde der Hausfriedensbruch erstmalig als Begründungsansatz angeführt. Gestützt auf das «römische Recht» vertrat das Reichsgericht die Ansicht, dass «alles desjenigen, was thatsächlich durch jene Handlung aus seinem Machtbereiche in die Gewalt des Thäters gelangt» sei, zurückerstattet werden müsse.[613] Die Kinder Bismarcks hätten aufgrund des Hausrechtes «das Recht und die Macht»[614], die fotografischen Aufnahmen des Sterbezimmers mit dem Leichnam sowie die Veröf-

---

604 Zitiert nach Kohler, Bismarckphotographie, 201.
605 S. dazu oben, Teil 2/B/I/2/c.
606 Zitiert nach Kohler, Bismarckphotographie, 201.
607 Zitiert nach Kohler, Bismarckphotographie, 201.
608 Zitiert nach Kohler, Bismarckphotographie, 201.
609 Zitiert nach Kohler, Bismarckphotographie, 202.
610 Zitiert nach Kohler, Bismarckphotographie, 204 [Hervorhebungen im Original].
611 Zitiert nach Kohler, Bismarckphotographie, 205 [Hervorhebungen im Original].
612 RGZ 45, 170 (173).
613 RGZ 45, 170 (173).
614 RGZ 45, 170 (173).

fentlichung der Aufnahmen zu verhindern. Das oberste Gericht wich damit der Frage nach der Anerkennung des Rechts am eigenen Bild und dessen postmortalen Schutzes aus, lieferte mit dem neuen Begründungsansatz aber eine Diskussionsgrundlage für die Fachliteratur.

c) Resonanzen bei Gareis und Kohler

Der berühmte Fall «Bismarck auf dem Totenbett» wurde in der Rechtswissenschaft heiss diskutiert. Explizit geäussert haben sich hierzu auch Gareis und Kohler.[615] Letzterer nahm in der Zeitschrift «Gewerblicher Rechtsschutz und Urheberrecht» eine umfassende Auseinandersetzung mit dem Rechtsstreit vor. Kohler publizierte darin die einschlägigen Urteile in voller Länge und kommentierte kritisch den reichsgerichtlichen Entscheid.[616] Seine Hauptkritik galt der Begründung der Rechtswidrigkeit, die das Reichsgericht einzig im Hausfriedensbruch sah.[617] Gemäss Kohler konnte «der Hausfriedensbruch höchstens als erschwerendes Moment der Individualrechtsverletzung betrachtet werden, und diese liegt in der unbefugten Entnahme des Bildes.»[618] Mit dem Entscheid sei aber «indirekt das Persönlichkeitsrecht auch in dieser Verbindung»[619], das heisst das Persönlichkeitsrecht am eigenen Bild, anerkannt worden. Indirekt deshalb, weil die gesetzliche Anerkennung des Rechts am eigenen Bild zum Zeitpunkt des reichsgerichtlichen Entscheids noch fehlte. Mit Blick auf die Frage, bei wem mit der Aufnahme der Fotografie des Leichnams ein Eingriff in das Recht der Persönlichkeit erfolge, führte Kohler seine Theorie der «Hinterlassung eines Residuums»[620] an und damit seine Überzeugung der postmortalen Fortwirkung der Persönlichkeitsrechte des Menschen. Die Angehörigen üben das fortwirkende Recht dabei nicht als «ihr ureigenes persönliches Recht» aus, sondern als «angeerbtes Recht» wie zum Beispiel das Recht «gegen die Verleumdung des Erblassers aufzutreten.»[621] Kohler verwies damit auf § 189 RStGB und tönte ohne weitere Ausführungen hierzu an, dass im Strafrecht Ansätze postmortaler Persönlichkeitsrechte vorhanden seien. Das erstinstanzliche Urteil vom 8. September 1898 hob er insofern als «zutreffender» hervor:

---

615 Gierke nahm, soweit ersichtlich, keine eingehende Auseinandersetzung mit dem Fall «Bismarck auf dem Totenbett» vor.

616 S. Kohler, Bismarckphotographie, 196–210.

617 S. oben, Teil 2/B/I/4/c.

618 Kohler, Bismarckphotographie, 209.

619 Kohler, Bismarckphotographie, 208.

620 Kohler, Bismarckphotographie, 196. Zur «Residuum»-Theorie s. oben, Teil 1/B/III/2. Einige Zeitgenossen begegneten der Urteilsbesprechung von Kohler und dessen Annahme, dass «das Persönlichkeitsrecht des Toten fortlebe und gegen Angriffe zu schützen sei», kritisch. Wilhelm von Blume etwa bemerkte 1903: «Statt dieser etwas spiritistischen Auffassung dürfte es sich empfehlen, in dem Gemüt der Ueberlebenden die schutzbedürftige Stelle zu suchen», s. Blume, Bilde, 116.

621 Kohler, Bismarckphotographie, 196.

> «Auch die Entscheidung erster Instanz ist eigentlich *zutreffender*, als die der zweiten, weil die erste Instanz das Individualrecht richtiger als die zweite, als ein nicht urwüchsiges, sondern vom Todten überkommenes konstruirt.»[622]

Unter dem Aspekt der postmortal fortwirkenden Persönlichkeit fand ein anderer Jurist, Hugo Keyssner, in seiner Urteilsbesprechung ausführlichere Worte.[623] Entgegen dem richterlichen Entscheid lehnte er ab, «in der Bildnisentnahme einen Eingriff in die Rechte der Persönlichkeit der Hinterbliebenen»[624] zu sehen. Mit einem Teil der Strafrechtswissenschaftler übereinstimmend, hob er die Strafnorm § 189 RStGB als zentrale Bestimmung des positiven Rechts hervor, die eine Fortwirkung der Persönlichkeit über den Tod anerkenne:

> «Man wird nicht ohne weiteres sagen wollen, dass mit dem Tode alles, was die Person anlange, aufgehört habe; man wird sich daran erinnern: hereditas personam defuncti sustinet. Mit dem Tode ist der entseelte Körper nicht einer von Anbeginn leblosen Sache gleich; der Leiche wird die Achtung, Ehre der Person des Verstorbenen gewährt. Die Persönlichkeit des Verstorbenen ist mit dem aus dem Körper entwichenen Leben nicht ins Freie gefallen, schutzlos. Dass dies nicht der Fall, beweist § 189 des RStGB. Der strafbare Angriff ist nicht gegen die Person derer gerichtet, denen der Gesetzgeber den Schutz anvertraut hat, sondern gegen das ‹Andenken› des Verstorbenen. Ich kann nicht denen folgen, welche ihrer Zuflucht genommen haben zu einer Verletzung des sittlich-religiösen Gefühls, der Familienehre u[nd] s[o] w[eiter]. Das Volksbewusstsein empfindet die Berechtigung der Strafbestimmung, weil in dem rein, unbefleckt zu haltenden Andenken die Person des Verstorbenen fortlebt.»[625]

Auch Gareis verwies im Zusammenhang mit der Behandlung des Bismarck-Urteils und der Frage der postmortalen Fortwirkung der Persönlichkeit auf das Reichsstrafgesetzbuch: «Ist die Person, deren Körper lebend oder todt abgebildet wurde, verstorben, so findet der Absatz 3 des § 189 des St.G.B. entsprechende Anwendung.»[626] Die Anerkennung des Rechts am eigenen Bild verband Gareis zudem mit dem Urheberrecht. Er sah die Thematik «wenigstens berührt»[627] durch das Gesetz betreffend das Urheberrecht an Werken der bildenden Künste vom 9. Januar 1876 und das Gesetz betreffend den Schutz der Photographieen gegen unbefugte Nachbildung vom 10. Januar 1876. Aus dieser Perspektive wird auch nachvollziehbar, weshalb Kohler seine Urteilsbesprechung in einer urheberechtlichen Zeitschrift publizierte. Er selbst griff

---

622 Kohler, Bismarckphotographie, 197 [Hervorhebung nicht im Original]. Das erstinstanzliche Urteil führt heute noch zu unterschiedlichen Interpretationen. So wird darin etwa auch die Anerkennung des indirekten postmortalen Persönlichkeitsschutzes vermutet, s. Fischer A., 29 f.

623 1896 behandelte Keyssner «das Recht am eigenen Bilde», wo er jedoch keine Gedanken zum postmortalen Rechtsschutz äusserte, s. Keyssner, Bilde 1896, 1 ff.

624 Keyssner, Bilde 1898, 486.

625 Keyssner, Bilde 1898, 486. Vgl. mit vielen Wiederholungen Keyssner, Gutachten, 75 ff.

626 Gareis, Gutachten, 17.

627 Gareis, Gutachten, 3.

den urheberrechtlichen Aspekt allerdings nur am Rande auf und betonte, dass die zur Veröffentlichung angedachten Fotografien «Gegenstand des Individualrechtes oder des Immaterialrechtes sein»[628] können. Im Rahmen der Urteilsbesprechungen von Gareis und Kohler war denn auch die Frage der postmortalen Fortwirkung der Urheberrechte nicht behandelt worden. Allerdings lag ein knappes Jahrzehnt später mit § 22 Gesetz betreffend das Urheberrecht an Werken der bildenden Künste und der Photographie vom 9. Januar 1907 die normative Grundlage für das Recht am eigenen Bild vor – explizit mit einer postmortalen Wirkungskraft.[629] Insofern trug der Fall «Bismarck auf dem Totenbett» die Überlegungen zu einem postmortalen Persönlichkeitsschutz und die im geltenden Recht vorhandenen Ansätze eines postmortalen Rechtsschutzes des Menschen in gebündelter Form in sich.

II. Schweiz

Nach der Kontextualisierung der Überlegungen von Karl Gareis, Josef Kohler und Otto von Gierke zu einem postmortalen Persönlichkeitsschutz im positiven Recht Deutschlands der zweiten Hälfte des 19. Jahrhunderts wird nachfolgend das positive Recht der Schweiz um 1900 als Kontextualisierungsgrundlage herangezogen. Der Blick über die Grenze der Rechtsordnung Deutschlands bietet sich deshalb an, weil auf der Ebene der wissenschaftlichen Forschung und insbesondere der Rechtswissenschaft beider Länder enge Verbindungen bestanden. Einen engeren wissenschaftlichen Bezug zum Nachbarstaat Schweiz hatten auch die Juristen Gareis, Kohler und Gierke.[630] Gareis war von 1873 an für zwei Jahre – in dieser Zeit erfolgte die erste Totalrevision der Bundesverfassung – als Rechtsprofessor in Bern tätig, bevor er einen Ruf der deutschen Universität Giessen annahm. In Bern wurde er zum ausserordentlichen Professor des «Handels-, Wechsel- und Kirchenrechts»[631] gewählt und trat dabei die Nachfolge des verstorbenen Rechtsprofessors Walther Munzinger an. Bei Gierke bezeugt ein um-

---

[628] KOHLER, Bismarckphotographie, 210. Zum Verhältnis des Persönlichkeits-, Urheber- und Immaterialgüterrechts bei Kohler s. oben, Teil 1/B/I.

[629] S. KOHLER, Kunstwerkrecht, 170. § 22 KUG lautet: «Bildnisse dürfen nur mit Einwilligung des Abgebildeten verbreitet oder öffentlich zur Schau gestellt werden. Die Einwilligung gilt im Zweifel als erteilt, wenn der Abgebildete dafür, daß er sich abbilden ließ, eine Entlohnung erhielt. Nach dem Tode des Abgebildeten bedarf es bis zum Ablaufe von 10 Jahren der Einwilligung der Angehörigen des Abgebildeten. Angehörige im Sinne dieses Gesetzes sind der überlebende Ehegatte und die Kinder des Abgebildeten, und wenn weder ein Ehegatte noch Kinder vorhanden sind, die Eltern des Abgebildeten.»

[630] Umgekehrt orientierten sich Schweizer Rechtswissenschaftler regelmässig an der Rechtsordnung Deutschlands und an Deutschen Rechtsgelehrten. Eugen Huber beispielsweise war sich bewusst, «dass die Rechtsentwicklung eines Landes unter dem Einflusse anderer Länder steht», wobei er im Rahmen der parlamentarischen Beratungen des ZGB-Entwurfes besonders die Verbindung der Schweiz zu Deutschland hervorhob, s. Sten. Bull. 1905, 439.

[631] NZZ vom 25.6.1873.

fangreicher Briefaustausch mit dem Berner Rechtsprofessor Eugen Huber eine enge und wissenschaftliche Freundschaft.[632] Letzterer wurde regelmässig als «Schöpfer des schweizerischen Zivilgesetzbuches»[633] bezeichnet, was für seine massgeblichen Leistungen, die er mit seinem Entwurf des Schweizerischen Zivilgesetzbuchs erbracht hatte, stand.[634] Kohler legte im Jahre 1912 eine rund 40 Seiten umfassende Abhandlung über eben diesen «Eugen Huber und das Schweizer Zivilgesetzbuch» vor und bekundete darin – nebst dem Lob auf das Werk Hubers – sein zivilrechtliches Interesse an der Schweiz.[635]

In diesem Abschnitt der vorliegenden Untersuchung ist daher der Fokus auf die Frage gerichtet, ob im geltenden Recht der Schweiz des endenden 19. Jahrhunderts Ansatzpunkte eines postmortalen Rechtsschutzes des Menschen vorhanden waren. Dabei gilt es auch zu klären, inwiefern zwischen solchen Ansatzpunkten und den Überlegungen zu einem postmortalen Persönlichkeitsschutz von Gareis, Kohler und Gierke Verbindungslinien gezogen werden können. Angelehnt an die Darstellung zu Deutschland erfolgt hier eine selektive Eingrenzung auf einzelne Aspekte innerhalb der Rechtsgebiete des Verfassungs-, Zivil-, Straf- und Urheberrechts sowie deren Behandlung durch die zeitgenössische Rechtswissenschaft.

1. Verfassungsrecht

a) Rechtslage

1848 trat die Bundesverfassung in Kraft und mit ihr wurde der moderne schweizerische Bundesstaat – die «schweizerische Eidgenossenschaft»[636] – begründet. Zu diesem Zeitpunkt kennzeichnete eine immense Rechtsvielfalt die Rechtsordnung der Schweiz. Für viele Rechtsbereiche lag die Kompetenz zum Erlass von Normen bei den «zwei und zwanzig souveränen»[637] Kantonen. Erst durch die Totalrevision der Bundesverfassung von 1874 begann sich dieser Zustand zu ändern. Die revidierte Verfassung sah eine bundesweite Rechtsvereinheitlichung im Bereich der persönlichen Handlungsfähigkeit, des Obligationenrechts (Handels- und Wechselrecht), des Urheberrechts an Werken der

---

632 Die Briefe, die zwischen 1884 und 1921 von Gierke an Huber geschrieben wurden, sind im schweizerischen Bundesarchiv einsehbar [Signatur: J1.109-01#1000/1276#492-14*].

633 Egger, Huber, 93. Die Umschreibung «Schöpfer» ist besonders prominent an Hubers Geburtshaus in Oberstammheim im Kanton Zürich zu lesen.

634 Vgl. dazu Hofer, Vordenker, 10.

635 Kohler bezeichnete das ZGB als «geniale Schöpfung Eugen Hubers», s. Kohler, Huber, 1. Das Lob galt auch Huber selbst, den er mehrfach als «genialen Verfasser» bzw. «genialer Schöpfer» würdigte, s. nur Kohler, Huber, 42.

636 Art. 1 BV 1848.

637 Art. 1 BV 1848. Der Kanton «Unterwalden» umfasste die heutigen Kantone Obwalden und Nidwalden, der Kanton «Basel» die Kantone Baselstadt und Baselland und der Kanton «Appenzell» die Kantone Appenzell Ausserrhoden und Appenzell Innerrhoden.

Literatur und Kunst sowie des Betreibungsverfahrens und des Konkursrechts vor.[638] Die Verfassung von 1874 stand in dieser Hinsicht für den Beginn der Rechtsvereinheitlichung in der Schweiz und die damit verbundenen Gesetzgebungsprojekte.

Eine weitere Thematik, die im Fokus der Totalrevision von 1874 stand, war die unter dem Einfluss des sogenannten Kulturkampfes geprägte Neugestaltung des Verhältnisses von Staat und Kirche.[639] Auf die Geschichte und den Inhalt des Kulturkampfes in der Schweiz kann im Rahmen der vorliegenden Untersuchung nicht im Detail eingegangen werden.[640] Der Kulturkampf interessiert aber in dem Ausmass, wie er auf die Gestaltung der Rechtsordnung und insbesondere das Begräbniswesen, das traditionell in der Hand der Kirche lag, Einfluss nahm. Im Kern des Kulturkampfes ging es «um die Frage, ob der Staat die Kirche oder die Kirche durch ihren Einfluss auf die Gläubigen auch den Staat und die Gesellschaft zu beeinflussen habe.»[641] Der Konflikt zwischen Staat und Kirche zeichnete sich dabei bereits vor der Totalrevision der Bundesverfassung im Jahr 1874 ab. Der Sonderbundskrieg von 1847 und die daraus resultierende Gründung des modernen, «konfessionell neutrale[n]»[642] Bundesstaates im Jahre 1848 trugen kirchenpolitische Streitelemente in sich. Damals stand dem Sieg der überkonfessionellen, «fortschrittlich-liberalen Kräfte»[643] die Spaltung der Katholiken in ein konservatives, ultramontanes Lager und ein liberales Lager gegenüber. Die Spannungen zwischen Staat und Kirche nahmen fortan durch diverse Ereignisse zu.[644] Eine neue Eskalationsstufe brachte das 1. Vatikanische Konzil, das am 8. Dezember 1869 begann. Der «Zweck» des Konzils bestand darin, «einerseits die Unfehlbarkeit des Papstes, anderseits den Inhalt des bekannten Syllabus als Dogmen zu erklären»[645]. Der Syllabus von 1864 kritisierte etwa «die Trennung von Kirche und Staat […], bekräftigt […] die Anerkennung der katholischen Religion als alleiniger Staatsreligion» und zielte inhaltlich gegen «den Liberalismus.»[646] Die mit dem Konzil beabsichtigte Dogmatisierung der Unfehlbarkeit des Papstes und des Syllabus war für die Schweiz,

---

638 S. Art. 64 BV 1874. Weitere Neuerungen gegenüber der Verfassung von 1848 bestanden etwa in der Abschaffung der Todesstrafe [Art. 65 Abs. 1 BV 1874] und der Einführung des fakultativen Referendums [Art. 89 Abs. 2 BV 1874].

639 Die Schweiz nahm in Bezug auf den Kulturkampf bzw. die kirchenpolitischen Verhältnisse nur insofern eine Sonderstellung gegenüber den umliegenden Ländern ein, als «er in einem mehrsprachig-föderalistischen Staat ohne Herrschaftssprache und von demokratischer Struktur mit plebiszitärer Willensbildung ausgetragen wurde», s. STALDER, Sonderfall, 49.

640 Ein «Abriß des Faktischen» zum Kulturkampf in der Schweiz und zur Stellung der katholischen Kirche bei STALDER, Sonderfall, 37–39; ferner BISCHOF. Eine umfassende Darstellung der Thematik bei STALDER, Kulturkampf. Vgl. dazu auch KÖLZ, 563 ff.

641 ALTERMATT, 548 f.

642 ALTERMATT, 547.

643 ALTERMATT, 548. Vgl. BISCHOF.

644 S. STALDER, Kulturkampf, 82 ff.

645 NZZ vom 11.8.1869.

646 STALDER, Kulturkampf, 184.

die damals «annährend $^2/_5$ Katholiken»[647] zählte, von staatspolitischer Bedeutung. Die NZZ umschrieb die Situation im Sommer 1869 so:

> «Entweder werden sie [sc. die Katholiken] die Grundlagen des modernen Staates und, fügen wir bei, auch diejenigen der jetzigen schweizerischen Eidgenossenschaft fernerhin als etwas Gutes anerkennen und darnach handeln; dann setzen sie sich von Seite der Kirche dem Vorwurfe schwerer Gründe, der Exkommunikation und ewiger Verdammniß aus. Oder sie müssen diese Grundlagen, z[um] B[eispiel] die Glaubens- und Gewissensfreiheit, die Freiheit der Presse, die Zulässigkeit der bürgerlichen Ehe u[nd] s[o] w[eiter] als ebenso viele Irrlehren verdammen helfen und natürlich nach diesen Anschauungen auch in allen Lebensverhältnissen wirken.»[648]

Im Zeitungsartikel kam weiter zum Ausdruck, dass die Tragweite des Konzils insbesondere im Bereich der «Jugenderziehung» nicht zu unterschätzen sei. Da «in den meisten katholischen Kantonen die katholische Kirche mit der Ehe und der Schule, in einigen sogar mit der Politik verflochten» sei, forderte die NZZ den Bund dazu auf, Massnahmen zum Schutz der Bundesverfassung und der «Entrepublikanisirung von einer Million Schweizer»[649] zu treffen. Die Reaktion des Bundes auf das 1. Vatikanische Konzil fiel vorerst jedoch zurückhaltend aus.[650] Zunächst nahm der Bundesrat die Konzilbeschlüsse zum Anlass, die bereits losgetretene Revision der Bundesverfassung zu beschleunigen.[651] Erst diverse kirchliche Entscheidungen nach 1869, die etwa eine päpstliche Verurteilung des schweizerischen Kulturkampfes betrafen, liessen den Konflikt endgültig eskalieren.[652] Vor diesem Hintergrund war die Totalrevision der Bundesverfassung im Jahre 1874 massgeblich durch den mit dem Kulturkampf einhergehenden «Säkularisierungsprozeß von Staat und Gesellschaft»[653] geprägt. In der revidierten Verfassung zeigte sich die «Trennung von Kirche und Staat»[654] am deutlichsten bei den Themen der Schule (staatliche Leitung, Art. 27 BV 1874) und der Ehe (Primat der Zivilehe, Art. 54 BV 1874). Eine weitere Konsequenz aus der Neuschaffung des Verhältnisses zwischen Staat und Kirche im Rahmen der Totalrevision der Verfassung von 1874 war die Zuweisung der Oberaufsicht über das Begräbniswesen an den Staat. Damit war eine staatspolitische Grundsatzentscheidung in Form der Säkularisierung getroffen worden, die der (katholischen) Kirche, die sich stark für den Leichnam und dessen Beisetzung interessiert(e), ein ihr wichtiges Einflussgebiet entzog.[655] Mit Blick

---

647 NZZ vom 12.8.1869.
648 NZZ vom 12.8.1869.
649 NZZ vom 12.8.1869.
650 S. Stalder, Kulturkampf, 232 f.
651 S. Stalder, Kulturkampf, 242 ff.
652 S. Bischof; Stalder, Kulturkampf, 259 ff., 305 ff.; Stalder, Sonderfall, 38 f.
653 Stalder, Sonderfall, 43.
654 NZZ vom 27.4.1874. Der Artikel wird Eugen Huber zugeschrieben, der damals als Bundesstadtkorrespondent der NZZ tätig war, s. Welti, 59.
655 S. dazu unten, Teil 2/C/I/1.

auf die dem vorliegenden Abschnitt zugrunde gelegte Frage nach dem Vorhandensein von Ansätzen eines postmortalen Rechtsschutzes in der Rechtsordnung der Schweiz der zweiten Hälfte des 19. Jahrhunderts gewinnt dieser verfassungsrechtliche Aspekt enorm an Relevanz.

b) Schickliches Begräbnis

aa) Grundlagen

Bis 1874 entschieden die Kantone souverän in Fragen rund um das Begräbniswesen. Dabei kam es mehrheitlich aber nur zur Regelung sanitätspolizeilicher Aspekte, die den «politischen Behörden überall ein Aufsichtsrecht»[656] ermöglichte. Das Begräbniswesen war in der Regel in der Hand der Kirchen.[657] Die Einordnung des Begräbniswesens in die Kategorie der «rein bürgerliche[n] Dinge»[658] erfolgte mit Art. 53 Abs. 2 BV 1874:

> «Die Verfügung über Begräbnißplätze steht den bürgerlichen Behörden zu. Sie haben dafür zu sorgen, daß jeder Verstorbene schiklich beerdigt werden kann.»[659]

Mit dieser Norm lag gegenüber der Verfassung von 1848, die «keine Bestimmung ähnlichen Inhalts»[660] enthielt, eine inhaltliche Ergänzung vor. Unter «bürgerlichen Behörden» waren «die Behörden des Kantons»[661] gemeint, womit dem Bund nur eine Oberaufsicht über die Einhaltung der Schicklichkeit der Begräbnisse blieb. Eine Verletzung der Schicklichkeit war etwa dann angenommen worden, «[w]enn dem Toten dasjenige verweigert wird, was der herrschende Gebrauch zur Ehre der Toten fordert»[662]. Es ging also darum, dass alle Toten, unabhängig von deren Konfessionen oder Todesarten, gleich zu behandeln waren.[663] Eine «ausnahmsweise Behandlung»[664] kam einem Verstoss gegen diese Verfassungsbestimmung gleich.

---

656 Mächler, 36. Eine Übersicht zu den kantonalen Polizei-, Sanitäts- und Begräbnisgesetzen aus der ersten Hälfte des 19. Jahrhunderts bietet Mächler, 33 ff. Vgl. zur historischen Entwicklung des Bestattungsrechts in der Schweiz bis 1874 die Darstellung bei Pahud de Mortanges, 3–11.

657 S. Mächler, 36. Im Mittelalter okkupierte die Kirche «die drei Angelpunkte des menschlichen Lebens […]: Geburt, Verehelichung und Tod», womit das Begräbniswesen (von da an) «vollständig zur Kompetenz der Kirche» gehörte, s. Zorn, 66, 67.

658 Zorn, 67.

659 Art. 53 Abs. 2 BV 1874. Zur Normgeschichte s. Burckhardt, 534 f.; Mächler, 36 ff.

660 Burckhardt, 534.

661 Burckhardt, 537.

662 Burckhardt, 538.

663 Als Verletzung gelte, wenn die Beerdigung eines Toten «nicht *am gleichen Ort* wie die andern» gestattet werde oder wenn die «*Verweigerung des Glockengeläutes*» erfolge, obschon dies sonst üblich sei, s. Burckhardt, 538, 539 [Hervorhebungen im Original].

664 Burckhardt, 538. Insofern umschreibt der Schweizer Rechtswissenschaftler Benjamin Schindler die Schicklichkeit mit der «*Gleichheit nach dem Tod*», s. Schindler, 577 [Hervorhebungen im Original]. In seinem Beitrag von 2023 behandelt Schindler «Alte und neue Fragen

Die Bestimmung von Art. 53 Abs. 2 BV 1874 bezog sich demnach nicht nur auf «konfessionelle Verhältnisse»[665]. Mit der Einführung der Norm wurden vielmehr «Anlässe zu konfessionellem Hader»[666] beseitigt. Das «Recht, schicklich beerdigt zu werden, gilt in jedem Fall, drohe die Verletzung von kirchlicher Seite oder entsteige sie andern»[667]. Darüber hinaus bot die Norm eine neue Perspektive auf den toten Körper eines Menschen und Rechte, die nach dem Tod des Menschen fortwirken.

bb) Individualrecht über den Tod hinaus

Im Jahre 1892 behandelte Albert Mächler in seiner Berner Dissertation die Frage, wer der Verletzte bzw. das geschützte Rechtssubjekt der Verfassungsnorm von Art. 53 Abs. 2 BV 1874 sei.[668] Die Dissertation fand später im weitbeachteten Kommentar zur Bundesverfassung von Walther Burckhardt prominente Berücksichtigung.[669] Mächler vertrat die Ansicht, dass das Recht des schicklichen Begräbnisses als Individualrecht ausgestaltet sei:

> «Als Rechtssubjekt gilt aber der Träger des Rechtswillens oder der, für welchen der Rechtsschutz hergestellt ist, dessen Interesse wahrgenommen werden soll: das ist jeder Einzelne selbst.»[670]

In seiner Begründung der Annahme eines Individualrechts führte Mächler an, dass «die Bemessung der Schicklichkeit auf de[m] Verstorbenen selbst, d[as] h[eisst] auf seine[r] Würde als Mensch»[671] basiere. Daher erfolge der Schutz zu «Gunsten» des Individuums. Für die Einordnung als Individualrecht spreche weiter, dass das «Interesse an einem schicklichen Begräbniss vorab und allgemein bei dem zu bestattenden Menschen selbst»[672] liege. Der «Genuss des beruhigenden Gefühls[,] einmal im Tod [...] menschlich behandelt zu werden», sei dabei als «ein Theil der Anerkennung der Persönlichkeit» eines Menschen anzusehen.[673] Auch deutete Mächler an, dass der «präsumtive Wille» das Verständnis des Rechts auf ein schickliches Begräbnis als Individualrecht zulasse. Der Staat müsse und dürfe annehmen, «dass Jeder einmal schicklich

---

zum Bestattungs- und Friedhofsrecht» in der Schweiz, wo er eine starke Säkularisierung und Egalisierung des Rechtsgebiets feststellt.

665 Blumer/Morel, 365.

666 Mächler, 72.

667 Mächler, 73.

668 Es bleibt unklar, bei wem Mächler promovierte. Die «Würde eines doctor juis utriusque» erlangte er am 21. Mai 1892 «mit der Note magna cum laude», s. Mitteilung «Stadt Bern. Hochschule» in Intelligenzblatt für die Stadt Bern vom 24.5.1892, Seite 3.

669 S. nur Burckhardt, 534 (Fn. 1).

670 Mächler, 68.

671 Mächler, 66.

672 Mächler, 67.

673 Mächler, 67.

beerdigt werden will.»[674] An diesem Punkt adressierte Mächler explizit den Aspekt der postmortalen Fortwirkung dieses Rechts:

> «Auch der Umstand, dass der Wille über den Tod hinaus wirken soll, ist keineswegs abschreckend, denn er ist z[um] B[eispiel] beim Legat längst anerkannt und läge auch der Annahme zu Grunde, dass durch ein schickliches Begräbniss die Glaubensfreiheit verletzt würde.»[675]

Laut Mächler bestand der Wille, schicklich beerdigt zu werden, über den Tod eines Menschen hinaus. Das «Recht überdauert [...] den Träger desselben seiner Wirkung nach»[676], wobei der Staat durch die ihm auferlegte Pflicht zum Schutz des Rechts an die Stelle des rechtsunfähig gewordenen Individuums trete. In dieser Konsequenz verstand er das Recht gemäss Art. 53 Abs. 2 BV 1874 als Schutz der verstorbenen Menschen, denn die Verletzung der Bestimmung treffe «vor Allem den Verstorbenen selbst»[677]. Die Einstufung des Verstorbenen als Rechtssubjekt war allerdings ein Novum – ein «singuläre[r] Rechtsschutz»[678] – in der schweizerischen Rechtsordnung.

Andere Schweizer Rechtswissenschaftler bestätigten später (bewusst oder unbewusst) die Ansichten Mächlers, was zeigt, dass er keine Einzelmeinung vertrat. Beispielsweise ordnete der Berner Staatsrechtler Carl Hilty 1905 «das von der jetzigen Bundesverfassung ausdrücklich garantirte Recht auf eine ‹schickliche› Beerdigung jedes Todten»[679] dem Verstorbenen selbst zu. Der Staats- und Völkerrechtler Walther Burckhardt argumentierte in seinem 1905 erschienenen Kommentar zur Bundesverfassung von 1874 ebenfalls für die Einordnung des Rechts auf ein schickliches Begräbnis gemäss Art. 53 Abs. 2 BV 1874 als Individualrecht. Allerdings stützte er sich dabei auf Art. 189 Ziff. 6 des Bundesgesetzes über die Organisation der Bundesrechtspflege vom 22. März 1893. Demnach waren Beschwerden, «welche sich auf [...] Artikel 53, Absatz 2, der Bundesverfassung betreffend Begräbnisplätze»[680] beziehen, der Beurteilung des Bundesrates oder der Bundesversammlung unterstellt. Die Möglichkeit der Beschwerde mache das Recht des schicklichen Begräbnisses zu einem Individualrecht.[681] Das Recht auf ein schickliches Begräbnis beruhe zudem «auf dem Gedanken, dass auch dem toten menschlichen Körper noch Achtung gebührte, und dass es für jeden Menschen [...] etwas Verletzendes habe, wenn ihm diese Achtung verweigert werde.»[682] Burckhardt sprach sich damit indirekt für die postmortale Fortwirkung des Rechts aus.

---

674 Mächler, 67.
675 Mächler, 67.
676 Mächler, 70.
677 Mächler, 70.
678 Mächler, 71. Ein «Analogon» erkannte er in § 189 RStGB, dazu s. oben, Teil 2/B/I/2/c.
679 Hilty, 3. Zu Hilty s. unten, Teil 2/C/III/1.
680 BBl 1893 I, 1158.
681 S. Burckhardt, 541.
682 Burckhardt, 538.

cc) Menschenwürde (über den Tod hinaus)

Mit der Einführung von Art. 53 Abs. 2 BV 1874 wurde das Individualrecht auf ein schickliches Begräbnis auf Verfassungsebene verankert. Mächler hob in seiner Dissertation von 1892 einen weiteren Zweck hervor, der durch die Einführung der Norm verfolgt wurde:

> «Die übrigens in der Verfassung deutlich ausgesprochene Pflicht der bürgerlichen Behörden kann auch desshalb durch Aussprüche resp[ektive] Verzicht des Einzelnen nicht suspendirt werden, weil zweifellos mit diesem Recht des Individuums auch ein *Interesse der Allgemeinheit* gewahrt werden soll, welches in der Beseitigung aller inhumanen und rohen Traditionen und in *der allseitigen Hochhaltung der Menschenwürde* liegt»[683].

Laut Mächler enthielt die Verfassungsnorm neben dem individualrechtlichen Charakter eine allgemeine Ebene. Das Recht auf ein schickliches Begräbnis definiere gewissermassen die Sittlichkeit neu und erwirke eine Abkehr von «inhumanen und rohen Traditionen»[684]. Die «Pflicht» zum schicklichen Begräbnis verhindere «Korporationsinteressen […], welche verlangen, durch Bestrafung des Todten auf die Lebenden zu wirken»[685]. Welche Bestrafungen gemeint waren, kann den Ausführungen Mächlers nicht entnommen werden. Hier dürfte aber an die Vornahme der Bestattung eines Selbstmörders zu ungewöhnlichen Tageszeiten oder an deren Verweigerung überhaupt gedacht worden sein.[686] Mächlers zeitgenössische Interpretation zeigt jedoch, dass der Staat das schickliche Begräbnis eines jeden Leichnams zum sittlich-humanen Verhalten einer Gesellschaft zählte. Der Staat nahm durch die Einführung der Verfassungsnorm eine sittliche Erziehung der Gesellschaft vor und verwendete dazu den Leichnam indirekt als ein Steuerungsinstrument.

Neben der «Beseitigung aller inhumanen und rohen Traditionen» bediene die Einführung des Rechts auf ein schickliches Begräbnis ein weiteres (Allgemein-)Interesse: das Interesse «der allseitigen Hochhaltung der Menschenwürde»[687]. Mächler sah das

---

683 Mächler, 72 [Hervorhebungen nicht im Original].

684 Mächler, 72.

685 Mächler, 72.

686 In solchen Situationen herrschte – auch mit der Verfassungsnorm – Rechtsunklarheit, weshalb es zu Bestrebungen kam, die Materie in einem einheitlichen und klärenden Bundesgesetz zu regeln. Vor diesem Hintergrund verlangte der Bundesrat bereits im Jahre 1875 von den Kantonsregierungen via Kreisschreiben eine Auflistung von den Massnahmen, die im Hinblick auf die Sicherung des schicklichen Begräbnisses eines jeden getroffen wurden. Das Kreisschreiben sollte insbesondere klären, «wie es mit der Beerdigung von Selbstmördern und Verstorbenen anderer Konfessionen gehalten werde», s. BBl 1875 III, 4. Die offensichtlich zufriedenstellenden Rückmeldungen der Kantone veranlassten den Bundesrat dazu, zwei- bzw. dreifach von einer gesetzlichen Normierung abzusehen, s. BBl 1875 III, 22; BBl 1880 II, 832; BBl 1881 II, 650; später, das Absehen von einer Normierung bestätigend BBl 1885 I, 52. Vgl. dazu Blumer/Morel, 365 ff.; Pahud de Mortanges, 14 f.

687 Mächler, 72.

schickliche Begräbnis als Teilaspekt der Menschenwürde an.[688] Dadurch, dass dem gewesenen Menschen ein Recht auf ein schickliches Begräbnis zugesprochen werde, erfolge ein «allseitiger», das heisst allgemeiner Schutz der Menschenwürde. Der Schutz komme allen Menschen und deren Leichnamen zu, unabhängig vom jeweiligen Status:

> «Wenn wir nach all' dem annehmen dürfen, dass die Bundesverfassung einen in jedem Individuum lokalisirten Anspruch auf eine *menschenwürdige Behandlung nach dem Tode schützen* wollte, indem sie allgemein seine Erfüllung den Behörden zur Pflicht macht, so hat sie ihn eben zu einem Recht erhoben, das nicht weniger als jener Anspruch im Individium seinen Sitz hat.»[689]

Mächler legte in seiner Darstellung aus dem Jahre 1892 indirekt offen, dass die Würde des Menschen über den Tod hinaus fortbestehe. Eine «Hochhaltung der Menschenwürde»[690] durch das schickliche Begräbnis implizierte die Anerkennung des postmortalen Fortbestehens der Menschenwürde. Bezeichnenderweise wurde Art. 53 Abs. 2 BV 1874 in der zweiten Totalrevision der Bundesverfassung im Jahr 1999 gestrichen bzw. als überflüssig bezeichnet. Heute wird das verfassungsmässige Recht auf ein schickliches Begräbnis von Art. 7 BV, der die Menschenwürde als Grundrecht definiert, mit erfasst.[691]

dd) Persönliche Freiheit (über den Tod hinaus)

Die Einführung der verfassungsrechtlichen Garantie auf ein schickliches Begräbnis im Jahr 1874 bot Anlass, verschiedene Behandlungs- bzw. Verwendungsformen der Leichname auf deren Verfassungskonformität hin zu diskutieren. Im Fokus stand hier insbesondere die Leichenverbrennung bzw. Feuerbestattung.[692] Die Feuerbestattung war zu diesem Zeitpunkt von einzelnen kantonalen Behörden als eine zulässige Form der Bestattung anerkannt worden. Beispielsweise erlaubte der Kanton Zürich bereits im Jahre 1877 die Leichenverbrennung.[693] Die Zürcher Regierung erteilte damals dem Zürcherischen Feuerbestattungsverein eine Konzession zur Feuerbestattung – nur gerade drei Jahre nach der Begründung des Vereins und dem Inkrafttreten des Art. 53

---

688 S. Mächler, 68: «Als Objekt oder Rechtsgut erscheint in letzter Linie die Anerkennung der Menschenwürde oder die Ehre, zunächst aber der äussere Akt, der dieselbe äusserlich dokumentirt: ein ehrliches würdiges Begräbniss.»

689 Mächler, 66 [Hervorhebungen nicht im Original].

690 Mächler, 72.

691 S. BBl 1997 I, 141.

692 Die Thematik der Leichenverbrennung war auch unabhängig von der Verfassungsnorm Gegenstand diverser Abhandlungen, s. etwa Küchenmeister, Feuerbestattung; ferner *Hans-Jacob Wegmann-Ercolani*, Ueber die Leichenverbrennung als rationellste Bestattungsart, Zürich 1874.

693 Beschluß des Regierungsrathes betreffend Leichenverbrennung. (Vom 26. Juli 1877. Amtsbl[att] 1877. 1593), abgedruckt in: OS 20, Supplement zu Band I bis XX der offiziellen Gesetzessammlung des Kantons Zürich, 323–324.

Abs. 2 BV 1874.[694] Auf nationaler Ebene war die Frage der Verfassungsmässigkeit der Feuerbestattung etwa im Zusammenhang mit einer 1884 beim Bundesrat eingereichten Petition «betreffend Statthafterklärung der Leichenverbrennung» behandelt worden. Die Petition verlangte insbesondere «die Ausarbeitung eines gesetzgeberischen Aktes, durch welchen den Kantonen und Gemeinden die Einführung der fakultativen Leichenverbrennung gestattet würde»[695]. Der Bundesrat sah von diesem Begehren ab und verwies dabei auch auf den Kanton Zürich: «Mit Recht sind sie [sc. die zürcherische Kantonsregierung] nicht auf den Gedanken gekommen, daß die von den Männern der sanitarischen Wissenschaft warm befürwortete, von den Geistlichen als mit der christlichen Religion unvereinbar erklärt, in alter und neuer Zeit sogar dichterisch besungene Veraschung (Incineration) der irdischen Ueberreste des Menschen vom schweizerischen Bundesrathe oder Parlament als etwas ‹Unschickliches› verpönt werden könnte!»[696] Mit der Befürwortung der zürcherischen Regelung erkannte der Bundesrat die Feuerbestattung als schickliche Bestattungsform an. Auch Mächler betonte in seiner Untersuchung, «dass jede Art von Bestattung nach kantonaler Anordnung angewendet werden kann, sofern sie nur eine schickliche ist.»[697] Er verwies ebenfalls auf den Kanton Zürich und sah die Leichenverbrennung mit Blick auf Art. 53 Abs. 2 BV 1874 als unproblematisch an. Ähnlich argumentierte Burckhardt 1905 in seinem Kommentar zur Bundesverfassung. Die Leichenverbrennung war seiner Ansicht nach «ohne Zweifel verfassungsmässig»[698]. Mit Art. 53 Abs. 2 BV 1874 wurde demnach die Grundlage für die Anerkennung verschiedener Bestattungsformen geschaffen, auch die der Feuerbestattung.[699]

Die Verfassungskonformität der Feuerbestattung bzw. die Anerkennung unterschiedlicher Bestattungsformen war eng mit dem Gedanken verbunden, dass ein jeder Mensch frei über seinen Körper und insbesondere über seinen toten Körper bestimmen dürfe. Eine Annäherung an diesen Gedanken erfolgte im «Bericht des französischen Berichterstatters der ständeräthlichen Kommission zur Begutachtung einer Petition betreffend die Leichenverbrennung» vom 17. Dezember 1884:

---

694 Die frühe Anerkennung der Feuerbestattung war auch in diversen legislativen Akten erkennbar, wie etwa in der im Jahre 1889 von der Zürcher Kantonsregierung erlassenen «Instruktion für die Bezirksärzte betreffend ihr Verhalten bei Gesuchen um Bewilligung zur Feuerbestattung».

695 BBl 1884 IV, 543.

696 BBl 1884 IV, 546 f. Überhaupt schliesse der Wortlaut «Beerdigung» andere Bestattungsarten neben der Erdbestattung nicht aus, s. BBl 1884 IV, 545.

697 Mächler, 123.

698 Burckhardt, 540. Ähnlich Hilty, 11.

699 Bereits ein Jahrzehnt nach der Einführung der Verfassungsnorm wurde die Erläuterung der Zulässigkeit der Feuerbestattung als «eine rein doktrinäre Frage […], welche jedes Zusammenhanges mit einem gegebenen Falle, jeder unmittelbaren praktischen Anwendbarkeit entbehrt», abgetan, s. BBl 1885 I, 62. Dennoch blieb die Feuerbestattung nicht unbestritten, gerade auch wegen der Einflussnahme der katholischen Kirche, s. dazu unten, Teil 3/B/I.

> «Es gibt Philosophen und Juristen, welche lehren, daß das Recht, wenigstens unter gewissen Bedingungen über seine Habe zu verfügen, nicht erst vom Civilrecht geschaffen wurde, sondern ein angebornes Naturrecht sei. Ist dies richtig, so soll der Mensch, gleich wie über andere Sachen, auch *über seine sterbliche Hülle in der Weise verfügen können, daß er bestimmt, welche Art der Bestattung er jeder andern vorzieht*; folgerichtig soll eine in dieser Hinsicht geäußerte Willenserklärung in den Grenzen der Möglichkeit als etwas Geheiligtes angesehen werden, wodurch der Rechtsnachfolger des Verstorbenen eben so gut gebunden wird, als durch ein Vermächtniß, einen vermachten Nießbrauch oder eine Substitution.»[700]

Der Bericht tönte an, dass die Art der Bestattung dem Willen des Lebenden zu entsprechen habe und der Lebende grundsätzlich frei über «seine sterbliche Hülle», das heisst den Leichnam, entscheiden dürfe.[701] Das Bestimmungsrecht über den eigenen Leichnam wurde gewissermassen als Ausfluss der persönlichen Freiheit, die über den Tod hinaus wirkt, verstanden. Damit kam im Bericht von 1884 bereits ein Recht zum Ausdruck, das erst knapp vier Jahrzehnte später im Jahre 1919 durch das Bundesgericht bestätigt wurde.[702] Die Haltung des französischen Berichterstatters war zum Zeitpunkt der Einführung der Verfassungsnorm jedoch umstritten. Mächler etwa griff in seiner Dissertation von 1892 den Aspekt des Bestimmungsrechts über den eigenen Leichnam auf und wies darauf hin, dass es in der Schweiz nicht Sitte sei, «über die Bestattung selbst Dispositionen zu treffen»[703]. Die Verfassungsnorm selbst schütze nicht die «Freiheit für die Zeit nach dem Tod über den Körper zu verfügen oder auch nur das Begräbnis zu bestimmen»[704]. Mächler erkannte aber, dass zwischen dem Recht auf eine schickliche Bestattung und dem Bestimmungsrecht über den eigenen Leichnam eine enge Verbindung bestehe. Zwar könne die Frage der Schicklichkeit einer Bestattung durchaus «mit der Frage, ob sie dem muthmasslichen Willen des Vertorbenen entspreche», zusammenfallen, doch die «Rechtskraft»[705] des Letzteren bestimme sich nach dem kantonalen Recht. Damit schränkte Mächler die verfassungsrechtliche Garantie gemäss Art. 53 Abs. 2 BV 1874 auf das Faktum des schicklichen Begräbnisses ein, wohingegen die Schicklichkeit selbst nach der «Verschiedenheit der lokalen Gebräuche»[706] bestimmt wurde.

---

700 BBl 1885 I, 61 [Hervorhebungen nicht im Original].

701 S. auch BBl 1885 I, 62: «[M]ag Jeder in dieser Frage seinen eigenen Standpunkt einnehmen».

702 S. BGE 45 I 119, E 6. Der Zusammenhang zwischen dem Recht der persönlichen Freiheit und der Feuerbestattung ergründete der Verwaltungsrechtler Fritz Fleiner 1919 in einem Gutachten, s. dazu unten, Teil 3/B/I. Vgl. SCHINDLER, 579.

703 MÄCHLER, 67.

704 MÄCHLER, 68.

705 MÄCHLER, 68.

706 BURCKHARDT, 538.

c) *Verfassungsrecht im Spannungsverhältnis zur Gesundheitspolitik*

Obschon mit Art. 53 Abs. 2 BV 1874 die «Oberaufsicht über das Bestattungswesen»[707] dem Bund übertragen wurde, lagen die Regelungskompetenzen weitestgehend bei den einzelnen Kantonen.[708] Ein Blick auf kantonale Gesetze, Verordnungen und Reglemente zum Begräbniswesen zeigt, dass der Leichnam in diesem Zusammenhang grundsätzlich als ein Objekt, von dem eine Gefahr für die Gesellschaft, etwa in Form von Krankheiten und Seuchen, ausgehen konnte, erfasst wurde.[709] Für die politisch verantwortlichen Organe war in diesem Bereich die absolute Kontrolle oberstes Gebot, denn nur so konnten die Ziele – Bekämpfung der Gefahrenquelle – erreicht und die Bevölkerung vor gesundheitlichen Problemen wie Seuchen geschützt werden.[710] Die absolute Formulierung in Art. 53 Abs. 2 BV 1874 – «jeder Verstorbene» – und die garantierte Gleichbehandlung nach dem Tod standen hier dem öffentlichen Interesse der Seuchenbekämpfung und des Schutzes der Bevölkerung gegenüber, was zu einem Spannungsverhältnis führte.[711] Beispielhaft wird nachfolgend der Kanton Zürich betrachtet, der früh und umfassend Gebrauch von der Kompetenzzuweisung im Bereich des Begräbniswesens machte.[712]

---

707 BBl 1918 IV, 75.

708 S. Burckhardt, 537.

709 Wie in Deutschland waren solche Regelungen auch in der Schweiz des 19. Jahrhunderts erforderlich, damit Epidemien begegnet werden konnte. Zum Kontext der medizinischen Wissenschaft s. unten, Teil 2/C/II.

710 Unter diesem Gesichtspunkt liest sich auch die strafrechtliche Übertretungsnorm «Beseitigung des Leichnams» bzw. «Leichenbeseitigung», die in mehreren Entwürfen zum schweizerischen StGB vorhanden war. Grundsätzlich erfasste die Norm zwei Tathandlungen. Einerseits wurde die Bestattung der Leiche, ohne zuvor die Behörde zu informieren, sanktioniert. Andererseits bestand eine Übertretung darin, wenn eine Leiche heimlich, das heisst ohne Kenntnis der Behörden, beiseitegeschafft wurde. Im Gesetzgebungsverfahren erfolgte die inhaltliche Auseinandersetzung mit der Norm erst ab dem Jahr 1912. Dabei wurde als wichtiges Motiv für die Regelung mehrfach die «gesundheitspolizeilichen Erwägungen» erwähnt, s. etwa BBl 1918, 75; Zürcher, 501. Auch wurde anerkannt, dass die Übertretungsnorm «die bundesmässige Garantie der schicklichen Beerdigung durch Strafsanktion», das heisst Art. 53 Abs. 2 BV 1874, stärke, s. *Zürcher*, in: Protokoll Experten VII, 248. Dazu s. unten, Teil 2/B/II/3/b/cc.

711 Auf diesen Umstand wiesen auch Rechtswissenschaftler des 19. Jahrhunderts hin. Cramer etwa führte die «Hygiene» und die damit verbundene gesellschaftliche Wohlfahrt als Hauptgrund für die staatlichen Massnahmen im Bereich des Begräbniswesen an. Das Wohlfahrtsinteresse stehe teilweise aber im Konflikt mit dem «ethischen Charakter» der Beerdigung, s. Cramer, 70, 73.

712 In anderen Kantonen wurden inhaltlich ähnliche Regelungen im Bereich des Begräbniswesens und der Anatomieleichen getroffen. Im Kanton Bern galt beispielsweise das Dekret betreffend das Begräbniswesen vom 25. November 1876 [dort insbesondere §§ 11 ff.].

aa) Kantonale Regelungen zum Begräbniswesen

1890 erliess der Kanton Zürich das Gesetz betreffend die Leichenbestattung[713] und die Verordnung[714] über das Gesetz. Das Gesetz wies in § 1 das Bestattungswesen den örtlichen Gesundheitsbehörden zu und unterstellte dasselbe der Sanitätsdirektion. Hieraus wird sogleich die Grundmotivation zum Erlass ersichtlich: Die Leichenbestattung war, unabhängig vom Erfordernis der Schicklichkeit gemäss Art. 53 Abs. 2 BV 1874, eine öffentlich-rechtliche bzw. gesundheitspolitische Angelegenheit und bedurfte der Kontrolle durch die kantonalen Gesundheitsämter. Weiter regelte das Zürcher Gesetz die Zuständigkeiten, wo welche Leichen beerdigt werden durften (§ 5), klärte bestimmte Kostenfragen (§ 8) und anerkannte die Feuerbestattung (§ 8 lit. a).[715] Die Verordnung zum Gesetz enthielt Bestimmungen über die Leichenschau (§§ 8 ff.), die Voraussetzungen zur Bestattung der Leichen (etwa die Bewilligung, §§ 24 ff.), die Friedhöfe (etwa die Grabmasse, §§ 32 ff.), weitere Kostenfragen (§§ 44 ff.) und schliesslich noch Strafbestimmungen (§ 57).[716] Die Behandlung der Leichname von Patienten der kantonalen Kranken- und Versorgungsanstalten regelte eine gesonderte «Verordnung betreffend das Verfahren mit den Leichen in den kantonalen Kranken- und Versorgungsanstalten». Darin war explizit eine Sektion an «allen Leichen der Patienten»[717] vorgesehen worden. Für Leichname, die nicht unter diese Verordnung fielen oder «aus der Strafanstalt in die Todtenkammer der Anatomie»[718] gebracht wurden, galt das «Reglement betreffend die Verwendung der in das pathologische Institut und in die Anatomie gebrachten Leichen vom 13. Dezember 1882». Dieses Reglement legte fest, welche Leichen (ausnahmslos) an das pathologische Institut oder die Anatomie zu übergeben waren. Die Leichen von Zuchthausinsassen (§ 15 lit. c) beispielsweise mussten ausnahmslos der Anatomie für

---

713 Gesetz betreffend die Leichenbestattung vom 29. Juni 1890 (OS 22, 220–224).

714 Verordnung zum Gesetz betreffend die Leichenbestattung vom 29. November 1890 (OS 22, 265–280).

715 Die kantonalen Vorschriften zur Feuerbestattung wurden mehrheitlich zur Sicherstellung von Hinweisen auf verbrecherische Handlungen erlassen. Das Ziel war, zu verhindern, dass potenzielle Tatspuren verloren gingen.

716 Gemäss § 10 Verordnung zum Gesetz betreffend die Leichenbestattung vom 29. November 1890 (OS 22, 266) durfte eine Leichensektion erst 30 Stunden nach dem Ableben oder bei Vorliegen von Erkenntnissen, die «keinen Zweifel an der Wirklichkeit des Todes übrig lassen», vorgenommen werden. Diese Norm stand in einem unmittelbaren Zusammenhang mit der Thematik der «Scheintoten», s. dazu unten, Teil 2/C/II/2/c.

717 § 2 Verordnung betreffend das Verfahren mit den Leichen in den kantonalen Kranken- und Versorgungsanstalten und die Kosten der Bestattung derselben, vom Regierungsrat erlassen und vom Kantonsrat genehmigt am 24. Dezember 1890 (OS 22, 291).

718 § 11 Verordnung betreffend das Verfahren mit den Leichen in den kantonalen Kranken- und Versorgungsanstalten und die Kosten der Bestattung derselben, vom Regierungsrat erlassen und vom Kantonsrat genehmigt am 24. Dezember 1890 (OS 22, 293).

«freie Benutzung zur Verfügung gestellt»[719] werden. Das Absolute in der Regelung barg Konfliktpotenzial mit der verfassungsrechtlichen Garantie auf ein schickliches Begräbnis gemäss Art. 53 Abs. 2 BV 1874, was als solches auch erkannt wurde. Burckhardt hielt in seinem Kommentar von 1905 in knappen Worten fest: «Heikler ist die Frage, ob der allgemeine Wortlaut des Art. 53, Abs. 2, [BV 1874] mit der Verwendung der Leichen zu anatomischen Lehrzwecken vereinbar sei; das Gebot der Schicklichkeit bleibt auch hier aufrecht, aber es wird dem wissenschaftlichen Zwecke untergeordnet.»[720] Ähnlich zurückhaltend erfasste Mächler in seiner Untersuchung aus dem Jahr 1892 die «Anatomieverhältnisse»: «Ihre Regelung hat auch ihren Rechtsgrund in der öffentlichen Wohlfahrt, die hier allerdings das individuelle Recht etwas beeinflusst. Die wissenschaftliche Verwendung der Leichen hat die Bundesverfassung, das darf a priori angenommen werden, nicht verbieten wollen»[721]. Mächler ging davon aus, dass die «Forderungen des wissenschaftlichen Zweckes»[722] eine Unschicklichkeit im Sinne von Art. 53 Abs. 2 BV 1874 in der Verwendung von Anatomieleichen verhindere. Diese Situation stellt klar, dass medizinische Interessen in gewissen Fällen dem individuellen Recht auf ein schickliches Begräbnis vor gingen.

bb) Nationale Regelungen zum Leichentransport

Das Spannungsverhältnis zwischen der verfassungsrechtlichen Garantie auf ein schickliches Begräbnis und den gesundheitspolizeilichen Massnahmen fand sich auch auf nationaler Ebene im Zusammenhang mit den sogenannten Leichentransporten wieder. Im 19. Jahrhundert schloss die Schweiz einige internationale Verträge über den Transport von Leichnamen mit geographisch nah gelegenen Staaten ab.[723] Der Hauptzweck dieser Vereinbarungen war wiederum die Bekämpfung von Seuchen und gefährlichen Infektionskrankheiten.[724] Gestützt auf Art. 7 «Bundesgesetz betreffend Maßnahmen gegen gemeingefährliche Epidemien vom 2. Juli 1886» hatte der Bundesrat «die nöthigen Vorschriften bezüglich des Kranken- und Leichentransportes» zu erlassen, was er

719 § 15 lit. c Reglement betreffend die Verwendung der in das pathologische Institut und in die Anatomie gebrachten Leichen vom 13. Dezember 1882.

720 Burckhardt, 540.

721 Mächler, 72.

722 Mächler, 72.

723 Beispielsweise die Vereinbarung zwischen der Schweiz und dem deutschen Reiche über die gegenseitige Anerkennung von Leichenpässen (SR 0.818.691.36) aus dem Jahre 1909. Die Vereinbarung gilt heute noch, soweit sie gegenüber dem internationalen Abkommen über Leichenbeförderung vom 10. Februar 1937 (SR 0.818.61) eine Erleichterung darstellt. Daneben gab es auch Verträge über die gegenseitige Anerkennung von Leichenpässen mit Bundesländern wie Württemberg oder Bayern (beide 1884). Vgl. ferner den praktischen Anwendungsfall eines internationalen Leichentransports bei Küchenmeister, Feuerbestattung, 178.

724 S. Vogel S., 1 ff. Der Zürcher Mediziner Samuel Vogel untersuchte 1912 in seiner medizinischen Dissertation den Transport von Menschen und Leichnamen.

in Form der Verordnung betreffend den Leichentransport im Jahre 1891 auch tat. Die Vorschriften der Verordnung zum Leichentransport kamen hauptsächlich dann zum Tragen, wenn der Transport einer Person, die an einer gefährlichen Infektionskrankheit gestorben war, anstand. Diese Leichen durften zunächst nicht (interkantonal) transportiert werden und mussten ohne grosse Verzögerung am Sterbeort bestattet werden.[725] Ab dem 1. Januar 1894 trat zudem das Transportreglement der schweizerischen Eisenbahn- und Dampfschiffunternehmungen in Kraft, in dem konkrete Bestimmungen zum Leichentransport festgehalten wurden.[726] In diesem Reglement wurde auch der Transport des Leichnams mit Zügen für den Personentransport vorgesehen.[727] Das Spannungsverhältnis zwischen der verfassungsrechtlichen Garantie auf ein schickliches Begräbnis gemäss Art. 53 Abs. 2 BV 1874 und den Vorschriften zum Leichentransport bestand insbesondere beim Aspekt der Beisetzung am Sterbeort im Falle einer gefährlichen Infektionskrankheit. In diesen Fällen kam es zu einem Transportverbot des Leichnams, was unter Umständen das im Recht auf ein schickliches Begräbnis enthaltene Bestimmungsrecht über den Bestattungsort übersteuern konnte. Allerdings galten die nationalen Vorschriften zum Transport von Leichnamen für alle Menschen in gleicher Weise, weshalb eben gerade keine «ausnahmsweise Behandlung»[728] vorgelegen haben dürfte, die zur Verletzung der verfassungsrechtlichen Garantie auf ein schickliches Begräbnis geführt hätte.

---

725 S. Art. 1 Verordnung betreffend den Leichentransport (Vom 6. Oktober 1891). Der in diesem Fall verwendete Sarg hatte bestimmten Vorgaben zu entsprechen [Art. 3] und auch durfte der Leichnam nicht umgekleidet werden [Art. 2]. Erst nach Ablauf eines Jahres erfolgte in solchen Fällen eine Exhumierung zwecks Transports an andere (internationale) Orte [Art. 9]. Für den eigentlichen Transport kamen zusätzliche Vorgaben an den zu verwendenden Sarg dazu [Art. 11]. Erfolgte ein internationaler Transport, mussten nochmals andere Vorgaben beachtet werden.

726 «Transport-Reglement der schweizerischen Eisenbahn- und Dampfschiffunternehmungen. Vom Bundesrate genehmigt unterm [sic.] 11. Dezember 1893. Gültig vom 1. Januar 1894 an», abgedruckt in: Gesetze, Dekrete und Verordnungen des Kantons Bern, Jg. 1893, Bd. 32 (1893), 461–616.

727 S. § 41 Transportreglement der schweizerischen Eisenbahn- und Dampfschiffunternehmungen vom 1. Januar 1894. Die Zuweisung in «für den Personentransport bestimmten Zügen» überrascht insofern, als die systematische Einordnung des Abschnitts VII über die Beförderung von Leichen eher für «Güterzüge» sprach. Abschnitt III des Transportreglements regelte die Personenbeförderung, danach folgten die Abschnitte über die Beförderung von Reisegepäck [IV], von landwirtschaftlichen Traglasten [V] und von Expressgut [VI]. Nach dem Abschnitt betreffend die Leichentransporte standen die Beförderung von Fahrzeugen [VIII], lebenden Tieren [IX] und Gütern [X] im Fokus. Die Regelungen über die Leichentransporte ordneten sich demnach in einer Reihe von Regelungen betreffend Transporte von (juristischen) Sachen ein, die im «Güterzug» erfolgten.

728 Burckhardt, 538.

d) Bedeutung des Verfassungsrechts für die Überlegungen von Gareis zu einem postmortalen Persönlichkeitsschutz

Dass die in der verfassungsrechtlichen Garantie auf ein schickliches Begräbnis enthaltenen Ansätze eines postmortalen Rechtsschutzes des Menschen den Juristen Gareis, Kohler und Gierke zugänglich waren, zeigt sich insbesondere am Beispiel von Gareis.[729] Dieser hatte, wie bereits angetönt, zur Zeit der ersten Totalrevision der schweizerischen Bundesverfassung im Jahr 1874 in Bern eine Professur inne. Er lehrte dort in Rechtsbereichen, die unmittelbar durch die Verfassungsrevision berührt wurden. Das «Handels- und Wechselrecht» lag neu in der Kompetenzhoheit des Bundes und das «Kirchenrecht» sah sich durch den Kulturkampf nachhaltigen Änderungen ausgesetzt.[730] Der Kulturkampf und die kirchenpolitischen Verhältnisse (in der Schweiz) nahm Gareis mehrfach zum Anlass wissenschaftlicher Abhandlungen.

1876, ein Jahr nachdem er Bern in Richtung Giessen verliess, erschien ein rund 80 Seiten umfassender Beitrag zu den «Irrlehren über den Cultur-Kampf». Gareis unternahm darin den Versuch, «die Mißverständnisse über den Culturkampf [...] auf der Basis des Rechts»[731] zu beseitigen. Er zeigte beispielsweise auf, dass der Kulturkampf nicht nur «ein Kampf um's Recht» sei, bei dem eine Antwort auf die Frage gesucht werde, «[w]er setzt die Grenzen zwischen Staatsgebiet und Kirchengebiet fest, und zwar nicht bloß als ideale Grenzen, sondern als Rechtsschranken, deren Ueberschreitung eine Repression zur Folge haben muß».[732] Vielmehr finde auf einer weiteren Ebene ein «Kampf der freien Wissenschaft wider ihr Gegentheil, der Kampf der Weltcultur, der Wahrheit und der Menschlichkeit, gegen jede geistige Beengung, Trübung und Unmenschlichkeit»[733] statt. Seine differenzierte Betrachtung des Kulturkampfes erfolgte auch mit dem Blick auf die Schweiz und die Bundesverfassung von 1874. In «der neuen schweizerischen Bundesverfassung» sei mit Art. 49 BV 1874 die Glaubens- und Gewissensfreiheit anerkannt, was als «oberste[r] Grundsatz» eines souveränen Staates gelte.[734] Gareis forderte die Trennung von Kirche und Staat insbesondere im Begräbniswesen. Er bemerkte dazu: «Das öffentliche Interesse fordert ferner aus zweierlei Gründen, daß der Staat das Begräbnißwesen von sich aus regle: aus Gründen der Gesundheitspflege und aus Gründen der Rechtssicherheit, um gehässigen Friedensstörungen thunlichst

---

729 Kohler und Gierke äusserten sich, soweit ersichtlich, an keiner Stelle explizit zu Art. 53 Abs. 2 BV 1874.

730 NZZ vom 25.6.1873.

731 Gareis, Irrlehren, 3.

732 Gareis, Irrlehren, 19.

733 Gareis, Irrlehren, 19.

734 Gareis, Irrlehren, 34.

vorzubeugen.»[735] Wessen Friede gestört werde, klärte Gareis zwar nicht.[736] Allerdings sprach er hier implizit die Verfassungsbestimmung von Art. 53 Abs. 2 BV 1874 an, die, wie von ihm eingefordert, das Begräbniswesen dem Staat zuwies.

Unmittelbar nach «Irrlehren» erschien 1877 der erste Band des Werkes «Staat und Kirche in der Schweiz», der «[e]ine Darstellung des eidgenössischen und kantonalen Kirchenstaatsrechtes mit besonderer Rücksicht auf die neuere Rechtsentwicklung und die heutigen Conflicte zwischen Staat und Kirche» enthielt.[737] Zur Autorschaft des Werkes gehörte neben Gareis auch Philipp Zorn, der Nachfolger von Gareis in Bern war. Gareis lehrte zum Publikationszeitpunkt bereits zwei Jahre in Giessen. Dem Vorwort kann jedoch entnommen werden, dass er es gewesen war, der die Sammlung einschlägigen Materials über «Conflicte zwischen Staat und Kirche»[738] begonnen und damit das Werk überhaupt initiiert hatte. Nach seinem Wechsel nach Giessen gingen die begonnenen Arbeiten an Zorn über. Die ersten sechs Kapitel aus dem ersten Band stammen aber von Gareis selbst. In diesem Teil kam auch die verfassungsrechtliche Garantie des schicklichen Begräbnisses gemäss Art. 53 Abs. 2 BV 1874 zur Sprache. Zu Beginn seiner Darstellung des Kirchenrechts ging Gareis (erneut) auf den Inhalt des Kulturkampfes ein. Er schrieb der Schweiz in dieser Hinsicht keine besondere Stellung gegenüber dem nahen Ausland zu.[739] Ähnlich wie in «Irrelehren» hielt er fest, dass es beim Kulturkampf in der Schweiz im Kern um die Frage gehe, wie «die Gewissensfreiheit der Einzelnen und die Staatsordnung – Freiheit Aller innerhalb der durch diese Freiheit geforderten Schranken – vereinbar um Beides gleichmässig zu schützen»[740] sei. Der liberale Bundesstaat habe dabei als Leitsatz «das Princip des von kirchlicher Bedingtheit gänzlich befreiten modernen Staates»[741] vertreten. Im Rahmen der Verfassungsrevision von 1874 sei die Trennung von Staat und (römisch-katholischer) Kirche etwa dahingehend angestrebt worden, dass «die Emancipation einer Reihe für den Staat wichtiger Angelegenheiten gegenüber der gemischten oder rein kirchlichen Normirung und Rechtsbeeinflussung»[742] eintrete. Der Bund sehe daher keine «Privilegien» im Sinne von anerkannten Kirchen vor, sondern verlange die Organisation

735 Gareis, Irrlehren, 34 f.

736 Gareis dürfte mit «Friedensstörung» die Störung des Totenfriedens gemäss § 168 RStGB gemeint haben. Jedoch bleibt dann unklar, weshalb hier mit der Zuweisung des Begräbniswesens an den Staat «Rechtssicherheit» erreicht werden sollte, wenn doch bereits eine positivrechtliche Gesetzesnorm vorhanden war.

737 Gareis/Zorn, Titelseite [nicht paginiert].

738 Gareis/Zorn, V f.

739 Gareis/Zorn, 1 f.

740 Gareis/Zorn, 2. Vereinzelt wird dem Werk von Gareis und Zorn eine «einseitig etatistische Sicht» unterstellt, s. Stalder, Kulturkampf, 24.

741 Gareis/Zorn, II.

742 Gareis/Zorn, 10. Eine weitere Dimension der Trennung von Staat und Kirche bestand in «der Nichtbeeinflussung der kirchlichen Organisation Seitens des Staates», s. Gareis/Zorn, 10, 12 ff.

der unterschiedlichen Religionsgesellschaften als «privatrechtliche Vereine»[743]. Die Grundlage des eidgenössischen Staatskirchenrechts erkannte Gareis in Art. 49 Abs. 1 BV 1874 («Die Glaubens- und Gewissensfreiheit ist unverletzlich») und Art. 56 BV 1874 (Vereinigungsfreiheit). Weiter zeige sich in der Verfassung von 1874 die Trennung von Staat und Kirche bei Themen wie «Schule, Ehe, Begräbniswesen, weltliche Standesregisterführung und kirchliches Steuerwesen»[744].

Die verfassungsrechtliche Garantie auf ein schickliches Begräbnis gemäss Art. 53 Abs. 2 BV 1874 behandelte Gareis über knapp eineinhalb Seiten. Er wies dabei insbesondere auf die erfolglos gebliebenen Bestrebungen nach einer einheitlichen, eidgenössischen Regelung des Begräbniswesens[745] hin und konstatierte, dass das Begräbniswesen in den meisten Kantonen schon vor der Verfassungsrevision säkularisiert gewesen sei. Eine tieferführende Auseinandersetzung mit dem Norminhalt fehlte in seinen Darstellungen, was aber auf der Linie der zeitgenössischen Literatur lag. Beispielsweise behandelten die Schweizer Juristen Johann Blumer und Josef Morel die Verfassungsnorm zum schicklichen Begräbnis in ihrem ebenfalls 1877 publizierten «Handbuch des Schweizerischen Bundesstaatsrechtes» nahezu wortähnlich wie Gareis.[746] Mit der Darstellung der politischen Debatten zeigte Gareis indirekt sein wissenschaftliches Interesse am Verfassungsartikel auf, das er auch nach seinem Wechsel nach Deutschland weiterverfolgte.[747] Rund 30 Jahre nach seiner Zeit in Bern nahm er zudem in seinem Aufsatz über die «Rechtsverhältnisse an Begräbnisstätten» eine themenverwandte Perspektive ein. In diesem Aufsatz bestätigte er seine Überzeugung von der Wirkung des Persönlichkeitsrechts über den Tod eines Menschen hinaus und verstand den Leichnam «als Hülle der Persönlichkeit»[748]. Der Blick auf sein späteres wissenschaftliches Werk lässt die Annahme zu, dass Gareis die in der Verfassungsbestimmung von Art. 53 Abs. 2 BV 1874 erkennbaren Ansätze eines postmortalen Rechtsschutzes des Menschen bekannt waren und diese Ansätze indirekt seine Überlegungen zu einem postmortalen Persönlichkeitsschutz mitprägten.

2. *Zivilrecht*

a) *Rechtslage*

In der Schweiz des 19. Jahrhunderts lag die Kompetenz zum Erlass von Normen im Bereich des Zivilrechts weitestgehend bei den einzelnen Kantonen, was eine immense

---

743 Gareis/Zorn, 37.

744 Gareis/Zorn, 11.

745 S. BBl 1875 III, 4 ff. Dazu s. oben, Teil 2/B/II/1/b.

746 S. Blumer/Morel, 365 f.

747 In der Schweiz war das Werk von Gareis und Zorn rege zitiert worden, s. nur Mächler, 47 (Fn. 1).

748 Gareis, Begräbnisstätte, 318. Dazu s. oben, Teil 1/A/III/2.

Rechtsvielfalt zur Folge hatte. An dieser Situation änderte sich nur wenig, als der Bund mit der ersten Verfassungsrevision von 1874 das Recht erhielt, das Obligationenrecht bzw. Schuld- und Handelsrecht zu regeln.[749] Die Verabschiedung des Obligationenrechts erfolgte im Jahre 1881; zwei Jahre später trat das Gesetz am 1. Januar 1883 für das gesamte Rechtsgebiet der Schweiz in Kraft.[750] Alle anderen Bereiche des Zivilrechts – das Personen-, das Familien-, das Erb- und das Sachenrecht – blieben in der Kompetenzhoheit der Kantone. Politische und rechtswissenschaftliche Bestrebungen zur Vereinheitlichung des gesamten Zivilrechts setzten, ähnlich wie in Deutschland, ab dem letzten Viertel des 19. Jahrhunderts ein. Der Schweizerische Juristenverein beispielsweise verfolgte offiziell ab 1883 das Ziel, Vorarbeiten für ein einheitliches Zivilrecht zu unterstützen. Für die Vereinheitlichung war insbesondere eine «wissenschaftliche Bearbeitung, welche auf historischer Grundlage den gesammten gegenwärtigen Bestand des schweizerischen Privatrechts einlässlich zur Darstellung bringt»[751], gefordert worden. Im Jahr 1885 informierte der Schweizerische Juristenverein, dass der Schweizer Rechtswissenschaftler Eugen Huber sich dieser Aufgabe annehmen werde. Daraus resultierte das vier Bände starke Standardwerk «System und Geschichte des Schweizerischen Privatrechtes», das zwischen 1886 und 1894 publiziert wurde und eine Zusammenstellung der kantonalen zivilrechtlichen Regelungen enthielt. Noch während der Fertigstellung des Werkes erhielt Huber im Sommer 1892 vom Departement für Justiz und Polizei die Anfrage, die Ausarbeitung eines Vorentwurfes zu einem einheitlichen schweizerischen Zivilgesetzbuch vorzunehmen.[752] Die rechtliche Grundlage für ein einheitliches Zivilrecht lag allerdings erst sechs Jahre später mit Art. 64 Abs. 2 BV 1898 vor: «Der Bund ist zur Gesetzgebung auch in den Gebieten des Zivilrechts befugt.» Bis zu diesem Zeitpunkt hatte Huber bereits drei Teilentwürfe für das Schweizerische Zivilgesetzbuch (ZGB) abgeliefert. Im Jahr 1900 konnte er einen Vorentwurf für das gesamte ZGB präsentieren. Der Text des Vorentwurfes durchlief ohne grosse Änderungen mehrere Beratungen inner- und ausserhalb des Parlaments. 1907 verabschiedete der National- und Ständerat das Gesetz ohne Gegenstimme; am 1. Januar 1912 trat das Schweizerische Zivilgesetzbuch in Kraft.[753] Der oberflächliche Blick auf die Chronologie zeigt, dass bei der Ausarbeitung des ZGB eine zeitliche Parallelität zum BGB bestand. Das BGB hat oben in der vorliegenden Studie als Grundlage für die Kontextualisierung der Überlegungen von Gareis, Kohler und Gierke zu einem postmortalen Persönlichkeitsschutz im positiven Zivilrecht Deutschlands der zweiten

[749] S. Art. 64 BV 1874.

[750] Zur Entstehung des Bundesetzes über das Obligationenrecht vom 14. Juni 1881 EUGSTER, 1 ff., 55 ff.

[751] Zeitschrift für Schweizerisches Recht, Bd. 4 (1885), 563. Vgl. dazu HOFER, Vordenker, 14 ff.; HOFER, ZGB, 10 f.

[752] Vgl. dazu HOFER, Vordenker, 20 ff.; HOFER, ZGB, 11 f.

[753] Zu Hubers Arbeit am Zivilgesetzbuch und dem Gesetzgebungsverfahren s. HOFER, Vordenker, 20–26; HOFER, ZGB, 9–16.

Hälfte des 19. Jahrhunderts gedient.[754] Es bietet sich daher an, in erster Linie das ZGB und die frühen Kommentarwerke zum ZGB spiegelbildlich als Grundlage für die Kontextualisierung der Überlegungen der drei Juristen im Zivilrecht der Schweiz der zweiten Hälfte des 19. Jahrhunderts heranzuziehen.

b) Regelungsstand im Obligationenrecht und Zivilgesetzbuch

aa) Allgemeines Persönlichkeitsrecht

In der schweizerischen Zivilrechtsordnung der zweiten Hälfte des 19. Jahrhunderts war mit Art. 55 «Bundesgesez über das Obligationenrecht» vom 14. Juni 1881 eine positivrechtliche Norm vorhanden, die sich des Schutzes der Persönlichkeit annahm:

> «Ist Jemand durch andere unerlaubte Handlungen in seinen *persönlichen Verhältnissen* ernstlich verletzt worden, so kann der Richter auch ohne Nachweis eines Vermögensschadens auf eine angemessene Geldsumme erkennen.»[755]

Die im Deliktsrecht verordnete Bestimmung zielte unter anderem auf den Schutz vor Ehrverletzungen, die in der Beeinträchtigung des Ehrempfindens und «des gesellschaftlichen bzw. beruflichen Ansehens»[756] bestanden. Der Anspruch auf «eine angemessene Geldsumme» galt grundsätzlich als Ausgleich für das «moralische Leiden»[757]. Im Zivilgesetzbuch vom 10. Dezember 1907 erfuhren (und erfahren) die Persönlichkeitsrechte (erneut) einen positivrechtlichen Schutz. Einerseits fand hier der Schutz der Persönlichkeit «im Grundsatz der Unveräußerlichkeit und Unverletzlichkeit und andererseits in den Vorschriften über Namensschutz und Namensänderungen Anerkennung»[758]. Die Feststellung der Unveräusserlichkeit der Persönlichkeit diente dabei dem Schutz vor sich selbst. Damit war gemeint, dass «ein Verzicht auf die Rechts- und Handlungsfähigkeit rechtlich unmöglich ist.»[759] Die Unverletzlichkeit der Persönlichkeit bzw. den Schutz «gegen Angriffe von aussen»[760] regelte Art. 28 ZGB 1912:

> «Wer in seinem persönlichen Verhältnissen unbefugterweise verletzt wird, kann auf Beseitigung der Störung klagen. Eine Klage auf Schadenersatz oder auf Leistung einer Geldsumme als Genugtuung ist nur in den vom Gesetze vorgesehenen Fällen zulässig.»[761]

754 S. oben, Teil 2/B/I/1.

755 Art. 55 Bundesgesetz über das Obligationenrecht vom 14. Juni 1881 [Hervorhebungen nicht im Original].

756 Hofer, Persönlichkeitsschutz, 266. Zum Persönlichkeitsschutz im Bundesgesetz über das Obligationenrecht von 1883 s. Hofer, Persönlichkeitsschutz, 262–269.

757 BBl 1880 I, 188.

758 BBl 1904 IV, 18.

759 Hafter, Personenrecht, 118. Vgl. Art. 27 ZGB 1912.

760 Hafter, Personenrecht, 118.

761 Art. 28 ZGB 1912.

Huber hob in seinen Erläuterungen zum Vorentwurf hervor, dass die Bestimmung «allgemeiner gefasst» sei und «als Objekt der Verletzung» die Persönlichkeit erscheine.[762] Es ging ihm um einen «umfassenden Schutz»[763] der Persönlichkeit, der sich vom Persönlichkeitsschutz im BGB unterschied. Allerdings: Auch wenn die schweizerische Zivilrechtsordnung einen Schutz «der Persönlichkeit im allgemeinen»[764] vorsah, fand weder im Bundesgesetz über das Obligationenrecht vom 14. Juni 1881 noch im Zivilgesetzbuch vom 10. Dezember 1907 der Aspekt der Fortwirkung des Persönlichkeitsrechts über den Tod eines Menschen hinaus bzw. des postmortalen Persönlichkeitsschutzes einen positivrechtlichen Ausdruck.

bb) Leichnam

Auf dem Gebiet der Schweiz hatte sich die eng mit den Überlegungen zu einem postmortalen Persönlichkeitsschutz zusammenhängende Frage der rechtlichen Stellung des Leichnams vor der Rechtsvereinheitlichung – zumindest positivrechtlich – nicht gestellt. In Hubers Werk «System und Geschichte des Schweizerischen Privatrechtes», das einen Überblick über die kantonalen Zivilrechte lieferte, war die Thematik nicht aufgegriffen worden.[765] Das Schweigen hielt auch im Rahmen der im endenden 19. Jahrhundert angestrebten Vereinheitlichung des Zivilrechts an. In den Materialien zum ZGB lassen sich keine spezifischen Äusserungen über den rechtlichen Status des Leichnams oder den des toten Menschen finden. Das Wort «Leiche» fand zwar in Art. 34 ZGB 1912 Erwähnung: «Der Tod einer Person kann, auch wenn niemand die *Leiche* gesehen hat, als erwiesen betrachtet werden, sobald die Person unter Umständen verschwunden ist, die ihren Tod als sicher erscheinen lassen.»[766] Die Norm bezog sich aber auf die Verschollenerklärung einer verschwundenen Person und äusserte sich nicht zum rechtlichen Status des Leichnams. Die Thematik war weder im Zusammenhang mit dem Persönlichkeitsschutz noch im Bereich des Sachenrechts behandelt worden.[767]

cc) Zivilrechtliche Wirkungen des Todes

Wie im BGB äussern sich einige Bestimmungen des ZGB zur rechtlichen Wirkung des Todes. Artikel 31 Abs. 1 ZGB bestimmt in seiner heute noch geltenden Fassung, dass

[762] HUBER, Erläuterungen, 68.

[763] HOFER, Persönlichkeitsschutz, 282. Zu Hubers Konzeption des Persönlichkeitsschutzes HOFER, Persönlichkeitsschutz, 271 ff.

[764] BBl 1904 IV, 18. Huber selbst habe «den Ausdruck ‹allgemeines Persönlichkeitsrecht›» nie verwendet, s. HOFER, Persönlichkeitsschutz, 282.

[765] Die «Leichen» tauchen nur im Zusammenhang mit der Darstellung zur Geschichte des Instituts der Reallasten bzw. des «Zehnten» auf, s. HUBER, SPR IV, 778 (Fn. 18).

[766] Art. 34 ZGB 1912 [Hervorhebungen nicht im Original].

[767] Zur rechtlichen Stellung des Leichnams in der Schweiz aus heutiger Sicht TSCHUMY.

die Rechtsfähigkeit mit den Tod endet.[768] Die Konsequenz aus dem Gedanken zeigt(e) sich in verschiedenen Teilen des Gesetzes. Beispielsweise spricht Art. 70 Abs. 3 ZGB davon, dass die Vereinsmitgliedschaft «weder veräusserlich noch vererblich» sei. Grundsätzlich endet demnach mit dem Tod eines Mitgliedes dessen Vereinsmitgliedschaft. Verstarb die Ehefrau, ging das «Frauengut» gemäss Art. 212 ZGB 1912 unter «Vorbehalt der erbrechtlichen Ansprüche des Ehemannes an die Erben der Frau.» Die (und der) Tote war somit vermögensunfähig.

Andere Normen lassen jedoch erkennen, dass die Regelung in Art. 31 Abs. 1 ZGB nicht in aller Konsequenz umgesetzt wurde. Gemäss Art. 21 Abs. 2 ZGB 1912 war die Schwägerschaft bei «Auflösung der Ehe, die sie begründet hat», nicht aufgehoben worden. Artikel 100 Ziff. 2 ZGB 1912 hielt zudem fest, dass das über den Tod fortwirkende Schwägerschaftsverhältnis einen Eheverbotsgrund darstelle.[769]

c) *Gesetzesinterpretationen durch die Rechtswissenschaft*

aa) *Schutz der Persönlichkeitsrechte Lebender*

Im Zusammenhang mit dem deliktischen Schutz der «persönlichen Verhältnisse» gemäss Art. 55 «Bundesgesez über das Obligationenrecht» vom 14. Juni 1881 waren keine expliziten Überlegungen zu einem Schutz nach dem Tod angestellt worden. Die Zürcher Rechtsprofessoren Albert Schneider und Heinrich Fick tönten in der zweiten Auflage ihres vielbeachteten Kommentars von 1896 an: «Wegen Beleidigung des Andenkens eines Verstorbenen sind die Erben entschädigungsberechtigt.»[770] Demnach könne der Anspruch auf Entschädigung gemäss Art. 55 OR 1883 aus einer «Beleidigung des Andenkens» an einen Verstorbenen resultieren.[771] Dabei stand nicht der Ersatz eines Vermögensschadens im Fokus, sondern der Ausgleich für das «moralische Leiden»[772] der Angehörigen. Die Entschädigungsberechtigung galt in dieser Situation als ein Zahlungsanspruch in Folge der Verletzung der «persönlichen Verhältnisse» bzw. des Ehrempfindens der Erben. Eine solche Interpretation legte ein bundesgerichtlicher Entscheid aus dem Jahre 1889 nahe, auf den auch Schneider und Fick verwiesen. Der Rechtsstreit handelte davon, dass die Erben eines Walliser Notars und Kirchengegners zivilrechtlich gegen einen postum publizierten Zeitungsartikel vorgingen.

---

768 Der Gesetzestext spricht hier von «Persönlichkeit», gemeint ist aber «Rechtsfähigkeit», s. HOFER, Personenrecht, 39. Ab welchem Zeitpunkt ein Mensch als tot gilt, regelt das Gesetz nicht. Heute wird der Zeitpunkt des Todes durch den jeweils anerkannten Stand der medizinischen Wissenschaften vorgegeben, s. BGE 98 Ia 508, E 3a.

769 S. HUBER, Erläuterungen, 66.

770 SCHNEIDER/FICK, 154.

771 Zur strafrechtlichen Perspektive s. unten, Teil 2/B/II/3/c.

772 BBl 1880 I, 188. Zur Interpretation von Art. 55 OR 1883 als Ersatz eines (nicht genau bezifferten) Vermögensschadens s. HOFER, Persönlichkeitsschutz, 267–269.

Im Artikel wurde durch «l'exposé de doctrines de droit canonique»[773] versucht, die Unrechtmässigkeit der kirchlich-feierlichen Bestattung des Erblassers zu begründen. Der Zeitungsartikel enthielt allerdings offensichtliche «accusations et des allusions», dass der verstorbene Notar «des biens mal acquis et se serait rendu coupable de vols particuliers».[774] Die fehlende Rechtfertigung der Anschuldigungen wurde im Verfahren bewiesen und eine Anwendung von Art. 55 OR 1883 bestätigt, wobei insbesondere «la mémoire de feu Hippolyte Pignat, et par conséquent à l'honneur de sa famille»[775] verletzt gewesen sei. Das Bundesgericht hob die Ehre der überlebenden Familie, die das Andenken an den Verstorbenen mit umfasse, als das geschützte Rechtsgut hervor. Die Beeinträchtigung der «persönlichen Verhältnisse» lag also nicht beim Toten selbst vor, sondern bei den lebenden Erben. Ein solches Verständnis wurde bereits in der bundesrätlichen Botschaft zum Bundesgesetz über das Obligationenrecht vom 14. Juni 1881 präsentiert. Bei der Umschreibung möglicher Anwendungsfälle von Art. 55 OR 1883 verwies die Botschaft auf Situationen, in denen beispielsweise «ein ehrbares Mädchen durch betrügerische Vorspiegelungen, Angaben falscher Namen, Vorlegung gefälschter Papiere [...] zu einer Verlobung mit einem schon verheiratheten Manne verleitet worden»[776] sei. Die Norm zielte klar auf den finanziellen Ausgleich «für moralisches Leiden»[777] eines lebenden Menschen ab.

Auch in den frühen rechtswissenschaftlichen Beiträgen zum Zivilgesetzbuch und zu Art. 28 ZGB 1912 blieb der Aspekt der Fortwirkung der Persönlichkeitsrechte über den Tod eines Menschen – trotz normativer Anerkennung des allgemeinen Persönlichkeitsrechts – weitestgehend unbeachtet. Einige Beiträge behandelten fragmentarisch die in der deutschen Fachliteratur geforderte Anerkennung eines postmortalen Persönlichkeitsschutzes. Eine solche Ausnahme bildete beispielsweise der Jurist Karl Specker mit seiner im Jahre 1911 publizierten Abhandlung über die «Persönlichkeitsrechte [...] im schweizerischen Privatrecht». Die Arbeit entstand «auf freundliche Anregung und unter sachkundiger Förderung von Herrn Professor Dr. *A Egger*»[778], der seinerseits ein Schüler Hubers war. Egger verwies in seinem vielbeachteten Kommentar zum Personenrecht des ZGB mehrfach auf Speckers Dissertation.[779] Die Dissertation fand so auch im Ausland und insbesondere in Deutschland Beachtung. Der in Jena

---

773 BGE 15 I 310.

774 BGE 15 I 310.

775 BGE 15 I 311.

776 BBl 1880 I, 187.

777 BBl 1880 I, 188.

778 SPECKER, IV [Hervorhebungen im Original]. August Egger promovierte im Jahre 1900 bei Eugen Huber und war ab 1904 Professor für Zivilrecht in Zürich.

779 S. nur EGGER, Personenrecht, 102 ff. Mit Blick auf die Frage des postmortalen Persönlichkeitsschutzes hielt Egger ablehnend und mit Verweis auf Specker fest, dass es sich «überall um rechtlich geschützte Interessen und somit um subjektive Rechte der Hinterbliebenen» handele, s. EGGER, Personenrecht, 141.

lehrende Justus Hedemann etwa griff das Werk Speckers auf und bezeichnete es als «hervorragende Monographie»[780]. Unter dem Abschnitt «Wegfall des Rechtssubjekts» befasste sich Specker mit der Frage, «was beim Tode mit den Persönlichkeitsrechten des Menschen»[781] geschehe. Er argumentierte zentral mit Art. 31 Abs. 1 ZGB 1912, der lautete:

> «Die Persönlichkeit beginnt mit dem Leben nach der vollendeten Geburt und endet mit dem Tode.»[782]

Aus dieser Norm leitete Specker ab, dass die Menschen mit dem Tod «ihre Persönlichkeitsrechte»[783] verlieren. Die Sichtweise, bei der «verstorbene nahe Angehörige immer noch als an unsern Geschicken teilnehmend gedacht werden»[784], lehnte er dagegen ab:

> «So schön und pietätvoll eine solche Betrachtungsweise ist, juristisch lässt sie sich nur rechtfertigen, wenn die Rechtsordnung den *Toten als Rechtssubjekt* anerkennt; solange dies aber *nicht der Fall* ist, ist der Tote, wie überhaupt keines Rechts, auch nicht der Persönlichkeitsrechte und insbesondere nicht des Rechts auf die Ehre fähig.»[785]

Laut Specker liess die schweizerische Rechtsordnung nicht erkennen, dass dem Toten Rechte zukommen sollten.[786] Die Frage, was mit den Persönlichkeitsrechten beim Tod eines Menschen geschehe, suchte Specker mit einer Differenzierung zu beantworten. Dazu unterteilte er die Persönlichkeitsgüter bzw. -rechte in zwei Kategorien. Es gebe die «äussern» Rechte, die unabhängig vom Rechtssubjekt, das heisst dem lebenden Menschen, existierten. Demgegenüber seien die «innern» Rechte «von der Existenz des Rechtssubjekts»[787] abhängig und fielen mit dem Tod eines Menschen grundsätzlich ohne Weiteres dahin. Hierzu zählte er etwa «die Integrität des Vorstellungs- und Gefühlslebens»[788]. Allerdings führte Specker seinen Gedanken nicht konsequent weiter. Er ging davon aus, dass einige Rechte der «innern» Kategorie, wie die der «äussern», dennoch über den Tod eines Menschen hinaus wirken können:

---

780 Hedemann, 29.

781 Specker, 142.

782 Art. 31 Abs. 1 ZGB 1912.

783 Specker, 141.

784 Specker, 141.

785 Specker, 141 [Hervorhebungen nicht im Original].

786 Mit seiner Einschätzung sprach Specker indirekt das gesetzgeberische Verständnis Hubers an. Huber war der Ansicht, dass es Aufgabe des Zivilrechts sei, zu bestimmen, «in welchem Umfang und nach welcher Art Personen [...] Rechtssubjekt seien», s. Huber, SPR IV, 211. Wenn, wie Specker es annahm, das Zivilrecht die Toten nicht als Rechtssubjekt erfasse, sei es eine bewusste Entscheidung des Gesetzgebers.

787 Specker, 142.

788 Specker, 142.

> «Zweifelhafter ist das Schicksal jener Rechte, die sich auf die äussern und auf jene innern Persönlichkeitsgüter beziehen, die bis zur *völligen Verwesung* weiter existieren. Hier hängt alles davon ab, ob das betreffende Objekt für eine der überlebenden Personen [...] ein Gut darstellt oder nicht. Fehlt dieser Gutscharakter, so fehlt das im Rahmen des Art. 28 ZGB benötigte Verhältnis (= Gut) und ein Recht besteht deshalb weder zu Gunsten der Überlebenden noch der Erben»[789].

Der Untergang solcher Persönlichkeitsrechte erfolge nicht beim Tod des Menschen, sondern erst bei der «völligen Verwesung» dessen toten Körpers. Wieso die Grenze bei der Verwesung zu ziehen sei, klärte Specker nicht. Er machte jedoch deutlich, dass in diesen Situationen danach zu fragen sei, ob das verletzte «Objekt», das heisst das Recht, für einen überlebenden Angehörigen einen «Gutscharakter» habe und ob ein solches Persönlichkeitsrecht vererblich sei. Die allgemeinen Persönlichkeitsrechte, wie etwa «die Rechte auf Körperintegrität, Freiheit, Ehre, Bild, Lebensbild, Stimme, Geheimsphäre, Erwerbsleben»[790], stufte er allesamt als nichtvererblich ein. Mit der Nichtvererblichkeit der allgemeinen Persönlichkeitsrechte liege aber keine Schutzlosigkeit vor. Specker gab zu bedenken:

> «Auf diese Güter erwächst nun dem Überlebenden mit der Tatsache des Ablebens eines Verwandten [...] ohne weiteres ein eigenes, originäres Persönlichkeitsrecht, das soweit und solange besteht, als jene persönlichen Interessen bestehen. Fallen diese Interessen dahin, so fällt das taugliche Objekt und damit das Recht.»[791]

In einzelnen Fällen komme es mit dem Tod nicht zu einer Übertragung bzw. Fortwirkung der Persönlichkeitsrechte des gewesenen Menschen, sondern dem lebenden Angehörigen erwachse ein originäres Recht. Laut Specker erweiterte der Tod eines Menschen gewissermassen die Persönlichkeit des Lebenden um genau diesen Tod. Das schützenswerte Recht ziele dabei auf die Sicherung der «Integrität ihres Pietätsgefühls»[792] ab. Specker gestaltete den Schutz der Persönlichkeitsrechte gemäss Art. 28 ZGB 1912 als einen ausschliesslichen Schutz lebender Menschen. Seine Ansicht sah er in einzelnen Normen des positiven Rechts Deutschlands bestätigt. So schütze beispielsweise § 189 RStGB «nicht mehr ein Gut des Toten, sondern der Lebenden»[793]. Der «Zustand der Vorzügezuerkennung und der gute Ruf des Toten»[794] stellten Persönlichkeitsrechte der überlebenden Angehörigen dar. Auch erkannte er im § 22 KUG verankerten Recht,

789 Specker, 142 [Hervorhebungen nicht im Original].
790 Specker, 143.
791 Specker, 144.
792 Specker, 144.
793 Specker, 145. Er führte auch die Schwesterbestimmung Art. 107 VE StGB April 1908 an, obschon seine Ausführungen auf Normen der deutschen Rechtsordnung gerichtet waren.
794 Specker, 145.

über die «Nichtanfertigung und Nichtveröffentlichung des Bildes eines Verstorbenen» zu bestimmen, «nicht ein Recht des Toten, sondern der Lebendigen.»[795]

bb) Leichnam als Sache im rechtlichen Sinn

Eugen Huber bemerkte 1896 in einem Beitrag über das «Recht der Erben im Urheberrecht» zum Leichnam:

> «An körperliche Angriffe auf die Person des Erblassers ist nach seinem Tode allerdings nicht mehr zu denken. Denn der Leichnam ist *nicht mehr die Person* des Dahingeschiedenen.»[796]

Eine konkrete rechtliche Einordnung des Leichnams nahm Huber nicht vor. Er lehnte einzig die Verbindung zwischen «Leichnam» und «Person» ab, wobei aber offen blieb, ob «Person» im rechtlichen Sinn zu verstehen sei. Die Fortführung seines Gedankens dürfte die Anwendung des Sachbegriffs auf den Leichnam zur Folge haben, wie es ansatzweise auch in den ersten Kommentaren zum ZGB geschah. In den Kommentaren war ein homogener Meinungsstand vorhanden, wobei allerdings nur wenige Worte zur rechtlichen Einordnung des Leichnams geschrieben wurden. Es kam, auch in Anlehnung an die deutsche Literatur, zu einer Anwendung des Sachbegriffs auf den Leichnam.[797] Welche Überlegungen hinter der einheitlichen Einordnung des Leichnams als Sache standen, können den Kommentarbemerkungen nicht entnommen werden. Carl Albert Wieland, Professor für schweizerisches Privatrecht an der Universität Basel, hielt beispielsweise in seinem Kommentar von 1909 fest, dass der Leichnam eine Sache sei, «doch sind Verfügungen über den Leichnam, die gegen die guten Sitten verstossen, unwirksam»[798]. Damit bejahte er die grundsätzliche Privateigentumsfähigkeit am Leichnam. Wortgleich äusserte sich Eugen Curti-Forrer, Mitbegründer der schweizerischen Juristenzeitung, in seinem 1911 erschienen Kommentar. Er verwies dabei auf Wieland.[799] Pragmatisch und wenig differenziert nahm Hans Leemann im Berner Kommentar zum Sachenrecht von 1911 an, dass der Leichnam Sache sei.[800] Zudem sah er Verfügungen über die künftige Leiche, wie die letztwillige Anordnung der Verbrennung oder Zuwendung zu wissenschaftlichen Zwecken an ein anatomisches

795 Specker, 146.

796 Huber, Urheberrecht, 47 [Hervorhebungen nicht im Original].

797 Huber sah von einer Legaldefinition des Sachbegriffs ab, da die «allgemeinen Begriffsbestimmungen in den meisten, wenn nicht in allen Fällen gar nicht der Gesetzgebung, sondern der Wissenschaft angehören», s. Huber, Erläuterungen, 24. Die ‹res religiosae› erwähnte er nur im Zusammenhang mit den Immobilien, s. Huber, SPR IV, 690 f.

798 Wieland, 9.

799 S. Curti-Forrer, 520 (Anmerkung 3 zu Art. 641 ZGB 1912): «Der Leichnam ist Sache, doch sind Verfügungen darüber, die gegen die guten Sitten verstoßen, unwirksam.»

800 S. Leemann, 317 (Rz. 7).

Institut, als rechtlich unproblematisch an.[801] Sobald eine Verfügung gegen ein Entgelt vorgenommen werde, liege jedoch Sittenwidrigkeit vor.[802] Leemann verwies in seinen Ausführungen auf das zu diesem Zeitpunkt rund ein Vierteljahrhundert alte Pandektenlehrbuch von Heinrich Dernburg, was aufzeigt, welch stiefmütterliche Behandlung die Frage des rechtlichen Status des Leichnams in der Schweiz der zweiten Hälfte des 19. Jahrhunderts erfuhr.

d) Ablehnung der Überlegungen von Gareis, Kohler und Gierke zu einem postmortalen Persönlichkeitsschutz

Die Forderung nach einer Anerkennung eines postmortalen Persönlichkeitsschutzes, wie sie in Deutschland von Gareis, Kohler und Gierke gestellt wurden, gab es im Bereich des Zivilrechts in der Schweiz um 1900 nicht. Das pragmatisch-juristisch definierte Ende der Rechtsfähigkeit in Art. 31 Abs. 1 ZGB, das mit dem Tod des Menschen eintritt, galt als zentraler Hinderungsgrund für die Anerkennung postmortal zu schützender Zivilrechte bzw. eines postmortalen Persönlichkeitsschutzes. Das Schweizerische Zivilgesetzbuch vom 10. Dezember 1907 richtete sich an lebende Menschen.[803] Die Überlegungen zu einem postmortalen Persönlichkeitsschutz waren den Schweizer Zivilrechtswissenschaftlern aber durchaus bekannt.[804] Specker beispielsweise fügte seiner Bemerkung, dass postmortale Rechte nur dann zu rechtfertigen seien, «wenn die Rechtsordnung den Toten als Rechtssubjekt» bestimme, an:

> «Aus demselben Grunde ist die Lehre von *Kohler* abzulehnen, der ‹ein Residuum des Individualrechts des Verstorbenen› noch eine Zeit lang nachleben lässt»[805].

Specker zitierte die strafrechtliche Abhandlung Kohlers über «Ehre und Beleidigung» aus dem Jahre 1900 und lehnte dessen «Residuum»-Theorie entschieden ab.[806] Ähnlich betonte er an anderer Stelle, dass die Einordnung des Bestimmungsrechts über die «Nichtanfertigung und Nichtveröffentlichung des Bildes eines Verstorbenen»[807] als

---

[801] Die Verfügungsberechtigung über den eigenen toten Körper war knapp zwei Jahrzehnte zuvor noch – aus verfassungsrechtlicher Perspektive – als nicht der Sitte entsprechend angesehen worden, s. dazu oben, Teil 2/B/II/1/b/dd.

[802] S. Leemann, 317 f. (Rz. 7).

[803] Das brachte indirekt auch Huber zum Ausdruck, indem er in seinen «Erläuterungen» keine Ausführungen zu Worten wie «seelenlose Hülle» oder «Leichnam» vornahm.

[804] Einzelne Schweizer Zivilrechtswissenschaftler verwiesen auf die Juristen Gareis, Kohler und Gierke, allerdings nur im Zusammenhang mit den Theorien zum Persönlichkeitsrecht im Allgemeinen oder zum Sachenrecht, s. nur Leemann, 317 f. (Rz. 7). Die Gedanken von Gareis und Gierke zur Einordnung des Leichnams als Rückstand der Persönlichkeit fanden im untersuchten Zeitraum in der Schweiz keine Berücksichtigung.

[805] Specker, 141 [Hervorhebungen im Original].

[806] Die zitierte Stelle bei Kohler, Ehre, 149. Zu Kohler s. oben, Teil 1/B/III/2.

[807] Specker, 146.

Recht des Lebenden zu verstehen sei. Er verwies dabei – erneut – auf die gegenteilige und abzulehnende Ansicht Kohlers.[808]

Auf der anderen Seite nahmen die drei Juristen Gareis, Kohler und Gierke im Rahmen ihrer Überlegungen zum postmortalen Persönlichkeitsschutz keinen Bezug zum Schweizerischen Zivilgesetzbuch. Zwar äusserten sich alle zum Inhalt des ZGB oder zum Persönlichkeitsrecht gemäss Art. 28 ZGB 1912.[809] Jedoch bot ihnen die schweizerische Zivilrechtsordnung keine Ansatzpunkte für Überlegungen zu einem postmortalen Persönlichkeitsschutz.

3. *Strafrecht*

a) *Rechtslage*

Die in der Rechtsordnung der Schweiz im 19. Jahrhundert vorhandene Rechtsvielfalt galt auch für den Bereich des Strafrechts.[810] Fast jeder Kanton hatte sein eigenes Strafrecht bzw. Strafgesetzbuch.[811] Die rechtliche Grundlage für ein national einheitliches Strafrecht wurde erst durch die Volksabstimmung vom 21. Dezember 1898 geschaffen. Mit der Einführung von Art. 64a BV 1898 erhielt der Bund die Befugnis zur «Gesetzgebung im Gebiete des Strafrechts». Zu diesem Zeitpunkt hatten die Arbeiten an einem einheitlichen Strafgesetzbuch bereits begonnen. Der Schweizerische Juristenverein fasste am 27. September 1887 den Beschluss, den Bundesrat um Aufnahme der «Vorarbeiten für die Vereinheitlichung des Strafrechts»[812] zu ersuchen. Im Februar 1889 beauftragte das eidgenössische Justizdepartement den Berner Strafrechtsprofessor Carl Stooss, ein dreiteiliges Werk abzufassen, «welches bestimmt ist, die Rechtseinheit auf dem Gebiet des Strafrechts in der Schweiz anzubahnen.»[813] Stooss lieferte daraufhin eine Vergleichung der Schweizerischen Strafgesetzbücher (1890), die Grundzüge des Schweizerischen Strafrechts (1892/1893), einen Vorentwurf zum Allgemeinen Teil mit Motiven (1893) sowie einen Vorentwurf zum gesamten Strafgesetzbuch mit Motiven (1894). Im Jahre 1893 starteten die Beratungen in einer grossen, ausserparlamentari-

---

808 S. Specker, 146 (Fn. 48). Er verwies auf Kohler, Kunstwerkrecht, 170.

809 S. nur Kohler, Huber, 7.

810 Auf nationaler Ebene gab es das «Bundesgesez über das Bundesstrafrecht der Schweizerischen Eidgenossenschaft vom 4. Februar 1853». Dieses Gesetz regelte im zweiten Abschnitt insbesondere Verbrechen gegen die Eidgenossenschaft, die strafrechtliche Verantwortlichkeit der eidgenössischen Behörden und Beamten sowie Kompetenzen der Bundesanwaltschaft. Es bildet keinen Gegenstand der vorliegenden Untersuchung.

811 Vgl. dazu Stooss, Vergleichung, XXI–XXXI.

812 Zeitschrift für Schweizerisches Recht, Bd. 6 (1887), 667. Der Antrag wurde von Stooss, damals Oberrichter in Bern, eingereicht, s. Zeitschrift für Schweizerisches Recht, Bd. 6 (1887), 661.

813 Zeitschrift für Schweizerisches Recht, Bd. 8 (1889), 635. Der Auftrag kam in Zusammenarbeit mit dem Vorstand des Schweizerischen Juristenvereins zustande, s. etwa Stooss, Vergleichung, IX f.

schen Expertenkommission, nach deren Abschluss 1895/1896 ein weiterer Vorentwurf vorlag.[814] Stooss erstellte hierzu Berichte (1899, 1901). Eine kleine Expertenkommission überprüfte zwischen 1901 und 1903 den Vorentwurf von 1896 sowie die Untersuchungen dazu, woraus 1903 ein weiterer Vorentwurf resultierte.[815] Fünf Jahren später, nach einer weiteren Beratung durch die kleine Kommission, verfasste Stooss 1908 einen neuen Vorentwurf, der als Basis für die weiteren, zeitlich deutlich verzögerten Beratungen diente. Erst in den Jahren von 1912 bis 1916 erfolgten die Beratungen der zweiten grossen Expertenkommission. Ab 1911 publizierte der Zürcher Strafrechtsprofessor Emil Zürcher Erläuterungen zum Vorentwurf vom April 1908. Die gesamten Erläuterungen lagen 1914 vor und dienten der zweiten grossen Expertenkommission als Orientierungsgrundlage.[816] Ab 1928 fanden die Behandlungen im National- und Ständerat statt – rund ein Jahrzehnt nachdem der Bundesrat 1918 eine Botschaft und einen Entwurf für das Schweizerische Strafgesetzbuch veröffentlicht hatte.[817] Bis zum Inkrafttreten des Schweizerischen Strafgesetzbuches am 1. Januar 1942 dauerte es damit, vom Zeitpunkt der Einführung der Kompetenznorm gerechnet, insgesamt über 40 Jahre.

Es stellt sich hier die Frage, inwiefern im Strafrecht der Schweiz der zweiten Hälfte des 19. Jahrhunderts Ansätze eines postmortalen Rechtsschutzes des Menschen vorhanden waren. Im nachfolgenden Abschnitt dienen die Vorentwürfe und Motive von Stooss bzw. die Beratungen der ersten grossen und kleinen Expertenkommissionen bis zum Jahre 1908 als Kontextualisierungsgrundlage. Daneben werden selektiv kantonale Strafrechtsbestimmungen des 19. Jahrhunderts, die faktisch bis ins Jahr 1942 Geltungskraft hatten, einbezogen. Die zeitlich obere Grenze (1908) erfolgt dabei parallel zum Erlass des Schweizerischen Zivilgesetzbuches (1907). Zwischen 1909 und 1911 traten die Arbeiten am Strafgesetzbuch «vor der Ausarbeitung und Einführung des schweizerischen Zivilgesetzbuches»[818] in den Hintergrund, weshalb spätere Phasen der Entstehungsgeschichte des StGB vom 21. Dezember 1937 – insbesondere ab den Besprechungen der zweiten grossen Expertenkommission – in diesem Abschnitt der Studie keine Berücksichtigung finden.[819]

---

814 Vgl. die chronologische Darstellung in der bundesrätlichen Botschaft zur Einführung der Rechtseinheit von 1896, BBl 1896 IV, 743; ferner die Bibliografie von TEICHMANN, 1–16.

815 Eine Übersicht über Geschichte, Materialien und Literatur bis 1907 bietet HAFTER, Arbeiten, 254–259; HAFTER, Bibliographie, 3–30.

816 S. HAFTER, Arbeiten, 257, 257 (Fn. 2).

817 S. BBl 1918 IV, 1 ff.

818 Vorentwurf zu einem Schweizerischen Strafgesetzbuch. Fassung der zweiten Expertenkommission. Oktober 1916, II.

819 Zur späteren Phase der Entstehungsgeschichte des Schweizerischen Strafgesetzbuches s. unten, Teil 3/B/III.

b) Störung des Totenfriedens

aa) Grundlagen

Die partikularen Strafrechte der Schweiz des 19. Jahrhunderts enthielten Normen, die, ähnlich wie § 168 RStGB, dem Schutz des Toten- bzw. Leichenfriedens dienten.[820] Das Strafgesetzbuch für den Kanton Zürich aus dem Jahre 1871 beispielsweise stellte in § 89 die Störung der Leichenruhe unter Strafe. Es wurde derjenige bestraft, der «Gräber zerstört oder an denselben beschimpfenden Unfug verübt»[821]. Mit der Leichenruhe war hier insbesondere der Schutz des Grabes gemeint. Das Strafgesetzbuch für den Kanton Bern vom 30. Januar 1866 erwähnte die Störung des Toten- bzw. Leichenfriedens indirekt, indem Art. 93 die Störung des Gottesdienstes und die des Leichenzuges unter Strafe stellte. Andere kantonale Strafrechte nahmen im Zusammenhang mit der Normierung des Totenfriedens direkten Bezug auf den toten Körper des Menschen. Artikel 150 Codice penale per il Cantone del Ticino von 1873 belegte die Entfernung des Leichnams aus dem Grab – «ne disuma i cadaveri umani» – mit Freiheits- und Geldstrafe. Ähnlich hielt Art. 73 lit. a Kriminalstrafgesetz für den Kanton Schwyz vom 20. Mai 1881 fest, dass, «wenn Leichname beraubt werden», der Diebstahl kriminell zu bestrafen sei.[822]

Im Vorentwurf für ein schweizerisches Strafgesetzbuch aus dem Jahre 1894 orientierte sich Stooss stark an denjenigen partikularen Strafrechten, die die Störung des Totenfriedens auf die Unversehrtheit des Grabes im Allgemeinen und den Leichenzug beschränkten:

> «Wer den Frieden eines Grabes verletzt oder einen Leichenzug stört, wird mit Geldstrafe bis zu 1000 Fr. oder mit Gefängnis bestraft.»[823]

Die Marginalie zu Art. 95 VE StGB 1894 lautete «Verletzung des Grab- und Leichenfriedens». Der von Stooss gewählte Normtext blieb wortähnlich über mehrere Beratungs- und Entwurfsstadien bestehen. In Art. 102 VE StGB 1896 bzw. Art. 184 VE StGB 1903 jedoch änderte der Ausdruck «Grab» zu «Ruhestätte eines Toten» und als Wortlaut der Marginalie galt neu die «Verletzung des Totenfriedens».

Im April 1908 – nachdem die kleine Expertenkommission einen Vorentwurf vom Februar desselben Jahres beraten hatte – legte Stooss eine umfassendere Normvariante vor, die zwei weitere Tatbestände enthielt. Neu wurde gemäss Art. 188 Abs. 3 VE StGB Ap-

---

[820] Vgl. dazu Stooss, Vergleichung, 413–419. Zur Entwicklung der Religionsdelikte und insbesondere mit Blick auf die im 19. Jahrhundert geltenden Strafrechtsbestimmungen Aebli, 1 ff., 31–52.

[821] § 89 Strafgesetzbuch für den Kanton Zürich von 1871.

[822] Art. 73 lit. a Kriminalstrafgesetz für den Kanton Schwyz vom 20. Mai 1881 war im Abschnitt «Diebstahl» eingegliedert worden. Vgl. auch Stooss, Vergleichung, 743.

[823] Art. 95 VE StGB 1894.

ril 1908 mit Gefängnis oder Busse bestraft, «wer eine Leiche öffentlich beschimpft oder absichtlich verunehrt». Zudem war laut Art. 188 Abs. 4 VE StGB April 1908 strafbar, wenn der Leichnam «dem Gewahrsam des Berechtigten» entzogen wurde. Damit waren der «Störung des Totenfriedens» insgesamt vier Tatbestände zu entnehmen, die bis zur Verabschiedung des Gesetzes im Jahre 1937 nur marginale Änderungen erfuhren.[824]

bb) Schutz des Pietätsgefühls lebender Menschen

Stooss äusserte sich 1893 in seiner vergleichenden Darstellung der «Grundzüge des schweizerischen Strafrechts» in knappen Worten zu den partikularstrafrechtlichen Bestimmungen, die sich auf die Störung des Totenfriedens bezogen. Unter der Überschrift «Delikte gegen das religiöse Gefühl» hielt er fest:

> «Im Anschluss an die Delikte gegen das religiöse Gefühl behandeln mehrere Gesetzbücher die Verletzung des Grabfriedens und die Störung des Leichenzuges. Diese Handlungen richten sich nicht gegen das religiöse Gefühl, wenn darunter der Ausdruck der Verbindung des Menschen mit Gott verstanden wird, sondern gegen das allgemein menschliche Gefühl der Pietät gegen die Todten.»[825]

Stooss betonte, dass die Normen rund um die Störung des Totenfriedens grundsätzlich keinen engeren Bezug zur Religion hätten. Seiner Ansicht nach diente die Sanktionierung solcher Handlungen nicht dem Schutz religiöser Gefühle. Vielmehr sei «das allgemein menschliche Gefühl der Pietät gegen die Todten»[826] das originär geschützte Rechtsgut. Er meinte damit das Pietätsgefühl der lebenden Menschen gegenüber Verstorbenen. Mit seiner Ansicht stand Stooss in der schweizerischen Strafrechtswissenschaft nicht allein da. Zu einer ähnlichen Erkenntnis gelangte beispielweise Leo Villiger in seiner 1894 erschienen Dissertation über «Die Religions-Delicte in historisch-dogmatischer Darstellung mit Berücksichtigung des schweizer[ischen] Rechts». Villiger verneinte darin die Frage, ob die Delikte gegen den Totenfrieden etwas mit der Religion zu tun haben.[827] Er verwies dabei auf den deutschen Juristen Georg Crusen und dessen von Franz von Liszt betreute Arbeit über den strafrechtlichen «Schutz des Rechtsguts der Pietät» aus dem Jahre 1890.[828] Crusen sah «die Pietät und mit ihr den strafrechtlichen Schutz des menschlichen Leichnams»[829] nicht im Zusammenhang mit Religionsgemeinschaften stehend. Es werde alleine die irdische Hülle eines Menschen geschützt, da das Recht «keinen Unterschied zwischen dem Leichnam des Atheisten

---

[824] Vgl. HAFTER, Kommentar, 470. Dazu s. unten, Teil 3/B/III.

[825] STOOSS, Grundzüge, 194.

[826] STOOSS, Grundzüge, 194. Ähnlich in den Motiven zu Art. 95 VE StGB 1894, s. STOOSS, Motive, 181.

[827] Vgl. VILLIGER, 75 ff.

[828] Zu Crusen s. oben, Teil 2/B/I/2/b/bb.

[829] CRUSEN, Pietät, 5.

und dem des frommen Christen»[830] mache. Dieser Ansicht Cursens stimmte Villiger explizit zu.[831] Er erblickte, wie Stooss, hinter der Normierung der Störung des Totenfriedens den Schutz des Pietätsgefühls lebender Menschen, das von der Religion unabhängig bestehe.[832]

cc) (K)ein Schutz des Leichnams

In den kantonalen Strafbestimmungen zum Totenfrieden wurden nur teilweise unmittelbare Einwirkungen auf den Leichnam sanktioniert.[833] Der Leichnam galt insofern nicht in allen Partikularstrafrechten als schützenswertes Objekt.[834] Auch Stooss verzichtete in den Motiven zu seinem Vorentwurf für ein schweizerisches Strafgesetzbuch aus dem Jahre 1894 darauf, den Leichnam im Zusammenhang mit dem Totenfrieden als Schutzobjekt hervorzuheben. Es sei das Grab, das «gegen jede Verletzung Schutz»[835] verdiene. Das Stooss'sche Motiv wurde in den Verhandlungen der ersten grossen Expertenkommission zum Vorentwurf von 1894 bestätigt. In der ersten Lesung vom 9. Januar 1895 stand Art. 95 VE StGB 1894 zur Debatte, ohne dass dabei auf den konkreten Wortlaut eingegangen wurde.[836] Die zweite Lesung vom 21. Oktober 1895 beriet dann jedoch einen leicht geänderten Normtext: «Wer den Frieden eines Toten oder seine Ruhestätte verletzt [...]»[837]. Weshalb es zwischen der ersten und zweiten Lesung zu einer Änderung des Normtextes kam, lässt sich aus den Protokollen nicht eruieren. Allerdings erfolgte in der zweiten Lesung eine Reaktion auf den neuen Wortlaut. Der Genfer Strafrechtsprofessor Alfred Gautier lehnte – ohne nähere Begründung – die französische Formulierung «‹troubler la paix d'un cadavre›»[838] ab. Daraufhin schlug Stooss die neue Fassung «‹Frieden der Ruhestätte eines Toten [...]›»[839] vor, die im späteren Art. 102 VE StGB 1896 bzw. Art. 184 VE StGB 1903 Eingang fand. Die redaktionelle Anpassung verdeutlichte indirekt, dass der Leichnam originär kein Schutzobjekt im Rahmen der Störung des Totenfriedens darstellen sollte. Es war das Grab bzw. die Ruhestätte, deren Frieden gewahrt wurde und nicht die des Leichnams.

---

830 CRUSEN, Pietät, 6.

831 S. VILLIGER, 76.

832 In der ersten grossen Expertenkommission war im Zusammenhang mit der Störung des Totenfriedens der Aspekt des Schutzes des Pietätsgefühls lebender Menschen nicht thematisiert worden.

833 § 168 RStGB schützte explizit den Gewahrsamsbruch am toten Körper eines Menschen, s. dazu oben, Teil 2/B/I/2/b/aa.

834 So etwa in Art. 150 Codice penale per il Cantone del Ticino von 1873 oder in Art. 73 lit. a Kriminalstrafgesetz für den Kanton Schwyz. Vom 20. Mai 1881.

835 STOOSS, Motive, 181.

836 S. Verhandlungen Experten, 40 f.

837 Art. 102, abgedruckt in: Verhandlungen Experten, 570.

838 *Gautier*, in: Verhandlungen Experten, 570.

839 *Stooss*, in: Verhandlungen Experten, 571.

Vorerst ohne Einfluss blieb daher die Aufforderung des Kommissionsmitglieds Gustave Correvon, «dass auch der Diebstahl eines Leichnams»[840] im Zusammenhang mit dem Totenfrieden berücksichtigt werden solle. Stooss griff die Forderung zwar in der zweiten Lesung vom 21. Oktober 1895 auf, bemerkte aber, dass er «der Anregung von Correvon, die heimliche Beiseiteschaffung eines Leichnams zu bestrafen, in Art. 242 Folge gegeben»[841] habe. Das heimliche Beiseiteschaffen eines Leichnams war als Verstoss «*gegen die Sicherheitspolizei*»[842] und Übertretungsnorm verstanden worden. Es ging nicht um den direkten Schutz des Leichnams, sondern um die Einhaltung von Bestattungsvorschriften.[843] Ein (direkter) Schutz des Leichnams war erst im Vorentwurf vom April 1908 enthalten, der die «Störung des Totenfriedens» neu um die Absätze 3 (öffentliche Beschimpfung oder absichtliche Verunehrung) und 4 (Entziehung aus dem Gewahrsam des Berechtigten) ergänzte.[844] Die Absätze bezogen sich klar und direkt auf den Leichnam und stellten bestimmte Handlungen an diesem unter Strafe. Im Gesetzgebungsverfahren erfolgte die Auseinandersetzung mit den Tatbeständen allerdings erst in der zweiten grossen Expertenkommission, die ab 1912 tagte.[845]

---

840 *Correvon*, in: Verhandlungen Experten, 41. Anders als in Deutschland lösten die Worte ‹Diebstahl des Leichnams› zu diesem Zeitpunkt der Beratungen keine Debatten darüber aus, ob am Leichnam überhaupt ein Diebstahl möglich sei. Auch wurde im Zusammenhang mit dem Diebstahltatbestand kein Bezug zum Leichnam genommen, s. etwa Stooss, Motive, 160 ff.; Protokoll Experten I, 367 ff.; Verhandlungen Experten, 522 ff. Die Thematik war jedoch Gegenstand der zweiten grossen Expertenkommission von 1912, s. dazu unten, Teil 3/B/III/2.

841 *Stooss*, in: Verhandlungen Experten, 570. Die angesprochene Übertretungsnorm lautete: «Wer einen Leichnam heimlich beerdigt oder beiseite schafft, wird mit Busse bis 1000 Franken oder mit Haft bis zu 14 Tagen bestraft», s. Verhandlungen Experten, 753. Die Norm entsprach in der ersten Lesung Art. 223, s. Verhandlungen Experten, 316. Später Art. 245 VE StGB 1896; Art. 265 VE StGB 1903; Art. 282 VE StGB Februar 1908; Art. 288 VE StGB April 1908. Wie viele andere Übertretungsbestimmungen war die «Leichenbeseitigung» nicht im StGB vom 21. Dezember 1937 vorhanden, jedoch als «Sache des kantonalen Polizeistrafrechtes» in kantonalen Übertretungskatalogen, s. Sten. Bull. 1929, 616.

842 Stooss, Bericht, 63 [Hervorhebungen im Original].

843 Zum Verhältnis zwischen Gesundheitspolitik und Bestattungswesen s. oben, Teil 2/B/II/1/c.

844 Der Vorentwurf zum StGB vom Februar 1908 führte in Art. 179 Abs. 3 an: «wer eine Leiche öffentlich beschimpft oder vorsätzlich verunehrt». Die Handlung des Entziehens aus dem Gewahrsam eines Berechtigten fehlte damals noch. Erwähnung fand diese Tathandlung erstmals am 23. April 1908 im Rahmen einer Sitzung der kleinen Expertenkommission, deren Untersuchungsgegenstand der Vorentwurf vom Februar 1908 war. Im Zuge der Anpassung der Marginalie zu Art. 282 VE StGB Februar 1908 bzw. Art. 288 VE StGB April 1908 [‹Leichenbeseitigung›] kam es zur Einfügung des späteren Abs. 4 von Art. 188 VE StGB April 1908 [‹Wer eine Leiche dem Gewahrsam des Berechtigten entzieht›], s. Protokoll Zürich, Sitzung vom 23. April 1908.

845 Erste eingehende Äusserungen zum strafrechtlichen Schutz des Leichnams nahm Zürcher im Rahmen seiner «Erläuterungen» zum Vorentwurf von 1908 vor, die 1914 publiziert wurden. Dazu s. unten, Teil 3/B/III/2.

Ein direkter Schutz des Leichnams war zunächst auch an anderer Stelle angedacht worden. Artikel 116 VE StGB 1894 sah die Bestrafung der Leichenschändung vor – eine Tathandlung, die im RStGB nicht explizit unter Strafe stand und in der Vergleichung der kantonalen Strafgesetzbücher keine Erwähnung fand:

> «Wer eine Leiche schändet, wird mit Zuchthaus bis zu 5 Jahren bestraft.»[846]

Aus den Motiven zum Vorentwurf von 1894 kann entnommen werden, dass Stooss die Norm aufgenommen hatte, um das Strafgesetzbuch mit «genügend Handhabe für die Bestrafung eines so eigenartigen Verbrechens»[847] auszurüsten. Er blickte dabei auf Vorkommnisse in Frankreich, bemerkte aber, dass «in der Schweiz noch kein solcher Fall bekannt geworden»[848] sei. Daher stand in den Verhandlungen der grossen Expertenkommission von 1895 auch die Streichung des Artikels zur Debatte.[849] In der ersten Lesung am 19. April 1895 argumentierte Zürcher, dass die Fälle einer Leichenschändung sehr selten seien. Hinzu komme, dass «der Thäter [...] meist geistesgestört»[850] sei, weshalb im Ergebnis eine Straflosigkeit resultieren werde. Gegen das Streichungsbegehren wehrte sich namentlich Stooss. Für ihn sei es die «Aufgabe des Gesetzgebers, das geschützte Interesse scharf zu bezeichnen.»[851] Welches Interesse er damit meinte, lässt sich aus den Protokollen nicht erschliessen. Dennoch überzeugte das Votum Stooss die Mehrheit der Kommissionsmitglieder, die für eine Beibehaltung des Artikels stimmten.[852] In Art. 125 VE StGB 1896 stand die Leichenschändung weiterhin unter Strafe; auch griff Stooss die Bestimmung im Bericht über den Vorentwurf von 1896 kurz auf.[853] Der Vorentwurf aus dem Jahre 1903 jedoch äusserte sich nicht mehr zur Leichenschändung. Die unkommentierte Streichung bedeutete, dass der Leichnam zu diesem Zeitpunkt des Gesetzgebungsverfahrens ohne strafrechtlichen Schutzstatus blieb.

---

[846] Art. 116 VE StGB 1894. In Deutschland fiel die Tathandlung der Leichenschändung unter § 168 RStGB, s. nur Gareis, Körper, 66.

[847] Stooss, Motive, 196 f.

[848] Stooss, Motive, 197.

[849] In den Expertenverhandlungen war das Wort «schändet», wie es in Art. 116 VE StGB 1894 verwendet wurde, durch die Formulierung «unzüchtig missbraucht» ersetzt worden, s. Verhandlungen Experten, 204, 595.

[850] *Zürcher,* in: Verhandlungen Experten, 204.

[851] *Stooss,* in: Verhandlungen Experten, 204.

[852] S. Verhandlungen Experten, 205.

[853] S. Stooss, Bericht, 31.

c) Ehrverletzung Verstorbener

aa) Grundlagen

Nahezu alle kantonalen Strafrechte des 19. Jahrhunderts erwähnten den gewesenen Menschen im Zusammenhang mit Delikten gegen die Ehre.[854] Stellvertretend sei an dieser Stelle auf Art. 228 Strafgesetz für den Kanton Thurgau vom 10. Februar 1868 hingewiesen:

> «Wegen Ehrenkränkungen findet das gerichtliche Verfahren nur auf die Klage des Beleidigten oder seines gesetzlichen Stellvertreters statt.
>
> Die Eltern, Abstämmlinge, Geschwister oder Ehegatten eines Verstorbenen sind berechtigt, die von demselben schon angehobene Klage auf Ehrverletzung fortzuführen, oder wenn durch eine solche das *Andenken eines Verstorbenen*, sei es noch bei seinen Lebzeiten oder nach seinem Tode, verunglimpft wurde, eine diessfällige Klage während der gesetzlichen Frist anzuheben.»[855]

Als strafbare Handlung wurde demnach die durch eine Ehrverletzung erfolgte Verunglimpfung des Andenkens eines Verstorbenen angesehen. Darunter war die «Beschimpfung von Verstorbenen»[856] verstanden worden. Andere kantonale Strafbestimmungen sahen neben der Beschimpfung des Verstorbenen auch die Verleumdung des Verstorbenen als strafbare Handlung vor.[857] Im Vorentwurf für ein schweizerisches Strafgesetzbuch von 1894 beschränkte Stooss die Tathandlung auf die «ehrrührige Nachrede», das heisst «die Gefährdung und Schädigung des Rufes einer Person»[858]:

> «Richtet sich die Nachrede gegen einen Verstorbenen, so sind die Witwe, die Kinder, Eltern, Grosseltern und Geschwister desselben zum Antrag berechtigt.»[859]

In den Verhandlungen der grossen Expertenkommission von 1896 kam es zu massgeblichen Differenzierungen im Hinblick auf die möglichen Verbrechen gegen die Ehre im Allgemeinen. Es wurde eine gezielte Trennung zwischen der Verletzung des guten Rufes und derjenigen des Ehrgefühls gefordert.[860] Diese Zweiteilung erfolgte auch in Bezug auf den Verstorbenen. Zusätzlich fand eine Ausweitung des Antragsrechts auf

---

[854] Gemäss § 189 RStGB wurde bestraft, wer das Andenken eines Verstorbenen beschimpfte, s. dazu oben, Teil 2/B/I/2/c/aa.

[855] Art. 228 Strafgesetz für den Kanton Thurgau vom 10. Februar 1868 [Hervorhebungen nicht im Original], abgedruckt bei Stooss, Vergleichung, 491; s. auch in Amtsblatt des Kantons Thurgau, Bd. 19 (1868), Nr. 24, 327–405.

[856] Stooss, Grundzüge, 295.

[857] S. Stooss, Grundzüge, 295 f.

[858] Stooss, Motive, 202.

[859] Art. 122 Abs. 4 VE StGB 1894.

[860] Vgl. Verhandlungen Experten, 77 ff., 598 ff.

die Grosskinder statt.[861] Die Vorentwürfe von 1896 und 1903 enthielten dann jeweils zwei Strafnormen, die den verstorbenen Menschen berücksichtigten:

> «Richtet sich die Verleumdung gegen einen Verstorbenen, so sind der überlebende Gatte, die Kinder, Eltern, Grosseltern, Grosskinder und Geschwister desselben zum Antrage berechtigt.»[862]
>
> «Richtet sich die üble Nachrede gegen einen Verstorbenen, so sind der überlebende Ehegatte, die Kinder, Eltern, Grosseltern, Grosskinder und Geschwister desselben zum Antrage berechtigt.»[863]

Im Vorentwurf vom April 1908 wurden diese Tatbestände in Art. 107 zusammengefasst: «Ist eine Verleumdung oder eine üble Nachrede gegen einen Verstorbenen gerichtet, so sind die Angehörigen zum Antrag berechtigt.»

bb) Pietätsgefühl Lebender und Wahrung des guten Rufes Verstorbener

Stooss liess in seinen «Grundzügen» erkennen, dass sich die Tathandlung der «Nachrede» nicht gegen den Verstorbenen selbst richte:

> «Das Andenken Verstorbener soll in Ehre gehalten werden. Die Verunglimpfung des Andenkens Verstorbener, namentlich verleumderische Nachrede, verletzen das Pietätsgefühl der Ueberlebenden, und dieses verdient strafrechtlichen Schutz.»[864]

Das geschützte Rechtsgut war demnach das Pietätsgefühl der Überlebenden, das im Andenken an den Verstorbenen bestand. Eine ähnliche Ansicht vertrat Stooss in seinen Motiven zum Vorentwurf von 1894. Darin betonte er, dass der gute Name des Verstorbenen «oft das kostbarste Erbteil, das er seinen Angehörigen hinterlässt»[865], sei. Daher haben die nahen Angehörigen ein «vom Recht zu schützendes Interesse daran»[866], diesen guten Ruf auch nach dem Tod des Verstorbenen unangetastet zu wahren. Auch aus dieser Perspektive kam das Recht den lebenden Angehörigen zu. Mit dem Wort «Erbteil» tönte Stooss aber an, dass der «gute Name» des Menschen – zumindest indirekt – über dessen Tod hinaus fortbesteht. Der gute Ruf des Menschen wirke gewissermassen postum weiter und gehe in die Rechtsphäre der nahen Angehörigen über. Vergleichbare Ansichten äusserte der Schweizer Jurist Eduard Kuhn in seiner im Jahr 1906 erschienenen Dissertation über die «Vererbung und Übertragung des Strafantragsrechts». Er untersuchte in seiner von Emil Zürcher betreuten Arbeit die Frage, ob ein Erbe oder

---

861 S. Verhandlungen Experten, 90.

862 Art. 131 Abs. 2 VE StGB 1896 bzw. Art. 101 Abs. 2 VE StGB 1903.

863 Art. 132 Abs. 6 VE StGB 1896 bzw. Art. 102 Abs. 6 VE StGB 1903.

864 Stooss, Grundzüge, 296.

865 Stooss, Motive, 205. In seinen «Grundzügen» verwies Stooss auf den deutschen Juristen Anton Hess, der die Ehre und Beleidigung gemäss § 185 RStGB untersuchte, s. Stooss, Grundzüge, 283. Zu Hess A. s. oben, Teil 2/B/I/2/c/bb.

866 Stooss, Motive, 205.

Angehöriger an Stelle des Verstorbenen den Strafantrag stellen könne. Im Hinblick auf die Delikte der Verleumdung und der üblen Nachrede gegen einen Verstorbenen hob Kuhn hervor, dass die «Wahrung des guten Rufes eines verstorbenen Angehörigen»[867] den Familienmitgliedern zustehe. Als Motiv für die Strafbestimmung hielt Kuhn fest, dass «die Ehre, die ihren Träger überdauert, auch nach dessen Tode gewahrt und ihre Verletzung bestraft werden kann.»[868]

cc) Postmortale Fortwirkung der Ehre

Wie in der deutschen Lehre war die Anerkennung der Ehrverletzung Verstorbener in der Strafrechtswissenschaft der Schweiz des 19. Jahrhunderts umstritten.[869] Eine ausführliche Auseinandersetzung mit der Thematik unternahm etwa Johann Jacob Amsler in seiner Dissertation aus dem Jahre 1871. Die Arbeit wurde durch den an der Universität Zürich lehrenden Kriminalrechtsprofessor Eduard Osenbrüggen betreut. Sie datiert zwar vor dem Gesetzgebungsverfahren zum Schweizerischen Strafgesetzbuch, dennoch lassen sich darin Grundgedanken feststellen, die im späteren Verlauf des Jahrhunderts an anderer Stelle durch Schweizer Rechtswissenschaftler aufgegriffen wurden. Amsler untersuchte in seiner Arbeit die «Möglichkeit einer Injurie an Verstorbenen». Als Untersuchungsgrundlage dienten kantonale Gesetzbücher und ein im Jahr 1850 unter Osenbrüggens Betreuung publizierter Beitrag von Ottmar Haken «[ü]ber den Begriff der Ehre, deren Verletzung und Wiederherstellung».[870] Welche Wirkung der Tod auf die Ehre des Menschen hat, hielt Amsler im Kapitel «Wirkung der Existenzvernichtung des menschlichen Körpers für die Ehre»[871] fest:

> «Mit dem Aufhören der Existenz des menschlichen Körpers, mit dem Tode, ist dem Menschen resp[ektive] dessen geistiger Substanz die Möglichkeit genommen, fernerhin mit Jenem in die materielle Welt einzuwirken, das heisst, es kann der frühere Vermittler zwischen dem theoretischen Geist und der Aussenwelt in Folge irgend eines seinem zusammenhängenden Organismus zerstörenden Ereignisses seine Functionen nicht mehr ausführen und ist somit für Beide gleichgültig geworden.»[872]

Laut Amsler erwarb der lebende Körper eines Menschen seine Funktion als «Vermittler» ab dem Zeitpunkt des Eintritts in die «Aussenwelt», das heisst ab der Geburt. Von diesem Zeitpunkt an sei der Körper Träger bestimmter Rechte. Ein solches Recht stelle etwa die Ehre dar, die als «das Recht der geistigen Seite» gelte und «mit dieser unvergänglich verbunden» sei.[873] Nach Amslers Ansicht diente der lebende Körper des

---

867 Kuhn, 57.

868 Kuhn, 57.

869 Zur Diskussion in Deutschland s. oben, Teil 2/B/I/2/c/aa.

870 S. nur Amsler, 27.

871 Amsler, 96 ff.

872 Amsler, 96.

873 Amsler, 97. Die Ehre war für Amsler die «abstracte Idee der Sittlichkeit», s. Amsler, 54.

Menschen als Träger der Ehre und diese Rechtsträgerschaft hielt bis zum Tod des Menschen an. Der tote Körper des Menschen jedoch könne die Vermittlerfunktion zwischen der geistigen und realen Welt nicht erfüllen – er sei «für Beide gleichgültig»[874]. Aus dieser Perspektive wurde der Körper des gewesenen Menschen, der Leichnam, durch den Tod wie «ein anderer vernunftloser Körper, der als solcher keinen Anspruch auf Anerkennung seines Werthes hat»[875]. Allerdings bemerkte Amsler, dass der Tod eines Menschen eine Fixation fortbestehender Rechte, hier der Ehre, bewirke:

> «[...] und folgen diese [sc. die Rechte] ihrem Ursprung d[as] h[eisst] sie perpetuiren sich in dem Masse, wie sie sich bei der Trennung fixirten auf den fortlebenden Geist.»[876]

Demnach wirke die Ehre nach dem Tod eines Menschen ohne inhaltliche Änderung weiter, weshalb sie einen strafrechtlichen Schutz erfahren müsse. Seine Ansichten sah Amsler etwa in den kantonalen Strafrechten bestätigt. Vereinzelt war dort von der Möglichkeit der Beschimpfung des Verstorbenen gesprochen worden.[877]

Rund zwei Jahrzehnte später bejahte Albert Mächler die Möglichkeit der Ehrverletzung bei einem Verstorbenen, allerdings aus einer verfassungsrechtlichen Perspektive.[878] Im Zusammenhang mit dem «Begräbniswesen nach dem Schweizerischen Recht» übte Mächler Kritik an der vom Strafrechtler Karl Binding getätigten Aussage, dass ein Toter keine Ehre habe.[879] Mächler wies darauf hin, dass der «weitherzige Staat [sc. Deutschland]»[880] die Testiermöglichkeit anerkenne, also das Recht, über den Tod hinaus Verfügungen über Vermögensgegenstände vorzunehmen. Diese Möglichkeit bedeute einen Schutz der Vermögenswerte eines gewesenen Menschen. Das Vermögen gehe nicht verloren, sondern bestehe beispielsweise beim Begünstigten weiter. Einen solchen Schutz vor dem «Untergang» müssten auch «die Integrität seiner [sc. des Menschen] höheren Güter, wie Ehre und Menschenwürde»[881], über den Tod hinaus erfahren. Mächler nahm hier eine rechtliche Gleichstellung von Vermögensrechten und (den damals noch nicht etablierten) Persönlichkeitsrechten bzw. Grundrechten vor. Zudem anerkannte er, ähnlich wie Amsler, das Weiterexistieren bzw. Fortwirken der Ehre über den Tod eines Menschen hinaus.

---

874 Amsler, 96.
875 Amsler, 97.
876 Amsler, 97 [Hervorhebungen im Original].
877 S. Amsler, 27. Vgl. dazu Stooss, Grundzüge, 295 ff.
878 S. dazu oben, Teil 2/B/II/1/b/cc.
879 S. Binding, Lehrbuch 1902, 187.
880 Mächler, 71.
881 Mächler, 71.

d) *Keine Bezugnahmen bei Gareis, Kohler und Gierke*

Im untersuchten Zeitraum nahm der Aspekt des postmortalen Rechtsschutzes eines Menschen im schweizerischen Strafrecht eine untergeordnete Rolle ein. Bezeichnenderweise erhielt der Leichnam erst im Vorentwurf für ein schweizerisches Strafgesetzbuch vom April 1908 einen gesicherten Schutzstatus. Der strafrechtliche Schutz richtete sich in erster Linie an die Lebenden, denn im Fokus stand der Schutz der Pietätsgefühle von Angehörigen gegenüber den Toten. Mit der beabsichtigten Wahrung des guten Rufes eines Verstorbenen bzw. der Ehre des Menschen enthielt das Strafrecht der Schweiz allerdings einen marginalen Ansatz postmortaler Rechte.

Diese Situation verhinderte, dass das Strafrecht der Schweiz der zweiten Hälfte des 19. Jahrhunderts bei Gareis, Kohler und Gierke und ihren Überlegungen zu einem postmortalen Persönlichkeitsschutz Berücksichtigung fand. Auch dürfte die zeitlich vorgelagerte Entstehung des RStGB und die inhaltliche Nähe des StGB zur deutschen Kodifikation gegen einen Blick über die Grenze gesprochen haben. In der Schweiz kam es vereinzelt – auch beim Aspekt der postmortal fortwirkenden Ehre – zu Verweisen auf das RStGB. Eine konkrete Bezugnahme auf die Überlegungen der drei Juristen zu einem postmortalen Persönlichkeitsschutz erfolgte jedoch nicht.[882]

4. *Urheberrecht*

a) *Rechtslage*

Die Urheberrechtsgesetzgebung setzte in der Schweiz in der zweiten Hälfte des 19. Jahrhunderts ein.[883] Im Unterschied zu den Bereichen des Zivil- und Strafrechts war im Bereich des Urheberrechts keine durch kantonale Regelungen geprägte Rechtsvielfalt vorhanden.[884] Vielmehr traten auf kantonaler Ebene nur wenige Regelungen über das Urheberrecht hervor. Der Jurist Hermann Rüfenacht erfasste diese Situation in seiner Dissertation über das «litterarische und künstlerische Urheberrecht» aus dem Jahre 1892 mit der plakativen Aussage: «Kaum auf einem andern Gebiete des Rechts zeigt sich der Hemmschuh kantonaler Gesetzgebung so sehr wie auf dem Gebiete des

[882] In späteren Phasen der Ausarbeitung des schweizerischen Strafgesetzbuches vom 21. Dezember 1937 war ein oft zitierter Vergleichsentwurf der Vorentwurf für ein deutsches Strafgesetzbuch von 1909, der mit «DVE» abgekürzt wurde. Der Verweis erfolgte auch bei der Behandlung des Tatbestands der «Störung des Totenfriedens» im Jahr 1913, s. Protokoll Experten IV, 346.

[883] Eingehend zur Entwicklung des Urheberrechts in der Schweiz des 19. Jahrhunderts s. etwa ORELLI, 1 ff.; REHBINDER, 73 ff.

[884] Die wenigen kantonalen Bestimmungen werden bei ORELLI, 1 ff., und RÜFENACHT, 18 ff., erwähnt. Der Bundesrat hingegen erfasste rein kantonale Gesetze bzw. Verordnungen nicht in der Übersicht über den Regelungsstand der «Materie in der Schweiz», s. BBl 1881 IV, 645 f.

Urheberrechts.»[885] Der «Hemmschuh» bestand dabei in der gesetzgeberischen Untätigkeit der Kantone. Als grosse Ausnahme der kantonalen Gesetzgebung präsentierte sich etwa das «Civilgesetzbuch für den Kanton Solothurn vom 2. März 1847». Die im «II. Hauptstück. Persönliche Forderungen und Verbindlichkeiten» situierten §§ 1404 ff. erfassten die «Autorrechte» und waren wortähnlich aus dem ersten Entwurf «des privatrechtlichen Gesetzbuches für den Kanton Zürich» von Johann Caspar Bluntschli aus dem Jahre 1844 übernommen worden.[886] Die Zurückhaltung der Kantone erklärte Rüfenacht mit «dem Mangel an Zentralisation auf dem Gebiete des Rechts»[887]. Er führte die rhetorische Frage an, was der Schutz dem Autor nützen würde, wenn «von 25 Kantonen z[um] B[eispiel] drei den Schutz des Urheberrechts aussprechen», aber «jenseits der nahen Grenzen der Nachdruck ungeahndet bliebe?»[888] Neben den wenigen kantonalen Regelungen zum Urheberrecht gab es auf dem Gebiet der Schweiz ein interkantonales Konkordat über den «Schutz des schriftstellerischen und künstlerischen Eigenthums», das am 1. Januar 1857 in Kraft trat.[889] Die Bedeutung und die Wirkung des Konkordats war jedoch gering, da ihm auch rund ein Jahrzehnt nach Erlass nicht alle Kantone beigetreten waren.[890] Weiter regelten internationale Verträge und Abkommen das Urheberrecht in der Schweiz.[891]

Der Bund erhielt mit der Verfassungsrevision im Jahr 1874 in Art. 64 Abs. 3 BV 1874 die Gesetzgebungskompetenz «über das Urheberrecht an Werken der Literatur und Kunst».[892] Unmittelbar nach der Annahme der revidierten Bundesverfassung von 1874

---

885 RÜFENACHT, 13.

886 S. §§ 73–88 Erster Entwurf des privatrechtlichen Gesetzbuches für den Kanton Zürich. Der Abschnitt «Vom Rechte des Autors» fehlte in der Endfassung des privatrechtlichen Gesetzbuches für den Kanton Zürich, das 1854/1856 in Kraft trat.

887 RÜFENACHT, 13. Eine andere Begründung der fehlenden kantonalen Regelungen lautet, dass der Urheberrechtsschutz eine Beschränkung der Nachdruckfreiheit (Privileg) bedeutet hätte und diese Beschränkung als Eingriff in die Gewerbefreiheit abgelehnt wurde, s. REHBINDER, 75. Zum sogenannten Privilegienschutz im Kontext der Urheberrechtsentwicklung s. nur HEFTI, 1 ff.

888 RÜFENACHT, 14.

889 Erwähnt bei REHBINDER, 76. Das Konkordat sei das Ergebnis der erfolglosen «Bemühungen, den Schutz des Urheberrechts in der Bundesverfassung von 1848 zu verankern», gewesen.

890 S. BBl 1881 IV, 645. Im Hinblick auf die Frage der postmortalen Fortwirkung des Urheberrechts hielt Art. 2 Abs. 1 Konkordat über den Schutz des schriftstellerischen und künstlerischen Eigenthums fest, dass die Fortdauer des Urheberrechts nach dem Tod des Urhebers «zu Gunsten seiner Rechtsnachfolger» erfolge.

891 Eine Übersicht hierzu bietet etwa BBl 1881 IV, 645 f.; HEFTI, 8 ff.; ORELLI, 8 ff. Im späteren Verlauf kam die Berner Übereinkunft zum Schutze von Werken der Literatur und Kunst vom 9. September 1886 hinzu, die eine Harmonisierung der Urheberrechtsgesetze der Mitgliedsstaaten anstrebte und Mindeststandards für den Schutz geistigen Eigentums festlegte. Die Ratifikation der Übereinkunft durch die Schweiz (und Deutschland) erfolgte am 5. Dezember 1887.

892 S. RÜFENACHT, 23 ff.

war der Erlass von einem «Gesez über das Urheberrecht an Werken der Litteratur und Kunst» allerdings nicht prioritär behandelt worden.[893] Der Bundesrat sah sich aber rund sieben Jahre später aus mehreren Gründen gezwungen, den Erlass des Gesetzes als «dringlich»[894] einzustufen. So wurde «etwas Demüthigendes in der Thatsache» gesehen, dass die Schweiz aufgrund bestehender internationaler Verträge «auf ihrem eigenen Gebiete Ausländern mehr Rechte zuspricht als ihren Staatsangehörigen»[895]. Auch war für eine Anwendung einzelner Bestimmungen aus dem «Bundesgesez über das Obligationenrecht» vom 14. Juni 1881, die «Verträge zwischen Autoren und Verlegern» vorsahen, die einheitliche Anerkennung des Rechts «des Urhebers auf Vervielfältigung seines Werkes»[896] erforderlich. Das «Bundesgesetz betreffend das Urheberrecht an Werken der Literatur und Kunst»[897] vom 23. April 1883 trat ein Jahrzehnt nach der Schaffung der Bundeskompetenz am 1. Januar 1884 in Kraft. Mit dem Gesetz wurde den Urhebern erstmals für das ganze Rechtsgebiet der Schweiz das ausschliessliche Recht gewährt, ihre Werke unter anderem zu vervielfältigen, zu verbreiten und öffentlich aufzuführen. Der erste Kommentar zum Gesetz wurde vom Zürcher Rechtsprofessor Aloys von Orelli verfasst, der im Gesetzgebungsprozess aktiv mitgewirkt hatte.[898]

Der nachfolgende Abschnitt konzentriert sich auf diese einzige Urheberrechtsgesetzgebung, die im endenden 19. Jahrhundert auf dem ganzen Gebiet der Schweiz Geltungskraft hatte. Es wird der Frage nach Ansätzen eines postmortalen Rechtsschutzes des Menschen im Urheberrechtsgesetz nachgegangen, wobei auch hier deren Behandlungen durch die Rechtswissenschaft einzubeziehen sind.

b) Schutzdauer nach dem Tod

aa) Grundlagen

Der Meinungsstreit über «die Auffassung und juristische Begründung des Urheberrechts»[899] spielte im Rahmen der Urheberrechtsgesetzgebung in der Schweiz eine untergeordnete Rolle. Vereinzelt gab es jedoch Bemerkungen insbesondere zum

---

893 Der Bundesrat legte ein Programm fest, um die «große Zahl gesezgeberischer Arbeiten, welche die Annahme der revidirten Bundesverfassung in Aussicht stellte», überhaupt überblicken zu können, s. BBl 1874 III, 176. Das Gesetz über das Urheberrecht ordnete der Bundesrat in die dritte und letzte «Serie» des Erlassprogrammes ein, s. BBl 1874 III, 176.

894 BBl 1881 IV, 646.

895 BBl 1881 IV, 646. Die Problematik der Ungleichstellung war davor bereits im Zusammenhang mit dem «Bundesgesez betreffend den Schuz der Fabrik- und Handelsmarken» vom 19. Dezember 1879 festgehalten worden, s. BBl 1879 III, 719 f.

896 BBl 1881 IV, 646 f. Ähnlich Rüfenacht, 14.

897 BBl 1883 III, 241.

898 So etwa als Mitglied einer Expertenkommission, s. BBl 1881 IV, 648; Orelli, 21.

899 Orelli, 30. Zu den unterschiedlichen Einordnungsversuchen von Gareis, Kohler und Gierke in Deutschland s. oben, Teil 2/B/I/3/b/aa.

Aspekt der zeitlichen Beschränkung des Urheberrechts, was eng mit der Frage nach Ansätzen eines postmortalen Rechtsschutzes des Menschen im Bereich des Urheberrechts zusammenhing. Das Bundesgesetz betreffend das Urheberrecht von 1883 hielt in Art. 2 Abs. 1 fest:

> «Das Urheberrecht an Werken der Literatur und Kunst dauert während der ganzen Lebenszeit des Urhebers und während eines Zeitraums von dreißig Jahren vom Tage seines Todes an.»[900]

Die Norm regelte die Schutzdauer des Urheberrechts und sah eine Fortwirkung des Urheberrechts, spezifisch für Werke der Literatur und Kunst, während 30 Jahren nach dem Tod des Urhebers vor. Ähnlich hielten bereits das Zivilgesetzbuch für den Kanton Solothurn[901] und die deutsche Gesetzgebung[902] eine solche Fortdauer fest.

bb) Erfordernis der zeitlichen Begrenzung

Mit der Regelung der Schutzdauer setzte der Gesetzgeber eine zeitliche Begrenzung des Urheberrechts fest, was in der Schweiz allgemein begrüsst wurde. Der Bundesrat hielt in seiner Botschaft betreffend den Entwurf zum Urheberrechtsgesetz im Jahr 1881 fest:

> «Wir ebenfalls halten diese Grenzen für nothwendig. Das allgemeine Interesse fordert, daß dem geistigen Verkehr und der intellektuellen Erziehung keine Hindernisse gesezt werden, die leicht unüberwindlich werden könnten.»[903]

Die Begrenzung des Urheberrechts wurde durch das «allgemeine Interesse», das von der Gesellschaft bestehe, gerechtfertigt.[904] Es sei die Gesellschaft, die dem Urheber «den gemeinsamen Schaz [sic.] von menschlichen Kentnissen»[905] zur Verfügung stelle. Nach einer gewissen Zeit, in der der Urheber «die Früchte seiner Arbeit einheimsen»[906] konnte, solle wieder die Gesellschaft in den Genuss dieser Arbeit kommen. In anderen

---

900 Art. 2 Abs. 1 Bundesgesetz betreffend das Urheberrecht an Werken der Literatur und Kunst. (Vom 23. April 1883).

901 Das Recht des Urhebers beschränkte sich dort ebenfalls auf 30 Jahre nach dessen Tod und war voll abtretbar, s. § 1405 und § 1406 Civilgesetzbuch für den Kanton Solothurn vom 2. März 1847: «Nach dem Tode des Autors geht das Recht auf seine Erben oder auf diejenigen über, denen er es während seines Lebens überlassen hat» [§ 1405]. «Das Recht des Autors dauert, bis nach seinem Tode dreißig Jahre verflossen sind, die Veröffentlichung mag während seines Lebens oder erst nach seinem Tode erfolgt sein» [§ 1406].

902 S. § 8 Gesetz, betreffend das Urheberrecht an Schriftwerken, Abbildungen, musikalischen Kompositionen und dramatischen Werken vom 11. Juni 1870. Zum Kontext Urheberrecht in Deutschland s. oben Teil 2/B/I/3.

903 BBl 1881 IV, 649 f. Der zweite Satz findet sich wortgleich bei Orelli, 39.

904 Ähnlich bei Rüfenacht, 6, 10; Röthlisberger, Zeitungsinhalt, 15.

905 BBl 1881 IV, 650.

906 BBl 1881 IV, 650.

Worten: Die Gesellschaft war als Quelle urheberrechtlich geschützter Werke angesehen worden und die zeitliche Begrenzung des Urheberrechts sicherte der Gesellschaft zu einem bestimmten Zeitpunkt Zugriff auf diese Werke, um sich weiterentwickeln zu können.

Der Bericht der nationalrätlichen Kommission zum Entwurf betreffend das Urheberrechtsgesetz von 1882 betonte ebenfalls, dass die zeitliche Begrenzung des Urheberrechts über den Tod des Urhebers hinaus vorzunehmen sei: «Aber auch über die Lebenszeit hinaus soll dieses Recht seinen Erben, also namentlich seiner engern Familie, gewahrt bleiben.»[907] Die so festgehaltene Fortwirkung des Rechts über den Tod des Urhebers hinaus wirft die Frage auf, ob die Erben bzw. «Rechtsnachfolger»[908] das Recht als ihr eigenes oder als das des Urhebers wahrnahmen.

cc) Recht der Lebenden

Im Zusammenhang mit Überlegungen zur Schutzdauer des Urheberrechts gab es Äusserungen, die einen tieferen Einblick in das Verständnis der Fortwirkung des Urheberrechts über den Tod hinaus boten. Rüfenacht etwa erklärte bei seiner Unterteilung des Urheberrechts in einen höchstpersönlichen und einen vermögensrechtlichen Teil, dass das höchstpersönliche Recht des Urhebers «mit seinem Tode»[909] untergehe. Beim vermögensrechtlichen Teil trete der Erbe «in dieses Recht des Autors nicht kraft seiner Erbfolge ein; er übt es nur faktisch aus, solange er aufrecht steht.»[910] Der Erbe gelte nur als «Repräsentat des *Vermögens*»[911]. Rüfenacht brachte damit indirekt zum Ausdruck, dass das Urheberrecht ein Recht der Lebenden ist. Mit dem Tod des Urhebers gehe das eigentliche Urheberrecht unter, und es verbleibe nur noch der Aspekt des Vermögensrechts, das von den lebenden Erben für eine beschränkte Zeit genutzt werden könne: «[N]achdem mit dem Leben des Autors auch die persönlichrechtliche Seite des Rechtes verschwunden ist, ist es billig, die vermögensrechtliche an eine fixe Dauer zu binden.»[912]

Ähnlich äusserte sich der Rechtswissenschaftler Ernst Röthlisberger, der ebenfalls die Zweiteilung des Urheberrechts in einen persönlichkeits- und einen vermögensrechtlichen Aspekt erkannte. Er votierte 1908 in einem Beitrag über «Urheberrecht und Zeitungsinhalt» für die Möglichkeit, den persönlichkeitsrechtlichen Teil «mit dem Tode oder kurz nach dem Tode des Autors als erloschen» zu sehen und das Urheberrecht

---

907 BBl 1882 III, 203.

908 Art. 1 Abs. 2 Bundesgesetz betreffend das Urheberrecht an Werken der Literatur und Kunst. (Vom 23. April 1883).

909 RÜFENACHT, 53.

910 RÜFENACHT, 53.

911 RÜFENACHT, 53 [Hervorhebungen im Original].

912 RÜFENACHT, 63.

«als Nutzungsrecht während einer Reihe von Jahren oder für immer weiterdauern [zu] lassen.»[913] Das Urheberrecht und das spätere Nutzungsrecht galten aus seiner Perspektive nur für die Lebenden. Röthlisberger tönte allerdings einen Ansatz eines postmortalen Rechtsschutzes im Urheberrecht an. Die mit dem Urheberrecht eng verbundenen «personenrechtlichen Befugnisse» könnten den Tod des Urhebers überdauern, «solange überhaupt die ideelle Autorpersönlichkeit noch fortdauert und solange ihr in Hinterlassenen oder Gleichgesinnten oder Standesgenossen noch Wächter erstehen.»[914]

Diese postmortale Fortwirkung des persönlichkeitsrechtlichen Aspekts im Urheberrecht erkannte auch der Berner Rechtsprofessor Eugen Huber. In seinem rund fünfzehn Seiten umfassenden Beitrag für den «XVII. internationalen litterarischen und künstlerischen Kongress» von 1895 befasste er sich mit dem «Recht der Erben im Urheberrecht» und beantwortete in allgemeiner Weise Fragen, die vom Arbeitsausschuss des Kongresses aufgestellt wurden. Wie im Erbrecht allgemein, sah Huber auch im Bereich des Urheberrechts eine «Erweiterung unseres individuellen Bewußtseins»[915] vor, wenn der Urheber sterbe:

> «Die Erben haben als solche den Kreis des bewußten Ichs des Schriftstellers als ein Bestandtheil ihrer eigenen Sphäre überkommen, und damit ist zur Sicherung ihrer Ansprüche genug gesagt.»[916]

Demnach führe der Tod des Urhebers zur Ergänzung der Persönlichkeit der Erben um «den Kreis des bewußten Ichs», das heisst die Persönlichkeit des verstorbenen Urhebers. Die Persönlichkeit des Erblassers gehe mit dem Tod aktiv in die Persönlichkeit der Erben über.[917] Es stelle sich nun die Frage, was diese «Erweiterung» für die Rechtsordnung bedeute. Huber hielt fest, dass die geltende Rechtsordnung das Urheberrecht als Vermögensrecht erfasse und auf die Frage des Übergangs des Rechts auf die Erben «mit einer grundsätzlichen Bejahung»[918] geantwortet habe. Die rechtliche Situation sei solange «unzweifelhaft»[919], als das Urheberrecht als ein «ökonomische[r] Werth»[920] aufgefasst werde. Huber gab zu bedenken, dass es grundsätzlich Rechte gäbe, «die sich ihrer Natur nach mit der Person des Erblassers weit inniger verbinden, als dies

913 Röthlisberger, Zeitungsinhalt, 15. Ähnlich an anderer Stelle unter Verweis auf den Fall «Bismarck auf dem Totenbett»: «Dieses Recht [sc. Urheberrecht an Fotografien] erlischt mit dem Tode der abgebildeten Person», s. Röthlisberger, Streitfragen, 8795.

914 Röthlisberger, Zeitungsinhalt, 16.

915 Huber, Urheberrecht, 45.

916 Huber, Urheberrecht, 51.

917 Huber erklärte in allgemeinen Worten: «Der Strom unseres Lebens nimmt einen Nebenstrom, einen Zufluß in sich auf, der bishin einen eigenen Namen getragen hat und nunmehr in dem unsrigen aufgehen soll», s. Huber, Urheberrecht, 44.

918 Huber, Urheberrecht, 48.

919 Huber, Urheberrecht, 47.

920 Huber, Urheberrecht, 53.

mit jenen vermögensrechtlichen Forderungen und dinglichen Rechten der Fall ist.»[921] Nach seinem Verständnis trage das Urheberrecht eine solche persönlichkeitsrechtliche Dimension in sich, weshalb der uneingeschränkte Übergang des Rechts beim Tod des Urhebers auf die Erben auch kritisch anzusehen sei. Huber setzte seine Kritik dort an, wo es um persönliche Befugnisse des Urhebers ging. Zu Lebzeiten habe der Urheber «unter allen Umständen eine letzte persönliche Befugniß, auf welche er nicht verzichtet hat, ein letzter Einfluß auf die Gestaltung des Werkes, auf den kaum je in rechtsverbindlicher Weise Verzicht geleistet werden könnte»[922]. Mit Blick auf den Tod des Urhebers stellte er die rhetorisch gemeinte Frage:

> «Und nun, wenn er stirbt, sollen seine Erben in diese Lücke der persönlichen Beziehungen eintreten? […] Unsinn!»[923]

Huber liess mit diesem Ausruf erkennen, dass die Persönlichkeit des Urhebers über dessen Tod hinaus mit dem Werk verbunden bleibe.[924] Er skizzierte dazu das Beispiel, bei dem ein Autor vor seinem Tode nur Notizen für ein Werk verfasst habe und selbst keine Publikation vornahm. In einer solchen Situation werde das ökonomische Element erst durch Handlungen der Erben erreicht, die «in die Lücke treten, den noch fehlenden Entschluß ersetzen und nach ihrem eigenen Willen über die Frage entscheiden können.»[925] Durch die Veröffentlichung erreichen die Erben zwar einen vermögensrechtlichen Vorteil. Gleichzeitig übten sie jedoch Einfluss auf das postmortal fortbestehende persönlichkeitsrechtliche Element des Urhebers aus, weil völlig unklar bleibe, ob und wie der Urheber das Werk veröffentlicht hätte. Huber war sich allerdings bewusst, dass sein Verständnis des Urheberrechts nicht mit der geltenden Rechtsordnung vereinbar war. Er konstatierte:

> «Um dem Erben seinen Anspruch auf die ökonomische Seite der Angelegenheit nicht zu verkümmern, giebt man ihm mit vollen Händen gleich auch noch die geistige, die persönliche Nachfolge, oder also die Geldfrage übermannt die Frage des geistigen Rufes, man macht sich diese letztere Beziehung dienstbar, um jene zu retten.»[926]

[921] HUBER, Urheberrecht, 47.
[922] HUBER, Urheberrecht, 53.
[923] HUBER, Urheberrecht, 54.
[924] Eine ähnliche postmortale Fortwirkung nahm Huber für die Ehre an. Auf die Frage, wie es sich «mit den Angriffen auf die Ehre des Verstorbenen» verhalte, antwortete er, dass «die Verletzung des Erblassers zugleich eine Kränkung der Erben» bedeute, s. HUBER, Urheberrecht, 47, 48.
[925] HUBER, Urheberrecht, 51.
[926] HUBER, Urheberrecht, 54.

c) Verbindung zur deutschen Rechtswissenschaft und insbesondere zu den Überlegungen von Kohler

Für die rechtliche Begründung des Urheberrechts wurde in der schweizerischen Literatur zum Ende des 19. Jahrhunderts mehrheitlich auf bestehende Theorien verwiesen oder diese wurden als selbstverständlich vorausgesetzt. Rüfenacht etwa behandelte in seiner Dissertation von 1892 über knapp zehn Seiten die juristische Natur des Urheberrechts. Er deutete seine Kenntnis verschiedener Theorien an und fasste zusammen: «Während die Einen im Urheberrecht ein reines Vermögensrecht erblicken, erklären es die Andern als ein – im Prinzip – höchst persönliches Recht.»[927] Daneben gebe es vermittelnde Positionen und neue, der «römischen Rechtseinteilung»[928] fremde Klassifizierungen des Urheberrechts. Eine tieferführende Auseinandersetzung mit den verschiedenen Theorien zum Urheberrecht blieb aus. Rüfenacht erklärte die oberflächliche Behandlung der verschiedenen Theorien damit, dass das Bundesgesetz betreffend das Urheberrecht «von einer doktrinellen Definition»[929] absehe. Ähnlich wies bereits Orelli in seinem Kommentar von 1884 auf die unterschiedlichen Auffassungen hin und betonte gleichzeitig deren praktische Bedeutungslosigkeit für die Auslegung des Bundesgesetzes betreffend das Urheberrecht.[930] Ohne klare Befürwortung einer Lehrmeinung stellte er fest, dass «[...] der Urheber, d[as] h[eisst] der Schöpfer eines Geistesproduktes [...] ein positiv anerkanntes Privatrecht besitzt, welches, falls es verletzt wird, sowohl die zivilrechtliche Entschädigungspflicht [...] nach sich zieht, als auch unter bestimmten Voraussetzungen eine strafrechtlichen Ahndung zur Folge hat.»[931] Das Urheberrecht enthalte dabei zwei Aspekte: Zum einen bestehe das Recht «im Besitz des materiellen, vom Urheber erzeugten Gegenstandes»[932]. Zum anderen bestehe das Recht «in der Vervielfältigung dieses Gegenstandes»[933], welches durch das Bundesgesetz betreffend das Urheberrecht geregelt war.

Orelli hob hervor, dass für die Urheberrechtsgesetzgebung im Allgemeinen – mangels kantonaler Bestimmungen – «die deutsche Gesetzgebung» eine wichtige Orientierungsgrundlage biete, da sie «eine vollständige und sorgfältig ausgearbeitete Legislation über das Urheberrecht»[934] besitze. Im Konkreten kam es regelmässig zu Verweisen auf Werke Kohlers, wobei dessen Ausführungen zur rechtlichen Begründung des Urheberrechts allgemein auf grossen Zuspruch stiessen. Röthlisberger etwa griff an einer Stelle die Abhandlung zum Fall «Bismarck auf dem Totenbett» auf und erklärte:

---

927 RÜFENACHT, 3.
928 RÜFENACHT, 3.
929 RÜFENACHT, 27.
930 S. ORELLI, 30.
931 ORELLI, 30 [Hervorhebungen im Original]. Ähnlich RÜFENACHT, 10.
932 BBl 1881 IV, 649. Wortgleich bei ORELLI, 31.
933 BBl 1881 IV, 649. Wortgleich bei ORELLI, 31.
934 ORELLI, 22.

«Auf die vortrefflichen Ausführungen des verehrten Meisters, betreffend die richtige Konstruktion des Individual- oder Persönlichkeitsrechts, sei hier ganz besonders verwiesen.»[935] An anderer Stelle unterteilte Röthlisberger das Urheberrecht in einen vermögens- und einen persönlichkeitsrechtlichen Teil und lehnte sich dabei an die «bahnbrechenden Ausführungen Kohlers»[936] zur Theorie des Immaterialgüterrechts an. Auch Rüfenacht begrüsste insbesondere Kohlers Kategorie der Immaterialgüterrechte. Er bezog sich dabei auf Kohlers Werk zum «Autorrecht» aus dem Jahre 1880.[937] Orelli erwähnte dieselbe Abhandlung im Zusammenhang mit der juristischen Begründung des Urheberrechts und betonte dabei: «Geistreich sind die Erörterungen von J. Kohler»[938].

Der Aspekt des postmortalen Rechtsschutzes des Urhebers fand in der Schweiz allerdings keine Berücksichtigung. Bei den Überlegungen zur Schutzdauer des Urheberrechts überwog die Ablehnung der Fortdauer des persönlichkeitsrechtlichen Aspekts. Es wurde mehrheitlich die Zuschreibung des vermögensrechtlichen Teils an die lebenden Rechtsnachfolger vorgenommen. Die Fortdauer des Urheberrechts nach dem Tod des Urhebers war, gestützt auf das positive Recht, nicht als postmortales Recht des Urhebers verstanden worden. Diesen rechtlichen Zustand hinterfragten einige Juristen, indem sie eine postmortale Fortwirkung des persönlichkeitsrechtlichen Teils des Urheberrechts erkannten.[939] Eine Anlehnung an die Überlegungen von Gareis, Kohler und Gierke zu einem postmortalen Persönlichkeitsschutz erfolgte dabei aber nicht. Auf der anderen Seite wiederum bot die schweizerische Urheberrechtsgesetzgebung keinen Anhaltspunkt, der für eine Berücksichtigung im Rahmen der Überlegungen der drei Juristen zu einem postmortalen Persönlichkeitsschutz sprach. Bezeichnend hielt Kohler mit Blick auf das schweizerische Urheberrechtsgesetz fest: «Ziemlich rückständig ist noch das Gesetz der Schweiz vom 23. April 1883»[940].

---

935 Röthlisberger, Streitfragen, 8795 (Fn. *). Zum Fall «Bismarck auf dem Totenbett» s. oben, Teil 2/B/I/4.

936 Röthlisberger, Zeitungsinhalt, 13.

937 S. Rüfenacht, 3, 3 (Fn. 4).

938 Orelli, 30.

939 Huber etwa fragte sich, ob dieser rechtliche Zustand «einer tieferen Erfassung des Urheberrechtes nach Recht und Billigkeit entspreche», s. Huber, Urheberrecht, 52.

940 Kohler, Urheberrecht, 104. Er widmete das Werk seinem lieben Freund «Röthlisberger in Bern», s. Kohler, Urheberrecht, III.

C. Nachbarsdisziplinen

Nach der Verortung der Überlegungen von Karl Gareis, Josef Kohler und Otto von Gierke zu einem postmortalen Persönlichkeitsschutz im positiven Recht Deutschlands und der Schweiz der zweiten Hälfte des 19. Jahrhunderts werden in einem nächsten Schritt als Kontextualisierungsgrundlage ausserrechtliche Aspekte aus Nachbarsdisziplinen herangezogen. In juristischen Debatten über Themen, die den Tod des Menschen und/oder den toten Körper des Menschen betreffen, kommen selten rein objektive Argumente zu Sprache. Vielmehr sind diese Diskussionen von subjektiven Vorstellungen sowie von gesellschaftspolitischen Wertentscheidungen geprägt. Das galt teilweise auch für die Juristen des 19. und 20. Jahrhunderts, die sich in den Gebieten Deutschlands und der Schweiz mit dem Thema des postmortalen Rechtsschutzes eines Menschen auseinandersetzten. In ihren Argumentationen finden sich oftmals religiöse oder medizinische Elemente, die erheblichen Einfluss auf die rechtlichen Vorstellungen vom Tod des Menschen und vom Leichnam hatten. Der nachfolgende Abschnitt widmet sich deshalb einzelnen Aspekten innerhalb der Fachdisziplinen der katholischen Kirchenrechtswissenschaft, der Medizin und der Philosophie, die im 19. Jahrhundert im engen Zusammenhang mit den Überlegungen zu einem postmortalen Rechtsschutz des Menschen standen.[941]

I. Katholische Kirchenrechtswissenschaft

Die römisch-katholische Kirche nahm auf dem Gebiet Deutschlands in der zweiten Hälfte des 19. Jahrhunderts eine gesellschaftsprägende Rolle ein. Diesen Umstand brachte Kohler 1890 im Rahmen seiner «Studien aus dem Strafrecht» dadurch zum Ausdruck, dass er zu § 166 RStGB[942] bemerkte:

---

941 Ein Phänomen, das auch im Zusammenhang mit der rechtlichen Vorstellung des Todes steht, ist die gesellschaftliche Verdrängung der Tatsache der Vergänglichkeit des Menschen. In der Teildisziplin der Thanatosoziologie, die sich unter anderem mit der sozialen Bedeutung des Todes eines Menschen für eine Gesellschaft beschäftigt, wird dieses Verdrängen auf den vornehmlich im 20. Jahrhundert stattgefundenen Zivilisationsprozess der Gesellschaft zurückgeführt. Aufgrund dieser zeitlichen Einordnung bleibt die Betrachtung dieser Teildisziplin der Soziologie für die vorliegende Studie aussen vor. An dieser Stelle sei aber auf einen frühen und prägenden Vertreter der Thanatosoziologie, Norbert Elias, hingewiesen. Elias befasste sich in seinem 1982 erschienen Essay «Über die Einsamkeit der Sterbenden unserer Tage» intensiv mit der Frage, welche (soziologischen) Aspekte zur gesellschaftlichen Verdrängung der Vergänglichkeit beitrugen, s. ELIAS, 50 ff.; vgl. ferner auch FIEDLER, 43.

942 § 166 RStGB lautete: «Wer dadurch, daß er öffentlich in beschimpfenden Aeußerungen Gott lästert, ein Aergerniß gibt, oder wer öffentlich eine der christlichen Kirchen oder eine andere mit Korporationsrechten innerhalb des Bundesgebietes bestehende Religionsgesellschaft oder ihre Einrichtungen oder Gebräuche beschimpft, ingleichen wer in einer Kirche oder in einem

> «Hier ist aber eine wesentliche Beschränkung gegeben: geschützt sind nur die christlichen Kirchen [...]. Der Grund der Beschränkung ist offensichtlich; in unseren Inlandsverhältnissen hat nicht jede Religion eine ausschlaggebende Wirksamkeit, und nur diejenigen, welche eine solche Rolle im Inland spielen, genießen den inländischen Schutz.
>
> Den Schutz genießen die christlichen Kirchen, d[as] h[eisst] alle Religionsgenossenschaften, welche ihren Ursprung auf *Christus als den Stifter* zurückführen und welche sich als Kirchen darstellen, d[as] h[eisst] welche ihre Bedeutung dadurch bethätigen, daß sie entweder eine Organisation durch staatliche Organe erlangt haben, oder eine Organisation haben, welcher, wie der *Organisation der katholischen Kirche*, eine staatliche Bedeutung beigelegt worden ist.»[943]

Kohler legte damit offen, dass der christliche Glauben auf dem Gebiet Deutschlands vorherrschend war. Eine zentrale Stellung in der Gesellschaft nehme dabei insbesondere die katholische Kirche als Kirche Jesu Christi ein.

Wie jede «Religionsgenossenschaft» benötigt auch die katholische Kirche eine Ordnung, die das Zusammenleben ihrer Mitglieder regelt. Diese Ordnung wird durch das katholische Kirchenrecht bzw. das kanonische Recht festgelegt. Eine Fachdisziplin, die sich mit dem (katholischen) kirchlichen Recht methodisch beschäftigt, ist die Kirchenrechtswissenschaft.[944] Die Rolle, die der Kirchenrechtswissenschaft im 19. Jahrhundert zukam, war eine besondere. Der deutsche Kirchenrechtler Rudolph Sohm hob 1893 in einem Kurzbeitrag über das Kirchenrecht in allgemeiner Weise hervor, dass die politischen Umwälzungen und die Säkularisation zu Beginn des 19. Jahrhunderts zu einer Vernichtung des «weltlichen Besitz[es]»[945] der katholischen Kirche geführt hatten. Dieser Umbruch habe auch dazu beigetragen, dass «das kanonische, von der alten Kirche erzeugte Recht [...] die hohe Rangstellung, welche es bis dahin für die kirchliche Regierung besessen hatte»[946], verlor. In der Folge sei die wissenschaftliche Auseinandersetzung mit dem Kirchenrecht bei den katholischen Theologen weniger intensiv betrieben worden, sodass die «eigentümlich kirchenrechtliche Forschung [...] ihre hervorragendsten Vertreter [...] unter den Juristen»[947] erhalten habe. Der Schwer-

---

anderen zu religiösen Versammlungen bestimmten Orte beschimpfenden Unfug verübt, wird mit Gefängniß bis zu drei Jahren bestraft.»

943 Kohler, Studien, 173 f. [Hervorhebungen nicht im Original].

944 In der vorliegenden Studie wird unter Kirchenrechtswissenschaft insbesondere die Wissenschaft vom Recht der katholischen Kirche bzw. Kanonistik verstanden. Als Fachdisziplin wird die Kanonistik «zwischen Theologie und Rechtswissenschaft» eingeordnet, s. Meyer, 1576. Darin ist auch der Grund für die Behandlung unter dem Kontext der Nachbarsdisziplinen zu sehen.

945 Sohm, 114. Ausführlich dazu Stutz, Kirchenrecht, 875–880.

946 Sohm, 114. Vgl. dazu Feine, 595 ff. m.w.N.

947 Sohm, 115. In der evangelischen Kirche seien es «von vorneherein die Juristen gewesen», welche einen massgeblichen Einfluss auf die die Gestaltung des evangelischen Kirchenrechts übten und – entgegen den reformatorischen Grundgedanken Martin Luthers – dem kanonischen Recht eine Bedeutung zuschrieben, s. Sohm, 115.

punkt der Kirchenrechtsforschung sei im 19. Jahrhundert auf die Universitäten, insbesondere auf die juristischen Fakultäten, verschoben worden: Die «Wissenschaft des Kirchenrechts» liege «bei den Universitätslehrern, denen die Lehre des Kirchenrechts Lebensberuf ist.»[948] Dabei leisteten diese Kirchenrechtswissenschaftler insgesamt wesentliche «Vorarbeiten zur Kodifikation»[949], die im Jahre 1917 in Gestalt des Codex Iuris Canonici erfolgte.

1. Rechtslage im Codex Iuris Canonici von 1917

Die formelle Entstehung des Codex Iuris Canonici von 1917 (CIC/1917) nahm 1904 mit dem von Papst Pius X. erlassenen ‹motu proprio Arduum sane munus› ihren Anfang.[950] Zum Inhalt des CIC/1917 bemerkte Albert Michael Koeniger, Professor für Kirchengeschichte und Kirchenrecht, in seinem «Grundriß einer Geschichte des katholischen Kirchenrechts» von 1919:

> «Vielfach anknüpfend an Erlasse seines Vorgängers [sc. Papst Leo XIII., Vorgänger von Papst Pius X.] und so die kirchliche Rechtsentwicklung keineswegs immer schroff durchbrechend, hat er [sc. Papst Pius X.] es verstanden, modernen Bedürfnissen und Wünschen Rechnung zu tragen; er hat veraltete und unbrauchbare Bestimmungen der Vergangenheit rücksichtslos beiseite geschoben oder entsprechend umgeändert, er hat aber auch, wo es die Not gebot, ohne Scheu teilweise neues Recht geschaffen und modernes weltliches Recht, namentlich in den Formalitäten, zum Vorbild genommen.»[951]

Insgesamt lieferte der CIC/1917 eine gebündelte systematische Darstellung des «unübersichtlich gewordene[n]»[952] kanonischen Rechts um die Zeit von 1900. Für den nachfolgenden Abschnitt dient deshalb der CIC/1917 als Untersuchungsgrundlage.[953] Es stellt sich hier die Frage, inwiefern diese Kodifikation des kanonischen Rechts den

---

948 Sohm, 116. Er betonte weiter, dass den katholischen und evangelischen Juristen unterschiedliche Aufgaben zukamen: Erstere taten sich «auf dem Gebiet der äusseren Kirchenrechtsforschung und der [...] Darstellung des [...] Rechtszustandes» hervor. Letztere bemühten sich um eine «wissenschaftliche Erfassung des evangelischen Kirchenrechts» sowie «um die Befreihung der evangelischen Forschung von [...] der katholischen Ueberlieferung», s. Sohm, 116, 118.

949 Meyer, 1579.

950 Die Forderung war bereits im Ersten Vatikanischen Konzil vorgetragen worden, s. Hinweis bei Koeniger, 60 [Vatikanum]. Der «Auftrag zur Abfassung» der Kodifikation wurde jedoch erst 1904 erteilt, s. Thier, Codex, 866.

951 Koeniger, 60 f.

952 Thier, Codex, 866. Das Recht der katholischen Kirche, insbesondere deren interne und externe Regelungen, werden unter dem sogenannten kanonischen Recht zusammengefasst. Ab dem Mittelalter wurden die Rechtsquellen der römisch-katholischen Kirche im sogenannten Corpus Iuris Canonici gesammelt, s. dazu Thier, Corpus m.w.N.

953 Der Codex Iuris Canonici erfuhr nach dem Zweiten Vatikanischen Konzil im Jahre 1983 eine Totalrevision, jedoch wird für viele Auslegungsfragen zum CIC/1983 nach wie vor dessen Vorgänger, der CIC/1917, herangezogen, vgl. can. 6 § 2 CIC/1983.

toten Körper eines Menschen erfasste und Ansätze eines postmortalen Rechtsschutzes enthielt.[954] Die Darstellung wirft dabei ein Schlaglicht auf die Thematik. Eine umfassende Analyse und Präsentation der kirchenrechtwissenschaftlichen Interpretationen einschlägiger Normen würde den Rahmen der vorliegenden Studie sprengen.

a) Unversehrtheit des Leichnams

In can. 2328 CIC/1917 erfuhr der Leichnam einen direkten, kirchenstrafrechtlichen Schutz. Die Norm stellte die Leichen- und Grabschändung unter Strafe:

> «Qui cadavera vel sepulcra mortuorum ad furtum vel alium malum finem violaverit, interdicto personali puniatur, sit ipso facto infamis, et clericus praeterea deponatur.»
>
> «Wer *Leichen oder Gräber schändet* in diebischer oder anderer schlechter Absicht, ist ohne weiteres infam. Wer ein solches Delikt begangen hat, soll außerdem mit dem persönlichen Inderdikt belegt werden. Handelt es sich um einen Kleriker, so muß er auch noch mit Deposition bestraft werden.»[955]

Die Bestimmung der Leichen- und Grabschändung war im Abschnitt ‹De delictis contra religionem›, Delikte gegen die Religion, angesiedelt.[956] Sie hielt fest, dass der Täter, der Leichen schändete, durch die Tat selbst infam sei («sit ipso facto infamis») und mit persönlichem Interdikt bestraft werden solle («interdicto personali puniatur»). Der Kirchenrechtler Eduard Eichmann bemerkte in seinem Lehrbuch von 1923, dass einem Täter mittels Personalinterdikt der «Gebrauch der *sacra*»[957] verboten und damit wesentliche geistliche Rechte entzogen werden. Hinzu kam, dass der Täter kraft kanonischen Gesetzes keine Klage- und Zeugnisfähigkeit mehr hatte.[958] Die Schändung eines Leichnams führte also unweigerlich zu einem Ansehensverlust innerhalb der Glaubensgemeinschaft. Gleichzeitig zementierte der kirchenstrafrechtliche Schutz der

---

954 Der Leichnam war bereits in früheren Phasen des kanonischen Rechts ein Thema. Unter diesem Aspekt wird oft die frühchristliche Abhandlung von Augustinus «de cura pro mortuis gerenda» erwähnt. Der römische Bischof behandelte darin das Begräbnis und die Pflege von Verstorbenen. Er ging insbesondere der von Paulinus von Nola aufgeworfenen Frage nach, ob die Bestattung an einem bestimmten Ort – im konkreten Fall neben einem Märtyrer – sinnvoll sei. Ausführlich dazu Rose.

955 Übersetzung nach Jone, Kanon III, 489 [Hervorhebungen im Original]. Der Moraltheologe Heribert Jone publizierte 1939/1940 einen Kommentar zum Codex Iuris Canonic in deutscher Sprache. Übersetzungen des CIC/1917 in Landessprachen waren grundsätzlich untersagt, weshalb (vom Heiligen Stuhl bewilligte) Kommentare indirekt als Übersetzungen dienten. Der Hinweis auf das Übersetzungsverbot war in der amtlich publizierten Ausgabe des CIC/1917 vor dem Gesetzestext angedruckt: «Nemini liceat, sine venia Sanctae Sedis hunc Codicem denuo imprimere aut in aliam lingam vertere», s. Acta Apostolicae Sedis. Commentarium Officiale, Jg. 9 (1917), Bd. 9, Teil 2, Seite 4.

956 Im CIC/1983 wird unter diesem Abschnitt keine vergleichbare Bestimmung angeführt.

957 Eichmann, 668 [Hervorhebung im Original].

958 Die ‹infamia iuris et facti› wurden in can. 2293–2295 CIC/1917 umschrieben.

Unversehrtheit des toten Körpers eines Menschen die zentrale Bedeutung des Leichnams im sogenannten Auferstehungsglauben. Der wichtigste christliche Glaubensgrundsatz, die Möglichkeit der Auferstehung, sollte unbedingt gewahrt werden und dies war nur dann der Fall, wenn ein unversehrter Leichnam vorlag. Gemäss kanonischem Recht galt somit die oberste Priorität der Unversehrtheit des toten Körpers eines jeden Menschen. Andere Glaubensgrundsätze wie die Taufe traten in dieser Situation in den Hintergrund.[959] Jedoch gab es auch Ausnahmen davon. Der Schutz der Unversehrtheit galt nicht bei Leichensektionen zu anatomischen Zwecken und/oder der Aufbewahrung von Leichnamen zu wissenschaftlichen Zwecken. Denn diese Verwendungen von Leichnamen seien nicht unter «bösen Absichten»[960] erfolgt.

b) Feuerbestattung des Leichnams

Die Bestattung des toten Körpers eines Menschen hing eng mit dem Auferstehungsglauben zusammen. Die Form der Bestattung nahm dabei eine zentrale Bedeutung ein. Im CIC/1917[961] sprach sich die katholische Kirche explizit gegen die Feuerbestattung aus und befürwortete die Erdbestattung:

> «Fidelium defunctorum corpora sepelienda sunt, reprobata eorundem crematione.»[962]
>
> «Es besteht die *Pflicht*, die Leichen der verstorbenen Gläubigen zu bestatten. Die Leichenverbrennung wird demnach verworfen.»[963]

Die kanonistische Ablehnung der Feuerbestattung war der direkte Ausdruck eines Auferstehungsglaubens, bei dem der tote Körper des Menschen im Zentrum stand. Der Leib stellte den «Tempel des Heiligen Geistes»[964] dar, der am Tag des Jüngsten Gerichts zu einem neuen Geist-Leib auferstehen solle. Bei einer Verbrennung des Leichnams gehe dieser «Tempel» vollständig unter, und eine Auferstehung werde unmöglich sein. Die Erdbestattung von Gläubigen war daher als Pflicht für alle Christen vorgeschrieben worden. In can. 1176 § 3 CIC/1983, eine Norm aus dem heute geltenden kanonischen Recht, wird die Feuerbestattung, gestützt auf die Wichtigkeit der Bestattung im Allgemeinen, zugelassen. Gemäss einer Instruktion der Kongregation für die Glaubenslehre

---

959 Der Tatbestand von can. 2328 CIC/1917 habe alle Leichname, unabhängig davon, ob der gewesene Mensch getauft oder ungetauft gewesen war, erfasst, s. Jone, Kanon III, 489.

960 Übersetzung nach Jone, Kanon III, 489.

961 Die Kongregation für die Glaubenslehre (Heiliges Offizium) verbot bereits im Jahre 1886 unter Papst Leo XIII. die Feuerbestattung für Katholiken. Die Ablehnung der Feuerbestattung sei auch einem Machtkampf geschuldet gewesen, da die katholische Kirche im 19. Jahrhundert mit einer Vielzahl an staatlichen Eingriffen in traditionell kirchliche Betätigungsfelder konfrontiert wurde, s. Fischer N., 98 f.; vgl. Fiedler, 110 f. Zum Kulturkampf in der Schweiz s. oben, Teil 2/B/II/1/a.

962 Can. 1203 § 1 CIC/1917.

963 Übersetzung nach Jone, Kanon II, 391 [Hervorhebungen im Original].

964 1. Korinther 6,19.

aus dem Jahre 2016 bevorzugt die römisch-katholische Kirche jedoch «weiterhin die Beerdigung des Leichnams, die eine größere Wertschätzung für die Verstorbenen zeigt.»[965] In der Begründung wird der «Glaube an die Auferstehung des Fleisches» mit einschlägigen Bibelversen untermauert und zudem kommt zum Ausdruck, dass der Leib ein wesentlicher Teil der Person sei und dessen Geschichte teile. Auch wenn mit dem Tod eine grundsätzliche Trennung von Leib und Seele erfolge, stelle der unversehrte Leichnam für die katholische Kirche nach wie vor ein zentrales Kriterium dar, ob die gläubige Person mit Christus auferstehen könne oder nicht. Nach der Vorstellung der römisch-katholischen Kirche wird durch die Feuerbestattung «eine mechanistisch-materialistische Vorstellung vom Körper»[966] gefördert und diese widerspricht den Grundsätzen der katholischen Glaubenslehre. Die Ablehnung der Feuerbestattung im kanonischen Recht des 19. Jahrhunderts ging so weit, dass deren blosse Anordnung mit einer kirchlichen Strafe belegt wurde. Canon 1240 § 1 n. 5 CIC/1917 sah vor, dass denjenigen, die zu Lebzeiten eine Feuerbestattung angeordnet haben, das kirchliche Begräbnis verweigert werde: «Ecclesiastica sepultura privantur [...]: Qui mandaverint suum corpus cremationi tradi» – «Eine kirchliche Beerdigung dürfen auch die nicht erhalten, welche die Verbrennung ihrer Leiche angeordnet haben.»[967] Im kanonischen Recht zählt die Begräbnisverweigerung auch heute noch zur christlichen Höchststrafe, die gegen einen verstorbenen Gläubigen ausgesprochen werden kann. Das Verbot des kirchlichen Begräbnisses, das sich im 19. Jahrhundert etwa gegen Suizidenten richtete, verunmöglichte die Auferstehung und einen Übertritt in das Reich Gottes.[968] Insofern diente der Leichnam unter diesem Aspekt im kanonischen Recht als Mittel des Auferstehungsglaubens.

c) *Selig- und Heiligsprechung sowie Leichname als Reliquien*

Unter gewissen Umständen konnte es nach dem Tod eines Christen zu dessen Beatifikation (Seligsprechung) oder Kanonisation (Heiligsprechung) kommen. Das Verfahren der Selig- und Heiligsprechung richtete sich nach can. 1999–2141 CIC/1917. Eine Seligsprechung hatte zur Folge, dass der Selige in einem beschränkten Teil der Kirche verehrt werden durfte. Der Akt der Heiligsprechung hingegen wies einen absoluten Charakter auf, der eine obligatorische, besondere Verehrung – ‹cultus duliae› – innerhalb der ganzen katholischen Kirche nach sich zog.[969] Heribert Jone, deutscher Moraltheologe, bemerkte 1940 in seinem Kommentar zum CIC/1917, dass die «un-

---

965 Instruktion Ad resurgendum cum Christo über die Beerdigung der Verstorbenen und die Aufbewahrung der Asche im Fall der Feuerbestattung vom 15. August 2016.

966 Fischer N., 98.

967 Übersetzung nach Jone, Kanon II, 411.

968 S. can. 1240 § 1 n. 3 CIC/1917. An dieser Stelle sei angemerkt, dass die Liste der Personengruppen in can. 1184 CIC/1983 unbedeutend kürzer ausfällt.

969 Can. 1255 § 1 CIC/1917.

widerrufliche Entscheidung»[970] der Kanonisation daher nur der ‹Sancta Sedis›, also dem Papst, obliege.[971] Im Rahmen des Selig- und Heiligsprechungsprozesses mussten «famam virtutum, martyrii ac miraculorum»[972] – der Ruf der Tugenden, des Martyriums und des Wunders – bewiesen werden.[973] Als Wunder gelte grundsätzlich eine «medizinisch objektiv konstatierte»[974] (Spontan-)Heilung. Der Kirchenrechtler Paul Hinschius erklärte 1888 in seinem «System des katholischen Kirchenrechts», dass diese Heilung zudem «auf seine [sc. des Heiligen] Fürbitte durch Gott»[975] bewirkt sein müsse. Der Selige bzw. Heilige sei insofern als ein «Diener Christi»[976] anzusehen, der «von Gott durch Wunder [...] verherrlicht worden ist»[977]. Mit dem Wunder wurde ein Wirken zu Lebzeiten als Basis der postumen Verehrung seliger bzw. heiliger Personen verlangt. Die Selig- und Heiligsprechung entsprach somit der formellen Anerkennung der Existenz einer postmortalen Persönlichkeit des Menschen, denn eine lebende Person konnte keinem Selig- bzw. Heiligsprechungsverfahren unterzogen werden.[978]

Die besondere Verehrung der Heiligen umfasste grundsätzlich auch deren Reliquien.[979] Laut Hinschius haben innerhalb der römisch-katholischen Kirche insbesondere Leichname bzw. Körperteile von Heiligen als ‹reliquiae insignes› – bedeutende Reliquien – gegolten.[980] Die Verehrung der Leichname Heiliger sei damit begründet worden, dass diese «lebendige Glieder Christi und Tempel des Heiligen Geistes waren und dereinst zum ewigen Leben erweckt werden»[981]. Daher schloss die Legaldefinition der ‹reliquiae insignes› mehr oder weniger den ganzen toten Körper des Menschen ein, sofern dieser noch als ein solcher erkennbar war:

> «Insignes Sanctorum vel Beatorum reliquiae sunt corpus, caput, brachium, antibrachium, cor, lingua, manus, crus aut illa pars corporis in qua passus est martyr, dummodo sit integra et non parva.»[982]

---

970 Jone, Kanon III, 285.
971 Can. 1999 § 1 CIC/1917.
972 Can. 2020 § 2 CIC/1917.
973 Eine Kanonisation bedingte eine vorangehende Beatifikation und das Wirken von mindestens zwei Wundern nach der Seligsprechung, s. can. 2138 § 1 CIC/1917.
974 Ohst, 404.
975 Hinschius, 255.
976 Hinschius, 249.
977 Hinschius, 252.
978 S. Hinschius, 251.
979 Vgl. can. 1255 § 2 CIC/1917 und can. 1276 CIC/1917.
980 S. Hinschius, 265.
981 Hausberg, 654. Die katholische Kirche sah sich zur Zeit der lutherischen Reformatoren der Kritik ausgesetzt, dass die Verehrung Heiliger und deren Reliquien gegen die «Ehre Christi als des einzigen Mittlers zwischen Gott und den Menschen» gehe, s. Hausberg, 654.
982 Can. 1281 § 2 CIC/1917. Eine ähnliche Bestimmung kann im CIC/1983 nicht ausgemacht werden.

> «Als bedeutende Reliquien von Heiligen oder Seligen gelten: der Körper, das Haupt, der Arm, der Vorderarm, das Herz, die Zunge, das Bein und auch jeder andere Körperteil, an dem der Betreffende gemartert wurde, vorausgesetzt, daß der Körperteil vollständig erhalten und nicht nur ein kümmerlicher Rest ist.»[983]

Der tote Körper des heiliggesprochenen Menschen stand im 19. Jahrhundert vollumfänglich im Fokus der durch die christliche Glaubensgemeinschaft vorzunehmenden Heiligenverehrung.[984] Er stellte die materielle Grundlage für die Verehrung bzw. die Anerkennung der postmortalen Persönlichkeit des heiligen Menschen dar. Der Leichnam nahm damit eine Sonderstellung im römisch-katholischen Kirchenrecht ein.[985] Diese Sonderstellung des Leichnams äusserte sich auch in einem grundsätzlichen Veräusserungsverbot von Reliquien. Eine Veräusserung konnte nur mit der Zustimmung des Papstes erfolgen: «[…] nequeunt valide alienari neque in aliam ecclesiam perpetuo transferri sine Apostolicae Sedis permissu»[986]. Das Veräusserungsverbot wurde jedoch nicht als Verkehrsunfähigkeit verstanden. Hinschius erklärte 1888 in seinem vierten Band zum katholischen Kirchenrecht, dass die «kirchlich approbirte[n] Reliquien» mit den «durch die Weihung mit einer besonderen *virtus habitualis* ausgestatteten *res sacrae»*[987] gleichzustellen seien. Als Konsequenz müssten für die kirchlichen Reliquien dieselben Rechtsnormen und Grundsätze zur Anwendung kommen, die auch für die sogenannten ‹res sacrae› gelten. Der Ausschluss der Reliquie bzw. des Leichnams heiliggesprochener Personen vom (weltlichen) Rechtsverkehr sei nur dann möglich, wenn eine Teilnahme am Rechtsverkehr eine «der ihnen gebührenden Verehrung widersprechende Behandlung bedingen»[988] würde. Mangels Simonie erachtete Hinschius Rechtsgeschäfte wie Schenkungen, letztwillige Verfügungen und unentgeltliche Überlassungen als «statthaft und gültig»[989].

---

983 Übersetzung nach Jone, Kanon II, 443.

984 In den Kirchen, die eine Reliquie aufbewahrten, die «in dem ganzen Körper desselben [sc. des Heiligen] oder in einem grösseren Theile, Schädel, Arm oder Bein» bestand, konnten am Todestag des Heiligen «das Offizium und die Messe gefeiert werden», s. Hinschius, 266 f.

985 Im evangelischen Kirchenrecht ist die Heiligenverehrung und überhaupt die Behandlung des Leichnams nicht vorzufinden. Ersteres wird mit den reformatorischen Grundsätzen ‹solus Christus› und ‹sola fide› begründet, s. Schulz, 664. Die «Distanzierung von der Leiche» innerhalb der reformatorischen Theologie gründe auf der Überzeugung, nicht «auf das postmortale Geschick» des Leichnams einwirken zu können, da «das Heil der Verstorbenen […] allein Gott überlassen» sei, s. Sachau, 133 f.

986 Can. 1281 § 1 CIC/1917.

987 Hinschius, 269 [Hervorhebungen im Original].

988 Hinschius, 269.

989 Hinschius, 270. Gegen die Verkehrsunfähigkeit spreche auch die Tatsache, dass «Skelette und Theile von Leichen im Privateigenthum stehen können», s. Hinschius, 267. Im geltenden kanonischen Recht wird für das Kanonisationsverfahren zusätzlich auf die «lex pontificia», päpstliches Recht, verwiesen, s. can. 1403 § 1 CIC/1983. Letzteres umfasst auch die Instruktion über «Die Reliquien in der Kirche: Echtheit und Aufbewahrung». Darin wird die Verifizierung der Echtheit der Reliquien und der sterblichen Überreste durch Diözesanbischöfe geregelt. Gemäss

2. «Autorität» Bibel

Die Basis der Kodifikationen des römisch-katholischen Kirchenrechts, in dem das göttliche Recht (‹ius divinum›) über dem menschlichen Recht (‹ius humanum›) steht, ist die Bibel.[990] Die Bibel gilt im Katholizismus als «Autorität» und sie ist daher vom Kirchenrecht «letztlich nicht zu trennen.»[991] In ihrer Funktion eines autoritativen Textes diente die Bibel über lange Zeit als Quelle des (göttlichen) Rechts. Eine breite Rezeption war die logische Konsequenz.[992] Gerade während des 19. Jahrhunderts nämlich genoss die Bibel «einen gewissen Vorrang»[993] innerhalb der Weltliteratur. Zu dieser Zeit entstanden im deutschsprachigen Raum viele Gesellschaften, die unter anderem das Ziel verfolgten, «die Bibel unter das Volk zu bringen.»[994] 1934 umschrieb der deutsche Theologieprofessor Ernst von Dobschütz das 19. Jahrhundert entsprechend als das «Jahrhundert der Bibelgesellschaften»[995]. Die Wirksamkeit der Bibelgesellschaften in Deutschland drückte Dobschütz durch folgende Auflistung aus: «Von 1812 bis 1931 lieferte die Privilegierte Württembergische Bibelanstalt in Stuttgart 7 Millionen Bibeln, 9,6 Millionen Testamente, wovon über 2 Millionen zu ermäßigtem Preis, über ½ Million unentgeltlich abgegeben wurden. Die Preußische Hauptbibel-Gesellschaft hat von 1814 bi 1932 über 9 Millionen Heilige Schriften abgesetzt. Es handelt sich dabei in der Hauptsache um Bibeln in den verschiedenen Volkssprachen, für Deutschland um die Lutherbibel.»[996] Die Texte der Bibel waren in allen Bereichen der Gesellschaft verbreitet, so auch in der Rechtswissenschaft. In den Beiträgen derjenigen Juristen, die sich im 19. und beginnenden 20. Jahrhundert insbesondere mit der Frage der rechtlichen Behandlung des toten Körpers eines Menschen beschäftigten, können denn auch explizite Bezugnahmen auf Bibelverse erkannt werden.[997]

Teil I Art. 2 § 2 Instruktion müsse vor der Seligsprechung «der Erbe [...] eingeladen werden, die sterblichen Überreste der Kirche zu schenken». Weiter wird bei einer (kircheninternen) Weitergabe der sterblichen Überreste von der Zustimmung «des Veräusserers und des künftigen Eigentümers» gesprochen, s. Teil I Art. 5 § 1 Instruktion. Aus diesen Anordnungen wird ersichtlich, dass die katholische Kirche durch einen Schenkungsvertrag, der die Zuwendung des Leichnams beinhaltet, an den Leichnam heiliggesprochener Menschen gelangt. Die Wortwahl «Veräusserer» und «Eigentümer» legen zudem nahe, dass – zumindest unter weltlichem Rechtsdenken – der Leichnam eines Heiliggesprochenen als verkehrsfähige Sache zu behandeln sei.

990 S. can. 24 § 1 CIC/1983. Dazu Mayer-Maly, 12 ff.

991 Lingelbach, 570.

992 Vgl. die verschiedenen Beispiele für eine Einflussnahme auf das weltliche Recht bei Lingelbach.

993 Dobschütz, 203.

994 Dobschütz, 196.

995 Dobschütz, 196.

996 Dobschütz, 198.

997 So nur Merkel E., Leichnam, 33: «Wie das Urteil des Menschen verstummt – de mortuis nil nisi bene! – so soll auch der Leib Ruhe haben, zwar nicht vor der Zerstörung durch elementare Kräfte, denn es soll zu Erde werden, was von der Erde genommen ist, wohl aber vor jedem Ein-

Der nachfolgende Abschnitt geht der Frage nach, inwiefern der tote Körper eines Menschen sowie der gewesene Mensch in der Bibel Erwähnung finden. Ziel der Darstellung ist dabei keine umfassende Erläuterung aller einschlägigen Bibelstellen. Vielmehr geht es darum, mittels einer kursorisch gehaltenen grammatisch-historischen Exegese eine Annäherung an das biblische Verständnis des toten Körpers sowie des gewesenen Menschen vorzunehmen.

a) Situation

In der deutschen Übersetzung[998] der Lutherbibel werden die Wörter ‹Leichnam›, ‹Leichname(n)›, ‹Leiche› und ‹Leichen› an 62 Stellen angeführt, wobei ‹Leichnam(en)› rund Dreiviertel aller Erwähnungen ausmachen.[999] Die Wörter ‹Leichnam› und ‹Leichname(n)› treten je an 24 Stellen in Erscheinung, das Wort ‹Leichen› an zwölf Stellen und dessen Singular an zwei Stellen.[1000] Die einschlägigen Bibelverse sind mehrheitlich in den Geschichts- und Prophetenbüchern des Alten Testaments zu verorten, wobei allein in Jeremia zehn relevante Stellen gefunden werden können. Innerhalb des Neuen Testaments werden insgesamt zehn Erwähnungen gezählt, die auf die Evangelien Johannes, Markus und Matthäus verteilt sind. Daneben gibt es über zweihundert Bibelstellen mit den Wörtern ‹Toter› oder ‹Tote(n)›, die sich inhaltlich – je nach Kontext – auf den toten Körper des Menschen und/oder den gewesenen Menschen beziehen. Die Grenzen zwischen der körperlichen Erscheinung des Toten in Form des Leichnams und dem Toten im Sinne des gewesenen Menschen verlaufen dabei fliessend und unscharf. Eine Erklärung für die unterschiedliche Wortdeutung bietet unter anderem das uneinheitliche Verständnis der Auferstehung innerhalb der Bibel.

griffe menschlicher Handlungen.» Er sprach hier den Bibelvers 1. Mose 3,19 an: «Denn Staub bist du und zum Staub kehrst du zurück».

998 Die Untersuchung orientiert sich an der deutschen Übersetzung der Lutherbibel nach ihrer vierten kirchenamtlichen Revision aus dem Jahre 2017.

999 Im Vergleich dazu werden ‹Gott› an 3133, ‹Jesus› an 869, ‹Seele› an 232 und ‹Grab› an 80 Stellen erwähnt.

1000 Konkret lassen sich die Fundstellen in folgenden Bibelversen (nach kanonischer Gliederung) nachweisen: ‹Leichnam› in 5. Mose 21,23, Josua 8,29, 1. Samuel 17,46, 1. Samuel 31,10, 1. Könige 13,22, 1. Könige 13,24, 1. Könige 13,25, 1. Könige 13,28, 1. Könige 13,29, 1. Könige 13,30, 2. Könige 9,37, Jeremia 26,23, Jeremia 36,30, Sirach 27,18, 1. Makkabäer 13,25, Matthäus 14,12, Markus 6,29, Markus 15,43, Markus 15,45, Johannes 19,38, Johannes 19,40, Johannes 20,12, Apostelgeschichte 9,40, Judas 1,9; ‹Leichname(n)› in 3. Mose 26,30, 5. Mose 28,26, 1. Samuel 17,46, 1. Samuel 31,12, 2. Könige 10,25, 1. Chronik 10,12, 2. Chronik 20,24, Psalm 79,2, Jesaja 26,19, Jesaja 34,3, Jesaja 66,24, Jeremia 7,33, Jeremia 16,4, Jeremia 19,7, Jeremia 33,5, Jeremia 34,20, Jeremia 41,9, Hesekiel 6,5, Amos 8,3, Tobias 1,18, 1. Makkabäer 11,4, Johannes 19,31, Offenbarung 11,8, Offenbarung 11,9; ‹Leiche› in 3. Mose 21,3, Jesaja 14,19; ‹Leichen› in Jesaja 5,25, Jesaja 37,36, Jeremia 9,21, Jeremia 31,40, Hesekiel 39,14, Hesekiel 43,7, Hesekiel 43,9, Nahum 3,3, Judit 2,8, Judit 6,4, Weisheit 4,19.

aa) Auferstehungsglaube

Die Thematik des toten Menschen sowie die des toten Körpers eines Menschen wird in der Bibel vom Auferstehungsglauben dominiert. Nach dem biblischen Verständnis obsiegte das Leben mit der Auferstehung Jesu Christi über den feindlichen Tod.[1001] Der Glaube an die Auferstehung ist daher Dreh- und Angelpunkt des Christentums.

Laut einem aktuellen Theologielehrbuch wird der Mensch in der christlichen Theologie, ähnlich wie in der griechischen Philosophie, als ein vernunftbegabtes Lebewesen verstanden, das die aus Körper und Geist bzw. Leib und Seele zusammengesetzte Schöpfung darstellt.[1002] Zwischen Leib und Seele erfolgt dabei eine Differenzierung, obschon eine Zusammengehörigkeit beider Aspekte im Menschen gegeben ist.[1003] Während der Leib der Vergänglichkeit angehört, gilt die Seele als ewig existierend.[1004] Die biblische Begründung der ewigen Existenz der Seele wird in Matthäus 10,28 gesehen:

> «Und fürchtet euch nicht vor denen, die den Leib töten, doch die *Seele nicht töten können*; fürchtet viel mehr den, der Leib und Seele verderben kann in der Hölle.»[1005]

Diese Bibelstelle bezieht sich auf die Aussendung der Zwölf Jünger durch Jesu Christi. Die Jünger werden dazu aufgefordert, der Menschheit das Evangelium zu offenbaren. Im Gleichschritt mit der Aufforderung erfolgt auch der Hinweis auf (gewaltsame) Verfolgungen durch die Menschen, die den Jüngern bevorstehen. Laut dem deutschen Theologieprofessor Carl Friedrich Keil, der 1877 einen «Commentar über das Evangelium des Matthäus» veröffentlichte, zeigt Matthäus 10,28 auf, dass «die Furcht vor

---

[1001] Der Tod wird im biblischen Glauben als Feind des Lebens verstanden, was sinnbildlich in Hiob 18,14 zum Ausdruck kommt: «[...] und hingetrieben zum König der Schrecken [sc. der Tod].»

[1002] Vgl. Leonhardt, 262.

[1003] Als Begründung für die Differenzierung zwischen Leib und Seele wird in der Literatur 1. Mose 2,7 angeführt: «Da machte Gott der Herr den Menschen aus Staub von der Erde und blies ihm den Odem des Lebens in seine Nase. Und so ward der Mensch ein lebendiges Wesen.»

[1004] Die Vereinbarkeit des biblischen Menschenbilds mit demjenigen der philosophischen Anthropologie habe bereits Martin Luther in seiner «Disputatio de homine» aus dem Jahre 1536 abgelehnt, vgl. Leonhardt, 265. Im 20. Jahrhundert sei das Verständnis einer ewigen Existenz der Seele vermehrt in Kritik geraten, insbesondere Vertreter der protestantischen Eschatologie sahen die postmortale Existenz des Menschen als nicht begründet an, s. Leonhardt, 413 ff. Als Antithese entstand die Ganztodtheorie, die in der Auferstehung eine vollständige Neuschöpfung des ganzen Menschen erblickte. Der römische Katholizismus hält jedoch bis heute an der Auffassung, dass die Seele unsterblich sei, fest: «Die Kirche lehrt, daß jede Geistseele unmittelbar von Gott geschaffen ist – sie wird nicht von den Eltern ‹hervorgebracht› – und daß sie unsterblich ist: sie geht nicht zugrunde, wenn sie sich im Tod vom Leibe trennt, und sie wird sich bei der Auferstehung von neuem mit dem Leib vereinen», s. Katechismus der Katholischen Kirche, 1. Teil, 2. Abschnitt, 1. Kapitel, Art. 1 Abs. 6, II, Nr. 366.

[1005] Matthäus 10,28 [Hervorhebungen nicht im Original].

den Menschen [sc. aufgrund der Verfolgung] der Furcht vor Gott weichen solle»[1006]. Die Menschen nämlich können nur «den Leib töten», nicht jedoch die Seele der Jünger. Hingegen liege es allein bei Gott, den Leib und die Seele in die Hölle zu verdammen, weshalb die Furcht gegenüber Gott bestehen muss.[1007] In dieser Anweisung kommt indirekt zum Ausdruck, dass die Seele nicht getötet werden kann, sondern ewig existiert.

Der Glaube an die Auferstehung setzt diese Ewigkeit der Seele voraus, denn erst mit dem Vorhandensein der Seele nach dem körperlichen Tod wird eine postmortale Identität geschaffen, deren Existenz eine konkrete Auferstehung überhaupt erst ermöglicht.[1008] In der Bibel gelangt die Thematik der Auferstehung, gerade im Hinblick auf die Behandlung des toten Körpers eines Menschen, jedoch unterschiedlich zum Ausdruck.

bb) Irrelevanz im Alten Testament

Die theologischen Wissenschaften sahen den Tod im Alten Testament lange als absolute Grenze an, was auch verschiedene Bibelstellen unmissverständlich zum Ausdruck bringen. So wird beispielsweise bei Sirach 38,21 die Absolutheit des Todes mit den Worten «Vergiss nicht: Es gibt kein Wiederkommen» umschrieben. Der Mensch verlässt mit dem Tod die Gesellschaft der Lebenden, und zwar für immer. Die absolute Grenze im Tod wird aber auch im Neuen Testament mit der Aussage «Gott ist nicht ein Gott der Toten, sondern der Lebenden»[1009] untermauert. Keil kommentierte diese Aussage im Jahr 1877 so: «Der Schluß, den Jesus aus dieser Selbstbenennung Gottes zieht, gründet sich darauf, daß Gott nicht zu absolut Todten, gar nicht mehr Existirenden, sondern nur zu Lebenden in dem Verhältnisse als ihr Gott stehen kann.»[1010] Die Toten stehen nach diesem Verständnis ausserhalb der sogenannten göttlichen Ordnung, und sie sollen nicht länger Teil der Lebenden sein. Dazu passt auch die an verschiedenen Stellen des Alten Testaments abgegebene Aufforderung, sich im Trauerprozess nicht zu lange mit den Toten aufzuhalten.[1011] Eine Erklärung für die alttestamentliche Trennung des Totenreichs von Gott wird darin gesehen, dass sie «im Dienst einer nüchternen und die Härte des unumgänglichen Todes bewusst betrachtenden Lebenshaltung»[1012] stehe. Der Tod beende demnach das Leben und gleichzeitig die (nur) im Diesseits existierende Beziehung zu Gott. Das Alte Testament weist somit eine gewisse Skepsis gegenüber

---

[1006] KEIL, Matthäus, 261. Das Hauptwerk von Keil war der im Zeichen der wissenschaftlichen Bibelexegese stehende und vielbeachtete «Commentar über das Alte Testament». Zu Leben und Werk SIEMENS.

[1007] S. KEIL, Matthäus, 261.

[1008] S. LEONHARDT, 263.

[1009] Matthäus 22,32. Ähnlich auch im neuen Testament Markus 12,27 und Lukas 20,38.

[1010] KEIL, Matthäus, 437.

[1011] So etwa in Sirach 22,11, Sirach 38,23 und Prediger 9,5.

[1012] DESELAERS/VORHOLT, 23.

der Auferstehung des Menschen auf. In diesem Kontext kommt dem toten Körper eines Menschen keine bedeutende Rolle zu.

Das «Diesseitsparadigma des Alten Testaments»[1013] erfährt allerdings eine geringfügige Relativierung. Im Erleben des Todesschicksals eines «unschuldig leidenden Gerechten»[1014] komme nämlich ein Glaube an das Jenseits zum Ausdruck. Beim Tod von Märtyrern wurde auf die göttliche Gerechtigkeit gesetzt und eine den Tod überdauernde Herrschaft Gottes postuliert. Darüber hinaus gibt es im Alten Testament Erzählungen von Totenbeschwörungen. Beispielsweise wird bei 1. Samuel 28,7 die Forderung gestellt, eine Frau zu suchen, «die Tote beschwören kann». Im Jahr 1864 umschrieb Keil die Person der Totenbeschwörerin mit folgenden Worten: «Herrin (Besitzerin) eines Beschwörergeistes, d[as] i[st] eines Geistes mit dem man Verstorbene heraufbeschwor, um sie über die Zukunft zu befragen»[1015]. In der Totenbeschwörung kommt demnach die Überzeugung zum Ausdruck, dass gewissen lebenden Menschen die Fähigkeit zugesprochen wird, mit Toten bzw. den Seelen Verstorbener in Kontakt zu treten. Zugleich setzt die Beschwörung eine irdische Erscheinungsform der Toten in Form einer Seele voraus. Der Mensch existiert nach seinem Tod in der Seele weiter, die für einen ausgewählten Personenkreis erreichbar bleibt. Nach der zitierten Erzählung gelang es der Totenbeschwörerin En-Dor dann auch tatsächlich, mit der Seele des zuvor getöteten Samuel in Kontakt zu treten.[1016]

cc) Bedeutungsgewinn im Neuen Testament

Innerhalb des Neuen Testaments findet das Verständnis eines absoluten Todes kaum einen Anhaltspunkt. Vielmehr liegt hier ein umfassender Auferstehungsglaube vor, der insbesondere die leibliche Auferstehung mit umfasst. Dieses Verständnis wird am Beispiel der österlichen Auferstehung bzw. der Auferweckung Jesu deutlich.[1017] In Markus 16,6 spricht der Engel zu den Frauen, die den gekreuzigten Jesus von Nazareth im Grab erwarteten: «[...] Entsetzt euch nicht! Ihr sucht Jesus von Nazareth, den Gekreuzigten. Er ist auferstanden, er ist nicht hier. Siehe da die Stätte, wo sie ihn hinlegten.» Das leere Grab verlangte zwingend eine leibliche Auferstehung Jesu, die ihn «zum Richter der

1013 Deselaers/Vorholt, 23.

1014 Deselaers/Vorholt, 23. Diese Jenseitshoffnung knüpft an der Vorstellung an, dass eine verantwortliche Lebensführung im diesseitigen Leben zur Aufnahme bei Gott führen wird. Diejenigen, die gegen die göttlichen Weisungen leben, werden hingegen im absoluten Totenreich und ausserhalb der göttlichen Herrschaft verweilen.

1015 Keil, Samuel, 191.

1016 S. 1. Samuel 28,11–12: «Da sprach die Frau: Wen soll ich dir denn heraufholen? Er sprach: Hol mir Samuel herauf! Als nun die Frau Samuel sah, schrie sie laut und sprach zu Saul: Warum hast du mich betrogen? Du bist Saul.»

1017 Eingehend zur Auferstehung Jesu Christi im Neuen Testament Hoffmann.

Lebenden und der Toten»[1018] macht. Eine weitere Bibelstelle, die die Auferstehung in aller Deutlichkeit als eine leibliche qualifiziert, findet sich in 1. Korinther 15,35–49.[1019] In seinem Brief an die Korinther antwortet Paulus auf die Frage, wie die Toten auferstehen werden. Die konkrete Antwort steht in 1. Korinther 15,44:

> «Es wird gesät ein natürlicher Leib und wird auferstehen ein geistlicher Leib. Gibt es einen natürlichen Leib, so gibt es auch einen geistlichen Leib.»

Laut der paulinischen Ansicht ist der «natürliche Leib» eine Bedingung für die Auferstehung, obschon es sich beim Leib der Auferstehung, also dem «geistlichen Leib», um einen anderen, neuen Leib handele. Beide, der neue Leib und die Seele, stellen ein Geschenk Gottes dar.[1020] Mit dem Gleichnis kämpft Paulus insbesondere gegen das Bild der seelischen Auferstehung an. Er kritisiert die menschliche Verschlossenheit gegenüber Gottes Macht, die eine leibliche Auferstehung ermögliche.[1021]

Der tote Körper eines Menschen wird im Neuen Testament zum Mittel der (leiblichen) Auferstehung. Ohne ihn ist die Auferstehung nicht möglich. Der daraus resultierende Bedeutungsgewinn des toten Körpers eines Menschen findet in der Bibel in bestimmten Behandlungsweisen seinen Ausdruck.[1022]

1018 Apostelgeschichte 10,42.

1019 «[35] Es könnte aber jemand fragen: Wie werden die Toten auferstehen und mit was für einem Leib werden sie kommen? [36] Du Narr: Was du säst, wird nicht lebendig, wenn es nicht stirbt. [37] Und was du säst, ist ja nicht der Leib, der werden soll, sondern ein bloßes Korn, sei es von Weizen oder etwas anderem. [38] Gott aber gibt ihm einen Leib, wie er will, einem jeden Samen seinen eigenen Leib. [39] Nicht alles Fleisch ist das gleiche Fleisch, sondern ein anderes Fleisch haben die Menschen, ein anderes das Vieh, ein anderes die Vögel, ein anderes die Fische. [40] Und es gibt himmlische Körper und irdische Körper; aber eine andere Herrlichkeit haben die himmlischen und eine andere die irdischen. [41] Einen andern Glanz hat die Sonne, einen andern Glanz hat der Mond, einen andern Glanz haben die Sterne; denn ein Stern unterscheidet sich vom andern durch seinen Glanz. [42] So auch die Auferstehung der Toten. Es wird gesät verweslich und wird auferstehen unverweslich. [43] Es wird gesät in Niedrigkeit und wird auferstehen in Herrlichkeit. Es wird gesät in Schwachheit und wird auferstehen in Kraft. [44] Es wird gesät ein natürlicher Leib und wird auferstehen ein geistlicher Leib. Gibt es einen natürlichen Leib, so gibt es auch einen geistlichen Leib. [45] Wie geschrieben steht: Der erste Mensch, Adam, ‹wurde zu einem lebendigen Wesen› (1. Mose 2,7), und der letzte Adam zum Geist, der lebendig macht. [46] Aber nicht der geistliche Leib ist der erste, sondern der natürliche; danach der geistliche. [47] Der erste Mensch ist von der Erde und irdisch; der zweite Mensch ist vom Himmel. [48] Wie der irdische ist, so sind auch die irdischen; und wie der himmlische ist, so sind auch die himmlischen. [49] Und wie wir getragen haben das Bild des irdischen, so werden wir auch tragen das Bild des himmlischen.»

1020 S. 1. Korinther 6,19: «Oder wisst ihr nicht, dass euer Leib ein Tempel des Heiligen Geistes ist, der in euch ist und den ihr von Gott habt, und dass ihr nicht euch selbst gehört?»

1021 Im Korintherbrief bedeutet die Leibexistenz eine Rückkehr in das Leben, was gerade nicht durch Auferstehung erfolgen sollte. Die Auferstehung bedeutete neues, durch Gott geschenktes Leben.

1022 Dazu sogleich.

dd) Jüngstes Gericht

Der Auferstehungsglaube manifestiert sich insbesondere in der Vorstellung eines Jüngsten Gerichts.[1023] Das Jüngste Gericht wird in der Bibel meist im Zusammenhang mit apokalyptischen Szenarien erwähnt: Nach der Wiederkunft Christi erfolge ein Urteil, das eine Bestätigung des göttlichen Urteils über das Schicksal eines jeden beim Tod darstelle. In der sogenannten Stunde der Wahrheit entscheide eine letzte, unfehlbare Instanz darüber, wer belohnt und wer bestraft werden solle.[1024]

Die Vorstellung, dass am Jüngsten Tage die Toten auferstehen und vor das göttliche Gericht treten, bedingt das Erscheinen des ganzen Menschen, das heisst des Leib-Seele-Wesens. Die Leiblichkeit bzw. der tote Körper nimmt deshalb auch im Zusammenhang mit dem Jüngsten Gericht eine wichtige Rolle ein.[1025] Besonders deutlich trat dieser Umstand in der Diskussion um die Ablehnung der Feuerbestattung innerhalb der katholischen Kirche zutage.[1026]

b) Behandlungen des Leichnams

Der Glaube an die leibliche Auferstehung wirkt sich unmittelbar auf die Behandlung des toten Körpers eines Menschen aus. Dieser Einfluss kann in der Bibel selbst ausfindig gemacht werden, wobei insgesamt aber ein eher ambivalentes Verhältnis festzustellen ist.

aa) Totenfürsorge durch Bestattung

Der Leichnam wird in verschiedenen Bibelversen erwähnt, die im Zusammenhang mit der Totenfürsorge stehen. Ausdruck der Totenfürsorge ist die Bestattung, also der Akt der Überführung eines toten Körpers eines Menschen in eine Grabstätte. Die Bestattung des Leichnams hat in der christlichen Glaubenslehre eine grosse Bedeutung. Dem toten Menschen werde dadurch zur Ruhe verholfen und die Vollendung des Lebens, das heisst die Auferstehung in Gottes Reich, ermöglicht. Mit der Bestattung schliesst sich,

---

[1023] Der römische Katholizismus sieht im Jüngsten Gericht nicht Vergeltung und Strafe, sondern Gnade und Gerechtigkeit: «Im Angesicht Christi, der die Wahrheit ist, wird die wahre Beziehung jedes Menschen zu Gott endgültig offengelegt werden. Das Letzte Gericht wird bis in die äußersten Folgen an den Tag bringen, was jeder während seines Erdenlebens an Gutem getan oder nicht getan hat», s. Katechismus der Katholischen Kirche, 1. Teil, 2. Abschnitt, 3. Kapitel, Art. 12, V, Nr. 1039.

[1024] S. LEONHARDT, 398.

[1025] Die (mittelalterliche) Eschatologie, das heisst die Lehre von den letzten Dingen, sah in der Zeit vor dem Jüngsten Gericht einen Zwischenzustand, in dem nur die Seele des Verstorbenen «den Genuss der Gottesgemeinschaft bzw. die Qualen der Hölle» erfuhr. Der Leib bzw. Leichnam vereinigte sich nach dem Jüngsten Gericht mit der Seele und wurde erst dadurch Teil der Seligkeit, s. LEONHARDT, 395.

[1026] S. oben, Teil 2/C/I/1/b.

wie 1. Mose 3,19 festhält, ein Kreislauf: «Denn Staub bist du und zum Staub kehrst du zurück.» Der tote Körper eines Menschen wird in diesem Kontext zu einem Objekt fundamental christlicher Überzeugungen. Im Alten Testament steht im Vierten Gebot:

> «Du sollst deinen Vater und deine Mutter ehren, wie dir der Herr, dein Gott, geboten hat, auf dass du lange lebest und dir's wohlgehe in dem Lande, das dir der Herr, dein Gott, geben wird.»[1027]

Die Bestattung des toten Körpers eines Menschen wird im Elterngebot zwar nicht wörtlich erwähnt, jedoch gibt es in der Dekalogforschung einzelne Stimmen, die eine Verbindung zur Bestattungspflicht herstellen. Der deutsch-evangelische Theologe Rainer Albertz sieht bei der Deutung des Vierten Gebots drei divergierende Auslegungsansätze sich gegenüberstehen.[1028] Eine (klassische) Auslegung erkenne darin die Absicherung der ‹patria potestas› und stelle einen Bezug zwischen der elterlichen Autorität und dem kindlichen Gehorsam fest. Eine zweite Auslegung, zu deren Hauptvertreter der in der ersten Hälfte des 20. Jahrhunderts wirkende Schweizer evangelisch-reformierte Theologe Karl Barth zu zählen sei, hebe die Eltern in die Stellung als Tradenten des für die Kinder lebensnotenwendigen (religiösen) Wissens. Das Gebot stehe für eine Respektierung der Eltern und nicht für eine Unterwerfung der Kinder. Eine dritte, für die vorliegende Studie bedeutsame Auslegung, bezeichne als Adressaten des Gebots die erwachsenen Kinder im Verhältnis zu ihren alten Eltern.[1029] Die erwachsenen Kinder übten selbst ‹patria potestas› aus und erwiesen den alt gewordenen Eltern ihre schuldige Ehre. Darunter sei die Versorgung mit Nahrung, Wohnung und Kleidung bis zum Tod gemeint, womit gewissermassen die Altersversorgung geregelt werde. Darüber hinaus schliesse das eingeforderte Verhalten einen respektvollen Umgang und eine würdige Behandlung, die der Stellung als Eltern entspreche, ein. Ein Aspekt davon sei die würdige Bestattung der Leichname.[1030] Das Vierte Gebot weise damit einen direkten Bezug zur Totenfürsorge in Form der Bestattung aus. Die Umsorgung der dem Tod nahestehenden Eltern ziehe sich bis nach deren Tod weiter und münde in deren würdige Bestattung.[1031] In anderen Worten: Die Totenfürsorge ergibt sich auch aus dem Elterngebot und äussert sich in der Vornahme der (würdigen) Bestattung ihres Leichnams.

1027 5. Mose 5,16.

1028 S. ganzer Beitrag bei Albertz, 347 ff.

1029 Albertz verwies in seinem Aufsatz auf Vertreter wie die Theologen Martin Noth, Wilhelm Caspari, Georg Beer oder Johann Jacob Stamm. Für diese dritte Deutung sei lange Zeit keine exegetische Begründung vorgelegen, da sie nicht unmittelbar aus der Formulierung des Gebots hervorgehe. Albertz gelang es, in seinem Aufsatz die notwendige exegetische Begründung zu liefern, weshalb dieser Auslegungstyp als theologisch verankert angesehen werden kann.

1030 Albertz, 374. Vermutlich umfasst die Verpflichtung auch den rechten Vollzug der Totenklage und der Totenopfer, s. Fiedler, 93 f. (Fn. 26).

1031 Ähnlich erfolgt in Sirach 7,33 die Weisung, dass «dem Toten die letzte Wohltat» nicht verwehrt werden soll.

Die erwachsenen Kinder «ehren» ihre Eltern postmortal in Form der Überführung der toten Körper in eine Grabstätte.[1032]

Die Wichtigkeit der Bestattung eines toten Körpers des Menschen kann auch Matthäus 8,22 entnommen werden, obschon die Aufforderung Jesu an seine Anhänger, ihm zu folgen «und lass die Toten ihre Toten begraben!» zunächst als Widerspruch erscheint. Bei näherer Betrachtung der konkreten Umstände erfährt die Äusserung Jesu aber eine Relativierung. Zum Zeitpunkt der Aufforderung stand die Gottesherrschaft Israels bevor, und zudem bezog sie sich spezifisch auf einen verstorbenen Menschen. Laut dem Theologen Keil zeigt der Ausspruch Jesu einzig auf, «daß wer Christo nachfolgen will, mit der Welt brechen, alle irdischen Bande um Christi willen lößen»[1033] müsse. Der Vorzug der Nachfolge Jesu gegenüber «seiner familiären Bestattungspflicht»[1034] stelle unter diesen Umständen eine simple Priorisierung dar, die die Wichtigkeit der Totenfürsorge nicht generell abspreche. Vielmehr geschieht eine temporäre Unterordnung unter eine andere fundamental christliche Handlung – nämlich die Nachfolge Jesu.[1035]

bb) Unreinheit

In einigen Bibelversen des Alten Testaments findet sich die Vorstellung, dass vom Leichnam eine gewisse Unreinheit ausgehe. Beispielsweise wird gemäss 4. Mose 19,11 jeder, der «irgendeinen toten Menschen anrührt [...], sieben Tage unrein sein». Die Vorstellung, dass vom Leichnam eine Unreinheit ausgehe, sei dem dem Totenkult gegenüber intoleranten «Jahweglaube» zuzuschreiben.[1036] Der Leichnam werde nicht mehr von Gott regiert, sondern unterliege einer nicht-göttlichen Totenmacht. Besondere Bedeutung erhält die Anschauung der Unreinheit bei kultischen Handlungen. So

---

1032 Im biblischen Kontext sei die Sorge um den toten Körper auch Ausdruck familiärer Solidarität, s. Fiedler, 93 f.

1033 Keil, Matthäus, 228.

1034 Fiedler, 95. Vgl. auch Kühschelm, 408 f.

1035 Das 1893 (postum) erschienene Werk des Mediziners Friedrich Küchenmeister behandelte in umfassender Weise die «Totenbestattungen der Bibel und die Feuerbestattung». Küchenmeister betonte darin, dass das Erdbegräbnis des Leichnams ursprünglich eine Sitte gewesen sei, die neben der Feuerbestattung existiert habe. Das Erdbegräbnis stelle laut Küchenmeister aber keine zentrale religiöse Pflicht dar. Vielmehr sei die Bestattung des toten Körpers als eine kulturelle Praxis anzusehen, die in verschiedenen Epochen unterschiedliche Formen angenommen habe. Die Kirche habe das Begräbnis zu einer Zeremonie erhoben, obwohl es im Grunde genommen eine «sanitätspolizeiliche Frage» gewesen sei, s. Küchenmeister, Bibel, 155. An dieser Stelle gilt es anzumerken, dass Küchenmeister aus der Perspektive eines aktiven Befürworters der Feuerbestattung argumentierte. Eine Ablehnung der Erdbestattung war bei ihm Programm; er stand nicht für den rein leiblichen Auferstehungsglauben ein. Stellvertretend für seine Ansicht sei auf seine Schlussfolgerung bei der Betrachtung einzelner Bibelverse wie etwa Matthäus 8,21–22 hingewiesen: «Vom Erdgrabe selbst aber hält Christus ebenfalls sehr wenig an sich», s. Küchenmeister, Bibel, 66.

1036 S. Wolff, 160.

wird etwa in 3. Mose 21,1–4 eine Vorschrift für einen Priester aufgestellt, wonach dieser «sich an keinem Toten seines Volkes unrein machen» soll, andernfalls er sich entheiligen würde. Jedoch bestehe eine Ausnahme, wenn es sich um seine nächsten Blutsverwandten handele: «An deren Leichen darf er sich unrein machen.» Im alttestamentlichen Kontext ist der Leichnam dem Herrschaftsbereich Gottes entzogen und mit dessen Berührung wird die priesterliche Angst verbunden, nicht mehr für den Gottesdienst tauglich zu sein.[1037] Das Berührungsverbot aus kultischen Gründen galt entsprechend nur für Priester, denn es sei eine Selbstverständlichkeit, den Leichnam im Rahmen der Totenfürsorge zu berühren.[1038]

cc) *Schändung und Strafen*

In den Geschichtsbüchern des Alten Testaments wird der Leichnam mehrheitlich im Zusammenhang mit Erzählungen von Feinden erwähnt, die durch kriegerische Handlungen getötet werden. So steht etwa in Josua 8,29 geschrieben, dass «man seinen [sc. König von Ai] Leichnam vom Baum nehmen sollte, und sie warfen ihn unter das Stadttor und machten einen großen Steinhaufen über ihm, der bis auf diesen Tag da ist.» Die toten Körper von Feinden erfahren hier eine der Totenfürsorge diametral entgegenstehende Behandlungsform, die meistens in einer Schändung gipfelt. So können zumindest die Formulierungen «ihre Leichname sollen den Vögeln des Himmels und den Tieren des Feldes zum Fraß werden»[1039] oder «der Leichnam Isebels soll wie Kot auf dem Felde sein»[1040] verstanden werden. Ein Erklärungsansatz für solche Handlungen besteht in der praktischen Vermutung, dass in jenen (Kriegs-)Momenten keine Zeit für die Bestattung der Feinde blieb.[1041]

Daneben werden im Alten Testament auch Strafen am Leichnam angesprochen:

> «Reiter rücken herauf mit glänzenden Schwertern und mit blitzenden Spießen. Da liegen viele Erschlagene, eine Unzahl von Leichen; ihrer ist *kein Ende*, sodass man über sie fallen muss.»[1042]

1037 S. Fiedler, 89 m.w.N. Die Begründung der Unreinheit wird in verschiedenen Motiven, wie beispielsweise im Kampf gegen konkurrierende religiöse Bräuche, gesehen. Zur Unreinheit des Leichnams Sauer, 399 f.

1038 S. Fiedler, 90 mit Verweis auf Sirach 38,16: «Mein Kind, wenn einer stirbt, so beweine ihn und klage wie einer, dem großes Leid geschehen ist. Verhülle seinen Leib, wie es ihm zukommt, und bestatte ihn mit Ehren.»

1039 Jeremia 16,4.

1040 2. Könige 9,37.

1041 S. Lenhart.

1042 Nahum 3,3 [Hervorhebungen nicht im Original].

Hinter solchen aktiven Strafen gegen den Leichnam stehen unterschiedliche Beweggründe.[1043] Es kommt zum einen die Überzeugung zum Ausdruck, dass bereits Hingerichtete immer noch in der Lage seien, weitere Straftaten zu begehen.[1044] Als Präventivmassnahmen, das heisst zur Verhinderung solcher Straftaten durch Tote, sei eine Enthauptung der Leichname durchzuführen. Zum anderen werden Strafen am Leichnam gewissermassen als Mittel gegen den Zorn Gottes verwendet.[1045] Auch findet eine Verwendung des toten Körpers eines Menschen zu Abschreckungs- oder Entmutigungszwecken von Feinden statt, indem eine grausame Vorkehrung wie die der Pfählung erfolgt.[1046]

3. *Religiosität bei Gareis, Kohler und Gierke*

Im Zusammenhang mit den Überlegungen von Gareis, Kohler und Gierke zu einem postmortalen Persönlichkeitsschutz erfolgten keine direkten Bezugnahmen auf das Recht der katholischen Kirche oder die Bibel. Es ist aber davon auszugehen, dass im Hintergrund der Überlegungen durchaus religiös geprägte Überzeugungen mitwirkten. Zum einen bestanden bei den Juristen Berührungspunkte zu den Kirchenrechtswissenschaften und deren Forschung. Gierke etwa verwies im zweiten Band von «Deutsches Privatrecht» bei den Ausführungen zum Sachbegriff immer wieder auf den Kirchenrechtler Paul Hinschius.[1047] Auch war einer seiner Fakultätskollegen der Kirchenrechtler Ulrich Stutz.[1048] Gierke zeigte dadurch, dass er das katholische Kirchenrecht und Ansichten von Kirchenrechtswissenschaftlern kannte. Zum anderen ist an einzelnen Stellen der Überlegungen der drei Juristen zum postmortalen Persönlichkeitsschutz die Dimension der Religiosität erkennbar. Gareis, der ab 1873 für zwei Jahre als Professor des «Handels-, Wechsel- und Kirchenrechts»[1049] in Bern tätig war, äusserte sich mehr-

---

1043 Ausführlich und mit weiteren Aspekten Maihold, crimina excepta, 78 ff. Zum Aspekt Leichnamsstrafe im Strafrecht des 19. Jahrhunderts s. oben, Teil 2/B/I/2/d/cc.

1044 Diese Vorstellung habe sich lange «unterschwellig» erhalten, was am Begräbnis Napoleon Bonapartes aus dem Jahre 1840 erkennbar werde, s. Maihold, Leichnamsstrafen, 8. Napoleons sterbliche Überreste wurden zwecks Verhinderung weiterer Taten in mehrere ineinander geschachtelte Särge verschlossen. Die in den Quellen angegebene Anzahl variiert dabei zwischen fünf und sieben Särgen.

1045 So zum Beispiel in 4. Mose 25,4: «[...] und er sprach zu Mose: Nimm alle Oberen des Volks und hänge sie vor dem Herrn auf im Angesicht der Sonne, damit sich der grimmige Zorn des Herrn von Israel wende.»

1046 Aus 5. Mose 21,23 ergibt sich, dass der an ein Holz gehängte Leichnam eines Getöteten «nicht über Nacht an dem Holz bleiben», sondern «am selben Tage begraben» werden soll, «denn ein Aufgehängter ist verflucht bei Gott».

1047 S. nur Gierke, Band II, 33 (Fn. 57 ff.).

1048 Stutz hielt nach dem Tod Gierkes eine «Gedächtnisrede», was eine gewisse Verbindung beider Wissenschaftler nahelegt, s. Stutz, Gierke.

1049 NZZ vom 25.6.1873. Allerdings dürfte die Professur in evangelischem Kirchenrecht bestanden haben.

fach zur Thematik «Begräbnisstätten», die untrennbar mit der Religion in Verbindung stand.[1050] Gerade in dieser Konstellation kam es zu seiner Einordnung des Leichnams als «Hülle der Persönlichkeit»[1051] und seiner Annahme eines direkten postmortalen Persönlichkeitsschutzes.[1052] Kohler näherte sich zudem der Thematik des Leichnams aus einer religiösen Perspektive heraus. In seinen «Studien» des Strafrechts sprach er sich dafür aus, dass die Bestimmung des Leichnams einzig in der religiös motivierten Bestattung bestehe.[1053]

II. Medizin

Im 19. Jahrhundert fand eine «Pluralisierung der Weltanschauungen» statt, die unter anderem zu einem Bedeutungsverlust der christlichen Kirchen führte.[1054] Eine neue gesellschaftsprägende Deutungshoheit beanspruchten in dieser Zeit die Naturwissenschaften, die massive Erkenntnisfortschritte erzielten und wissenschaftlich umfassende Grundlagen für das Verständnis des Lebens boten. Die medizinische Erforschung des (toten) Körpers eines Menschen nahm dabei eine wichtige Rolle ein, was sich auch in den zivil- und strafrechtlichen Abhandlungen der zweiten Hälfte des 19. Jahrhunderts zum toten Menschen sowie zum toten Körper eines Menschen zeigte. Insbesondere die Teildisziplin der Anatomie übte einen nachhaltigen Einfluss auf die rechtliche Behandlung des Leichnams aus. Stellvertretend sei an dieser Stelle auf die Ausführungen von Konrad Cosack in der fünften Auflage seines Lehrbuches zum Bürgerlichen Gesetzbuch verwiesen. Er sah vor, dass der Leichnam «an und für sich keine ‹Sache›»[1055] sei, im Falle einer Überlieferung an die Anatomie aber eine Ausnahme bestehe und der Leichnam dann als Sache gelte. Ähnlich legte Julius Rausnitz im Titel seines Kurzbeitrages «[d]as Recht am menschlichen Leichnam und das Recht der Anatomie» aus dem Jahre 1903 offen, dass die rechtliche Behandlung des Leichnams und die Überlegungen

---

1050 Diese Verbindung kommt bei Gareis selbst zum Ausdruck, indem er die Eigentumsverhältnisse an Grabstätten «innerhalb des ‹öffentlichen› Friedhofs einer *Religions*-, einer politischen oder einer besonderen Sepulturgemeinde» untersuchte, Gareis, Begräbnisstätte, 311 [Hervorhebung nicht im Original].

1051 Gareis, Begräbnisstätte, 318.

1052 S. oben, Teil 1/A/III/2.

1053 Vgl. Kohler, Studien, 205.

1054 S. dazu Leonhardt, 81. In diesem Zusammenhang wird in der Literatur oft auf den sogenannten Materialismusstreit hingewiesen, der im endenden 18. Jahrhundert aufkam. Bei diesem Streit stand im Wesentlichen die Basis der naturwissenschaftlichen Forschung in Frage, s. dazu unten, Teil 2/C/III/1.

1055 Cosack, Lehrbuch 1910, 115. Ähnlich Merkel E., Leichenraub, 22: Er erkannte im «Gebrauch von Leichen zu wissenschaftlichen Zwecken» das Momentum, in dem der Leichnam zur Sache werde.

zu einem postmortalen Persönlichkeitsschutz eng mit der medizinischen Wissenschaft verbunden seien.[1056]

Der nachfolgende Abschnitt behandelt ausgewählte Aspekte der Medizin, die im 19. Jahrhundert in Verbindung mit den Überlegungen zu einem postmortalen Persönlichkeitsschutz gebracht wurden.

1. Bedeutungspluralität des Leichnams im 19. Jahrhundert

Der tote Körper eines Menschen nahm (und nimmt) in der Medizin eine ambivalente Stellung ein. Bis in das 18. Jahrhundert hinein diente der Leichnam als Quelle heilender Kräfte. Im Hintergrund stand die Vorstellung, dass in toten Körpern Heilkräfte vorhanden seien, «die auf schwache oder kranke Menschen mit bestimmten therapeutischen Techniken übertragen werden können.»[1057] Eine Technik zur Sicherung dieser Heilkräfte habe in der Herstellung von Arzneimitteln bestanden, deren wesentlicher Bestandteil Leichenteile waren.[1058] Als Beispiel für ein solches Heilmittel wird in der Literatur die sogenannte ‹mumia›, insbesondere die ‹mumia vera Aegyptica›, angeführt. Darunter sei ein «paraffinhaltiges Erdöl»[1059] zu verstehen, das zum Einbalsamieren der Mumien gebraucht wurde. Der Kontakt mit den Leichnamen bzw. ägyptischen Mumien habe der Substanz die heilende Wirkung verliehen. Aus dieser Perspektive hatte der tote Körper eines Menschen eine positive Bedeutung für die Medizin und Gesellschaft.

Spätestens mit den grossen Seuchen- bzw. Pestzügen im Mittelalter jedoch geriet das vornehmlich positive Verhältnis der Medizin zum toten Körper eines Menschen in Schieflage. Der Leichnam gewann insbesondere «als Gesundheitsgefahr im Sinne der Hygiene»[1060] an Bedeutung. Beispielhaft für die Einordnung des toten Körpers eines Menschen als Gefahrenquelle steht die vom Mediziner Ignaz Semmelweis im Jahre 1847 geäusserte Vermutung, dass Ärzte und Studenten beim Sezieren von Leichen in Kontakt mit «Leichenteilchen» kamen und diese später bei Geburtshilfen in den Blutkreislauf der Mütter gelangten.[1061] Das «Leichengift» führte zu Blutvergiftungen und einer hohen Todesrate in den Geburtsabteilungen. Erst nachdem Semmelweis diesen Zusammenhang erkannt hatte und daraufhin die Händedesinfektion als hygienische Massnahme eingeführt hatte, konnte die Sterberate massiv reduziert werden. Ähnlich

[1056] Die Anatomie war auch in der Schweiz im Zusammenhang mit dem verfassungsrechtlichen Anspruch auf ein schickliches Begräbnis von Bedeutung, s. BURCKHARDT, 540; MÄCHLER, 72. Zum schweizerischen Verfassungsrecht s. oben, Teil 2/B/II/1.

[1057] SCHOTT, Leichnam, 47.

[1058] S. SCHOTT, Leichnam, 46. Demnach sei insbesondere im Mittelalter der Handel christlicher Reliquien mit solchen Arzneimitteln umworben worden.

[1059] SCHOTT, Leichnam, 46. Die ‹mumia› sei bis in das 17./18. Jahrhundert – je nach Quelle bis in das 20. Jahrhundert – als Heilmittel in Arzneibüchern festgehalten worden.

[1060] SCHOTT, Leichnam, 48.

[1061] S. dazu SCHOTT, Chronik, 278.

ist die Etablierung eines staatlichen Bestattungswesens als Reaktion auf die von Leichnamen ausgehenden Gesundheitsgefahren einzuordnen.[1062]

2. *Leichenschau und Anatomieleichen*

Der tote Körper eines Menschen diente der Medizin des 19. Jahrhunderts auch als Objekt der Forschung. Innerhalb der medizinischen Wissenschaften war für die Erforschung des toten Körpers die Teildisziplin der Leichenschau von gewichtiger Bedeutung. Bei der Leichenschau wird zwischen einer äusseren und inneren Leichenschau unterschieden. Erstere erfasse die «äußerliche Inspektion des Toten durch den Arzt»[1063]. Zweitere lasse sich synonym als Obduktion, als Sektion oder als Autopsie bezeichnen, diene «der definitiven Abklärung von Grunderkrankungen, der Rekonstruktion des Krankheitsverlaufs und der Feststellung der Todesursache(n)»[1064] und verfolge anatomische, forensische oder klinisch-pathologische Ziele.

a) *Entwicklung*

Das medizinische Forschungsfeld der inneren Leichenschau befand sich im Mittelalter im direkten Kampf mit der Lehre der Kirche. Für kirchliche Entscheidungsträger stellte die medizinische Erforschung des Menschen eine Form der Ketzerei dar.[1065] Eine Folge des Kampfes war, dass zu dieser Zeit kaum je eine Leiche seziert wurde.[1066] Erst ab dem 13. Jahrhundert und mithilfe von (quellen- und rezeptionskritischen) «Humanisten-Ärzten»[1067] kam es zu einer neuen Ausrichtung und Akzeptanz der wissenschaftlichen Erforschung des (toten) Körpers des Menschen. Einen wesentlichen Beitrag hierzu lieferte Andreas Vesalius im Jahr 1543 mit seinem Buch «de humani corporis fabrica».[1068] Vesalius kritisierte darin unter anderem die bis dahin praktizierte Beschränkung von Sektionen auf Tierleichen und lieferte pionierhafte Darstellungen

---

1062 S. dazu auch oben, Teil 2/B/II/1/c/aa.

1063 SCHOTT, Leichnam, 48.

1064 GROSS/SCHÄFER, 59. Ähnlich SCHOTT, Leichnam, 45, 48, 59.

1065 Papst Bonifatius VIII. erliess 1299 ein Dekret, in dem das Reinigen der Knochen als Leichenschändung erklärt und mit der Exkommunikation bestraft wurde, vgl. Artikel «Vom Segen des Sezierens. Hat die Kirche das Studium von Leichen im Mittelalter verboten? Zuweilen hat sie es gefördert: eine kleine Geschichte der Anatomie» von *Jenny* in NZZ vom 23.3.2019.

1066 In der Literatur wird die Ansicht vertreten, dass während 1500 Jahren keine Sektion des Menschen stattgefunden habe, s. SCHOTT, Leichnam, 48 f. Allerdings fanden Leichensektionen auch im Mittelalter statt, wobei dort nicht der «medizinische Erkenntniszuwachs» im Vordergrund gestanden habe, sondern vielmehr das Rezipieren (und Verifizieren) antiker Lehrauffassungen, s. ECKART, 77.

1067 ECKART, 77.

1068 Der im Jahr 1514 in Brüssel geborene Anatom Andries van Wesel ist heute vor allem unter der latinisierten Form seines Namens (Andreas Vesalius) bekannt, s. SALTER, 103.

von präparierten Körpern.[1069] Diese Darstellungen basierten auch auf Erfahrungen, die er in sogenannten anatomischen Theatern (‹theatrum anatomicum›) machte.[1070] Ziel der ab dem 16. Jahrhundert an Universitäten errichteten anatomischen Theater war zunächst, den Unterrichtsraum für angehende Mediziner unter freien Himmel zu verlegen und dadurch – insbesondere im Winter – eine längere Haltbarkeit der Leichname zu erreichen.[1071] Später sollte die menschliche Anatomie anhand der Sektion einem grösseren, auch nichtakademischen Publikum nähergebracht werden. So standen etwa im reformatorischen Wittenberg im 16. Jahrhundert auch Kirchen als «Inszenierungsorte religiösen und gesellschaftlichen Gemeinsinns für Sektionen zur belustigend-mahnenden Verfügung.»[1072] Der wissenschaftliche Aspekt einer Leichensektion sei dabei in den Hintergrund gerückt worden und die Sektionen hätten zunehmend einem Massenspektakel mit dem Charakter eines Schaustückes geglichen.[1073] Dennoch lieferten die anatomischen Theater als «ein Ort der Fachwelt»[1074] einen wesentlichen Beitrag zur Fortentwicklung der wissenschaftlichen Anatomie.

Bis in das 18. Jahrhundert sei die Anatomie unter «didaktischer, moralischer, ästhetischer und theologischer»[1075] Perspektive dargestellt worden und – wie die Medizin im Allgemeinen – von einer christlichen Weltanschauung geprägt gewesen. Der Begriff ‹Anatomie› stand bis ins frühe 18. Jahrhundert für die Zergliederungskunst, das heisst die «Durchleuchtung, Durchdringung, Entzifferung im Sinne der Naturforschung», durch die «die geheime Sprache Gottes» offenbart werde.[1076] Ein Zeugnis dieser religiösen Einflussnahme sind zeitgenössische Malereien zu anatomischen Theatern, in denen Skelette mit religiösen «Sinnsprüchen des Memento Mori»[1077] in den Zuschauerreihen abgebildet wurden. Gegen Ende des 18. Jahrhunderts habe das Interesse an der Erforschung der «gröberen Struktur des menschlichen Körpers»[1078] abgenommen. Der Blick richtete sich sodann auf «die klein- und kleinstteiligen Gewebe»[1079]. Leitdisziplin der medizinischen Wissenschaften im 19. Jahrhundert war die Organpathologie, wobei der Forschungsfokus vom Normalen auf das Krankhafte gerichtet wurde. Es fanden

1069 S. SALTER, 103 ff.

1070 S. SCHNALKE, 9. Vgl. dazu das Umschlagbild der vorliegenden Studie.

1071 Vgl. SALTER, 57. Es wurde nicht überall unter freiem Himmel praktiziert. Das 1588 in Basel eröffnete Anatomische Theater befand sich innerhalb des Universitätsgebäudes.

1072 ECKART, 78.

1073 S. SCHOTT, Leichnam, 54 ff. Zum Aspekt Massenspektakel beim Vollzug einer Todesstrafe s. oben, Teil 2/B/I/2/d/bb.

1074 SCHNALKE, 13. Laut Schnalke überwogen – trotz der Öffentlichkeit – die wissenschaftlichen Aspekte der Anatomischen Theater gegenüber dem Unwissenschaftlichen, vgl. SCHNALKE, 14.

1075 SCHNALKE, 9.

1076 S. SCHOTT, Leichnam, 45.

1077 SACHAU, 134 f.

1078 SCHNALKE, 15. Ein Grund sei, dass «die gröberen Strukturen des menschlichen Körpers» genügend erforscht waren.

1079 SCHNALKE, 16.

vermehrt Untersuchungen an Leichnamen statt, um Todesursachen feststellen zu können.[1080] Der tote Körper diente als Forschungsgegenstand und Informationsquelle, was etwa der sich im 19. Jahrhundert etablierende Leitspruch ‹Mortui vivos docent› – ‹die Toten lehren die Lebenden› – zum Ausdruck brachte. Dieser Spruch steht bis heute in unzähligen pathologischen Instituten an den Wänden und zeigt die Wichtigkeit des Leichnams für die medizinischen Wissenschaften.

b) *Versorgung von anatomischen Instituten*

aa) *Normierung*

Damit die Lehre der Anatomie überhaupt betrieben werden konnte, mussten die universitären Institutionen des 19. Jahrhunderts erst mit Leichnamen versorgt werden. Die Fachdisziplin Anatomie war in der Regel den universitären Strukturen unterstellt, weshalb die Sicherstellung der Versorgung mit sogenannten Anatomieleichen meistens mittels öffentlich-rechtlicher Verfügungen erfolgte. Eine solche Verfügung gab es in Baden-Württemberg für die Universitätsanatomie Tübingen. Die Ministerialverfügung vom 4. Juni 1862, welche die Ablieferung von Armenleichen an die anatomische Anstalt Tübingen anordnete, hatte folgenden Wortlaut:

> «Um der Universität in Tübingen, sowie den in Stuttgart, Ludwigsburg und Ulm bestehenden ärztlich-chirurgischen Militär-Instituten jederzeit das für den anatomischen Unterricht erforderliche Material an Leichen zu verschaffen, wird [...] hiermit Nachstehendes verfügt:
>
> §. 1. An die öffentlichen anatomischen Anstalten sind, vorbehältlich der in §. 3 enthaltenen Beschränkung, die Leichname folgender Personen abzuliefern:
>
> 1) der hingerichteten Verbrecher,
>
> 2) der Selbstmörder, mit Ausnahme derjenigen, bei welchen die Selbstentleibung einer Zerrüttung ihrer physischen oder Geisteskräfte beizumessen ist,
>
> 3) aller derjenigen eines natürlichen Todes gestorbenen Personen ohne Unterschied des Alters, bei welchen die Begräbniskosten einer Gemeinde- oder Stiftungskasse, einer öffentlichen Armen- oder einer Strafanstalt zur Last fallen würde.
>
> Für das Begräbniß von Leichnamen, die hiernach an eine anatomische Anstalt abzugeben sind, darf in keiner öffentlichen Rechnung eine Ausgabe verrechnet werden.»[1081]

Die Verfügung hielt fest, dass die Leichname bestimmter Personengruppen grundsätzlich direkt an die universitäre Anatomie überbracht werden mussten. Verbrecher, Selbstmörder und Arme stellten das «Material an Leichen» dar, das zum praktischen Unterricht medizinischer Nachwuchskräfte verwendet wurde. Sobald die Übergabe

[1080] Im 20. Jahrhundert wiederum standen die «zellulären und subzellulären Bestandteile des menschlichen Körpers» im Forschungsinteresse, s. SALTER, 252. Stellvertretend für diese gewandelte Zielausrichtung steht die Disziplin der Transplantationschirurgie in der zweiten Hälfte des 20. Jahrhunderts, s. SCHNALKE, 19 f.

[1081] Abgedruckt in: HECK, 320. Paraphrasiert bei FRICKER, 212.

toter Körper an die Anatomie erfolgte, lagen Anatomieleichen vor. Die Gruppen der Leichen, die zu Anatomieleichen wurden, stimmten im Wesentlichen mit jenen Gruppen überein, bei denen § 168 RStGB (Gewahrsamsbruch am Leichnam) nicht griff: beim toten Körper eines «Selbstmörders oder Ermordeten oder Verunglückten im Freien, eines im Freien plötzlich Verstorbenen»[1082]. Diese Kategorien von Leichnamen befanden sich in «Niemandes Gewahrsam»[1083] und konnten aufgrund der strafrechtlich abgelehnten Sachqualität des toten Körpers eines Menschen nicht Gegenstand eines Diebstahls sein.[1084] Faktisch bestand an solchen Leichnamen eine (straf-)rechtliche Schutzlosigkeit, was deren Verwendung als Anatomieleichen vereinfachte bzw. überhaupt möglich machte.[1085]

bb) Problem der juristischen Legitimation

Obschon öffentlich-rechtliche Verfügungen, die eine Ablieferungspflicht von Leichnamen an die Anatomie vorsahen, «keineswegs neues Recht»[1086] enthielten, war die Verwendung von Anatomieleichen im 19. Jahrhundert zunehmend umstrittener. Einen grösseren Kritikpunkt stellte insbesondere die Ablieferungspflicht von Armenleichnamen dar. Im Zuge der Gründung des Deutschen Kaiserreichs im Jahre 1871 war es zur Einführung des Reichsgesetzes über den Unterstützungswohnsitz vom 6. Juni 1870 gekommen. Ausführungsgesetze auf Länderebene sahen in diesem Zusammenhang eine Bestattungspflicht für arm verstorbene Menschen vor. Einige Stimmen in der Literatur erkannten in der gesetzlichen Pflicht der Bestattung eine Aufhebung jener Bestimmungen, die eine Ablieferungspflicht von Armenleichen an Anatomien vorsahen. Diese Situation nahm der Tübinger Staatsrechtler Carl Victor Fricker zum Anlass, im Jahre 1874 eine Abhandlung zu verfassen, in deren Zentrum die Frage nach der grundsätz-

1082 Stenglein, RStGB, 391.

1083 Stenglein, RStGB, 391.

1084 S. oben, Teil 2/B/I/2/b/cc.

1085 Mit der Übergabe der Leichname an die Anatomien hatten die Anatomien aber ein Eigentum an den Leichnamen, s. Stenglein, RStGB, 391. Insofern erhielten die Leichname von Personen «zweiter Klasse» mit der Verwendung als Anatomieleichen auch den rechtlichen Status einer Sache.

1086 Fricker, 212. Die juristische Legitimation der Erforschung des toten Körpers sei schon immer umstritten gewesen, auch aufgrund der Vorherrschaft des römischen Rechts und dessen Grundsatz, dass der Leichnam mit der Beerdigung auf dem ‹locus religiosus› zur ‹res religiosa› wurde und in niemandes Eigentum stand. Damit eine Verwendung des toten Körpers als Forschungsobjekt möglich war, musste dessen Überführung vom göttlichen Recht in die Sphäre der weltlichen Rechtsordnung erfolgen. Als Begründung für die Verwendung von Sträflingsleichnamen wurde – auch von der Kirche – das Argument angeführt, dass Verbrecher bzw. Hingerichtete durch ihre Taten schon ausserhalb der Gesellschaft und des Rechts standen, s. dazu Alvensleben, 52 f., 162 f.; Sachau, 133.

lichen Zulässigkeit von Anatomieleichen stand.[1087] Die Problematik der Vereinbarkeit von (fort-)bestehenden Normierungen auf Länderebene mit den neuen Reichsgesetzen handelte Fricker in wenigen Worten ab. Er bestätigte die Anwendbarkeit der Ministerialverfügung vom 4. Juni 1862.[1088] Deutlich mehr Worte wendete Fricker für die Rechtfertigung der Verwendung von Anatomieleichen auf.

Laut Fricker führten die Gegner der Ablieferungspflicht von Armenleichen an Anatomien insbesondere das Argument der Humanitätsforderung ins Feld. Eine Ablieferung an die Anatomie würde etwa das Gefühl desjenigen verletzen, «der befürchten muss, dass seine eigene Leiche diesen Weg gehen werde»[1089]. Dahinter verberge sich der Gedanke, dass es zu einem unangemessenen Begräbnis kommen werde, indem eine Bestattung an einem anderen Ort erfolge als an jenem, an dem «man gelebt hat»[1090]. Zudem bestehe eine subjektive Scheu davor, «den Augen und Händen fremder, an dem persönlichen Individuum ein Interesse nicht nehmender Leute zu gefühlloser Behandlung preisgegeben zu sein»[1091]. Ein anderer Vorwurf der Gegner sei, «die Armen darum, weil sie arm sind, der Anatomie zu überlassen»[1092]. Fricker widersprach dem Argument der Humanitätsforderung, indem er darauf hinwies, dass die Anatomie dem Wohle der Menschheit diene:

> «Darum, weil es sich hier um einen grossen allgemeinen menschlichen Zweck handelt, muss ein Gefühl, das an sich höchst achtbar doch seine Grundlage nicht im Reich realer, materieller und geistiger Güter, sondern in der Phantasie hat, zurücktreten.»[1093]

Für Fricker war die Anatomie die «Grundlage der ganzen medicinischen Bildung»[1094]. Subjektive Gefühle wie die Scheu vor (postum stattfindenden) anatomischen Untersuchungen seien daher kein taugliches Argument für die Ablehnung von Anatomieleichen. Er legitimierte die Verwendung von toten Körpern Armer als Anatomieleichen mit dem Argument des fehlenden Interesses:

> «Die Leichenversorgung der Anatomien aus Anstalten, nicht bloss aus Strafanstalten, auch aus Armenanstalten und Krankenhäusern, verletzt unser Gefühl weniger, als die Ablieferung von Leichen aus den Gemeinden, ebenso die Ablieferung aus grossen Gemeinden weniger als die aus kleinen, die aus der fremden Gemeinde weniger als die aus der Heimath […]. Die Scheu des Einzelnen vor der anatomischen Benützung seiner Leiche steht in *Relation*

1087 Diese Frage war in nahezu allen Bundesländern Deutschlands und der Schweiz von Bedeutung, vgl. FRICKER, 211, wo er besonders denjenigen Dank aussprach, die «Mittheilungen hin[sichtlich] der Schweizerischen Anatomien gemacht haben».

1088 S. FRICKER, 219 ff.

1089 FRICKER, 232.

1090 FRICKER, 232.

1091 FRICKER, 236.

1092 FRICKER, 233.

1093 FRICKER, 238. Ähnlich FRICKER, 222 f.

1094 FRICKER, 222.

> *nicht bloss mit der Intensivität, sondern auch mit der Extensivität der Beachtung des Individuums*. Sie nimmt ab in dem Maasse der Abnahme des Umfangs des beachtenden Kreises. Diese tritt aber namentlich auch dann ein, wenn die Ablieferung dem Blick des sich *interessierenden* Kreises entzogen ist. Und deshalb wird nicht bloss das Gefühl der Angehörigen, Bekannten et c[etera], sondern auch das Gefühl desjenigen, der die Ablieferung seiner Leiche zur Anatomie in Aussicht hat, erheblich weniger verletzt, wenn er zuvor schon ausgeschieden ist aus dem Kreise, der ihm noch eine Beachtung widmete.»[1095]

Fricker war der Ansicht, dass bestimmte Personengruppen ausserhalb der Gesellschaft zu stehen kamen. Die Menschen in Strafanstalten, Krankenanstalten und Armenhäusern seien aus gesellschaftlicher Perspektive irrelevant und fänden daher in der Gesellschaft keine grosse Beachtung mehr. Das Individuum sei verloren gegangen und aus dem bedeutenden Kreis der Gesellschaft ausgeschieden. Fricker legitimierte die Verwendung von Anatomieleichen also mit einer Art Zweiklassengesellschaft. Der Fricker'sche Begründungsversuch für die Verwendung von Anatomieleichen schien dabei allgemeine Anerkennung zu geniessen: 1914, also rund 40 Jahre nach Frickers Beitrag, stellte sich die formelle Frage, ob «die Württembergische Ministerialverfügung vom 4. Juni 1862, insoweit sie die Ablieferung von Armenleichen an die anatomische Anstalt in Tübingen verfügt, durch Art. 1 Abs. 1 des Württembergischen Gesetzes vom 17. April 1893 zur Ausführung des Reichsgesetzes betreffend den Unterstützungswohnsitz aufgehoben»[1096] sei, erneut. Bis dahin war die Ablieferung von Armenleichen an Anatomien offensichtlich ohne Widerspruch auf Frickers Ansichten fortgeführt worden.

c) *Übertretungstatbestand der vorzeitigen Bestattung*

Im frühen 19. Jahrhundert kam es zur Bestattung «scheintoter» Menschen, die in Wahrheit noch lebendig waren.[1097] Als Reaktion darauf entstanden unter anderem Normierungen der äusseren Leichenschau.[1098] Die Basis der Normen bildeten wissenschaftliche Erkenntnisse zur Etablierung von Techniken zur Feststellung sicherer Todeszeichen, die gegen Ende des 18. Jahrhunderts im Zusammenhang mit der Aufklärungsmedizin erzielt wurden.[1099] Mit den Normierungen der äusseren Leichenschau trat eine gewisse Rationalisierung der Behandlung von toten Körpern des Menschen

---

1095 Fricker, 245 f. [Hervorhebungen nicht im Original].

1096 S. Heck, 319 ff.

1097 Der Neologismus «Scheintod» knüpfe an eine multidisziplinäre Problematik an, in deren Zentrum «das Ringen um die Festlegung von sicheren und unsicheren Todeszeichen sowie die Überführung von Uneindeutigkeit in Eindeutigkeit» stehe, s. Rüve, 58. Das Phänomen des Scheintodes betraf unter anderem die Neuinterpretation des Übergangs von Leben zu Tod, bei der theologische Wertvorstellungen mit materialistischen Überzeugungen kollidierten. Ausführlich zur kulturellen Bedeutung des Scheintodes Rüve.

1098 S. etwa II 11 § 474 und § 475 PrALR. Ausführlich Gross, Entwicklung; ferner am Beispiel von Württemberg Gross, Württemberg; Küchenmeister, Feuerbestattung, 94 ff.

1099 Vgl. Schott, Leichnam, 50 f.

ein.[1100] Auch § 367 Ziff. 2 RStGB stand in Zusammenhang mit Reaktionen auf das Phänomen des Scheintodes:

> «Mit Geldstrafe bis zu fünfzig Thalern oder mit Haft wird bestraft:
>
> [...]
>
> 2. wer den polizeilichen Anordnungen über vorzeitige Beerdigungen entgegenhandelt»[1101].

Wurde eine Beerdigung vor Eintragung in das Sterberegister vorgenommen, stellte dies gemäss § 367 Ziff. 2 RStGB eine Übertretungshandlung dar. Der Tatbestand erwähnte polizeiliche Anordnungen, die sich auf die vorzeitige Beerdigung bezogen. Damit waren Bestimmungen gemeint, die das Phänomen des Scheintodes bekämpften und zur Klärung von möglichen Straftaten beitrugen.[1102] Nach dem Tod eines Menschen galt es bestimmte Fristen einzuhalten, in denen etwa die Beschau der Leiche stattzufinden hatte und dabei bestimmte Anzeichen des Ablebens zu eruieren waren.[1103] Eine Umgehung dieser Bestimmungen durch vorzeitige Beerdigung stellte eine strafbare Handlung dar. Der Leichnam diente unter diesem Aspekt dazu, medizinische und kriminalistische Interessen zu befriedigen. Gleichzeitig erfuhr der tote Körper des Menschen bzw. der gewesene Mensch mit der Pflicht zur Einhaltung von «polizeilichen Anordnungen» eine sittliche Behandlung: Die Aufklärung von möglichen Straftaten an Menschen musste auch postum erfolgen.

3. Leichennot

a) Situation

Ein anderes Phänomen, das im 19. Jahrhundert im Bereich der Anatomie auftrat, war die sogenannte Leichennot. Bei Leichnamen, die zu medizinischen Zwecken untersucht wurden, überstieg gewissermassen die «Nachfrage» das «Angebot».[1104] Diese Ressourcenverknappung war unter anderem auf eine Widerstandsbewegung innerhalb der Gesellschaft und unter den Strafgefangenen, die als «Hauptquelle» für Anatomieleichen dienten, zurückzuführen. Der Widerstand habe sich dabei vornehmlich gegen die Verwendung toter Häftlingskörper als Anatomieleichen überhaupt gerichtet, da dies als «zweite Hinrichtung» verstanden wurde.[1105] Zum Widerstand trug auch die Ablehnung der Strafmassnahme einer Vivisektion, das heisst die Sektion am lebenden

---

1100 Ein Ausdruck davon waren die Errichtungen von Leichenhäusern, s. RÜVE, 212 f.

1101 Zur schweizerischen Schwesternorm Art. 288 VE StGB April 1908 s. oben, Teil 2/B/II/3/b/cc.

1102 S. OLSHAUSEN J., 1336. Ähnlich KÜCHENMEISTER, Feuerbestattung, 95, 95 (Fn. *): Wo «eine geordnete, officielle, allgemeine Leichenschau nicht existiere», komme es zu «criminellen Ausgrabungen», die der Aufklärung von Straftaten dienen.

1103 Vgl. STENGLEIN, RStGB, 783.

1104 Das Phänomen der Leichennot war auch im Vereinigten Königreich des 19. Jahrhunderts aufgetreten, s. SALTER, 221 ff.

1105 S. dazu GROSS/SCHÄFER, 63.

Körper, bei.[1106] In der Situation der Leichennot erkannten einzelne Gesellschaftsgruppen, dass der Handel mit toten Körpern des Menschen aus monetären Aspekten besonders attraktiv sein konnte.[1107] Neben den offensichtlich knapp vorhandenen zulässigen Leichnamen wurden vermehrt bereits bestattete Leichname für den Verkauf an medizinische Institutionen verwendet. Die Zulässigkeit des Verkaufs von Leichnamen war allerdings umstritten. Fricker etwa lehnte den Leichenverkauf konsequent ab. Es sei «Moral und Recht, Anatomie-Interesse und ökonomisches Interesse»[1108], welche gleichermassen gegen eine Zulässigkeit eines Kaufvertrages über einen Leichnam sprächen. Auch dürfe sich der Individualwille im Sinne einer letztwilligen Verfügung über den entgeltlichen Verkauf des Leichnams nicht über die öffentliche Ordnung, der Fricker das Leichenwesen unterordnete, hinwegsetzen.[1109] Mittelstein, der aus einer religiösen Perspektive heraus argumentierte, vertrat im Hinblick auf die Zulässigkeit des Verkaufs der Leichname eine andere Ansicht. Mit dem Leichenverkauf an wissenschaftliche Institutionen werde «kein juristisches, sondern ein thatsächliches Verhältniß begründet»[1110]. Mittelstein klammerte die rechtliche Komponente beim Verkauf des Leichnams aus und umging so die Problematik, dass der Leichnam, aufgrund seiner grundsätzlichen Ablehnung der Sacheigenschaft desselben, ein untaugliches Objekt eines (rechtlichen) Kaufgeschäftes darstelle. Er bemerkte deshalb, dass, solange der Leichnam zu «wissenschaftlichen Zwecken» verwendet werde, die unjuristischen Verkäufe zu akzeptieren seien.

b) Konflikt zwischen Medizin und Strafrecht

§ 168 RStGB pönalisierte die Wegnahme des Leichnams aus einer Grabstätte.[1111] Diese Strafnorm war auch eine Reaktion auf die Entwendung von Leichnamen aus Grabstätten zwecks Verkaufs an anatomische Institutionen als Folge der Leichennot. Ein Blick auf die Normgeschichte von § 168 RStGB zeigt, dass die medizinische Wissenschaft einen grossen Einfluss auf die Gesetzgebung ausübte.

Bei der Übernahme der Norm vom Strafgesetzbuch für die Preußischen Staaten vom 14. April 1851 in das Strafgesetzbuch für den Norddeutschen Bund kam es zu einer redaktionellen Anpassung des Gesetzestextes. Im ursprünglichen Normtext von § 137 PStGB wurde die unbefugte Wegnahme einer Leiche und Teilen derselben unter Strafe gestellt. Ein Gutachten der preussischen wissenschaftlichen Deputation von 1868, das

1106 S. dazu SCHOTT, Leichnam, 49.
1107 Einige Zivilrechtswissenschaftler der zweiten Hälfte des 19. Jahrhunderts sprachen diese Situation in Zusammenhang mit der Frage der Verkehrsfähigkeit des Leichnams explizit an, s. CRAMER 19 f.; WAPPÄUS, 48 f.
1108 FRICKER, 224.
1109 Vgl. FRICKER, 224.
1110 MITTELSTEIN, 180.
1111 S. oben, Teil 2/B/I/2/b/aa. Zur Situation in der Schweiz s. oben, Teil 2/B/II/3/b/aa.

der «Erörterung strafrechtlicher Fragen aus dem Gebiete der gerichtlichen Medizin»[1112] diente, nahm sich dieses Normtextes an und schlug eine Kürzung vor. Neu sollte im StGB für den Norddeutschen Bund der Zusatz «eines Theiles einer Leiche» vollständig gestrichen werden. Dazu wurde folgende Begründung angeführt:

> «Obwohl uns nicht bekannt ist, daß diese Bestimmung zu strafrechtlicher Verfolgung Anlaß geboten hat, so erscheint sie doch mit Bezug auf Studierende und Aerzte höchst bedenklich. Erstere sind leichtsinnig genug, sich aus den medizinischen Sälen gelegentlich einzelne Theile von Leichen anzueignen; aber es ist gewiß nicht motiviert, sie dafür ins Gefängniß zu setzen. Aerzte nehmen bei Sektionen von inneren Theilen Manches aus wissenschaftlichen Gründen an sich; ja, die Wissenschaft erfordert es, daß dies geschehe.»[1113]

Zum einen gab die vorgeschlagene Kürzung und deren Begründung einen konkreten Einblick in die medizinische Verwendung des Leichnams im 19. Jahrhundert. Für die medizinischen Wissenschaften, insbesondere im Bereich der Anatomie, war der Leichnam ein Forschungsobjekt. Zum anderen legte die Bemerkung offen, dass im Hinblick auf die Erforschung des toten Körpers eines Menschen zwischen der Medizin und dem Strafrecht Konfliktpotenzial herrschte. Die von Ärzten und Studierenden betriebene Forschung erforderte Handlungen, die offenbar ganz grundsätzlich von strafrechtlicher Relevanz waren. Das Ziel des Kürzungsvorschlages war es, diese Handlungen durch den Zweck der Wissenschaft zu rechtfertigen. Es sei nicht untypisch, zu wissenschaftlichen Zwecken Teile eines Leichnams zu entfernen und/oder an sich zu nehmen. Eine Gefängnisstrafe für Studierende und Ärzte sei daher klar abzulehnen, ausser es handele sich um ganze Leichname. Diese durften auch weiterhin nicht einfach so zu wissenschaftlichen Zwecken entwendet werden. Im Gesetzgebungsverfahren wurde dem Vorschlag der Kommission entsprochen und der Zusatz «Theile von Leichen» gestrichen.[1114] Eine volle Straffreiheit für medizinisches Personal lag damit aber nicht vor, denn die unbefugte Wegnahme von Teilen der Leiche wurde in die Übertretungsstrafnorm § 367 Ziff. 1 Strafgesetzbuch für den Norddeutschen Bund integriert und dort mit Busse belegt. Diese Norm wurde später wortgleich in das RStGB übernommen und richtete sich an Studierende und Ärzte.[1115]

4. *Anatomieleichen bei Gareis, Kohler und Gierke*

Bei den Überlegungen von Gareis, Kohler und Gierke zu einem postmortalen Persönlichkeitsschutz kam es immer wieder zu Verweisen auf Anatomieleichen. Gierke betonte in seinem zweiten Band des «Deutsche[n] Privatrecht[s]», dass die persön-

---

1112 Die Gutachten der preussischen wissenschaftlichen Deputation wurden im Anhang 3 des Entwurfs für das Strafgesetzbuch für den Norddeutschen Bund angefügt.

1113 Erörterung strafrechtlicher Fragen, 47.

1114 Dieser Zusatz ist im aktuell geltenden deutschen Strafgesetzbuch wieder enthalten, s. § 168 dStGB.

1115 S. § 367 Ziff. 1 RStGB.

lichkeitsrechtliche Verfügungsmacht über den Leichnam eine Einschränkung bei der «Vornahme einer Sektion»[1116] erfahre. Eine Einschränkung der Verfügungsberechtigung nahm auch Gareis an, und zwar durch «die Behandlung des Leichenwesens und selbst des Leichentransportwesens»[1117]. Kohler bejahte die Rechtmässigkeit der durch die Berechtigten vorgenommenen Verfügungen über einen Leichnam, die eine Sektion vorsahen. Er erkannte auch Verfügungen als zulässig, die eine Entnahme «der Locke zum Andenken, des Herzens an eine philantropische Gesellschaft, einzelner Theile des Innern zur anatomischen Kenntnißnahme»[1118] beinhalteten. Mit diesen Verweisen zeigten die drei Juristen unter anderem ihre Kenntnis der Bedeutung des toten Körpers in der medizinischen Wissenschaft der zweiten Hälfte des 19. Jahrhunderts. Zugleich machten die Ausführungen von Gareis, Kohler und Gierke selbst deutlich, dass einzelne Rechtsbereiche in dieser Zeit unter dem Einfluss anderer Wissenschaften wie namentlich der Anatomie standen. Auch bei ihren Überlegungen zu einem postmortalen Persönlichkeitsschutz wirkte im Hintergrund die medizinische Wissenschaft.

III. Philosophie

1. Materialismusdebatte

Der Schweizer Staatsrechtler Carl Hilty befasste sich 1905 in einem Zeitschriftenbeitrag mit der Thematik «De mortuis». Er nahm darin verschiedene Fragen zum postmortalen Rechtsschutz des Menschen in den Blick.[1119] Beim Aspekt «Zustand nach dem Tod» eines Menschen bemerkte er, dass darüber keine völlige Gewissheit bestehe:

> «Am grössten ist die [sc. Gewissheit] der reinen *Materialisten*, die, von ihrem Standpunkte aus mit Recht, annehmen, dass eine rein körperlich-natürliche Existenz durch die Dekomposition des Körpers gänzlich aufhöre. Sie bleiben aber auf die Frage die Antwort schuldig, was denn dieses Leben […] für einen Sinn habe.»[1120]

Hilty selbst bejahte eine grundsätzliche «ausserirdische Fortsetzung» des Menschen nach dessen Tod. «An das ‹dass› muss man glauben, wenn das Leben einen Sinn haben soll, aber das ‹wie› bleibt in Dunkel gehüllt.»[1121] Mit dem Hinweis auf die Sichtweise der «reinen Materialisten» sprach er den Materialismus als philosophisches Grundkonzept an, das unter anderem in Korrelation mit Recht und Naturwissenschaften

1116 Gierke, Band II, 36 (Fn. 68).
1117 Gareis, Körper, 66.
1118 Kohler, Studien, 207.
1119 In seinem Artikel lehnte Hilty die Aussage, «[d]ass ‹nur der Lebende Recht habe›» ab und hob das Vorhandensein von Rechten, «die den Verstorbenen gewährleistet sind», hervor, s. Hilty, 3. Von wem die initiale Aussage stammte, klärte Hilty nicht. Eine wortähnliche Äusserung, jedoch ein Vierteljahrhundert vor Hiltys Beitrag, findet sich bei Kohler, Autorrecht, 279.
1120 Hilty, 21 [Hervorhebungen nicht im Original].
1121 Hilty, 22.

steht.[1122] Eine Ausprägung des Materialismus, die im 19. Jahrhundert in Erscheinung trat, war der sogenannte naturwissenschaftliche Materialismus. Die Naturwissenschaften beanspruchten zu dieser Zeit eine neue gesellschaftsprägende Deutungshoheit, da durch sie – auch aufgrund der medizinischen Erforschung des (toten) Körpers eines Menschen – massive Erkenntnisfortschritte erzielt wurden. Sie boten wissenschaftlich umfassende und neue Grundlagen für das Verständnis des Lebens. Hinter dem naturwissenschaftlichen Materialismus stand ein Weltbild, das sämtliche Vorgänge ausschliesslich durch mechanische Aktionen und Reaktionen einer Materie erklärt.[1123] Im Gegensatz dazu dienen bei einem nicht-materialistischen Weltbild der Seelen- und Götterglaube zur Erklärung von Naturprozessen.[1124] Im 19. Jahrhundert war innerhalb der Naturwissenschaften ein Streit darüber entstanden, was als Basis der Forschung – etwa über den Ursprung des Lebens – gelten soll. Einerseits galten die christliche Religion und die Unsterblichkeit der Seele als feste Grundwerte, andererseits lieferte die rein stoffliche Weltanschauung, das heisst der Materialismus, neue Erklärungsmodelle.[1125] Eine Konsequenz aus dem Streit und der eingetretenen «Pluralisierung der Weltanschauungen» war der Bedeutungsverlust der christlichen Kirchen.[1126] Grundsätze der christlichen Theologie, wie etwa die Unsterblichkeit der Seele, waren durch wissenschaftliche Forschungsergebnisse angegriffen und widerlegt worden. Bei einzelnen Phänomenen behielt die christliche Weltanschauung jedoch noch Überhand. So dominierte etwa der Scheintod eine «nicht-materialistische Sichtweise auf Leben und Tod, die von einem naturphilosophisch begründeten Weiterleben nach dem Tod ausging und subjektzentriert angelegt war.»[1127]

Die Einwirkung des naturwissenschaftlichen Materialismus auf das Recht war insbesondere durch den englischen Philosophen Herbert Spencer ermöglicht worden. Spencer nahm eine materialistische Deutung der Freiheit und Schuldfähigkeit vor und lehnte sich dabei stark an die (materialistische) Evolutionstheorie von Charles Darwin an.[1128] Laut der Historikerin Annette Wittkau-Horgby habe Spencer «die Entstehung von Recht und Gesetz als eine natürliche Entwicklungserscheinung» angesehen und dieses Recht als «Naturrecht» verstanden.[1129] Damit verursachte Spencer eine «Doppeldeutigkeit des Naturrechtsbegriffs», denn neben dem traditionellen Begriff, «der das Naturrecht im Sinne der grundsätzlichen Gleichheit aller Menschen interpretiert […], trat nun ein zweiter Begriff, der […] auch die Bevorzugung des Stärkeren und

1122 S. Heinrich, 115.
1123 S. Heinrich, 115.
1124 S. Heinrich, 115.
1125 Vgl. Leonhardt, 81 f.
1126 S. dazu Leonhardt, 81.
1127 Rüve, 71.
1128 Vgl. zu diesem Teil der Entstehungsgeschichte Wittkau-Horgby, 126 ff.
1129 Wittkau-Horgby, 196.

damit das der Arterhaltung nützliche Recht begriff.»[1130] Die so provozierte Inhaltslosigkeit des Begriffs «Naturrecht» führte dazu, dass in der Rechtswissenschaft im letzten Drittel des 19. Jahrhunderts, gestützt auf den naturwissenschaftlichen Materialismus, eine radikale Hinwendung zum Positivismus stattfand.[1131] Für die Beschäftigung mit dem Recht waren nur die positiven Gesetze relevant, die ihre Geltungskraft durch ein formelles Verfahren erlangten.[1132] Das traditionelle Naturrecht wurde abgelehnt und die damit verbundene «prinzipiell subjektive Spekulation»[1133] aus dem Recht eliminiert.

2. *Materialismus bei Gareis und Kohler*

Die (naturwissenschaftliche) Materialismusdebatte zeigte sich auch bei der Etablierung der Persönlichkeitsrechte durch Gareis, Kohler und Gierke. In der Rechtswissenschaft des endenden 19. Jahrhunderts waren die Persönlichkeitsrechte und deren Eingliederung in die Rechtssystematik ein offener Streitpunkt.[1134] Ein von den Gegnern der Persönlichkeitsrechte oft ins Feld geführter Kritikpunkt bestand in der fehlenden positivrechtlichen Grundlage – eine zwingende Voraussetzung für Vertreter des naturwissenschaftlichen Materialismus.

Kohler sprach den Streit um die Anerkennung der Persönlichkeitsrechte bereits 1883 in seinem Werk über William Shakespeare an. Ziel seiner intensiven Beschäftigung mit Shakespeare war, «die innern juristischen Gedanken, welche der grösste Dichter im Gewande der Poesie zum Ausdrucke gebracht hatte, in der Sprache der Jurisprudenz zu entwickeln»[1135]. Kohler gelangte zur Auffassung, dass einem Dialog aus Shakespeares Komödie «Love's Labour's Lost»[1136] die Kennzeichnung des Individualrechts bzw. Persönlichkeitsrechts zu entnehmen sei:

> «Maria: My lips are no common, though several they be
>
> Boyet: Belonging to whom?
>
> Maria: To my fortunes and me.»[1137]

Laut Kohler zeigte Shakespeare in dieser Dialogpassage (scherzhaft) am Beispiel der Lippen die bewusste Anerkennung des Individualrechts als «das Recht des Einzelnen

---

1130 WITTKAU-HORGBY, 196.

1131 Vgl. WITTKAU-HORGBY, 199.

1132 Vgl. WITTKAU-HORGBY, 200.

1133 WITTKAU-HORGBY, 197.

1134 Vgl. GAREIS, Bewegungen, 19.

1135 KOHLER, Shakespeare, III f.

1136 «Verlorene Liebesmüh». Ein Abdruck der Uraufführung, die im Jahre 1597 stattfand, trägt den Titel: «A Pleasant Conceited Comedie called, Loues labors lost. As it was presented before her Highnes this last Christmas», s. SHAKESPEARE, Titelseite [nicht paginiert].

1137 KOHLER, Shakespeare, 244. Der Dialog findet im Original im Akt 2, Szene 1 zwischen Lady Maria und Boyet statt, s. SHAKESPEARE, 17 [nicht paginiert].

an sich selbst und an den Theilen seines Selbst»[1138] auf. Mit dem Zitat wollte Kohler der kritischen Haltung seiner Zeitgenossen gegenüber der Anerkennung der Persönlichkeitsrechte begegnen. Allerdings bemerkte er auch, dass das Persönlichkeitsrecht «erst in neuerer Zeit im Rechte bewusste Anerkennung finden konnte»[1139].

Ähnlich griff Gareis den Streit um die Anerkennung der Persönlichkeitsrechte in seinem Festgabebeitrag von 1900 auf, indem er einen ironisch gemeinten Vers aus Schillers «Musen-Almanach für das Jahr 1797» anführte. Der Vers lautete im Original:

> «*Rechtsfrage*. Jahre lang schon bedien ich mich meiner Nase zum Riechen, Hab ich denn wirklich an sie ein erweisliches Recht? *Puffendorf*. Ein bedenklicher Fall! doch die Erste Possession scheint Für dich zu sprechen, und so brauche sie immerhin fort.»[1140]

Gareis betonte, dass die Versstelle aus den «Xenien» oftmals von Kritikern verwendet werde, um Erklärungsversuche der Persönlichkeitsrechte «abzuschneiden oder [...] lächerlich zu machen.»[1141] Eine solche Verwendung gehe aber klar «über des Dichters Tendenz hinaus», denn dieser wollte in erster Linie «mit der ironischen Frage und Antwort» Juristen treffen.[1142] Die sachenrechtliche «Auffassung des am Körper bestehenden Rechtsverhältnisses» sei zudem nicht Pufendorf zuzuschreiben, vielmehr müsse die «von Schiller Pufendorf in den Mund gelegte Antwort [...] auch vom Standpunkte Pufendorfs aus ironisch gemeint»[1143] gewesen sein. Gareis wich in seinem Verszitat marginal vom Originaltext ab und wählte die Schreibweise ‹Pufendorf› anstelle von ‹Puffendorf›, wie es bei Schiller steht. Damit wies er die Antwort bewusst dem Naturrechtsphilosophen Samuel von Pufendorf zu und stellte insofern eine Verbindung zwischen der behandelten Thematik – Persönlichkeitsrecht am Körper des Menschen – und dem traditionellen Begriff des Naturrechts her. Das Persönlichkeitsrecht wurde von den Vertretern des (naturwissenschaftlichen) Materialismus oftmals mit Verweis auf eine fehlende positivrechtliche Grundlage in die Nähe des Naturrechts gerückt und zusammen mit diesem abgelehnt. Gareis wehrte sich bereits in seiner Betrachtung der «Autorrechte»[1144] gegen den Vorwurf, dass die Anerkennung von Persönlichkeitsrechten mangels positivrechtlicher Grundlage «einen Rückfall in das Naturrecht bedeute»[1145]. Er betonte immer wieder, dass die Basis seiner zivilrechtlichen Theorie

---

1138 KOHLER, Shakespeare, 244.
1139 KOHLER, Shakespeare, 244.
1140 SCHILLER, 295 [Hervorhebungen im Original].
1141 GAREIS, Körper, 61. Ein solcher Kritiker war der Staatsrechtler Paul Laband, der im Jahr 1878 die Werke von Gareis und Kohler über das Patentrecht rezensierte, s. LABAND, Gareis [Versstelle bei 623]; LABAND, Kohler.
1142 GAREIS, Körper, 61.
1143 GAREIS, Körper, 62 f. (Fn. 2).
1144 Vgl. dort GAREIS, Autorrechte, 198 f.
1145 GAREIS, Bewegungen, 21.

der Persönlichkeitsrechte einzig positivrechtliche Vorschriften bilden.[1146] Wenn er in seiner Abhandlung von 1900 dennoch den Naturrechtler Pufendorf ansprach und sogar verteidigte, dann deshalb, weil Pufendorf mit seiner Betonung der Menschenwürde nahe am Gareis'schen Verständnis der Persönlichkeitsrechte lag.[1147] Das Naturrecht bildete für Gareis insofern einen Anknüpfungspunkt zur Behandlung der Thematik der Persönlichkeitsrechte und nicht die Begründungsgrundlage.[1148] Die Annahme eines postmortalen Persönlichkeitsschutzes begründete Gareis ebenfalls mit dem Verweis auf positivrechtliche Bestimmungen, die Ansätze eines postmortalen Rechtsschutzes des Menschen enthielten.[1149] Er negierte dadurch indirekt die Anwendbarkeit des traditionellen Naturrechts, was ihn gewissermassen zu einem Vertreter des (naturrechtswissenschaftlichen) Materialismus machte. Dass Gareis ein materielles Weltbild vertrat, zeigen verschiedene Formulierungen von ihm. Beispielsweise umschrieb er die Verpflichtung des Menschen zum Handeln als eine Verfügung über den Körper, «genauer über Kraft und Bewegung desselben, über seine motorischen Nerven und die von diesen beherrschten Muskeln und Gefässe»[1150].

[1146] Vgl. GAREIS, Bewegungen, 22.

[1147] Vgl. PUFENDORF, 78 [Kapitel 7 § 1]. Zu Pufendorfs Verständnis des Naturrechts s. etwa LEUZE, 18 f.

[1148] Vgl. KLIPPEL, Kohler, 449. Zum Einfluss des Naturrechts auf die Entwicklung der Persönlichkeitsrechtstheorien KLIPPEL, Gareis, 214 ff., 218.

[1149] S. nur GAREIS, Begräbnisstätte, 318 f.

[1150] GAREIS, Körper, 87. Ähnlich GAREIS, Allgemeiner Teil, 106. Auch Kohler vertrat ein materielles Weltbild, was ein Kapitel mit der Überschrift «Der Mensch als biologisches und soziologisches Wesen» nahelegt, s. KOHLER, Kultur, 3 ff.

Teil 3: Fortwirkungen der Überlegungen von Gareis, Kohler und Gierke zu einem postmortalen Persönlichkeitsschutz

Nach der Verortung der Überlegungen von Karl Gareis, Josef Kohler und Otto von Gierke zu einem postmortalen Persönlichkeitsschutz in zeitgenössischen Kontexten richtet sich der Blick im nachfolgenden dritten Teil auf Fortwirkungen dieser Überlegungen. Es stellt sich die Frage, inwiefern in rechtswissenschaftlichen Diskussionen zum postmortalen Schutz des Menschen und der Rechtsprechung im frühen 20. Jahrhundert auf die Überlegungen der drei Juristen Bezug genommen wurde. Im Fokus stehen dabei sowohl befürwortende Bezugnahmen als auch ablehnende. Angelehnt an die Gliederung des zweiten Teils der vorliegenden Studie, liegt das Augenmerk auf den Rechtsordnungen Deutschlands und der Schweiz. Die Darstellung beansprucht keine Vollständigkeit. Vielmehr werden anhand ausgewählter Aspekte Schlaglichter auf Fortwirkungen der Überlegungen zum postmortalen Persönlichkeitsschutz im frühen 20. Jahrhundert geworfen.[1151]

A. Deutschland

Im zweiten Teil der vorliegenden Untersuchung bilden jeweils das Zivil-, Straf- und Urheberrecht eine Kontextualisierungsgrundlage bei der Verortung der Überlegungen von Gareis, Kohler und Gierke zum postmortalen Persönlichkeitsschutz im positiven Recht Deutschlands der zweiten Hälfte des 19. Jahrhunderts. Von dieser Grundlagenauswahl wird bei der Darstellung von Fortwirkungen der Überlegungen in Deutschland des frühen 20. Jahrhunderts abgewichen. Die Abweichung lässt sich unter anderem mit dem Ausbleiben umfassender Gesetzesänderungen in diesen Rechtsbereichen begründen.[1152] Eine Konsequenz daraus war, dass die Diskussionen um die Thematik des postmortalen Rechtsschutzes eines Menschen insbesondere in den Bereichen des

---

1151 Die zeitliche Grenze der darzustellenden Fortwirkungen wird zu Beginn der 1930er-Jahre gezogen. Damit bleibt die Zeit des Nationalsozialismus unbehandelt, da dieser Zeitraum eine besondere historische und rechtliche Betrachtung erfordert, die im Rahmen dieser Studie nicht angestellt werden kann. Die zweite Hälfte des 20. Jahrhunderts ist in der juristischen Literatur bereits umfassend abgedeckt.

1152 Das BGB vom 16. August 1896 sowie das RStGB vom 15. Mai 1871 blieben bis zur Zeit des Nationalsozialismus ohne grosse Änderungen. Im Jahr 1909 wurde ein Vorentwurf zu einem Deutschen Strafgesetzbuch veröffentlicht, der im Zeichen der Strafrechtsreform stand, s. dort § 158 und § 262 DVE. Zu einer teilweisen Umsetzung kam es aufgrund des 1. Weltkrieges aber erst ab der Weimarer Republik. Im Bereich des Urheberrechts trat das Gesetz betreffend das Urheberrecht an Werken der bildenden Künste und der Photographie vom 9. Januar 1907 (KUG) am 1. Juli 1907 in Kraft, dazu s. oben, Teil 2/B/I/4/c.

Straf- und Urheberrechts auf derselben Linie fortgeführt wurden, wie sie sich im zweiten Teil der vorliegenden Studie präsentieren. Die Überlegungen von Gareis, Kohler und Gierke zu einem postmortalen Persönlichkeitsschutz wirkten in diesen Bereichen nicht unmittelbar fort. Wo allerdings Fortwirkungen dieser Überlegungen stattfanden, war in der deutschen Zivilrechtswissenschaft des frühen 20. Jahrhunderts. Hier erfolgten insbesondere bei der Behandlung der rechtlichen Stellung des toten Körpers eines Menschen Ausführungen zu einem postmortalen Persönlichkeitsschutz, und zwar unter Bezugnahme auf die Überlegungen von Gareis, Kohler und Gierke.

I. Zivilrechtswissenschaftlicher Diskurs über den toten Körper eines Menschen

Nach dem Inkrafttreten des BGB im Jahr 1900 bildete der tote Körper eines Menschen regelmässig einen Untersuchungsgegenstand zivilrechtswissenschaftlicher Beiträge. Zwischen 1905 und 1922 können mindestens fünfundzwanzig Veröffentlichungen monografischer Abhandlungen gezählt werden, die die Thematik des Leichnams behandelten.[1153] Das Publikationshoch hielt sich, soweit ersichtlich, bis zum Ende der 1910er-Jahre.[1154] Im Folgenden werden (1) Bejahungen sowie (2) Ablehnungen der Überlegungen von Gareis, Kohler und Gierke zu einem postmortalen Persönlichkeitsschutz, die im Rahmen solcher Untersuchungen des rechtlichen Status des Leichnams erfolgten, dargestellt.

1153 Eine (unvollständige) Übersicht über die zeitgenössische Literatur, die sich mit der Frage der Privatrechtsverhältnisse am Leichnam beschäftigte, bei PETRAKAKOS, 209–223. Demetrios A. Petrakakos untersuchte 1905 «die Toten im Recht», wobei er in erster Linie Lehren und Normen «des orthodoxen morgenländischen Kirchenrechts» sowie die griechische Rechtsordnung untersuchte. Petrakakos war «durch eine Verfügung Seiner Majestät des Königs von Griechenland vom 26. April 1900 mit dem Auftrag spezieller Studien über das kanonische Recht nach Deutschland geschickt worden», s. PETRAKAKOS, V.

1154 Auch in den 1920er-Jahren befassten sich deutsche Rechtswissenschaftler mit der Thematik Leichnam. Allerdings ging in dieser Zeit die Verbindung zum postmortalen Persönlichkeitsschutz verloren. Vielmehr trat die Sachenrechtstheorie in den Vordergrund. Diese Einordnungen dürften im Zeichen der Nachkriegszeit gestanden haben. Beispielsweise vertrat Paul Oertmann 1925 in einer Fallbesprechung die Ansicht, dass der Leichnam eine Sache sei und den Erben als Eigentum zustehe. Der Fall, von dem unklar war, ob er «der Wirklichkeit oder der Phantasie eines Reporters» entstammte, handelte davon, dass ein Friedhofwärter eine Goldplombe aus einer Leiche entnahm. Oertmann bemerkte, dass das Eigentum am Leichnam «mit Rücksicht auf religiöse u[nd] sittliche Anschauungen stark eingeschränkt» werde. Als Vorteile der Eigentümerstellung sah er die Tatsache, dass alle Zugriffe Dritter abgewendet werden könnten und in gewissen Fällen ein wirtschaftlicher Vorteil erzielt werde. Letzteres bezog sich auf die Situation der Entnahme einer Goldplombe. In Zeiten «vielbeklagter Knappheit» von Edelmetallen, wie sie in der Nachkriegszeit vorherrschte, sei die Entnahme und anschliessende Veräusserung einer Goldplombe kaum sittenwidrig, zumal auch die Wirtschaft gefördert werde, s. OERTMANN, 513, 515.

1. Bejahung eines postmortalen Persönlichkeitsschutzes

Ein wichtiger Vertreter der Lehre vom Persönlichkeitsrecht am (toten) Körper des Menschen war der Bonner Rechtsprofessor Hans Schreuer.[1155] Rund zwanzig Jahre nachdem Gareis in seinem Festgabebeitrag mit dem Titel «Das Recht am menschlichen Körper» die Theorie des Persönlichkeitsrechts am Körper des Menschen zu begründen versucht hatte, widmete sich Schreuer 1919 – ebenfalls in einem Festgabebeitrag – der Thematik «Der menschliche Körper und die Persönlichkeitsrechte». Bereits die Wortwahl des Titels schliesst auf eine inhaltliche Parallelität zu Gareis' Beitrag. In einer länger gehaltenen Einleitung widmete sich Schreuer zunächst der strittigen Frage nach der rechtlichen «Stellung des menschlichen Körpers, des lebenden und des toten»[1156]. Er kritisierte die dem «Materialismus der letzten Generationen» zuzuschreibende Annahme, dass «besonders im Leichnam, gelegentlich sogar im lebenden Körper»[1157], eine Sache im rechtlichen Sinne zu erblicken sei. Entgegen vielen Lehrmeinungen stehe für ihn ausser Frage, dass mit der Anerkennung des Persönlichkeitsrechts am lebenden Körper eines Menschen «wirkliche Lebensverhältnisse»[1158] durchgesetzt würden und «die Macht der Tatsachen gegenüber entgegenstehenden Doktrinen»[1159] gewinne. Schreuer betonte dabei insbesondere die Leistung von Gierke, der «nicht nur für die Persönlichkeitsrechte, sondern auch für deren Auffassung als ‹Rechte an der eigenen Person› eingetreten»[1160] sei. Mit Blick auf die Frage der rechtlichen Stellung des toten Körpers eines Menschen kam Schreuer auf die Überlegungen von Gareis, Kohler und Gierke zu einem postmortalen Persönlichkeitsschutz zu sprechen. Er stellte zunächst fest:

> «Als Axiom gilt heute der Satz: Mit dem Tode erlischt das Rechtssubjekt, die Persönlichkeit.»[1161]

Schreuer bemerkte, dass dieses Axiom und der «Materialismus des XIX. Jahrhunderts»[1162] dazu beitrugen, den Leichnam als Sache im rechtlichen Sinn einzuordnen. Allerdings habe dieser Grundsatz nicht immer gegolten, was in enger Verbindung mit dem «Glaube[n] an das körperliche Fortleben des Toten»[1163] stehe. Eine gegenteilige, konservativere Entwicklung habe zu folgender Auffassung geführt:

1155 Neben Schreuer schlossen sich eine Vielzahl juristischer Autoren der Gareis'schen Lehre vom Persönlichkeitsrecht am eigenen Körper an, s. die Hinweise bei JOHNSEN, 52 (Fn. 38).

1156 SCHREUER, Körper, 242.

1157 SCHREUER, Körper, 242. Er verwies auch auf Gareis, der zunächst den Leichnam als herrenlose Sache einordnete, s. SCHREUER, Körper, 243 (Fn. 1, 3).

1158 SCHREUER, Körper, 246.

1159 SCHREUER, Körper, 247.

1160 SCHREUER, Körper, 246.

1161 SCHREUER, Körper, 262 [Hervorhebungen im Original].

1162 SCHREUER, Körper, 262.

1163 SCHREUER, Körper, 262.

> «Der Leichnam ist darnach nicht Sache, sondern ein Rückstand der Persönlichkeit, dem Personenrechte unterworfen.»[1164]

Bei dieser Aussage verwies Schreuer gleichermassen auf die Juristen Gareis, Kohler und Gierke: «J. Kohler, Studien aus dem Strafrecht I 1890 S. 206 f.; […] O. v. Gierke II S. 35 f. Gareis, Über Rechtsverhältnisse an Begräbnisstätten, Blätter für Rechtsanwendung LXX 1905 S. 318.»[1165] Er zeigte damit, dass ihm die Überlegungen der drei Juristen zur rechtlichen Einordnung des Leichnams und zu einem postmortalen Persönlichkeitsschutz bekannt waren.[1166] Schreuer selbst bejahte die Einordnung des Leichnams als Teil des Persönlichkeitsrechts. Dadurch werde die «Persönlichkeit des Toten selbst»[1167] geschützt. Er führte aus:

> «Wie das physische Leben nicht auf einmal abreißt, sondern nur stückweise erlischt, so bleiben auch von der Vollpersönlichkeit Stücke über den Tod hinaus lebendig.»[1168]

Somit schloss sich Schreuer direkt den Überlegungen von Gareis, Kohler und Gierke zu einem postmortalen Persönlichkeitsschutz an. Allerdings bemerkte er in einer angefügten Fussnote, dass die Konstruktion von Kohler «[u]nvollständig»[1169] sei, wenn dieser ein religiöses Interesse am Schutz des Leichnams annehme. Mit Verweis auf Gareis erklärte Schreuer, dass es sich vielmehr um «ein menschliches Interesse des Staates» handele, und zudem stehe «der Tote im Kern» des Schutzes.[1170] Die Richtigkeit der Annahme eines postmortalen Persönlichkeitsschutzes versuchte er mit einem Perspektivenwechsel zu untermauern. Dazu entfernte er sich vom toten Körper eines Menschen und blickte auf den gewesenen Menschen. Der Leichnam sei «nicht der Körper des Toten, sondern des gewesenen Lebenden»[1171]. Eine solche Ansicht lasse sich daraus ableiten, dass die «Rechte des Toten […] Rechte des Lebenden»[1172] darstellen. Laut Schreuer gehörte der Tod und damit der Leichnam als fester Bestandteil des Lebens zum Menschen. Mit der Anerkennung einer solchen Verbindung werde das «Recht des Lebenden»[1173] gezwungen, dem Toten einen gewissen Schutz zu gewährleisten – konkret in Form eines postmortalen Persönlichkeitsschutzes.[1174]

1164 Schreuer, Körper, 262 [Hervorhebungen im Original]. Ähnlich Schreuer, Privatrecht, 96.

1165 Schreuer, Körper, 262 f. (Fn. 2).

1166 S. Schreuer, Körper 262 f. (Fn. 2).

1167 Schreuer, Körper, 265.

1168 Schreuer, Körper, 265 [Hervorhebungen im Original]. Wiederholend Schreuer, Körper, 276 f.

1169 Schreuer, Körper, 265 (Fn. 1). Zu Kohlers Ansicht s. oben, Teil 1/B/III/1.

1170 Schreuer, Körper, 265 (Fn. 1). Er verwies auf Gareis, Begräbnisstätte, 318.

1171 Schreuer, Körper, 271.

1172 Schreuer, Körper, 271.

1173 Schreuer, Körper, 271.

1174 Schreuer trat einige Jahre zuvor mit einer umfassenden Abhandlung zum germanischen Totenrecht in Erscheinung. Darin unternahm er den Versuch, den Totenkult germanischer Völker wissenschaftlich darzustellen und dabei auch die rechtliche Behandlung des Leichnams

2. *Ablehnung eines postmortalen Persönlichkeitsschutzes*

a) *Private Rechte Lebender am Leichnam*

Stellvertretend für eine Vielzahl an juristischen Abhandlungen, die in den ersten Jahren nach Erlass des BGB spezifisch den toten Körper eines Menschen untersuchten, steht die Dissertation von Karl Johnsen aus dem Jahre 1912.[1175] Johnsen verfolgte mit seiner Arbeit das Ziel, die privatrechtliche Natur des Leichnams zu begründen und «[z]ugleich ein[en] kritische[n] Beitrag zur Lehre vom Recht am eigenen Körper» zu liefern. Die Arbeit wurde vom Zivilrechtler Friedrich Endemann begutachtet.[1176] Einleitend bemerkte Johnsen, dass in der Rechtswissenschaft lange Zeit vergangen sei, bis «der Gedanke an ein Privatrecht der Leiche überhaupt»[1177] aufgetaucht war. Die Rechtsordnung habe es dabei bei wenigen Bestimmungen des Kirchen- und Strafrechts belassen, um den Leichnam vor «äußeren Angriffen»[1178] zu schützen. Ausdrückliche Bestimmungen zur Klärung der Rechtsverhältnisse gebe es jedoch nicht, weshalb insbesondere die Frage der Wirksamkeit einer testamentarischen «Bestimmung der Verbrennung der Leiche»[1179] in jüngster Zeit zur Bedeutung gelangt sei. Als Erklärung für die spärliche Befassung der Rechtswissenschaft mit dem toten Körper des Menschen führte er das «natürliche Empfinden» an, das verhindere zu akzeptieren, «daß das, was übrig bleibt, die entseelte menschliche Hülle, die selbst Rechtssubjekt oder jedenfalls das Gefäß und Werkzeug des rechtsgestaltenden Willens war, mit dem Augenblick des Todes auf einmal aller seiner Eigenschaften entkleidet sein soll.»[1180] Eine Gleichstellung mit Gegenständen wie «einem Stein, einem Tisch, einem Tierkadaver»[1181] sei aus verschiedenen Gründen schwer gefallen:

> «Die Motive hierzu sind uralt und zugleich so vielfältig und mit einander verwoben, daß es schwer ist, die einzelnen auseinander zu halten: religiöse Scheu, die Achtung vor der *Persönlichkeit, deren letzter Rest die Leiche ist*, die Pietät, die Achtung vor der Majestät des Todes umgeben die Leiche mit einem Mysterium [...]»[1182].

---

in Ordnungen germanischen Ursprungs aufzuzeigen, s. *Hans Schreuer*, Das Recht der Toten. Eine germanistische Untersuchung, in: F. Bernhöft/G. Cohn/J. Kohler (Hrsg.), Zeitschrift für vergleichende Rechtswissenschaft, Bd. 33 und 34 (1916), Stuttgart 1916, 333–432 (Bd. 33), 1–208 (Bd. 34).

1175 Die Dissertation verfügte über eine gewisse Strahlkraft, was spätere Zitierungen in Gerichtsurteilen deutlich machten, s. Urteil vom 13. März 1913, IV 590/12. Dazu s. unten, Teil 3/A/II.

1176 Endemann äusserte sich, soweit ersichtlich, nicht zum postmortalen Persönlichkeitsschutz. Er machte aber Verfügungen über den eigenen Leichnam von den «Sittenanschauungen» abhängig, s. Endemann, 229 (Fn. 14). Zur Ansicht Endemanns s. oben, Teil 2/B/I/1/b/bb.

1177 Johnsen, 8.

1178 Johnsen, 8.

1179 Johnsen, 9.

1180 Johnsen, 7.

1181 Johnsen, 7.

1182 Johnsen, 7 f. [Hervorhebungen nicht im Original].

Johnsen gab zu erkennen, dass der Leichnam als Rest der Persönlichkeit verstanden wurde. Mit den gewählten Worten sprach er direkt Gareis und Gierke an.[1183] Ersterer bezeichnete den Leichnam als «Hülle der Persönlichkeit»[1184], Letzterer ordnete den Leichnam als «Rückstand der Persönlichkeit»[1185] ein. Die Bezugnahme auf Gareis machte Johnsen bereits im Titel seiner Dissertation deutlich. Mit der «Lehre vom Recht am eigenen Körper» war insbesondere die Lehre vom «Recht am menschlichen Körper» gemeint, die Gareis in seinem Festgabebeitrag aus dem Jahre 1900 entwickelt hatte. Johnsen setzte sich dann auch über vierundzwanzig Seiten hinweg mit der «Gareis'schen Lehre vom Recht am eigenen Körper»[1186] auseinander.

In Abweichung von Gareis war für Johnsen fraglich, «ob das Recht am eigenen Körper als Persönlichkeitsrecht von der Rechtsordnung anerkannt wird.»[1187] Er kritisierte insbesondere die Ansicht von Gareis, dass «dem von der Rechtsordnung anerkannten subjektiven Recht an einem Rechtsgut aus der Individualsphäre immer auch ein Recht zur Herrschaft über den diesem Rechtsgut entsprechenden Teil der Individualsphäre»[1188] entspreche. Laut Johnsen bedeutete ein solches Verständnis die Anerkennung eines «allgemeinen Persönlichkeitsrechts»[1189], was er entschieden ablehnte. Zwar gebe es «eine Reihe von Persönlichkeitsrechten»[1190], allerdings sei ein solches beim Körper des Menschen nicht von der Rechtsordnung anerkannt. Im Abschnitt über «[d]ie Rechtsverhältnisse der Leiche» griff Johnsen dann konkret die Überlegung von Gareis zu einem postmortalen Persönlichkeitsschutz auf:

> «[W]ie ist es nun zu verstehen, daß es [sc. das Persönlichkeitsrecht am eigenen Körper] ‹über den Tod hinaus wirken› soll? Wer ist denn nach dem Tode der Inhaber dieses Rechts? Das erloschene Rechtssubjekt? Oder dessen Erben, die es durch Erbschaft nicht erwerben können? Oder gehört es zu der bestrittenen Kategorie der subjektlosen Rechte? Auf all diese Fragen läßt Gareis uns ohne Antwort»[1191].

1183 Obschon das Wort «Rest» nahe beim «Residuum»-Begriff lag, dürfte Johnsen nur indirekt an Kohler gedacht haben. Kohler nämlich brachte seine «Residuum»-Theorie nicht mit dem rechtlichen Status des Leichnams in Verbindung, sondern mit dem Verfügungsrecht über den Leichnam im Sinne der Bestimmung des Bestattungsortes, s. KOHLER, Autorrecht, 276. Dazu s. oben, Teil 1/B/III/1.

1184 GAREIS, Begräbnisstätte, 318. Dazu s. oben, Teil 1/A/III/2.

1185 GIERKE, Band II, 36. Dazu s. oben, Teil 1/C/III.

1186 S. JOHNSEN, 28–52. Die einzelnen Abschnitte, die sich der Gareis'schen Lehre widmeten, benannte er «Historische Grundlage», «Das Recht am eigenen Körper und unsere Rechtsordnung», «Kritik der Einzelanwendung» sowie «Die Rechtsverhältnisse der Leiche».

1187 JOHNSEN, 30.

1188 JOHNSEN, 32 f. [Hervorhebung im Original].

1189 JOHNSEN, 34.

1190 JOHNSEN, 35.

1191 JOHNSEN, 46 f.

Johnsen machte mit diesen rhetorisch gemeinten Fragen deutlich, dass er die Überlegungen von Gareis zu einem postmortalen Persönlichkeitsschutz kannte. In einer der zitierten Textpassage anschliessenden Fussnote verwies er zudem auf Gierke und dessen ähnlich gelagerten Ansichten zum postmortalen Persönlichkeitsschutz:

> «Ähnlich, wie Gareis schreib[t] Gierke [...] dem Lebenden ein Persönlichkeitsrecht am eigenen Körper zu, das auch über den Tod fortdauert. Nach Gierke bleibt die Leiche ‹als Rückstand der Persönlichkeit Objekt eines neuen, nunmehr den Erben zustehenden Persönlichkeitsrechts›, aus dem sich ‹die Verfügungsmöglichkeit der Erben bemißt›.»[1192]

Johnsen stand den Überlegungen zu einem postmortalen Persönlichkeitsschutz kritisch gegenüber. Die Einordnung des Leichnams als Rest der Persönlichkeit sei für ihn deshalb nicht möglich, weil der tote Körper «nicht allein um des Subjekts willen geschützt»[1193] sei. Vielmehr schütze die Rechtsordnung in ihm «zugleich Güter der Allgemeinheit»[1194]. Für Johnsen stellte der Leichnam eine Art Allgemeingut dar, das keinem individuellen, persönlichkeitsrechtlichen Schutz zugänglich sei. Die Anerkennung eines postmortalen Persönlichkeitsschutzes, wie es Gareis propagierte, verband er mit der «Gefahr, die individualistischen Tendenzen der Rechtsordnung zu überspannen.»[1195] Mit Blick auf Gierke, der den Leichnam als Objekt einem den Hinterbliebenen zugehörigen Persönlichkeitsrecht zuschrieb, meinte Johnsen: «Dies Persönlichkeitsrecht der Erben kann aber, da es ganz andern Inhalts ist, als das Persönlichkeitsrecht, das dem Verstorbenen zustand, seiner Natur nach nicht von jenem abgeleitet werden, es kann nur als originäres gedacht werden»[1196]. Nach der Ansicht Johnsens sprach demnach auch der anders gelagerte Inhalt der Persönlichkeitsrechte gegen einen indirekten postmortalen Persönlichkeitsschutz, wie ihn Gierke annahm. Darüber hinaus stellte er sich mit der Annahme eines ‹originären› Persönlichkeitsrechts indirekt gegen die Überlegungen von Kohler. Kohler war der Ansicht, dass die Hinterbliebenen das Recht nicht «als ihr ureigenes persönliches Recht, sondern als das ihnen überkommene Persönlichkeitsrecht des Erblassers»[1197] ausübten.

Im Ergebnis stufte Johnsen Verfügungen über den eigenen Leichnam als «zivilrechtlich unwirksam»[1198] ein und hielt fest, «daß das Recht der Leiche Privatrecht ist und daß für das öffentliche Recht nur Raum ist, wo das Privatrecht ein Eingreifen des öffentlichen Rechts ausdrücklich zuläßt.»[1199] Das öffentliche Recht greife nur bei der Verwendung des Leichnams durch die Anatomie (als Ausnahme vom Aneignungsverbot) und beim

---

1192 S. JOHNSEN, 47 (Fn. 34).
1193 JOHNSEN, 50.
1194 JOHNSEN, 50.
1195 JOHNSEN, 50.
1196 JOHNSEN, 47 (Fn. 34).
1197 KOHLER, Bismarckphotographie, 196. Dazu s. oben, Teil 1/B/III/2.
1198 JOHNSEN, 70.
1199 JOHNSEN, 64.

Recht zum Gewahrsam ausgewählter Personen ein. Für Johnsen hatte der Schutz der Leiche weniger mit einem individuellen subjektiven Recht zu tun, wie es Gareis und Gierke mit der Einordung als Teil des (postmortalen) Persönlichkeitsrechts annahmen. Vielmehr verband Johnsen den Schutz des Leichnams mit der gesellschaftlichen Pietät und der Wahrung von Würde und öffentlicher Ordnung.

b) Familienrecht am Leichnam

Ähnlich wie Johnsen nahm der in Königsberg und Halle lehrende Rechtsprofessor Wilhelm von Blume die Thematik der Feuerbestattung als Anlass, sich intensiv mit «Fragen des Totenrechts» zu beschäftigen. In seiner 1914 erschienenen Untersuchung machte Blume die Zulässigkeitserklärungen der Feuerbestattung dafür verantwortlich, dass der Bereich des Lebens, der die Bestattung betrifft, nicht mehr «nur ausnahmsweise» berührt werde durch das «Gericht, [die] Rechtswissenschaft und [das] Gesetz».[1200] Die Frage, «wer über die Art und Weise der Bestattung eines Verstorbenen zu bestimmen habe»[1201], bedürfe deshalb juristischer Klärung. In diesem Zusammenhang sprach Blume die Überlegungen von Gareis, Kohler und Gierke zu einem postmortalen Persönlichkeitsschutz an.

Blume verstand unter dem Totenrecht einen «Komplex von Rechtsfragen, die das rechtliche Schicksal des menschlichen Leichnams»[1202] betreffen. Das Totenrecht umfasse insbesondere das «Bestattungsrecht und [die] Bestattungspflicht»[1203], wobei aber keine klaren Antworten auf die Fragen gefunden werden könnten, solange nicht die Rechtsverhältnisse um den toten Körper des Menschen geklärt seien. Den Leichnam umschrieb er als «entseelte[n] Körper. Also jedenfalls nicht Träger von Rechten, sondern nur ihr Gegenstand.»[1204] Er lehnte die Einordnung als (verkehrsfähige) Sache ab und erklärte weiter, dass der Leichnam als «Gegenstand der heiligen Scheu»[1205] anzusehen sei. Diese «Scheu» wiederum bestehe in der Pflege des Leichnams bzw. der Pietät. Als Inhalt der Pflege könne dabei die Bestattung des Leichnams angesehen werden.[1206] An dieser Stelle nahm Blume explizit Bezug auf die Überlegung von Gareis zu einem postmortalen Persönlichkeitsschutz:

> «‹Anerkennung der Persönlichkeit des Verstorbenen durch den sich moralisch zur Beerdigung verpflichtet fühlenden Hinterbliebenen› ist nach Gareis, der als Hauptvertreter dieser

[1200] S. Blume, Totenrecht, 367.
[1201] Blume, Totenrecht, 367.
[1202] Blume, Totenrecht, 370.
[1203] Blume, Totenrecht, 370.
[1204] Blume, Totenrecht, 370.
[1205] Blume, Totenrecht, 378.
[1206] S. Blume, Totenrecht, 379. Zum biblischen Aspekt der Totenfürsorge im Sinne der Bestattung s. oben, Teil 2/C/I/2/c/aa.

> Lehre gelten darf, die sittliche Grundlage dieses Persönlichkeitsrechtes. Hiernach würde doch wohl als Träger des Rechtes der Verstorbene gedacht werden müssen.»[1207]

In einer angefügten Fussnote verwies Blume auf die Beiträge von Gareis aus den Jahren 1900 («Das Recht am menschlichen Körper») und 1905 («Über Rechtsverhältnisse an Begräbnisstätten»). Zudem bemerkte Blume, dass er die Überlegungen zu einem postmortalen Persönlichkeitsschutz auch bei Gierke auszumachen wisse: «Ähnlich Gierke, Deutsches Privatrecht»[1208]. Blume stand den Überlegungen von Gareis und Kohler, die eine Zuschreibung des Persönlichkeitsrechts an den verstorbenen Menschen vornahmen, kritisch gegenüber. Für ihn habe nur der Lebende das Recht, weshalb dem Leichnam kein Persönlichkeitsrecht zukommen dürfe, und ein postmortaler Persönlichkeitsschutz abzulehnen sei. «Es bedarf der Totenbeschwörung zu diesem Zwecke heute nicht mehr.»[1209] Diese ablehnende Haltung gegenüber postmortalen Rechten äusserte Blume bereits 1903 im Zusammenhang mit der Frage, ob ein Recht am eigenen Bild anzuerkennen sei. Dort tat er die Kohler'sche Erklärung der Fortwirkung des Persönlichkeitsrechts des Toten als «spiritistische Auffassung»[1210] ab. Laut Blume stand den Angehörigen «die Disposition über das Persönlichkeitsrecht des Verstorbenen»[1211] nicht aufgrund dessen Persönlichkeitsrecht zu. Vielmehr sei die Pietät als Teil des Familienrechts geschützt.[1212] Im Ergebnis lehnte Blume die Überlegungen von Gareis, Kohler und Gierke zu einem postmortalen Persönlichkeitsschutz ab und rechnete den Leichnam dem Familienrecht der Totenfürsorge zu.[1213]

II. Bezugnahme auf die Überlegungen von Gareis in der Rechtsprechung

In den 1910er-Jahren befasste sich die deutsche Rechtsprechung regelmässig mit Umbettungsstreitigkeiten.[1214] Bei solchen Streitigkeiten ging es unter anderem um Fragen, die Ausgrabungen und Überführungen eines Leichnams in andere Grabstätten

1207 Blume, Totenrecht, 379 f.

1208 Blume, Totenrecht, 380 (Fn. 16).

1209 Blume, Totenrecht, 380.

1210 Blume, Bilde, 116. Dazu s. auch oben, Teil 2/B/I/4/c.

1211 Blume, Totenrecht, 381.

1212 Ähnlich und mit Bezugnahme auf Blume äusserte sich Eugen Josef 1921 in seinem Beitrag über «Praktische Fragen des Totenrechts», s. Josef, 312 f.

1213 S. Blume, Totenrecht, 386. Nach der Zuschreibung des Leichnams zum Familienrecht behandelte Blume viele Einzelfragen, die unter anderem die Bestattung des toten Körpers eines Menschen betrafen, s. Blume, Totenrecht, 381 ff.

1214 S. HKK-Rüfner, §§ 90–103 N 16. Später kamen Streitigkeiten im Bereich der Leichensektionen vor das Reichsgericht. Gleich zu Beginn der 1930er-Jahre etwa befasste sich der II. Strafsenat mit der Frage, ob die unbefugte Leichenöffnung durch den stellvertretenden Leiter einer Universitätsklinik als Sachbeschädigung angesehen werden könne. Im Urteil wurde die Auffassung, dass «die Leiche einen Bestandteil des Vermögens» bilde, verneint. Der Leichnam sei

betrafen. Vereinzelt wurde dabei auch auf die Überlegungen von Gareis, Kohler und Gierke zu einem postmortalen Persönlichkeitsschutz zurückgegriffen. Einen solchen Fall beurteilte etwa das Reichsgericht in Zivilsachen im Jahre 1913.[1215] Der Rechtsstreit handelte davon, dass im Jahr 1887 eine Privatperson jüdischen Glaubens durch Vertrag mit einer jüdischen Gemeinde in Berlin «ein Erbbegräbnis für sich und seine Familie erworben und übergeben erhalten hat.» Die Familie leitete aus dem Vertrag nicht nur ein «Recht zur Benutzung des Erbbegräbnisses» ab, sondern auch ein «Recht zur Herausnahme der Leiche». Sie verlangte deshalb von der jüdischen Gemeinde «die Ausgrabung und Überführung der Leichen» aus dem Erbbegräbnis und zwar gestützt «auf einen privatrechtlichen Titel». Auf Klage der Familie musste das Reichsgericht klären, ob der in dieser Sache eingeschlagene Rechtsweg als «bürgerliche Rechtsstreitigkeit» zulässig war.

Das Reichsgericht schloss sich zunächst der Auffassung der Familie an, dass der abgeschlossene Vertrag «die private Natur» der Berechtigung zur Benutzung des Erbbegräbnisses begründe. Der Klageanspruch habe zudem einen «privatrechtlichen Charakter», weil es sich um «das Recht der Hinterbliebenen, über den Leichnam, was namentlich den Ort und die Art und Weise der Bestattung betrifft, zu verfügen» handele. An dieser Stelle erfolgte explizit der Verweis auf Gareis:

> «Dies Verfügungsrecht hat sich ebenfalls von privatrechtlicher Grundlage aus, indem der Leichnam nicht als herrenlose Sache behandelt, sondern das Recht der Persönlichkeit des Verstorbenen in *gewissem Umfange als fortbestehend* angesehen wird, in der Rechtslehre entwickelt (vgl. namentlich *Gareis*, Das Recht am menschlichen Körper, in der Festgabe der Juristischen Fakultät Königsberg für Schirmer S. 59 ff., ferner *Gareis* in SeuffBl. 70, 322 und die Leiche im Privatrecht von Johnsen).»[1216]

Das Reichsgericht nahm in seinem Entscheid direkten Bezug auf die Überlegungen von Gareis zu einem postmortalen Persönlichkeitsschutz. Es führte die Ansicht von Gareis an, dass das Recht der Persönlichkeit des Verstorbenen über den Tod hinaus fortwirke. Indem keine explizite Ablehnung dieser Ansicht erfolgte, sprach sich das Gericht in seinem Entscheid implizit für eine Anerkennung des postmortalen Persönlichkeitsschutzes aus. Die Überlegungen von Gareis nahm das Gericht als Beleg dafür, die Verfügungsrechte der Hinterbliebenen über den Leichnam als private Rechte

---

nicht Eigentum der Angehörigen bzw. Erben und zudem widerspreche es «dem Herkommen und den Gepflogenheiten aller Kulturvölker», den Leichnam als eigentumsfähige Sache zu qualifizieren, s. RGSt 64, 313 (315).

1215 Urteil vom 13. März 1913, IV 590/12. Abgedruckt in: O. Warneyer (Hrsg.), Warneyers Jahrbuch der Entscheidungen. Ergänzungsband. Die Rechtsprechung des Reichsgerichts auf dem Gebiete des Zivilrechts soweit sie nicht in der amtlichen Sammlung der Entscheidungen des Reichsgerichts abgedruckt ist, Jg. 6 (1913), Leipzig 1913, 362–364 [Nr. 303]. Alle nachfolgenden Zitate sind diesem Urteil entnommen, sofern keine anderslautenden Angaben erfolgen.

1216 Urteil vom 13. März 1913, IV 590/12 [Hervorhebungen nicht im Original].

einzuordnen: «Die Privatrechtsordnung ist dazu bestimmt, die Rechtsphäre des einzelnen mit Rücksicht auf seine individuellen Interessen zu regeln. Diesem Zwecke dienen auch […] die Rechtssätze, welche sich über das Recht der Hinterbliebenen zu Verfügung über den Leichnam herausgebildet haben.» Die im Jahre 1913 durch das Reichsgericht getroffene Annahme eines postmortalen Persönlichkeitsschutzes wurde in späteren Urteilen bestätigt. In einer Entscheidung aus dem Jahr 1920 bemerkte das Reichsgericht in Zivilsachen, «daß bei der Auswahl der letzten Ruhestätte tunlichst der Wille des Verstorbenen gewahrt wird»[1217]. Das Gericht stützte seine Annahme auf die rechtliche «Anschauung, wonach das Recht der Persönlichkeit eines Verstorbenen noch in seinem Leichnam als fortwirkend angesehen wird, wie dies in dem oben erwähnten Urteile vom 13. März 1913 ebenfalls dargelegt ist.»[1218] Mit dem Verweis auf das Urteil vom 13. März 1913 machte das Reichsgericht klar, dass es indirekt die Überlegungen von Gareis zu einem postmortalen Persönlichkeitsschutz als Referenz für die rechtliche «Anschauung» anerkannte.

B. Schweiz

Im zweiten Teil der vorliegenden Studie werden die Überlegungen von Gareis, Kohler und Gierke zu einem postmortalen Persönlichkeitsschutz in der schweizerischen Rechtsordnung des endenden 19. Jahrhunderts verortet. Als Grundlage der zeitgenössischen Kontextualisierung dienen das positive Verfassungs-, Zivil-, Straf- und Urheberrecht. In Abweichung zum hier vorangehenden Abschnitt, wo in erster Linie Bezugnahmen auf Gareis, Kohler und Gierke in der deutschen Zivilrechtswissenschaft präsentiert werden, stehen diese Rechtsgebiete auch für die Untersuchung von Fortwirkungen der Überlegungen zum postmortalen Persönlichkeitsschutz in der Schweiz des frühen 20. Jahrhunderts im Fokus. Eine solche Darstellung bietet sich deshalb an, weil in der Schweiz Gesetzgebungsverfahren in einzelnen Rechtsgebieten erst im beginnenden 20. Jahrhundert zu einem Abschluss kamen. Das Schweizerische Strafgesetzbuch beispielweise wurde 1937 erlassen und trat am 1. Januar 1942 in Kraft. Im nachfolgenden Abschnitt wird daher der Frage nachgegangen, inwiefern in der Schweiz im frühen 20. Jahrhundert im Bereich des Verfassungs-, Zivil-, Straf- und Urheberrechts Bezugnahmen auf die Überlegungen von Gareis, Kohler und Gierke zu einem postmortalen Persönlichkeitsschutz erfolgten.

1217 RGZ 100, 171 (173).

1218 RGZ 100, 171 (173).

I. Verfassungsrecht: Annäherung an einen postmortalen Rechtsschutz

Das schweizerische Verfassungsrecht verfügte mit dem Recht auf ein schickliches Begräbnis gemäss Art. 53 Abs. 2 BV 1874 über einen Ansatz eines postmortalen Rechtsschutzes des Menschen, der auch im beginnenden 20. Jahrhundert ohne vergleichbare Bestimmung in der deutschen Rechtsordnung blieb. Hier stellt sich die Frage, inwiefern bei der Weiterentwicklung dieser verfassungsrechtlichen Garantie die Überlegungen von Gareis, Kohler und Gierke zu einem postmortalen Persönlichkeitsschutz einbezogen wurden.

Im Jahr 1919 verfasste der Staatsrechtler Fritz Fleiner ein Gutachten über die Verfassungsmässigkeit der Feuerbestattung.[1219] Fleiner erstellte das Rechtsgutachten für die private «Genossenschaft ‹Luzerner Feuerbestattung›», die, zusammen mit dem Luzerner Stadtrat und einzelnen Bürgern von Luzern, gegen einen Beschluss des luzernischen Regierungsrates einen «staatsrechtlichen Rekurs an das Bundesgericht» ergriffen hatten.[1220] Im Zentrum der Streitigkeit, die auch staatsrechtliche Kompetenzfragen zwischen der Stadt Luzern und dem Kanton Luzern behandelte, stand eine Verordnung der Gemeinde Luzern, die die Feuerbestattung erlaubte. Der Regierungsrat habe die Einführung der Verordnung «kraft seines Oberaufsichtsrechtes über das Sanitätswesen» als unzulässig erklärt, wobei das Argument angeführt worden sei, dass die kantonale Verordnung betreffend das Begräbniswesen «vom ‹Beerdigen› der Leiche auf den Friedhöfen» spreche und daher eine andere Bestattungsart als die Erdbestattung abgelehnt werde.[1221] Die Gemeinde warf dem Kanton, dessen vorherrschende Konfession der christkatholische Glaube war, vor, dass die Verweigerung der Verordnung aus konfessionell-politischen Gründen erfolge, was unter anderem eine Verletzung von Art. 49 BV 1874 (Glaubens- und Gewissensfreiheit) bedeute. Mit diesem Vorwurf sprach die Gemeinde Luzern die kanonisch-rechtliche Vorschrift can. 1203 Codex Iuris Canonici von 1917 an, nach der die Feuerbestattung verboten wurde.[1222]

Fleiner kam in seinem Gutachten zum Schluss, dass eine Verfügung des Lebenden über den eigenen Leichnam Ausfluss der verfassungsrechtlichen persönlichen Freiheit sei. Damit ordnete er dieses Verfügungsrecht als Teil des Rechts der Persönlichkeit ein: «Eine derartige Anordnung [sc. Verfügungsrecht des Lebenden über den eigenen Körper nach dessen Tod] enthält *keine sachenrechtliche Disposition* über den eigenen Körper, sondern eine *Bestätigung der geistigen Individualität des Menschen.*»[1223] Bei seiner impliziten Ablehnung der Sachqualität des Leichnams schloss sich Fleiner explizit der Ansicht Gierkes über den Leichnam an:

1219 Das Gutachten datiert vom «22. Februar 1919», s. FLEINER, 4.

1220 FLEINER, 2.

1221 S. FLEINER, 2.

1222 Dazu s. oben, Teil 2/C/I/1/b.

1223 FLEINER, 2 [Hervorhebungen nicht im Original].

«Vgl. [...] Gierke, Deutsches Privatrecht II S. 35»[1224].

Fleiner verwies auf die Stelle, bei der Gierke im Ergebnis die Einordnung des Leichnams als «Rückstand der Persönlichkeit»[1225] vornahm. Dadurch zeigte er, dass ihm die Überlegungen von Gierke zum postmortalen Persönlichkeitsschutz bekannt waren. Indem Fleiner den Leichnam im Zusammenhang mit dem Verfassungsrecht der persönlichen Freiheit behandelte, näherte er sich der Thematik aus einer verfassungsrechtlichen Perspektive. Da nur in der freien Wahl der Art der Bestattung die persönliche Freiheit gewahrt werden könne, stelle der tote Körper eines Menschen einen integralen Bestandteil der verfassungsrechtlich garantierten persönlichen Freiheit dar. Die persönliche Freiheit umfasste laut Fleiner demnach auch die Möglichkeit, Verfügungen über den Tod hinaus zu tätigen und insbesondere zu bestimmen, wie mit dem eigenen Leichnam im Hinblick auf die Form der Bestattung zu verfahren sei. Verfügungen über den eigenen Leichnam waren für ihn Ausdruck einer individuellen, ethisch-religiös geprägten Einstellung zum Tod: «Denn in der Wahl zwischen den beiden nach den heutigen Kulturanschauungen zulässigen Bestattungsarten [...] findet neben andern Ueberzeugungen naturwissenschaftlicher und hygienischer Art vor allem die ethische und religiöse Anschauung des Individuums über die Bedeutung des Todes und der Vergänglichkeit ihren Ausdruck.»[1226] Er sah die Individualität und persönliche Freiheit als über den Tod eines Menschen weiterbestehend an, und diese galt es zu schützen.

In seinem Gutachten bemerkte Fleiner weiter, dass durch kirchliche oder staatliche Anordnungen grundsätzlich eine Einschränkung der Verfügungsfreiheit über den eigenen Leichnam vorgenommen werden könnten. Doch für die Schweiz fielen solche Gründe ausser Betracht. Einerseits würden kirchliche bzw. religiöse Beschränkungen gegen die verfassungsrechtlich garantierte Glaubens- und Gewissensfreiheit gemäss Art. 49 BV 1874 verstossen, andererseits seien weder strafrechtliche noch sanitätspolizeiliche Gründe für eine Einschränkung erkennbar.[1227] Ein Verbot der Feuerbestattung bedeute zum einen einen Verstoss gegen Art. 4 BV 1874, der die Gleichheit der Bürger vor dem Gesetz garantiere, und zum anderen eine Verletzung des Persönlichkeitsrechts von Befürwortern der Feuerbestattung.[1228] Damit übereinstimmend hielt das Bundesgericht in seinem Urteil vom 16. Mai 1919 fest, dass die Persönlichkeitsrechte eines jeden, konkret die eigenen Verfügungsrechte über den Leichnam, den Staat verpflichten wür-

---

1224 Fleiner, 2.

1225 Gierke, Band II, 36.

1226 Fleiner, 2. Das Bundesgericht schloss sich in diesem Punkt dem Gutachten Fleiners an: «Zutreffend machen die Rekurrenten und das Gutachten Fleiner geltend, dass die Verfügungsmacht des Lebenden über das Schicksal seines Leibes nach dem Tode, die Art seiner Bestattung sich als Ausfluss der individuellen Freiheit des Bürgers, der Persönlichkeit und ihres Rechtes auf Geltung und Achtung durch die Allgemeinheit darstelle», s. BGE 45 I 119, E 6.

1227 S. Fleiner, 3.

1228 S. Fleiner, 4.

den. Normen, die eine Einschränkung solcher Freiheiten vorsahen, dürften nur so weit gehen, wie sie die verfolgten polizeilichen Zwecke, hier die hygienischen Interessen, zwar berücksichtigen, aber keine willkürliche Beschränkung der Freiheit erwirken. Die «Betätigung der geistigen und sittlichen Individualität»[1229] dürfe keinen Zwang erfahren, der nicht durch «höhere staatliche Interessen, Rücksichten der Polizei und der öffentlichen Sittlichkeit»[1230] zu rechtfertigen sei. Das Bundesgericht kam in seinem Urteil auch zum Schluss, dass die Lehren der katholischen Kirche bei der Verweigerung des Kantons durchaus einen Einfluss gehabt hätten.[1231] An diesem Punkt wurde explizit eine Verletzung von Art. 49 Abs. 4 BV 1874 ausgesprochen, gemäss welcher Bestimmung bürgerliche Rechte «durch keinerlei Vorschriften oder Bedingungen kirchlicher oder religiöser Natur beschränkt werden» dürften. Die kantonale Regierung Luzerns habe die Zulassung der kommunalen Verordnung zur Einführung der Feuerbestattung aus «Rücksichten auf die Lehren der katholischen Kirche»[1232] verweigert, was einer Verletzung des bürgerlichen Rechts auf Zulassung der Feuerbestattung gleichkomme.

Im Ergebnis kann festgehalten werden, dass der Leichnam im Kontext der Feuerbestattung als Bestandteil der verfassungsrechtlichen persönlichen Freiheit eingeordnet wurde. Fleiner legte in seinem Gutachten – mit Verweis auf Gierke und dessen Überlegungen zu einem (indirekten) postmortalen Persönlichkeitsschutz – die Bejahung eines verfassungsrechtlichen Persönlichkeitsschutzes des Verstorbenen nahe: Das Schicksal des Leichnams werde durch den gewesenen Menschen bestimmt, was als Ausdruck des Individualismus zu verstehen sei. Dabei wirke das verfassungsmässig garantierte Verfügungsrecht über den (eigenen) Leichnam über den Tod des Menschen hinaus weiter.

II. Zivilrecht: Ablehnung eines postmortalen Persönlichkeitsschutzes

Am 1. Januar 1912 trat das Schweizerische Zivilgesetzbuch in Kraft, das – im Gegensatz zum deutschen Bürgerlichen Gesetzbuch von 1896 – ein umfassendes, allgemeines Persönlichkeitsrecht anerkannte.[1233] In der frühen Literatur zum ZGB und Art. 28 ZGB 1912, der die Unverletzlichkeit der Persönlichkeit regelte, kam allerdings immer wieder zum Ausdruck, dass die positivrechtliche Normierung des Endes der Rechtsfähigkeit gemäss Art. 31 ZGB eine Anerkennung eines postmortalen Persönlichkeitsschutzes verhindere.[1234] Ab den 1920er-Jahren nahm die Zivilrechtswissenschaft in der Schweiz eine differenziertere Betrachtung des Rechts am eigenen Körper vor. Es wurde insbesondere unter dem Aspekt der personenrechtlichen Verfügungsrechte über

[1229] BGE 45 I 119, E 6. Das Zitat im Original bei FLEINER, 3.
[1230] BGE 45 I 119, E 6.
[1231] S. BGE 45 I 119, E 6.
[1232] BGE 45 I 119, E 6.
[1233] S. oben, Teil 2/B/II/2/b/aa.
[1234] Hierzu s. oben, Teil 2/B/II/2/c/aa.

den eigenen Körper eine eingehendere Auslegung von Art. 28 ZGB 1912 vorgenommen sowie die Anwendbarkeit des Sachbegriffs auf den toten Körper des Menschen in Frage gestellt.[1235] In diesem Zusammenhang erfolgten auch Auseinandersetzungen mit den Überlegungen von Gareis, Kohler und Gierke zu einem postmortalen Persönlichkeitsschutz.

Beispielhaft sei hier auf die Dissertation von Gubert Griot über das «Recht am eigenen Körper» aus dem Jahre 1921 hingewiesen. Die Arbeit wurde vom Zürcher Rechtsprofessor August Egger begutachtet. Egger hatte rund zehn Jahre zuvor die Dissertation von Karl Specker betreut, in der unter anderem der Aspekt der Fortwirkung der Persönlichkeitsrechte über den Tod eines Menschen eingehend betrachtet worden war.[1236] Griot konzentrierte sich in seiner Untersuchung auf «das Persönlichkeitsrecht des Art. 28 ZGB» und dessen Objekt, das «derjenige der Person immanente Bestandteil, den wir ihren Körper nennen», sei.[1237] Er schrieb den lebenden Körper der Persönlichkeit eines Menschen zu und stellte ihn als «Inhalt der Person selbst»[1238] dar. Bei der Frage, was passiere, «wenn das körperliche Substrat nicht mehr zur körperlichen Existenz der Person gehört»[1239], ging Griot näher auf die rechtliche Stellung des Leichnams ein. Er äusserte sich dabei auch zum postmortalen Persönlichkeitsschutz. Den Leichnam sah Griot grundsätzlich als Gegenstand des öffentlichen Rechts, wobei er auf die Verwendung von Anatomieleichen hinwies.[1240] Daneben bestanden seiner Ansicht nach aber auch private Interessen am Leichnam, die etwa durch das Strafrecht und die verfassungsrechtliche Garantie auf ein schickliches Begräbnis gemäss Art. 53 Abs. 2 BV 1874 geschützt werden. Bei der Umschreibung der privatrechtlichen Natur des Leichnams nahm Griot direkten Bezug auf Gareis und Gierke. Zum einen lehnte er die Einordnung des toten Körpers eines Menschen als Sache ab, wobei er explizit Gareis als einen Vertreter dieser Einordnung anführte.[1241] Dass Gareis später eine andere Ansicht vertrat, berücksichtigte Griot nicht. Zum anderen griff er auf Gierke zurück:

> «Dem gegenüber nennt z[um] B[eispiel] Gierke den Leichnam den Rückstand der Persönlichkeit.»[1242]

[1235] Vgl. etwa BADER, 368 f.; HAAB, 10 (N 20, 22).

[1236] Zur (inkonsequent) ablehnenden Haltung Speckers s. oben, Teil 2/B/II/2/c/aa. Egger lehnte in seinem 1911 publizierten Kommentar zum Personenrecht des Schweizerischen Zivilgesetzbuches einen (direkten) postmortalen Persönlichkeitsschutz ab, s. EGGER, Personenrecht, 141.

[1237] S. GRIOT, 11.

[1238] GRIOT, 13.

[1239] GRIOT, 16.

[1240] S. GRIOT, 22.

[1241] S. GRIOT, 24 (Fn. 33). Er verwies auf GAREIS, Körper, 92. Dazu s. oben, Teil 1/A/III/1.

[1242] GRIOT, 25 [Hervorhebungen im Original].

Griot wendete gegen die Auffassung Gierkes ein, dass die Persönlichkeit mit dem Tod des Menschen untergehe und der Leichnam «als Rest eines gewesenen Rechtssubjektes»[1243] zurückbleibe. Er liess hier im Ansatz erkennen, dass er die Überlegungen von Gierke zu einem postmortalen Persönlichkeitsschutz kannte, diese jedoch nicht befürwortete. Im weiteren Verlauf seiner Untersuchung brachte Griot seine ablehnende Haltung klarer zum Ausdruck. Er vertrat die Ansicht, dass der tote Körper eines Menschen als ein «Ueberrest einer in der menschlichen Gemeinschaft Glied gewesenen Persönlichkeit»[1244] sei. Der Leichnam erweitere dabei die Persönlichkeit der lebenden Angehörigen, «denn dieser bleibt mit Mensch und Rechtssubjekt so eng verbunden, dass er nie den menschlichen, den persönlichen Charakter verlieren kann und zwar allgemein den persönlichen Charakter, den er als Person überhaupt für alle Menschen hat, nicht immer auch den persönlichen Charakter, der ihn den Angehörigen zum persönlichen Gut macht.»[1245] Laut Griot galt der Leichnam als Bestandteil der Persönlichkeit der lebenden Angehörigen. Einen postmortalen Persönlichkeitsschutz und andere «mystische Konstruktionen, wie es die eines Rechtes des Toten ist»[1246], lehnte er ab.

In seiner Untersuchung ging Griot auch der Frage nach, ob das Verfügungsrecht am eigenen Körper über den Tod hinausgehe und wem ein solches Recht zukomme. Bei der Beantwortung der Frage brachte Griot erneut seine ablehnende Haltung gegenüber dem postmortalen Persönlichkeitsschutz zum Ausdruck. Unter der Prämisse «[d]er Tote ist nicht mehr, die Lebenden treten an seine Stelle»[1247], kam er zum Schluss, dass der Tote selbst kein Recht am Leichnam habe. Der lebende Menschen hingegen habe ein Recht am Leichnam, jedoch existiere der spätere Leichnam erst vorwegnehmend in der Vorstellung des lebenden Menschen. Diesfalls sei nur ein Interesse «an der Integrität des Vorstellungslebens»[1248] vorhanden. An diesem Punkt sah Griot ein der Rechtsordnung immanentes Dilemma: Der Leichnam bzw. das Interesse des Lebenden am eigenen Leichnam werde als Bestandteil des Empfindens eingeordnet. Es sei ein Interesse der Ausübung der geistigen Individualität und diesem liege ein Objekt (Leichnam) und ein Subjekt (lebender Mensch) zu Grunde. Mit dem Untergang des Subjekts (Tod des Menschen) gehe jedoch auch das Interesse unter bzw. werde «gegenstandslos»[1249]. Das Interesse erlange erst im Moment des Todes rechtliche Bedeutung, könne dann aber nicht geltend gemacht werden, da kein Rechtssubjekt mehr vorhanden sei. Im Ergebnis lehnte Griot die Verfügungsmacht über den eigenen Leichnam ab und erklärte:

1243 Griot, 25.

1244 Griot, 26 [Hervorhebungen im Original].

1245 Griot, 26.

1246 Griot, 29. Er nahm hier Bezug auf Hans Schreuer und dessen befürwortende Haltung gegenüber dem postmortalen Persönlichkeitsschutz. Dazu s. oben, Teil 3/A/I/1.

1247 Griot, 29.

1248 Griot, 27.

1249 Griot, 32.

«Eine unmittelbare rechtlich gültige Verfügung über den eigenen Leichnam gibt es demnach nicht.»[1250] Jedoch anerkannte er Verfügungen über den Leichnam dann als zulässig, wenn sie das Pietätsgefühl der überlebenden Angehörigen berührten.[1251] Das Pietätsgefühl der Lebenden gelte demnach als Massstab für die privatrechtlichen Verfügungsrechte der Angehörigen über den Leichnam. Unter dieser Perspektive kam der Persönlichkeitsschutz nur den Lebenden zu. Die Überlegungen zu einem postmortalen Persönlichkeitsschutz fanden insofern erneut keine Bejahung.

III. Strafrecht: Distanzierung zum postmortalen Rechtsschutz

Im zweiten Teil der vorliegenden Studie werden die Überlegungen von Gareis, Kohler und Gierke zu einem postmortalen Persönlichkeitsschutz im Kontext des Strafrechts der Schweiz der zweiten Hälfte des 19. Jahrhunderts dargestellt. Mangels einer nationalen Strafrechtskodifikation damals bilden die Grundlagen der Kontextualisierung in erster Linie Entwürfe für ein eidgenössisches Strafgesetzbuch. In den Entwürfen war ein marginaler Ansatz eines postmortalen Rechtsschutzes des Menschen über den Tatbestand der Verleumdung und üblen Nachrede gegen einen Verstorbenen vorgesehen worden.[1252] Der Aspekt des strafrechtlichen Schutzes des Leichnams trat erstmals im Vorentwurf für ein Strafgesetzbuch vom Februar bzw. April 1908 auf. Die «Störung des Totenfriedens» gemäss Art. 188 VE StGB April 1908 wurde um die Tatbestände der öffentlichen Beschimpfung oder absichtliche Verunehrung (Abs. 3) sowie die Entziehung aus dem Gewahrsam des Berechtigten (Abs. 4) ergänzt.[1253] Die Diskussionen über eine nationale Strafrechtskodifikation setzten sich im frühen 20. Jahrhundert fort. Es stellt sich die Frage, ob in dieser späteren Phase der Gesetzgebungsgeschichte Bezugnahmen auf die Überlegungen von Gareis, Kohler und Gierke zum postmortalen Persönlichkeitsschutz stattfanden.

1. Pietätsgefühl lebender Angehöriger

Carl Stooss hatte 1893 erklärt, dass das originär geschützte Rechtsgut in der Norm zum Totenfrieden «das allgemein menschliche Gefühl der Pietät gegen die Todten»[1254] sei. Er lehnte eine Verbindung zur Religiosität ab. In den ab 1912 stattfindenden Verhandlungen der zweiten grossen Expertenkommission zum Vorentwurf vom April 1908 kam es zu einer Relativierung dieser Ablehnung. Der Zürcher Strafrechtsprofessor

[1250] Griot, 33 f.

[1251] S. Griot, 34.

[1252] S. Art. 107 VE StGB April 1908: «Ist eine Verleumdung oder eine üble Nachrede gegen einen Verstorbenen gerichtet, so sind die Angehörigen zum Antrag berechtigt.» Dazu s. oben, Teil 2/B/II/3/c/cc.

[1253] Zur Rechtslage in dieser Phase der Gesetzgebung s. oben, Teil 2/B/II/3/b.

[1254] Stooss, Grundzüge, 194. Dazu s. oben, Teil 2/B/II/3/b/bb.

Emil Zürcher betonte, dass der Totenfriede «kein Rechtsbegriff, sondern eine religiöse Vorstellung, vielleicht ein Euphemismus, mit dem wir uns über die Unerbittlichkeit eines Naturgesetzes hinwegzutäuschen versuchen»[1255], sei. Zürcher sah eine Verbindung zwischen dem gesellschaftlichen Verlangen nach der Sanktionierung der Störung des Totenfriedens, der religiösen Überzeugung eines Menschen und dem «Naturgefühl, das sich sträubt, die Vernichtung anzuerkennen.»[1256] In seinen Erläuterungen zum Vorentwurf vom April 1908, die im Jahr 1914 erschienen, hob er erneut einen potenziell religiösen Hintergrund der Norm hervor. Für ihn war klar, dass es bei der Störung des Totenfriedens um die Pietätsgefühle gegenüber dem Verstorbenen gehe, die für die einen als «Abspaltung des religiösen Gefühls» gelten, für die anderen als «Mitgefühl mit den Angehörigen»[1257]. Im Ergebnis schloss sich Zürcher der Ansicht an, dass es bei der Störung des Totenfriedens um die Pietätsgefühle der lebenden Angehörigen gehe: «Man hat das zu schützende Rechtsgut etwa in der Pietät gegenüber dem Toten gefunden»[1258].

Die Beschreibung des geschützten Pietätsgefühls als ein Rechtsgut der lebenden Angehörigen fand seine Kontinuität beim Tatbestand der Verleumdung und üblen Nachrede eines Verstorbenen. Zürcher fasste in seinen Erläuterungen zum Vorentwurf vom April 1908 die Motive hinter der Strafnorm wie folgt zusammen:

> «Der Verstorbene hat aufgehört, Träger von Rechten zu sein. Er hat aber ein Andenken hinterlassen an das, was er war und was er tat, und wenn es nun einerseits von niedriger Gesinnung zeugt, sich an dem Toten zu rächen durch wissentlich unwahre Behauptungen oder prüfungslos wiedergegebene üble Nachrede, so enthalten solcherlei Angriffe möglicherweise auch eine *schwere Kränkung der Hinterbliebenen in ihren Gefühlsbeziehungen zu dem Verstorbenen*, bei lebendigem Familienbewusstsein wohl auch in ihrer Familienehre. Und diese Gefühle sind des staatlichen Schutzes wohl wert.»[1259]

Zürcher rückte die Bestimmung näher an den Inhalt von § 189 RStGB heran und verband in ihr die Verletzung des Andenkens mit der «Kränkung der Hinterbliebenen in ihren Gefühlsbeziehungen», das heisst des Pietätsgefühls naher Angehöriger. Der primäre Schutz galt nach seinem Verständnis also nicht dem Verstorbenen selbst. Hinter seiner Einordnung stand die Überzeugung von der Tatsache, dass der tote Mensch nicht mehr aktiv gegen eine Verleumdung oder üble Nachrede vorgehen könne. Ausdruck dieser Überzeugung war die Ausgestaltung der Strafnorm als sogenanntes Antragsrecht. Im

---

[1255] *Zürcher*, in: Protokoll Experten IV, 338. Ähnlich HAFTER, Kommentar, 469.

[1256] *Zürcher*, in: Protokoll Experten IV, 338.

[1257] ZÜRCHER, 343. Gleiche Überlegungen waren laut Zürcher auch bei Art. 53 Abs. 2 BV – Recht des schicklichen Begräbnisses – und Art. 107 VE StGB vom April 1908, der die «Verleumdung und üble Nachrede gegen einen Verstorbenen» unter Strafe stellte, erkennbar. Ähnlich AEBLI, 79 f.

[1258] *Zürcher*, in: Protokoll Experten IV, 338.

[1259] ZÜRCHER, 187 [Hervorhebungen nicht im Original].

heute noch geltenden Art. 175 Abs. 1 StGB heisst es: «Richtet sich die üble Nachrede oder die Verleumdung gegen einen Verstorbenen oder einen verschollen Erklärten, so steht *das Antragsrecht den Angehörigen* des Verstorbenen oder des verschollen Erklärten zu.»[1260]

2. Leichnam als Schutzobjekt

Erst mit dem Vorentwurf für ein Strafgesetzbuch vom Februar bzw. April 1908 und der umfassenderen Normvariante der Störung des Totenfriedens wurde der strafrechtliche Schutz direkt – zumindest im Wortlaut – auf den Leichnam ausgeweitet. Zürcher hielt 1913 in seinem Votum vor der zweiten grossen Expertenkommission fest, dass ein Schutzobjekt der Norm «die Leiche»[1261] sei. Auch der Zürcher Strafrechtsprofessor Ernst Hafter zählte den Leichnam in seinem Kommentar zum Strafgesetzbuch als Teil der «Tatobjekte»[1262] auf, die es vom eigentlichen Schutzobjekt – der Pietät – zu unterscheiden gelte. Die Anerkennung des strafrechtlichen Schutzstatus des toten Körpers eines Menschen bezog sich dabei auf Art. 188 Abs. 3 VE StGB 1908, wo derjenige bestraft wurde, der den Leichnam «öffentlich beschimpft oder absichtlich verunehrt». Was darunter zu verstehen war, kam im Rahmen der Ausarbeitung des StGB allerdings nur selten zum Ausdruck. Sinnbildlich für die rare Behandlung stand die Wortmeldung des Zürcher Oberrichters Otto Lang im Rahmen der zweiten Expertenkommission im Jahr 1913: «Ich weiss nicht, was dieses ‹verunehren› eigentlich bedeuten soll»[1263]. Einen seltenen Erklärungsversuch unternahm der Genfer Strafrechtsprofessor Alfred Gautier:

> «L'outrage publice et la profanation. Ici encore la distinction est difficile. Peut-être peut-on l'exprimer avec quelque précision en disant que la profanation suppose un contact, tandis que l'outrage a lieu sans qu'il soit touché au cadavre.»[1264]

Laut Gautier setzte die öffentliche Beschimpfung des Leichnams keinen physischen Kontakt voraus, währenddem die Verunehrung physische Handlungen an einem Leichnam verlange. Damit übereinstimmend hielt Hafter in seinem Kommentar fest, dass die nichtphysische Beschimpfung durch «Worte, Gebärden und andere Gedankenäußerung»[1265] erfolge. Die Verunehrung hingegen umfasse «jede nicht zu rechtfertigende körperliche Einwirkung»[1266], wozu er die «Mißhandlung, Verstümmelung, Ausplünderung, Unfug treiben mit einem Leichnam» sowie das «unberechtigte

---

1260 Art. 175 Abs. 1 StGB [Hervorhebungen nicht im Original].
1261 *Zürcher*, in: Protokoll Experten IV, 338.
1262 HAFTER, Kommentar, 469.
1263 *Lang*, in: Protokoll Experten IV, 340.
1264 *Gautier*, in: Protokoll Experten IV, 339.
1265 HAFTER, Kommentar, 471. Näheres bei BIERI, 48 ff.
1266 HAFTER, Kommentar, 471.

Ausgraben und Entblößen einer Leiche»[1267] zählte. Bei der Tathandlung «Verunehrung» ging es demnach nicht um den Ehrbegriff, sondern immer um eine physische Einwirkung auf die Ruhestätte bzw. den Leichnam. Die Verunehrung stand denn auch in einem engen Zusammenhang mit der Leichenschändung. So erwähnte etwa der Berner Strafrechtsprofessor Philipp Thormann, dass der «schwerste Fall der Verunehrung einer Leiche»[1268] bei der sexuellen Leichenschändung vorliege.

Der Leichnam war demnach ein strafrechtliches Schutzobjekt. Allerdings blieb die Frage, ob der Schutz dem gewesenen Menschen oder den überlebenden Angehörigen zuzurechnen sei, unbeantwortet. Die Bezeichnung als «Tatobjekt» lässt die Annahme zu, dass auch hier grundsätzlich das Pietätsgefühl der Angehörigen geschützt werden sollte. Handlungen, die sich gegen den Leichnam in der Ruhestätte richteten und potenziell das Pietätsgefühl der Angehörigen – bestehend im Herabsetzen des Toten – verletzten, wurden sanktioniert. Der Schutzstatus des Leichnams war kein Ausdruck einer postmortalen Fortwirkung der Persönlichkeit des Menschen. Eine Einzelanmerkung im Rahmen der kommissionellen Besprechung der Tathandlung «entziehen» gemäss Art. 188 Abs. 4 VE StGB April 1908 betonte aber, dass der Leichnam eine besondere Stellung im (Straf-)Recht einnehme:

> «La soustraction du cadavre. Faire d'une telle soustraction une espèce de vol, froisserait profondément le sentiment naturel, comme l'a très bien dit Zürcher dans les motifs. La soustraction a cependant lieu, parfois, dans des intentions qui, de fait, la rapprochent beaucoup du vol, p[ar] ex[ample] lorsqu'elle est faite pour vendre le cadavre à un amphithéâtre d'anatomie. Elle peut aussi, il est vrai, se faire sous l'influence de mobiles tout differents et se rapprocher beaucoup de la profanation.»[1269]

Mit der Sanktionierung der Tathandlung «entziehen» war insbesondere der unberechtigte Verkauf bzw. Handel mit Leichen(-teilen) – «pour vendre le cadavre» – ins Auge gefasst worden.[1270] Gautier hielt 1913 in den Verhandlungen der zweiten grossen Expertenkommission explizit fest, dass für die Entziehung des Leichnams der Begriff «vol» – Diebstahl – abzulehnen sei, da er das natürliche Empfinden zutiefst verletzen würde – «froisserait profondément le sentiment naturel». Der von Gautier angesprochene Zürcher stufte den «Diebstahl von Leichen»[1271] als eine grundsätzlich nicht für

---

[1267] HAFTER, Kommentar, 471. Dazu s. BIERI, 32 ff.

[1268] *Thormann*, in: Protokoll Experten IV, 341. Wiederholend 1941 in seinem Kommentar zum StGB, s. THORMANN/OVERBECK, 351. Ob die Leichenschändung von Art. 262 Ziff. 1 Abs. 3 StGB erfasst wurde, war jedoch umstritten. Ablehnend etwa BIERI, 36 ff., 38.

[1269] *Gautier*, in: Protokoll Experten IV, 339.

[1270] Der Bundesrichter Alexander Reichel stellte in denselben Verhandlungen den Antrag, die Bestimmung mit dem Wort «Leichenteile» zu ergänzen und deutete dabei ein ähnlich gelagertes Motiv für die Regelung an wie jenes von Gautier. Er dachte an einen Fall, bei dem «ein Spitalabwart mit Haaren von Leichen Handel trieb», s. *Reichel*, in: Protokoll Experten IV, 340.

[1271] ZÜRCHER, 501. Er behandelte die Thematik im Rahmen der Erläuterungen zu Art. 288 VE StGB April 1908 [«Beseitigung eines Leichnams»].

die Rechtsordnung taugliche Norm ein, ohne jedoch seine Ansichten näher zu begründen.[1272] Eine Erklärung dürfte im Tatbestandselement «Sache», das für den Diebstahl vorausgesetzt wird, zu suchen sein.[1273] Die Einordnung des Leichnams als Sache stiess bei Zürcher (und Gautier) offensichtlich auf Widerstand, sodass im Ergebnis ein Diebstahl am Leichnam abgelehnt wurde.[1274]

3. Keine Bezugnahme auf die Überlegungen von Gareis, Kohler oder Gierke

Im Ergebnis kann festgehalten werden, dass im Rahmen der Ausarbeitung des Schweizerischen Strafgesetzbuchs von 1942 keine expliziten Bezugnahmen auf die Überlegungen von Gareis, Kohler oder Gierke zu einem postmortalen Persönlichkeitsschutz gemacht wurden. Im Fokus stand der Schutz der Pietätsgefühle von lebenden Angehörigen. Der postmortale Rechtsschutz eines Menschen fand keinen Ausdruck, auch nicht über die Erfassung des Leichnams als Schutzobjekt des Strafrechts. Die Ausführungen Zürchers in seinen Erläuterungen zum Delikt der Störung des Totenfriedens untermauerten die (implizite) Ablehnung des postmortalen Persönlichkeitsschutzes. Er hielt darin fest, dass, wenn keine Angehörigen auszumachen seien oder deren Einwilligung vorliege, «die Benutzung des Leichnams zu wissenschaftlichen Forschungs- und Unterrichtszwecken»[1275] nicht strafbar sein könne. Die Verwendung des Leichnams zu Forschungszwecken wurde demnach grundsätzlich als rechtmässig angesehen und stand nur in Abhängigkeit des Willens der lebenden Angehörigen.

IV. Urheberrecht: Ablehnung eines postmortalen Rechtsschutzes

Die Urheberrechtsgesetzgebung in der Schweiz der zweiten Hälfte des 19. Jahrhunderts gestaltete sich – im Vergleich zu Deutschland – als sehr überschaubar. Im Rahmen der rechtswissenschaftlichen Auseinandersetzung mit dem Gesetz «über das Urheberrecht an Werken der Litteratur und Kunst» von 1883 war der Aspekt des postmortalen Rechtsschutzes nur marginal behandelt worden. In einschlägigen Diskussionen kam es dabei zur Ablehnung einer Fortdauer der persönlichkeitsrechtlichen Elemente im Urheberrecht nach dem Ableben eines Menschen.[1276] Fraglich ist, inwiefern die Überlegungen von Gareis, Kohler und Gierke zu einem postmortalen Persönlichkeitsschutz im

---

1272 Zur Diskussion in Deutschland s. oben, Teil 2/B/I/2/b/cc.

1273 Vgl. Bieri, 68; Thormann/Overbeck, 68. Allerdings war auch die Ansicht vertreten worden, dass «die Leiche zur Sache» werden konnte, s. Aebli, 80.

1274 In der späteren Literatur gab es auch davon abweichende Stimmen. Beispielsweise stellte Hafter in seinem Kommentar von 1941 fest, dass der Leichnam grundsätzlich «Gegenstand eines Diebstahls oder anderer Vermögensdelikte sein» könne, s. Hafter, Kommentar, 473, 474.

1275 Zürcher, 343.

1276 Hierzu s. oben, Teil 2/B/II/4/b/cc.

frühen 20. Jahrhundert in der schweizerischen Urheberrechtswissenschaft aufgegriffen wurden.

Beispielhaft sei auf die im Jahr 1929 erschienene Dissertation von Alphons Melliger zur Frage des Verhältnisses des Urheberrechts zu den Persönlichkeitsrechten hingewiesen. Melliger behandelte verschiedene Theorien zur rechtlichen Natur des Urheberrechts und bemerkte:

> «Als typischer Vertreter der Persönlichkeitsrechtstheorie in Deutschland erscheint *Otto von Gierke*.»[1277]

Melliger befasste sich über mehrere Seiten hinweg mit Gierkes Konstruktion des Urheberrechts als ein «aus geistiger Schöpfung fliessendes Persönlichkeitsrecht»[1278]. Im Ergebnis lehnte er den persönlichkeitsrechtlichen Charakter des Urheberrechts, wie ihn Gierke annahm, ab und kritisierte dabei insbesondere Gierkes Verständnis der Persönlichkeitsrechte: «Unter Zugrundelegung der Gierkeschen Definition lässt sich fast jedes subjektive Privatrecht zu den Persönlichkeitsrechten zählen: die Grenzen zwischen den einzelnen Kategorien von Rechten sind vollständig verwischt.»[1279] Laut Melliger lieferte Gierke keine klare Definition des Persönlichkeitsrechts. Diese Unklarheit setze sich bei der Urheberrechtslehre fort und erzeuge «schliesslich eine ausserordentliche Verwirrung.»[1280] Seine Kritik an Gierkes Theorie sah er unter anderem in Ausführungen von Kohler bestätigt.[1281] In diesem Zusammenhang sprach Melliger die Überlegungen von Gierke zu einem postmortalen Persönlichkeitsschutz an:

> «Dass das Urheberrecht den Tod des Urhebers *überdauert*, bildet für uns ein Argument gegen seine persönlichkeitsrechtliche Natur. Aber selbst wenn es mit dem Ableben des Urhebers erlöschen würde, dürfte daraus allein nicht auf ein Individualrecht geschlossen werden. Denn daraus, dass das Persönlichkeitsrecht mit dem Tode seines Trägers erlischt, folgt nicht, dass ein mit dem Tode seines Trägers erlöschendes Recht Persönlichkeitsrecht sei. Wem würde es einfallen, in der Nutzniessung und den beschränkten Personalservituten, die tatsächlich mit dem Tode des Berechtigten endigen […], aus diesem Grunde Individualrechte zu erblicken?»[1282]

Melliger lehnte den persönlichkeitsrechtlichen Charakter der Urheberrechte ab und negierte dabei die Existenz eines postmortalen Urheberrechtes. Damit blieb er auf

---

1277 MELLIGER, 45 [Hervorhebungen im Original].

1278 GIERKE, Band I, 764.

1279 MELLIGER, 48.

1280 MELLIGER, 51.

1281 S. MELLIGER, 48. Allerdings lehnte Melliger den Versuch Kohlers, «das Urheberrecht aus jeder begrifflichen Verbindung mit dem Persönlichkeitsrecht zu lösen», ab. Seiner Ansicht nach werde «das Werk nach bestimmten Richtungen stets in die Persönlichkeitssphäre des Urhebers hineinreichen», s. MELLIGER, 86. Zu Kohlers Theorie der Urheberrechte s. oben, Teil 2/B/I/3/b/aa.

1282 MELLIGER, 54 [Hervorhebungen nicht im Original].

der Linie, die bereits bei der Ausarbeitung des Urheberrechtsgesetzes von 1881 durch Schweizer Rechtswissenschaftler vorgespurt worden war.[1283] Seine ablehnende Haltung gegenüber den Überlegungen zu einem postmortalen Persönlichkeitsschutz wiederholte er zum Ende seiner Untersuchung: «Wir bestreiten für das geltende Schweizer Recht jede Fortdauer des Urheberindividualrechts nach dem Tode des Urhebers.»[1284]

1283 S. oben, Teil 2/B/II/4/b/cc.

1284 MELLIGER, 135.

Schlussbetrachtung

Karl Gareis, Josef Kohler und Otto von Gierke zählen zu den frühen Befürwortern eines postmortalen Persönlichkeitsschutzes. Im endenden 19. Jahrhundert stellten diese drei Juristen gleichermassen Überlegungen zu einem postmortalen Schutz der Persönlichkeitsrechte eines Menschen an.

Gareis bejahte in mehreren seiner Abhandlungen die Fortwirkung des Persönlichkeitsrechts über den Tod eines Menschen hinaus.[1285] Dabei näherte er sich der Thematik meistens über die rechtliche Betrachtung des Leichnams. In einer Untersuchung aus dem Jahr 1905 brachte er seine Überlegungen in kondensierter Form zum Ausdruck. Zum einen nehme der Leichnam «als Hülle der Persönlichkeit»[1286] eine rechtliche Sonderstellung ein. Zum anderen wirke das Persönlichkeitsrecht des verstorbenen Menschen insbesondere in der Phase, in der Verbindungen zwischen einzelnen toten Körperteilen nicht aufgehoben werden, weiter: «Das Persönlichkeitsrecht des Toten wird solange auch noch *im* Toten anerkannt.»[1287] Gareis sprach sich für einen direkten postmortalen Persönlichkeitsschutz aus, bei dem Angehörige das (fortwirkende) Recht des Toten wahrnehmen.

Kohler umschrieb die postmortale Fortwirkung des Persönlichkeitsrechts eines Menschen immer wieder mit dem Ausdruck ‹Residuum›.[1288] Seine Überlegungen bezogen sich dabei überwiegend auf bestimmte Urheberpersönlichkeitsrechte wie das Recht am eigenen Bild. Im Rahmen seiner Urteilsbesprechung des Falles «Bismarck auf dem Totenbett» aus dem Jahre 1899 präsentierte er seine Annahme eines postmortalen Persönlichkeitsschutzes in einem Satz: «Allerdings erlischt das Persönlichkeitsrecht in seiner Hauptbedeutung mit dem Tode; allein es erlischt unter Hinterlassung *eines Residuums*, und dieses geht auf die Hinterbliebenen über; sie üben es aus als ihr Recht, aber sie üben es nicht aus als ihr ureigenes persönliches Recht, sondern als das *ihnen überkommene Persönlichkeitsrecht des Erblassers*.»[1289] Kohler schrieb das postmortal fortwirkende Persönlichkeitsrecht dem Toten selbst zu. Ein solches Recht sei zu schützen, indem es durch die berechtigten, lebenden Angehörigen wahrgenommen werde. Ähnlich wie Gareis bejahte Kohler einen direkten postmortalen Persönlichkeitsschutz.

Gierke äusserte sich im Zusammenhang mit dem Urheberrecht zur Fortwirkung des Persönlichkeitsrechts nach dem Tod eines Menschen.[1290] Er verstand das Urheberrecht

---

[1285] Zu Gareis s. oben, Teil 1/A.

[1286] Gareis, Begräbnisstätte, 318.

[1287] Gareis, Begräbnisstätte, 318 [Hervorhebung nicht im Original].

[1288] Zu Kohler s. oben, Teil 1/B.

[1289] Kohler, Bismarckphotographie, 196 [Hervorhebungen nicht im Original].

[1290] Zu Gierke s. oben, Teil 1/C.

als ein «aus geistiger Schöpfung fliessendes Persönlichkeitsrecht»[1291] und hielt 1895 fest: «Es [sc. das Urheberrecht] erlischt nicht sofort und kann nicht sofort erlöschen, weil ja einerseits in Folge der Zerbrechlichkeit des menschlichen Daseins sein Werth unerträglich unsicher wäre, andrerseits die Persönlichkeit des Verstorbenen *im Kreise seiner Angehörigen fortdauernd* mit besonderer Lebendigkeit nachwirkt und für sie in ihrem irdischen Rückstande ein geheiligtes, *schutzwürdiges Persönlichkeitsgut* bildet.»[1292] Gierke anerkannte die postmortale Fortwirkung des Persönlichkeitsrechts. Im Zentrum seiner Überlegungen stand dabei der indirekte postmortale Persönlichkeitsschutz, bei dem das fortwirkende Persönlichkeitsrecht als Rechtsgut lebender Angehöriger geschützt wird.

Gareis, Kohler und Gierke deuteten in ihren Abhandlungen oberflächlich an, dass sie in verschiedenen Bereichen der Rechtsordnung Ansätze postmortaler Rechte erkannten, die für eine Annahme eines postmortalen Persönlichkeitsschutzes sprachen. Mittels einer Kontextualisierung der Überlegungen in zeitgenössische Kontexte konnte in der vorliegenden Studie aufgezeigt werden, welche damals vorhandenen Ansätze eines postmortalen Rechtsschutzes in Verbindung mit den Annahmen eines postmortalen Persönlichkeitsschutzes durch Gareis, Kohler und Gierke standen.

In der zweiten Hälfte des 19. Jahrhunderts diskutierten deutsche Juristen die rechtliche Einordnung des Leichnams überwiegend unter der Perspektive des Sachbegriffs.[1293] Eine Meinungsgruppe nahm die Sachqualität des Leichnams an, sah zugleich aber Einschränkungen in der Verkehrsfähigkeit vor. Diese Einschränkungen fanden ihre Begründungen regelmässig in der Annahme einer Bestattungspflicht des Leichnams. Hier übte auch das antike römische Recht und der römisch-rechtliche ‹res›-Begriff, wie er von Pandektisten im 19. Jahrhundert verstanden wurde, einen entscheidenden Einfluss aus. Ein anderer, kleinerer Teil der Lehre lehnte die Sachqualität des toten Körpers eines Menschen ab und befürwortete die Einordnung in der Kategorie der Nichtsache.

Mit Blick auf die Überlegungen von Gareis, Kohler und Gierke zum Leichnam und zum postmortalen Persönlichkeitsschutz lässt sich Folgendes feststellen: Kohler lehnte die Einordnung des Leichnams als Sache ab. Eine positive Qualifikation nahm er jedoch nicht vor. Er betonte allerdings ein religiöses Interesse am (strafrechtlichen) Schutz des Leichnams.[1294] Gareis folgte zunächst der damals herrschenden Auffassung, die den Leichnam als «herrenlose ‹Sache›»[1295] einordnete. Später änderte er jedoch seine Sicht und erklärte, dass der Leichnam als «Hülle der Persönlichkeit»[1296] zu betrach-

1291 GIERKE, Band I, 764.
1292 GIERKE, Band I, 768 [Hervorhebungen nicht im Original].
1293 Dazu s. oben, Teil 2/A.
1294 S. KOHLER, Studien, 206.
1295 GAREIS, Körper, 92. S. dazu oben, Teil 1/A/III/1.
1296 GAREIS, Begräbnisstätte, 318.

ten sei. Eine ähnliche Ansicht vertrat Gierke, der den Leichnam als «Rückstand der Persönlichkeit»[1297] qualifizierte. In der Zivilrechtswissenschaft Deutschlands um 1900 waren die Einordnungen des Leichnams und der Verfügungen über denselben als Teil des Persönlichkeitsrechts eine Novität. Mit der überwiegenden Lehrmeinung, die die Sachqualität des Leichnams annahm, hatten die drei Juristen gemeinsam, dass sie eine Einordnung in die Rechtssystematik vornahmen. Dadurch wurde gewissermassen ein rechtlicher Schutz des toten Körpers des Menschen erreicht. Gareis, Kohler und Gierke sprachen sich allerdings für die Fortwirkung der Persönlichkeitsrechte über den Tod eines Menschen hinaus aus, was, mit Blick auf den Leichnam, zu einem postmortalen Rechtsschutz des Menschen führte. An diesem Punkt gab es mit der zeitgenössischen zivilrechtswissenschaftlichen Diskussion über den Leichnam nur marginale und implizite Übereinstimmungen.

Das Bürgerliche Gesetzbuch vom 16. August 1898 enthielt keine expliziten Regelungen zum allgemeinen Persönlichkeitsrecht.[1298] Diesen Umstand kritisierten auch die drei Juristen. Gierke lehnte bereits den ersten Entwurf des BGB von 1888 als unvollständig ab, da er kein eigenständiges Persönlichkeitsrecht vorsah. Gareis bemerkte, dass das BGB den Begriff der Persönlichkeitsrechte nicht explizit anerkenne, wies jedoch auf verschiedene Normen hin, die implizit den Persönlichkeitsschutz betreffen könnten, wie § 823 Abs. 1 BGB 1900 oder das Namensrecht in § 12 BGB 1900. Das Fehlen eines allgemeinen Persönlichkeitsrechts im BGB wirkte sich dann konkret auf die Überlegungen zu einem postmortalen Persönlichkeitsschutz aus. Während Kohler und Gierke im BGB keine Ansätze eines postmortalen Rechtsschutzes ausmachten, interpretierte Gareis einzelne erbrechtliche Bestimmungen als eine Anerkennung von Persönlichkeitsrechten nach dem Tod.

Das Strafgesetzbuch für das Deutsche Reich vom 15. Mai 1871 spielte in den Überlegungen von Gareis, Kohler und Gierke zu einem postmortalen Persönlichkeitsschutz eine wichtige Rolle.[1299] Kohler setzte sich intensiv mit dem strafrechtlichen Schutz des Leichnams auseinander. Gareis erkannte in § 168 und § 189 RStGB Ansätze eines postmortalen Rechtsschutzes des Menschen. Er argumentierte, dass diese Bestimmungen den Schutz der Totenehre garantierten und somit die Fortwirkung der Würde des Verstorbenen anerkannten. Gierke beschäftigte sich weniger detailliert mit dem Strafrecht, betonte jedoch allgemein, dass das Strafrecht in engem Zusammenhang mit dem Zivilrecht stehe und eine notwendige Ergänzung für den Schutz von (postmortalen) Persönlichkeitsrechten darstelle.

[1297] Gierke, Band II, 36.
[1298] Dazu s. oben, Teil 2/B/I/1.
[1299] Dazu s. oben, Teil 2/B/I/2.

Ein wichtiges Rechtsgebiet für die Begründung der Überlegungen von Gareis, Kohler und Gierke zu einem postmortalen Persönlichkeitsschutz war das Urheberrecht.[1300] Alle drei Juristen stimmten darin überein, dass das Urheberrecht über den Tod hinaus wirken müsse, da das Werk eines Künstlers nach seinem Tod weiterhin mit dessen Persönlichkeit verbunden bleibe. Gareis wies darauf hin, dass das Urheberrecht ein Persönlichkeitsrecht sei, das über den Tod hinaus für eine bestimmte Zeit fortbestehe. Kohler betonte ebenfalls, dass das Urheberrecht nach dem Tod des Urhebers fortbestehe und von den Erben geltend gemacht werden könne, obwohl das Recht selbst weiterhin beim Verstorbenen liege. Für Gierke war das Urheberrecht untrennbar mit der Person des Urhebers verbunden, auch wenn es nach dessen Tod auf die Erben übergehe.

Die schweizerische Rechtsordnung übte auf die Überlegungen von Gareis, Kohler und Gierke zu einem postmortalen Persönlichkeitsschutz einen indirekten Einfluss. Eine Verbindung zu den Überlegungen gab es insbesondere bei der Verfassung und dem Begräbniswesen.[1301] Die Bundesverfassung von 1874 enthielt Ansätze eines postmortalen Rechtsschutzes des Menschen, der in der Garantie auf ein «schickliches Begräbnis» verankert war. Diese Ansätze dienten dann vor allem bei Gareis als Hintergrund für seine Überlegungen zum postmortalen Persönlichkeitsschutz. Allerdings macht die Untersuchung der schweizerischen Rechtsordnung der zweiten Hälfte des 19. Jahrhunderts auch klar, dass die marginal vorhandenen Ansätze eines postmortalen Rechtsschutzes des Menschen ohne grosse Strahlkraft blieben. Dieser Umstand spiegelte sich darin, dass weder Gareis, Kohler noch Gierke in ihren Überlegungen zum postmortalen Persönlichkeitsschutz explizit Bezug auf das Schweizerische Zivilgesetzbuch vom 10. Dezember 1907 oder das schweizerische Strafrecht nahmen.[1302] In der Schweiz galt die positivrechtliche Bestimmung von Art. 31 Abs. 1 ZGB 1912 als Hinderungsgrund für die Anerkennung eines postmortalen Persönlichkeitsschutzes, da hiernach die Rechtsfähigkeit mit dem Tod des Menschen endet. Schweizer Juristen lehnten die Theorien von Gareis, Kohler und Gierke bezüglich eines postmortalen Persönlichkeitsschutzes deshalb als unvereinbar mit der schweizerischen Rechtsordnung ab.

In den Überlegungen von Gareis, Kohler und Gierke zum postmortalen Persönlichkeitsschutz kam weiter zum Ausdruck, dass diese Thematik nicht nur juristische, sondern auch medizinische, religiöse und philosophische Dimensionen umfasste. In der zweiten Hälfte des 19. Jahrhunderts nahm die katholische Kirche eine gesellschaftsprägende Stellung ein. Ein Blick auf die Kodifikation des katholischen Kirchenrechts am Ende des langen 19. Jahrhunderts legt offen, dass der gewesene Mensch und der tote Körper eines Menschen diversen Regelungen unterworfen waren, die Elemente eines

1300 Dazu s. oben, Teil 2/B/I/3.
1301 Dazu s. oben, Teil 2/B/II/1.
1302 Dazu s. oben, Teil 2/B/II/2.

postmortalen Rechtsschutzes enthielten.[1303] Der gewesene Mensch und der tote Körper eines Menschen nahmen (und nehmen) eine zentrale Stellung im christlichen Auferstehungsglauben ein. Die religiöse Dimension zeigte sich bei den Überlegungen von Gareis, Kohler und Gierke zum postmortalen Persönlichkeitsschutz etwa darin, dass sie die Bedeutung religiöser Rituale wie der Bestattung anerkannten. Gareis beschäftigte sich zudem eingehend mit den Rechtsverhältnissen an Begräbnisstätten. Kohler argumentierte ebenfalls aus einer religiösen Perspektive, indem er die Bestattung als einzig würdigen Zweck des toten Körpers eines Menschen ansah.

Die medizinische Wissenschaft der zweiten Hälfte des 19. Jahrhunderts befasste sich auf mehreren Ebenen mit dem Leichnam.[1304] Teildisziplinen wie die Leichenschau übten dabei einen direkten Einfluss auf die Rechtsetzung aus. Mit diesen Regelungen war meistens das Ziel des medizinischen und gesellschaftlichen Fortschritts verbunden. Der Einfluss der Medizin zeigte sich bei Gareis, Kohler und Gierke besonders in Bezug auf Anatomieleichen. Gierke etwa betonte die Einschränkung der persönlichkeitsrechtlichen Verfügungsberechtigung über den Leichnam im medizinischen Kontext, zum Beispiel bei der Vornahme von Sektionen.[1305] Auch Gareis und Kohler behandelten bei ihren Ausführungen zum postmortalen Persönlichkeitsschutz Fragen zu Anatomieleichen.[1306] Diese Diskussionen spiegeln das Bewusstsein der Juristen für den Einfluss der Medizin auf die rechtliche Behandlung des toten Körpers und den postmortalen Persönlichkeitsschutz wider.

Im Hintergrund der Überlegungen von Gareis, Kohler und Gierke zum postmortalen Persönlichkeitsschutz stand auch die philosophische Materialismusdebatte.[1307] Der naturwissenschaftliche Materialismus, der alle Prozesse als rein physikalische Reaktionen der Materie verstand, gewann im 19. Jahrhundert zunehmend an Bedeutung. Dieses Verständnis wirkte sich unmittelbar auf die Rechtswissenschaft aus. Es kam zu einer steigenden Anzahl an Vertretern des Rechtspositivismus. Auch die drei Juristen hoben die Bedeutung des positiven Rechts bei ihren Überlegungen zum postmortalen Persönlichkeitsschutz hervor. Gareis etwa betonte, dass er im positiven Recht Ansätze eines postmortalen Rechtsschutzes des Menschen erkannte. Indem Gareis, Kohler und Gierke bei ihren Überlegungen auf positive Rechtsgrundlagen setzten, distanzierten sie sich zum einen von metaphysischen Annahmen. Zum anderen versuchten sie damit, die Kritik der Materialisten zu entkräften, die solche Rechte ohne positivrechtliche Basis ablehnten.

[1303] Dazu s. oben, Teil 2/C/I.
[1304] Dazu s. oben, Teil 2/C/II.
[1305] S. Gierke, Band II, 36 (Fn. 68).
[1306] S. nur Gareis, Körper, 66; Kohler, Studien, 207.
[1307] Dazu s. oben, Teil 2/C/III.

Im frühen 20. Jahrhundert wirkten die Überlegungen von Gareis, Kohler und Gierke zum postmortalen Persönlichkeitsschutz sowohl in Deutschland als auch in der Schweiz auf verschiedene Weise fort, wobei ihre Ansätze teils Zustimmung, teils Ablehnung fanden. In Deutschland beeinflussten die Ansichten der drei Juristen insbesondere die Diskussionen im Zivilrecht zur rechtlichen Stellung des Leichnams.[1308] Einzelne Rechtswissenschaftler griffen die Ideen von Gareis, Kohler und Gierke auf und argumentierten für eine Fortwirkung der Persönlichkeitsrechte über den Tod hinaus. Andere Juristen jedoch äusserten Bedenken, ob die Persönlichkeit und damit verbundene Rechte nach dem Tod weiterbestehen könnten. Sie lehnten eine Fortwirkung der Rechte, wie sie Gareis, Kohler und Gierke annahmen, strikt ab, da diese Fortwirkung die Rechtsordnung übermässig individualistisch gestalten würde. In der Rechtsprechung bestätigte das Reichsgericht 1913 indirekt die Fortwirkung der Persönlichkeitsrechte über den Tod hinaus, indem es in Umbettungsstreitigkeiten die Rechte der Hinterbliebenen als privatrechtliche Ansprüche anerkannte.[1309] Das Gericht stützte sich explizit auf die Argumentation von Gareis, der die Persönlichkeit des Verstorbenen als fortwirkend ansah.

In der Schweiz entwickelte sich der postmortale Persönlichkeitsschutz ebenfalls weiter, wenn auch nur aus verfassungsrechtlicher Perspektive. Die Verfassungsnorm des schicklichen Begräbnisses nach Art. 53 Abs. 2 BV 1874 wurde als eine erste Annäherung an einen postmortalen Persönlichkeitsschutz gesehen.[1310] Unter Bezugnahme auf Gierkes Sichtweise, den Leichnam als «Rückstand der Persönlichkeit» zu betrachten, wurde die Ansicht vertreten, dass das Verfügungsrecht über den eigenen Leichnam ein Ausdruck der verfassungsmässig garantierten persönlichen Freiheit sei. Das Bundesgericht bestätigte die Einordnung des Rechts auf Bestimmung über die Bestattung als Ausdruck individueller (postmortaler) Würde. Im Zivil-, Straf- und Urheberrecht hingegen kam es zur Ablehnung eines postmortalen Persönlichkeitsschutzes.[1311]

[1308] Dazu s. oben, Teil 3/A/I.
[1309] Dazu s. oben, Teil 3/A/II.
[1310] Dazu s. oben, Teil 3/B/I.
[1311] Dazu s. oben, Teil 3/B/II; Teil 3/B/III; Teil 3/B/IV.

Europäische Rechts- und Regionalgeschichte

Band 1
Lukas Gschwend (Hrsg.)
Grenzüberschreitungen und neue Horizonte: Beiträge zur Rechts- und Regionalgeschichte der Schweiz und des Bodensees
2007. XIII, 496 Seiten, gebunden, CHF 69.–

Band 2
Bernhard Schaaf
Die Entwicklung der wirtschaftlichen Freiheit in der Schweiz während des Französischen Zeitalters (Helvetik und Mediation 1798–1813)
Im Vergleich zu Frankreich vor und während der Revolution
2007. LI, 283 Seiten, gebunden, CHF 78.–

Band 3
Bernd Marquardt
Die alte Eidgenossenschaft und das Heilige Römische Reich (1350–1798)
Staatsbildung, Souveränität und Sonderstatus am alteuropäischen Alpenrand
2007. XIV, 388 Seiten, gebunden, CHF 98.–

Band 4
Miriam Lendfers
«Die Wahrheit muss heraus!» – Pfalzrätliche Strafuntersuchung gegen Joseph Antoni Egger aus Tablat wegen Totschlags und Leichenschändung 1775
2008. VI, 250 Seiten, gebunden, CHF 64.–

Band 5
Diemut Majer
Frauen – Revolution – Recht
Die grossen Europäischen Revolutionen in Frankreich, Deutschland und Österreich 1789 bis 1918 und die Rechtsstellung der Frauen. Unter Einbezug von England, Russland, der USA und der Schweiz
2008. 460 Seiten, gebunden, CHF 98.–

Band 6
Lukas Gschwend / Marc Winiger
Die Abschaffung der Folter in der Schweiz
2008. VII, 159 Seiten, gebunden, CHF 54.–

Band 7
Georg Kramer-McInnis
Der «Gesetzgeber der Welt»
Jeremy Benthams Grundlegung des klassischen Utilitarismus unter besonderer Berücksichtigung seiner Rechts- und Staatslehre
2008. LXII, 368 Seiten, gebunden, CHF 86.–

Band 8
Ute Schönwitz M.A.
Schelling war mein Lehrer und er war mir mehr
Ignaz Paul Vitalis Troxlers Leben in Briefen an Karl August Varnhagen von Ense und Anton Sebastian Federer
2008. VII, 84 Seiten, broschiert. CHF 34.–

Band 9
Lukas Gschwend/René Pahud de Mortanges (Hrsg.)
Wirtschaftsrechtsgeschichte der Modernisierung in Mitteleuropa
Zur Wechselwirkung zwischen wirtschaftlichen und rechtlichen Entwicklungen im Rahmen der grossen Transformation 1750–1850
2009. XII, 277 Seiten, gebunden, CHF 72.–

Band 10
Theodor Bühler
Schweizerische Rechtsquellen und Schweizerische Verfassungsgeschichte nach einer Vorlesung von Ulrich Stutz (1868–1932)
Nach einer Nachschrift von Dr. Adolf Im Hof
2010. LIII, 604 Seiten, gebunden, CHF 98.–

Band 11
Jacqueline Janser
«Im Takt der Maschinen»
Das Arbeitsrecht des Kantons Glarus im 19. Jahrhundert unter besonderer Berücksichtigung der Fabrikgesetzgebung
2010. XIII, 173 Seiten, broschiert, CHF 58.–

Band 12
Christoph Good
Emer de Vattel (1714–1767) – Naturrechtliche Ansätze einer Menschenrechtsidee und des humanitären Völkerrechts im Zeitalter der Aufklärung
2011. XIII, 208 Seiten, gebunden, CHF 64.–

Band 13
Mirko Lenarcic
Das Strafrecht des Kantons Aargau von 1803 bis 1868 mit Schwerpunkt auf dem Kanton-Aargauischen Gesetzbuch über Kriminal-Verbrechen vom 19. Christmonat 1804
2011. XVII, 402 Seiten, gebunden, CHF 88.–

Band 14
Andreas Kley/Richard Amstutz
Gironde-Verfassungsentwurf aus der französischen Revolution vom 15./16. Februar 1793. Deutschsprachige Übersetzung mit einer Einleitung und kommentierenden Anmerkungen
2011. VIII, 214 Seiten, broschiert, CHF 68.–

Band 15
Matthias Kradolfer
Justitias «Emancipation» – Zur Unabhängigkeit der Justiz in der schweizerischen Eidgenossenschaft 1798–1848
Unter besonderer Berücksichtigung der Justizgeschichte des Kantons St. Gallen
2011. 2011. XIII, 336 Seiten, gebunden, CHF 78.–

Band 16
Marc Winiger
Evolution und Repräsentation: I.P.V. Troxlers Rechtslehre im Kontext des deutschen Idealismus
2011. XVII, 513 Seiten, gebunden, CHF 98.–

Band 17
Kathrin Utz Tremp
«Fiat littera ad dictamen sapientum». Notare, Lombarden und Juden in Freiburg im Üchtland (14. Jahrhundert)
2012. XI, 381 Seiten, broschiert, CHF 88.–

Band 18
Theodor Bühler
Rechtsschöpfung und Rechtswahrung an der Schnittstelle zwischen Mündlichkeit und Schriftlichkeit aufgrund von mittelalterlichen Rechtsquellen insbesondere aus Mitteleuropa
2012. XLI, 245 Seiten, gebunden, CHF 72.–

Band 19
Urs Hausmann
Vertragsfreiheit im Schweizer Mietrecht von 1804 bis 2014 unter besonderer Berücksichtigung des Mietzinses
Rechtshistorischer und rechtspolitischer Hintergrund der heutigen Vertragsschranken im Mietrecht
2016. LXII, 449 Seiten, gebunden, CHF 95.–

Band 20
Nathanael M. Huwiler
DE PACE – DE BELLO
Eine völkerrechtshistorische Typologie der europäischen Kriege und Frieden zwischen 1648 und 1815
2017. LXII, 558 Seiten, gebunden, CHF 98.–

Band 21
Matthias Kuster
Freiheitsentzug in Graubünden
Der bündnerische Freiheitsentzug im 19. Jahrhundert – Strafvollzug und armenrechtlicher Freiheitsentzug
2017. XVIII, 208 Seiten, gebunden, CHF 69.–

Band 22
Daniel Arne Wyss
Wie viel Bluntschli steckt in Huber?
Ein Vergleich der allgemeinen Grundsätze des Erbrechts bei Johann Caspar Bluntschli und Eugen Huber
2018. XXVI, 186 Seiten, gebunden, CHF 67.–

Band 23
Alfonso C. Hophan
Die Verfassungsrevolution an der Glarner Landsgemeinde von 1836
Ein Beitrag zur Glarner Demokratie- und Verfassungsgeschichte
2021. XLVIII, 363 Seiten, gebunden, CHF 98.–

Band 24
Benjamin Hoffmann
Recht und Religion im Verfassungsrecht der Frühen Neuzeit
Die elf Mühlhäuser Artikel
2021. XXIV, 150 Seiten, gebunden, CHF 68.–

Band 25
Alfonso C. Hophan
Entstehung und Entwicklung des Wasserrechtes zwischen Privatrecht und öffentlichem Recht
unter besonderer Berücksichtigung des Nutzungsrechtes der Ufereigentümer gemäss Art. 170 EG ZGB des Kantons Glarus
2022. CXXVIII, 517 Seiten, gebunden, CHF 118.–

Band 26
Kathrin Utz Tremp
Anna Göldi und Rudolf Steinmüller – Die «letzte Hexe» und ihr «Komplize»
Übersicht über die Prozessakten (1781/1782)
2023. XII, 81 Seiten, broschiert, CHF 44.–

Band 27
Lukas Gschwend/Pascale Sutter (Hrsg./éds)
Recht, Fischerei und Nachhaltigkeit im 15. – 18. Jahrhundert | Droit, pêche et durabilité du XVe au XVIIIe siècle
2023. XXVII, 150 Seiten, broschiert, CHF 64.–Band 27

Band 28
Hülya Kürsteiner-Sahin
Körperliche Züchtigung und Kindsmisshandlung
Eine kriminalhistorische Untersuchung von Kindsmisshandlungen im frühen 20. Jahrhundert
2024. XXX, 114 Seiten, broschiert, CHF 62.–

Band 29
Sibylle Hofer
Das ZGB – ein volkstümliches Gesetz?
Eugen Hubers Werk im Kontext der deutschen Rechtswissenschaft
2024. XVI, 301 Seiten, gebunden, CHF 88.–